跟着审查员学检索

国家知识产权局专利局专利审查协作江苏中心 ◎ 组织编写

医药化学领域

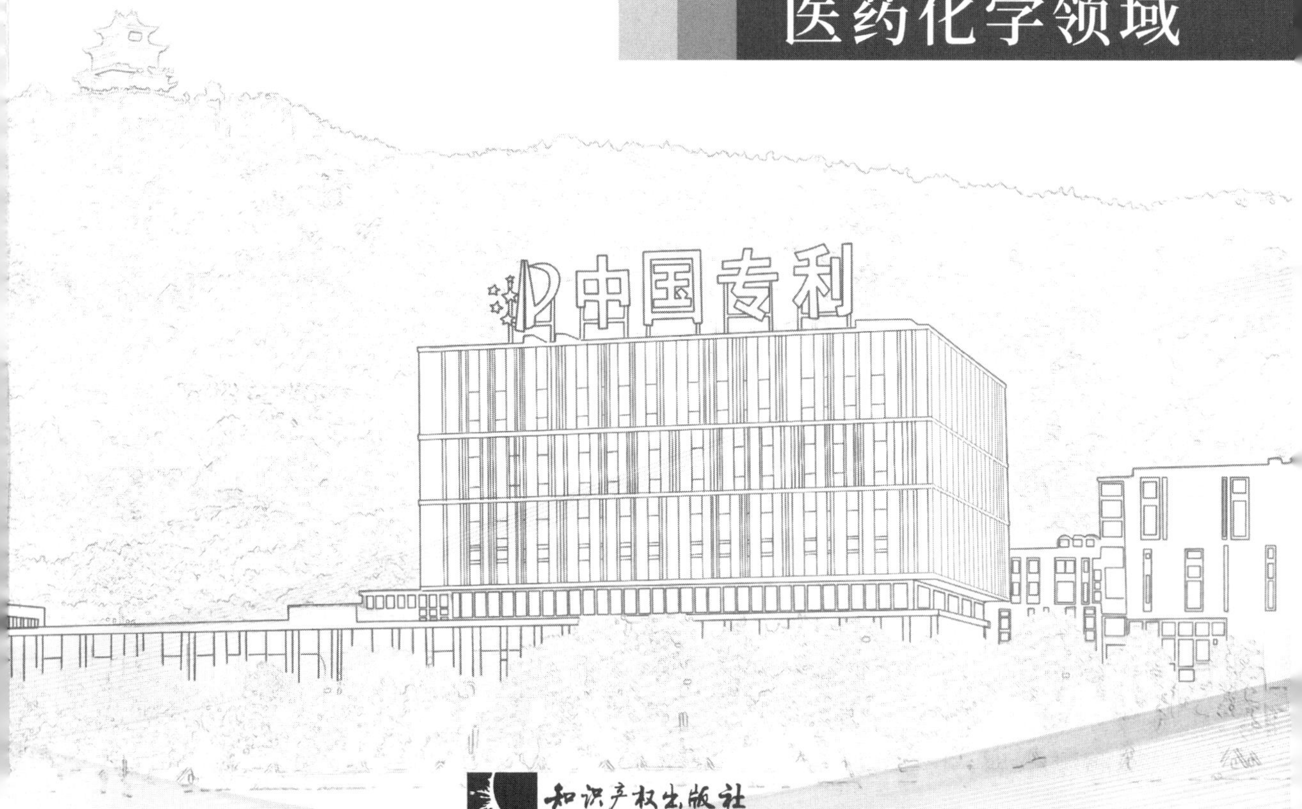

知识产权出版社
全国百佳图书出版单位
—北京—

图书在版编目（CIP）数据

跟着审查员学检索. 医药化学领域/国家知识产权局专利局专利审查协作江苏中心组织编写. —北京：知识产权出版社，2021.1
ISBN 978-7-5130-7321-9

Ⅰ.①跟… Ⅱ.①国… Ⅲ.①医药化学—信息检索 Ⅳ.①G254.9

中国版本图书馆 CIP 数据核字（2020）第 242124 号

内容提要

本书主要介绍如何在医药化学领域进行文献检索，首先详述检索基础和检索资源，其次采用检索实战的方式对所学加以运用，最后通过掌握检索技巧，运用检索数据资源进行检索进阶。本书较强的实践性能够帮助科研技术人员和专利工作者掌握医药化学领域的基本检索方法、提高检索效率，进一步创新科技。

责任编辑：王瑞璞		责任校对：王　岩	
封面设计：博华创意·张冀		责任印制：刘译文	

跟着审查员学检索
——医药化学领域

国家知识产权局专利局专利审查协作江苏中心　组织编写

出版发行：知识产权出版社有限责任公司		网　　址：http://www.ipph.cn	
社　　址：北京市海淀区气象路 50 号院		邮　　编：100081	
责编电话：010-82000860 转 8116		责编邮箱：wangruipu@cnipr.com	
发行电话：010-82000860 转 8101/8102		发行传真：010-82000893/82005070/82000270	
印　　刷：天津嘉恒印务有限公司		经　　销：各大网上书店、新华书店及相关专业书店	
开　　本：787mm×1092mm　1/16		印　　张：20.75	
版　　次：2021 年 1 月第 1 版		印　　次：2021 年 1 月第 1 次印刷	
字　　数：500 千字		定　　价：98.00 元	

ISBN 978-7-5130-7321-9

出版权专有　侵权必究

如有印装质量问题，本社负责调换。

编委会

主　任：韩爱朋

副主任：闫　娜　刘新民

主　编：闫　娜

编　委：吴江明　黄超峰　张　磊　董艳红
　　　　沈佳媚　孙尚瑜　李成伟　陈仕高
　　　　齐　洁　吕世华　陈建超

序

"科技是国之利器,国家赖之以强,企业赖之以赢,人民赖之以好。"历史经验反复证明,那些抓住了科技革命机遇走向现代化的国家,都是科学基础雄厚的国家;抓住科技革命机遇成为世界强国的国家,都是在重要科技领域处于领先行列的国家。正是基于此判断,我国走上了创新驱动发展之路,科技创新对我国经济社会发展的支撑和引领作用日益增强。

推动科技创新,必须准确判断科技突破方向。近年来,医药化学产业发展呈现井喷式状态,创新活跃程度高,对专利依赖性强。而随着医药化学技术不断发展,医药化学领域文献数量增长速度惊人,其中专利文献占有重大比例。专利信息对于一个企业实体的竞争优势尤为重要。世界知识产权组织指出专利文献能帮助研发者节省60%的时间和40%的费用,足见专利文献和专利检索对研发的贡献度。面对新技术新业态的不断涌现,为在技术创新中抢占先机,只有通过精准检索才能准确描绘出技术发展现状和产业发展脉络,才能有效指导后续技术研发、专利布局或知识产权诉讼。

与传统领域相比,医药化学领域的检索有其特殊性。一是技术发展快，文献量大，检索方式多样化。医药化学领域涉及生物、食品、中药、化学、材料、物理、农业、机械等学科，可检索的文献信息逐年呈爆炸性增长趋势，文献信息呈现方式包括化学式、结构式、序列号、CA 号、生物材料保藏编号等，不同的检索主题需要选择不同的检索方式。二是信息检索工具快速发展。目前，该领域的检索工具及数据库包括 STN、传统生物序列检索资源、序列的智能检索系统、各专利审批机构的检索系统。每一种检索工具或者数据库均有其特有的信息收录范围，各类型检索工具的检索命令和操作也不同。三是检索需求多样化。医药化学领域的检索需求不仅仅体现在科技文献的查找，还包括 FTO 检索、项目立项前检索、研发各阶段检索、药物上市前检索、专利无效检索、专利诉讼检索等。检索需求的不同，对检索人员的能力要求不同，检索策略也会有所差异。

《跟着审查员学检索——医药化学领域》一书以专利审查员的独特视角，结合专利审查检索工作中积累的丰富经验，详细介绍了医药化学领域检索基础知识、检索资源、针对不同检索目的的检索实践以及特色主题的检索策略，并选用典型案例对具体检索方法、检索步骤加以深入阐述。本书是对医药化学领域技术信息检索的一次系统总结和梳理，希望本书的出版能帮助科研技术人员、专利工作者了解医药化学领域的基本检索方法，提高检索效率，助力科研创新，在推动技术研发、创新保护、侵权无效诉讼、专利布局以及挖掘未来技术发展趋势等方面发挥积极的促进作用。

出版说明

本书编写团队来自国家知识产权局专利局专利审查协作江苏中心。具体分工如下：

吴江明：第 3 章第 3.2.3.1～3.2.3.4 节、第 5 章第 5.8.1 节

黄超峰：第 3 章第 3.1.1～3.1.2 节

张　磊：第 3 章第 3.1.3 节、第 4 章第 4.3 节、第 5 章第 5.7 节

董艳红：序言、第 1 章、第 3 章第 3.1.4 节、第 3 章第 3.3 节、第 5 章第 5.4～5.6 节

沈佳媚：第 2 章第 2.1～2.2 节

孙尚瑜：第 3 章第 3.2.3.5～3.2.3.11 节、第 3 章第 3.2.4 节

李成伟：第 3 章第 3.2.2 节、第 4 章第 4.2 节

陈仕高：第 2 章第 2.3 节、第 5 章第 5.8.2 节

齐　洁：第 4 章第 4.1 节、第 5 章第 5.1 节

吕世华：第 3 章第 3.2.1 节、第 4 章第 4.4 节

陈建超：第 5 章第 5.2～5.3 节

闫　娜、黄超峰、吴江明、张　磊、沈佳媚：全书审校

目 录

第1章 绪 论 / 1
  1.1 医药化学领域检索特点 / 1
  1.2 本书知识框架 / 2

第2章 检索基础 / 3
  2.1 医药化学领域常用文献类型 / 3
    2.1.1 专利文献 / 3
    2.1.2 非专利文献 / 7
  2.2 专利分类体系基础知识 / 7
    2.2.1 IPC 分类体系 / 7
    2.2.2 CPC 体系 / 9
    2.2.3 中国专利文献采用的分类体系 / 10
  2.3 检索基本流程 / 11
    2.3.1 确定检索主题 / 11
    2.3.2 提炼检索要素并表达 / 11
    2.3.3 选择检索数据库 / 15
    2.3.4 构建检索式 / 15
    2.3.5 检索策略 / 16

第3章 检索资源 / 18
  3.1 通用检索资源 / 18
    3.1.1 专利检索资源 / 18
    3.1.2 非专利检索资源 / 38
    3.1.3 其他检索系统 / 55
    3.1.4 法律文献检索资源 / 66
  3.2 医药化学领域特色检索资源 / 72
    3.2.1 STN 和 SciFinder / 72
    3.2.2 免费检索工具 / 92
    3.2.3 生物领域检索资源 / 111
    3.2.4 综合性学术信息资源检索平台 / 155

3.3 行政监管数据资源 / 162
    3.3.1 药品监管信息 / 162
    3.3.2 食品安全监管信息 / 167
    3.3.3 美国食品药品监督管理局"橙皮书" / 169

第4章 检索实践 / 173
  4.1 查新检索 / 173
    4.1.1 确定检索主题 / 174
    4.1.2 选择数据库 / 174
    4.1.3 检索过程 / 175
  4.2 主题检索 / 189
    4.2.1 确定检索主题 / 189
    4.2.2 选择数据库 / 189
    4.2.3 检索过程 / 190
    4.2.4 主要竞争对手检索 / 200
  4.3 行政和法律信息检索 / 204
    4.3.1 行政信息检索 / 205
    4.3.2 法律信息检索 / 215
  4.4 专利无效检索 / 219
    4.4.1 确定检索主题 / 221
    4.4.2 选择数据库 / 221
    4.4.3 检索过程 / 221

第5章 检索进阶 / 232
  5.1 小分子化合物检索 / 232
    5.1.1 具有明确结构化合物的检索 / 232
    5.1.2 通式结构化合物的检索 / 239
    5.1.3 小分子化合物合成路线检索 / 247
  5.2 化学工艺检索 / 249
    5.2.1 背景知识的检索 / 250
    5.2.2 确定检索要素并扩展 / 252
    5.2.3 检索及调整 / 252
  5.3 高分子化合物检索 / 261
    5.3.1 均聚物检索 / 261
    5.3.2 共聚物检索 / 265
  5.4 组合物检索 / 270
  5.5 用途检索 / 274
  5.6 设备检索 / 277

5.7 中药检索 / 283
    5.7.1 中药方剂 / 283
    5.7.2 中药提取 / 287
5.8 生物序列检索 / 290
    5.8.1 长序列检索 / 290
    5.8.2 短序列检索 / 305

第1章 绪 论

1.1 医药化学领域检索特点

当代社会,检索已经渗透到我们生活、工作的方方面面。尤其是对于科研人员而言,检索的重要作用日益显现,影响科技创新的全过程。通过检索,科研人员可了解现有技术状况,发现科研空白点,总结科技发展方向,有效减少重复性科研的发生。

近年来,医药化学产业发展呈现井喷状态,各大医药化学公司、科研机构均在研发上投入大量人力、物力、财力,创新活跃程度高,对专利依赖性强。而随着医药化学技术的不断发展,医药化学领域文献数量增长速度惊人,其中,专利文献占有较大比例。同时,医药化学又是一门综合性较强的学科,涉及多个领域、交叉现象普遍且专业技术性强,在检索模式和方法上也各具特色。因而,在庞大体量的文献中精准定位目标文献、高效找到技术突破口,已成为医药化学领域科研技术人员迫切的需求。此外,专利文献作为医药化学领域文献的重要组成部分,做好专利文献检索,更是做好整体专利布局的重要前提,也是目前国内医药公司及相关企业相对薄弱的环节。总的来说,医药化学领域的检索具有以下特点。

(1) 技术发展快,文献量大

进入21世纪,医药化学领域技术革新速度进一步加快,该领域逐渐发展为兼具精细分析和广泛综合特点的综合性学科,涉及生物、食品、中药、化学、材料、物理、农业、机械等学科信息。因此,该领域可检索的文献信息也呈逐年爆炸式增长趋势。而同时,医药化学领域文献信息复杂且呈现方式多样化,包括化学式/结构式/序列号/CA号/生物材料保藏编号、专利局/药监局、法律信息/技术信息/安全监管信息等。

(2) 信息检索工具快速发展

伴随医药化学领域文献数据的增长,该领域的检索数据库以及检索工具也得到快速发展。目前,该领域的检索工具及数据库包括STN、传统生物序列检索资源、序列表的智能检索、中美欧等国家或地区专利审批机构各自的公共检索系统、判决文书、北大法宝、专利数据库等。每一种检索工具或者数据库均有其特有的信息收录范围,各类型检索工具的检索命令和操作也各有不同。

(3) 检索需求多样化

随着医药化学领域的飞速发展,检索需求不仅体现在对科技文献的查找,还出现了许多新的检索需求,比如侵权检索(Freedom to Operate Search,FTO)、项目立项前检索、研发各阶段检索、药物上市前检索、查新检索、专利技术调研、专利申请前检索,专利审查、专利无效、专利诉讼检索等。检索需求的不同,对检索人员的能力要求也不同,检索策略也会有所差异。

1.2 本书知识框架

本书主要分为以下几个部分:

第1章"绪论"主要介绍医药化学领域检索特点。

第2章"检索基础"主要介绍检索基础知识,包括医药化学领域常用文献基础知识、分类体系基础知识、检索基本流程。在阅读该章后,读者可以掌握基本的检索手段。

第3章"检索资源"主要介绍常用的检索资源,包括通用检索资源、医药化学领域特色检索资源、行政监管数据资源。在阅读该章后,读者可以对各种检索资源的数据范围、检索方法等有全面的了解。

第4章"检索实践"主要针对特定检索任务,以常用的查新检索、主题检索、行政和法律信息检索、专利无效检索作为场景,结合实际案例,介绍如何应用检索手段在数据资源中进行检索。在阅读完该章后,读者可以举一反三,完成真正的检索任务。

第5章"检索进阶"主要介绍医药化学领域的特色主题如小分子化合物、化学工艺、高分子化合物、组合物、用途、设备、中药和生物序列的特征检索策略。在阅读该章后,读者可以掌握相关主题的检索技巧,灵活运用各种检索数据资源进行检索。

本书的编者均是医药化学领域的资深审查员,熟知医药化学领域各大数据库的特点和使用方法,具有丰富的检索经验和高超的检索技巧。我们希望通过本书,能帮助科研技术人员、专利工作者了解医药化学领域的基本检索方法,提高检索效率,助力科研创新。本书虽为编者的心血之作,但仍难免有所疏漏和差错,望广大读者批评指正。

第 2 章 检索基础

本章主要介绍检索的基础知识，包括医药化学领域的文献基础知识、分类体系基础知识以及检索基本流程等。通过阅读本章，读者将初步了解医药化学领域检索知识的基本框架，为后续高效检索夯实基础。

2.1 医药化学领域常用文献类型

什么是检索？《现代汉语字典》对"检索"一词的解释如下：查检寻找图书、资料等。更为具体来说，"检索"是指从用户特定的信息需求出发，对特定的信息集合采用一定的方法、技术手段，根据一定的线索与规则找出相关信息。

从上述"检索"的含义可以知道，检索目标应该包括包含目标信息的相关载体，即本书中所说的"文献"。

对于医药化学领域而言，文献信息复杂且呈现方式多样化，包括具有领域特色的化学式、结构式、序列号、生物材料保藏编号、生物序列等；从文献类型角度可以划分为专利文献和非专利文献。

2.1.1 专利文献

广义上来讲，专利文献是指在专利受理、审查、授权、无效、终止等过程中所产生的各种文本以及各类索引、供检索用的工具书等与专利相关的一切资料。简单来说，专利文献主要分为专利公报和专利说明书。专利公报是指各国/地区专利审批机构记载最新发明创造的申请公布、授权公告等情况及专利局业务活动和专利著录项目变更等信息的定期连续出版物。在实际检索过程中，我们接触最多的是专利说明书。专利说明书又称专利单行本，一般包含扉页、权利要求书、说明书等，是一种用以描述发明创造内容和限定专利保护范围的官方文件或出版物。

(1) 扉页的著录项目

扉页是专利说明书的第一页，往往记载专利的基本信息，例如申请日、公开日、申请号、申请人或专利权人、发明人、发明名称、专利分类号、摘要等。由于其包含大量著录项目，因此也被称为著录项目页。

我们在检索全球的专利文献时，除常见的中英文文献外，还会遇到其他语种的文献。为了便于检索人员从不熟悉或者难以读懂的外文专利文献扉页中快速便捷地获取专利信息，专利说明书的著录项目前都标有国际统一规定的专利文献著录项目识别代码（Internationally Agreed Number for the Identification of Data，INID），一般由放在圆圈或括号中的两位阿拉伯数字组成。著录项目典型构成是 INID 码 + 著录项目名称 + 著录项目内容。INID 码的作用除了便于计算机处理数据外，更重要的是帮助检索者克服在浏览各国专利文献时的语言障碍，通过对应的 INID 码就可以从著录项目中快速定位并获取专利文献的相关信息。表 2-1-1 简单列举常用的 INID 码及其含义。

表 2-1-1 常用的 INID 码及其含义

INID 码	所对应著录项目	INID 码	所对应著录项目
21	申请号	51	IPC 分类号
22	申请日	52	本国分类
24	权利生效日	54	发明名称
31	优先申请号	56	现有技术文献目录
32	优先申请日	57	摘要
33	优先申请国	71	申请人
43	申请公布日	72	发明人
45	授权公告日	74	专利代理师

下面将以图 2-1-1 所示的专利说明书扉页为例，介绍通过扉页如何获得专利信息。

该专利发明名称为"一种高性能阻燃型双组分硅烷改性聚醚密封胶及制备方法"，从扉页的摘要中可以大致了解其技术方案。

专利权人为北京华腾新材料股份有限公司，其公司地址位于北京市海淀区，发明人有 7 位。

中国国家知识产权局在 2017 年 6 月 13 日将其公开，公布号为 CN106833478A。

授权公告日为 2020 年 3 月 20 日，授权公告号为 CN106833478B。

从扉页上我们还可以了解到专利代理机构以及代理师信息等，并且还可以看到这篇专利文献的国际专利分类（Int. Cl.）以及审查员所采用的对比文件。

扫描扉页右上角的二维码，能直接下载这个文本的 PDF 文档。

（2）权利要求书和说明书

除扉页外，专利说明书还包括权利要求书、说明书。

(19) 中华人民共和国国家知识产权局

(12) 发明专利

(10) 授权公告号 CN 106833478 B
(45) 授权公告日 2020.03.20

(21) 申请号 201611262157.7
(22) 申请日 2016.12.30
(65) 同一申请的已公布的文献号
申请公布号 CN 106833478 A
(43) 申请公布日 2017.06.13
(73) 专利权人 北京华腾新材料股份有限公司
地址 100084 北京市海淀区中关村北大街123号华腾科技大厦1518室
专利权人 河北华腾万富达精细化工有限责任公司
(72) 发明人 陈宇 韩航 张群 吕铭华 李明 崔正 景江
(74) 专利代理机构 北京思海天达知识产权代理有限公司 11203
代理人 张立改

(51) Int.Cl.
C09J 171/00 (2006.01)
C09J 11/06 (2006.01)
C09J 11/04 (2006.01)

(56) 对比文件
EP 2009063 A1,2008.12.31,全文.
CN 102304340 A,2012.01.04,实施例1,说明书段[0018]、[0020]、[0023].
张芳华等.六硅酸镁与膨胀型阻燃剂协同阻燃聚丙烯.《高分子材料科学与工程》.2015,第31卷(第11期),186-190.

审查员 武娟娟

权利要求书2页 说明书6页 附图1页

(54) 发明名称
一种高性能阻燃型双组分硅烷改性聚醚密封胶及制备方法

(57) 摘要
一种高性能阻燃型双组分硅烷改性聚醚密封胶及制备方法,属于密封胶技术领域。分为组分A和组分B:组分A的质量百分配比:MS聚合物40-80%、除水剂0-4%、交联剂0-4%、补强填料10-50%、催化剂0.1-2%;组分B的质量百分配比:MS聚合物30-60%、增塑剂8-30%、偶联剂0.2-3%、水1-10%、阻燃填料20-60%。能够使得密封胶在具备阻燃性能的同时兼顾较好的力学性能。

图2-1-1 专利说明书扉页

权利要求书是用于记载权利要求、限定专利保护范围的文件，是最重要的法律文件之一。中国《专利法》第59条第1款规定："发明或者实用新型专利权的保护范围以其权利要求的内容为准，说明书及附图可以用于解释权利要求的内容。"当发明或实用新型授权后，权利要求书就是确定专利权保护范围的法律文件，也是判断他人是否侵权的基础，因此在检索时需要十分准确地阅读和理解权利要求书。权利要求分为独立权利要求和从属权利要求。独立权利要求从整体上反映发明或实用新型的技术方案，记载解决技术问题的必要技术特征，一般包括前序部分和特征部分。从属权利要求用附加技术特征对引用的权利要求作进一步限定，一般包括引用部分和限定部分。如下所示，权利要求1即为独立权利要求，权利要求2为权利要求1的从属权利要求。

> 1. 一种高性能阻燃型双组分硅烷改性聚醚密封胶，其特征在于：包括……。
> 2. 按照权利要求1所述的一种高性能阻燃型双组分硅烷改性聚醚密封胶，其特征在于：……。

说明书是详细记载发明或者实用新型的技术方案及相关内容的文件。完整的说明书应当包括有关理解、实现发明或者实用新型所需的全部技术内容。这些技术内容有统一的格式要求，一般包括五个部分——技术领域、背景技术、发明或者实用新型内容、附图说明、具体实施方式，具体如下所示。

【发明或实用新型的名称】

【技术领域】
写明要求保护的技术方案所属的技术领域。

【背景技术】
写明对发明或者实用新型的理解、检索、审查有用的背景技术；有可能的，并引证反映这些背景技术的文件。

【发明或者实用新型内容】
写明发明或者实用新型所要解决的技术问题以及解决其技术问题采用的技术方案，并对照现有技术写明发明或者实用新型的有益效果。

【附图说明】
说明书有附图的，对各幅附图作简略说明。

【具体实施方式】
详细写明申请人认为实现发明或者实用新型的优选方式；必要时，举例说明；有附图的，对照附图说明。

对于技术方案比较简单的专利文献，首先通过阅读摘要或者权利要求书，就能一目了然地获取技术方案的信息。例如，一项组合物发明，会直接给出组分的种类和用量。但是当技术方案比较复杂时，借助于说明书和说明书附图来理解或解释权利要求书就十分必要，因此检索人员应仔细阅读说明书内容。

有时，说明书还包含附图。附图是说明书的一个组成部分，属于说明书的内容。附图的作用在于用图形补充说明书文字部分的描述，使人能够直观地、形象化地理解发明或实用新型的每个技术特征和整体技术方案。在医药化学领域，附图可以是效果数据图，也可以是反映方法过程的流程图。

2.1.2 非专利文献

非专利文献是指除专利文献以外的科技类文献，其内容和载体形式多样，按照文献类型划分，可以分为图书、期刊、会议论文、技术标准等；按照文献载体划分，可分为印刷型、缩微型、声像型、电子型。随着计算机和网络技术的不断发展，当前非专利文献以电子型（或称数字型）为主，即非专利数字资源。

医药化学领域非专利文献较多，检索方式也各不相同：对常规的图书、期刊或论文，可以通过读秀、CNKI、万方、Web of Science 等综合性数据库检索；对医药化学领域特有的化学式、结构式、序列号、生物材料保藏编号、生物序列等，则需要通过专业的数据资源如 CA、Scifinder、STN、Genbank 等进行检索。第 3 章将结合检索对象对相关数据资源进行介绍。

2.2 专利分类体系基础知识

专利分类体系是一种由独立于语言的符号构成的等级体系，是根据所属技术领域，将相同技术主题的专利文献进行统一归档。目前，国际上主要的专利分类体系有国际专利分类体系（IPC）、日本专利分类体系（FI/F-term）、美国专利分类体系（USPC）、欧洲专利分类体系（ECLA/ICO）以及联合专利分类（CPC）。

虽然分类体系种类很多，但其理念基本相同，即相同或者类似技术内容的文献都将标注相同的分类号标签，这也是分类体系部分最重要的理念。分类的主要作用是服务于检索，用分类号进行检索，就是将相同标签的文献查找出来。

我国目前主要使用的是 IPC（International Patent Classification）分类体系，而 CPC 分类体系作为新出现的分类体系，近几年也被广泛使用，因此，下面将主要介绍 IPC 分类体系和 CPC 分类体系。

2.2.1 IPC 分类体系

IPC 分类体系是由《国际专利分类斯特拉斯堡协定》建立的，虽然协定中仅有 60 多个成员，但实际上，有 100 多个国家专利局、4 个地区专利局以及 1 个专利组织使用

IPC 分类体系。IPC 分类体系是一种等级分类体系，呈现等级结构，由高至低依次排列的等级为部、大类、小类、大组和小组。每一等级都有相应的类名来表示相应的技术领域。其中，部表示的技术领域范围最大，小组表示的技术领域范围最小，因而小组表示的技术领域是最具体的。

部是 IPC 分类号的第一个层级。在 IPC 分类体系中，将与专利有关的全部技术领域划分为 A~H 共 8 个部，分别涉及：

A 部：人类生活必需

B 部：作业、运输

C 部：化学、冶金

D 部：纺织、造纸

E 部：固定建筑物

F 部：机械工程；照明；加热；武器；爆破

G 部：物理

H 部：电学

部内有由信息性标题构成的分部，分部有类名，没有类号。例如，C 部（化学；冶金）包括纯化学、应用化学、某些边缘工业和冶金等。

在每个部下，按照等级由高到低又依次设置大类、小类、大组和小组。

大类：每个部都被细分成大类，大类是 IPC 的第二层级分类。每个大类的类号由部的类号及其后的两位数字组成。每个大类的类名表明该大类包括的内容。例如：

C09　染料；涂料；抛光剂；天然树脂；黏合剂；其他类目不包含的组合物；其他类目不包含的材料的应用。

小类：每个大类都分为一个或者多个小类，小类是 IPC 分类号的第三层级分类。小类的类号是由大类号加一个字母组成。例如：

C09J　黏合剂、非机械方面的黏合方法及黏合剂材料的应用领域。

组：每一个小类都被细分成若干组，可以是大组，大组是 IPC 分类号的第四层级分类，也可以是小组（比大组等级更低的等级）。每个组的类号都由小类类号加上用斜线分开的两个数组成。

每个大组的类号都由小类类号、1 位到 3 位数字、斜线及 00 组成。大组类名在其小类范围以内可以确切限定某一技术主题领域。例如：

C09J 171/00　基于由在主链中形成醚键的反应得到的聚醚的黏合剂及基于此种聚合物衍生物的黏合剂。

小组是大组的细分类。每个小组的类号都由其小类类号、大组类号的 1 位到 3 位数字、斜线及除 00 以外的至少两位数字组成。小组类名在其大组范围之内可以确切限定某一技术主题领域。

综上所述，以完整分类号 C09J 11/04 来说，其在分类表中的位置和内容为：

C09J 11/00	C09J 9/00 不包括的黏合剂特征，例如添加剂〔5〕
C09J 11/02	·非高分子添加剂〔5〕
C09J 11/04	··无机的〔5〕
C09J 11/06	··有机的〔5〕

其等级结构如图 2-2-1 所示。

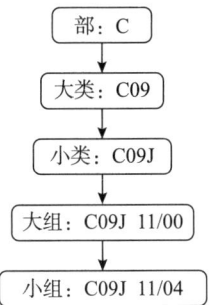

图 2-2-1 分类表等级示意

同时，小组间也存在等级结构，各小组的等级由类名前的圆点数决定，与小组类号大小无关。小组圆点数越多表明其小组等级越低。也就是说，对于完整分类号 C09J 11/04 来说：C09J 11/02 是一点小组的类号，表示涉及非高分子添加剂的技术领域；C09J 11/04 是二点小组的类号，表示涉及无机的技术领域。

在对小组类名进行理解时，要考虑上一级组的类名才能准确理解该小组类名确切涵盖的内容，因此 C09J 11/04 所表达的完整含义是"无机非高分子添加剂"。

对专利文献标注分类号即是对专利进行分类的过程。对专利进行分类后，同一技术主题的专利文献归在同一分类位置，这样从同一分类位置上就能够检索到涉及同样技术主题的专利文献。

IPC 分类表的正式文本包括英文、法文、中文、日文等文种版本，其中最权威的文本是英文版和法文版。英文版可以通过世界知识产权组织官方网站的 IPC 主页（www.wipo.int/classifications/ipc/ipcpub/）获得，中文版则可通过国家知识产权局官方网站查询（http://epub.sipo.gov.cn/index.action）。

2.2.2 CPC 体系

CPC（Cooperative Patent Classification）分类体系是欧洲专利局（EPO）和美国专利商标局（USPTO）共同创建的一套分类体系，主旨在于通过整合欧洲的 EC 分类体系和美国的 UC 分类系统，从而形成统一的、与 IPC 分类体系结构相同但更加细分的新分类体系。因而，其等级结构和编排方式与 IPC 分类体系一致：按由高至低的等级递降顺序排列，依次为部、大类、小类、大组和小组；编排方式采用与 IPC 分类体系完全相同的数字化编排，类名解读、小组等级确定也均与 IPC 分类体系相同。

与 IPC 分类体系不同的是，CPC 分类体系对技术的划分更为细致。例如，在只有 1 个 C＝C 的不饱和烯烃的共聚物领域，关于 C08F 212/00、C08F 214/00、C08F 216/00、C08F 222/00、C08F 236/00 大组，CPC 主干分类号比 IPC 分类号分别增加了 1 个、19 个、6 个、2 个、1 个分类号。CPC 分类体系除在主干分类表中增加大量细分分类位置（16 万多条细分）外，还增加 Y 部和分散在各个部中的数量庞大的 2000 系列。新增 Y 部的内容涉及缓解气候变化技术（Y02B/C/E/T）、信息和通信技术对其他技术领域的影响（Y04S）以及包含在美国专利分类的交叉参考技术文献小类［XRACs］和暂时性分类标记的科技主题（Y10S）等。2000 系列分类号的斜线前具有以"2"开头的 4 位数字，包含大量涉及产品结构和/或性能的参数，这为直接检索参数提供了可能，如"B32B 2307/724 气体渗透性，吸附"。

CPC 分类体系与 IPC 不同的一点还在于其具有组合分类方式（C–sets），C–sets 主要用于化学领域，是一种特殊的分类/检索工具，允许将代表不同技术主题的多个分类号"联合"或"组合在一起"。例如，技术内容涉及"生产过氧化二异丙苯的方法"，采用 C–sets 分类的话，分类员会给出 C07C 407/003（用分离、纯化的方法制备过氧化物）以及 C07C 409/16（过氧化物）两个分类号，形式为"CLC–C07C 407/003, C07C 409/16"，表示制备方法的分类号在前面，表示制备得到的产品的分类号紧跟在后面。

虽然 CPC 分类号一般不会出现在专利文献的扉页上，但在检索系统中可以采用 CPC 分类号进行检索。从前文也可以看出，通过对 IPC 分类体系的细分，CPC 分类体系中每个分类条目涉及的技术主题更为精细，因此在对外国专利文献如欧洲专利文献、美国专利文献进行检索时，优先采用 CPC 分类号进行检索，能够有效提高检索效率。

目前，通过 CPC 官方网站（www.cooperativepatentclassification.org）、欧洲知识产权局官方网站（worldwide.espacenet.com/classification? locale = en_EP）或者美国专利商标局的网站（www.uspto.gov/web/patents/classification）即可下载 CPC 分类体系最新版本和历史版本。

2.2.3 中国专利文献采用的分类体系

2014 年之前，准确地说是在 2014 年 7 月之前，我国的专利分类体系只采用 IPC 分类体系，由隶属于国家知识产权局专利局的分类部门对发明和实用新型的新申请案件进行分类。

从 2014 年 8 月开始，国家知识产权局在使用 IPC 分类体系的同时，还对个别试点领域的新公开发明案件进行 CPC 分类；2015 年将试点领域的范围扩大，并对该试点领域的新公开发明案件和新申请发明案件进行 CPC 分类；2016 年开始对全部新申请发明案件进行 CPC 分类。也就是说，从 2016 年开始，国家知识产权局受理的每件新申请发明案件既包括 IPC 分类号的标引，也包括 CPC 分类号的标引。

需要注意的是，由前文可知，CPC 分类体系在主体上虽与 IPC 分类体系有重合部分，但在细分分类位置以及分类思路上与 IPC 分类体系还是有很大的不同。分类员在分类实践中,也会特别注意区分两者的差异,同一新申请发明案件中 IPC 分类号可能与 CPC 分类号不同,甚至小类都不相同。因此,相关人员在使用 IPC 分类体系和 CPC 分类体系进行检索时,应注意此区别。

2.3 检索基本流程

检索是一种以目标导向为基础的行为,为了获得目标文献,需要采取以下步骤(参见图 2-3-1):
(1) 明确检索目的,确定检索主题;
(2) 提炼适当的可供检索的检索要素并进行合理表达;
(3) 根据技术领域确定合适的检索数据库;
(4) 构建逻辑清晰的检索式;
(5) 根据检索获得的文献不断调整检索式;
(6) 检索结果评估分析。

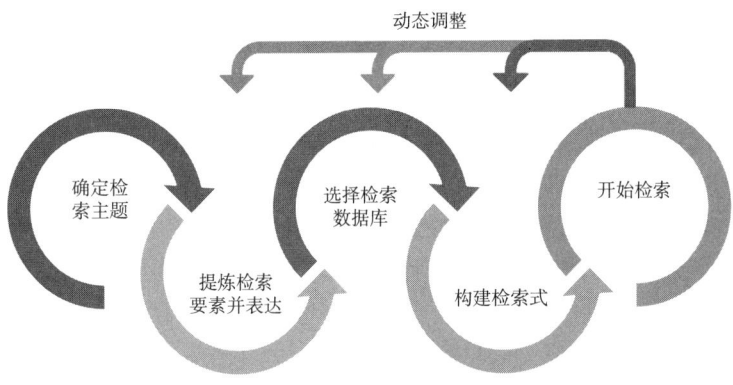

图 2-3-1 检索的基本流程

2.3.1 确定检索主题

确定检索主题,就是明确检索针对的文本以及技术方案,比如科研过程中形成的初步构思、申请发明专利时的技术主题等。

检索主题需要根据具体的实际需求确定。例如,在科研人员想要了解灵芝多糖活性以及提取等方面的技术现状时,检索主题可确定为灵芝多糖活性及灵芝多糖提取。又比如,某公司想就新开发的一款小分子药物申请专利,需要进行查新检索,那检索主题为该具体的小分子药物。

2.3.2 提炼检索要素并表达

在明确检索主题之后,需要从检索角度来分析技术方案,从中提炼出可检索的

"要素",即"检索要素"。

提炼的检索要素应当能反映一个技术方案的构思。检索要素的确定可以采用以下公式:"T(Technological means 技术手段)- Q(Questions 问题)- E(Effect 效果)",即尽可能化繁为简,抓住核心要点对构思进行概括性的表述,并提取其中的核心词作为检索关键词。

在确定检索要素时,不同类型的技术方案,侧重点也会有所不同。例如,方法类型的技术方案,往往会从核心原料、核心步骤或工艺以及功效用途等角度选择检索要素。对组合物类型的技术方案,检索要素的确定应更多地从组分角度考虑。

2.3.2.1 检索要素表达的原则

提炼检索要素后,就需要对它们进行表达。表达检索要求有两个途径:关键词和分类号。其中,用关键词表达是最常用的。不过,对于专利文献而言,还可以采用分类号表达。基于分类号的编制原则,采用分类号表达能在很大程度上克服关键词扩展不充分、不全面的缺点。在专利检索中,经常联合采用关键词和分类号进行检索。

在选取关键词和/或分类号表述检索要素时,应当注意以下几点。

(1)适当扩展原则

检索一开始不需要将关键词或分类号进行过多的扩展,而是直接采用最相关的分类号及最常用/最准确的关键词进行检索。若无法检索到目标文件,检索者可考虑进一步对检索使用的分类号和/或关键词进行扩展,进行更加全面的检索。

(2)灵活调整原则

检索要素需要综合考虑检索的数据库、检索语言、检索预期等特点进行灵活调整。

2.3.2.2 关键词的表达

关键词可以从形式上和意义上进行表达和调整。

(1)选取关键词的形式上表达完整

所谓关键词的形式上表述完整,是指关键词本身在语言学意义上的完整,如包括中文关键词的术语、俗语、别称、惯称(如中国香港地区等华文地区用语以及翻译等习惯),英文关键词的单复数、缩写、时态、语态、词根、常用表达等。此外,还应注意关键词表述的同义词、近义词以及反义词等,药物(西药、中药)的中文正名、中文异名、英文正名、英文异名、分子式以及其制药用途、药物登记号、CAS 登记号、拉丁植物名称、结构图、商品名等表述。

例如:

⇨ 中药"仙茅":

中文正名为"仙茅";

中文异名为"独茅根""茅爪子""独脚仙茅""蟋龙草"等;

拉丁植物名称为"RHIZOMA CURCULIGINIS"。

⇨ 西药"阿莫西林":

中文正名为"阿莫西林";

中文异名为"三水合阿莫西林""三水合羟氨苄青霉素""阿莫西林三水酸"等;

药物登记号为"000-082-36""000-999-37""000-082-37""000-358-43""000-217-68"等;

结构式为:

⇨ 有机化合物"乙二胺四乙酸":

中文名为"乙二胺四乙酸";

英文名为"Ethylene Diamine Tetraacetic Acid";

别名为"四乙酸二氨基乙烯""托立龙""EDTA";

化学式为"$C_{10}H_{16}N_2O_8$"。

(2) 选取关键词的意义上表达完整

所谓关键词的意义上表达完整,是指从关键词的多个角度进行表述。如关键词除了从语言学意义上的表述之外,还可对关键词从用途、作用、功能、效果等角度表述,或者从关键词对应的上、下位概念的角度进行扩展。

例如:

⇨ "凝胶剂"可以扩展为下位概念"卡拉胶""琼脂""海藻酸钠""明胶"等。

⇨ "阳离子表面活性剂"可以扩展为上位概念"表面活性剂",也可以扩展为下位概念"苯扎氯铵""苯扎溴铵"等具体的阳离子表面活性剂。

⇨ "抗坏血酸"从用途或者作用角度可以扩展为"抗氧化剂"。

(3) 关键词的调整

关键词的调整包括在检索过程中对关键词的扩展、修改和取舍。关键词的调整通常是随着检索过程的进行,对检索数据库选择、检索目标的预期以及检索所使用语言的变化而相应进行的实时调整。此外,还包括对前期检索结果的信息利用,如检索到相关文件,从中提取相关的关键词以扩展或修正检索关键词。

对检索数据库和检索语言变化而产生的关键词调整是比较容易进行的,但是对检索预期的变化而产生的关键词调整则往往不是那么容易,这取决于检索者对前面检索过程和检索结果的认知水平以及在此基础上对检索目标进行动态调整的能力。

2.3.2.3 分类号的选择

下面以 IPC 分类号体系为例,介绍分类号确定及扩展的一般思路。

(1) IPC 分类号的确定

一般在确定技术主题时,检索者就应当一并考虑该主题所对应的分类号。技术主题对应的分类号可以是非常准确的,也可以是技术主题相关的分类号。

技术主题对应的关键词是确定 IPC 分类号的首要选择。检索者获取 IPC 分类号的途径很多,包括查询 IPC 分类表书籍或者电子表、国家知识产权局网站(http://epub.cnipa.gov.cn/index.action)等。

下面以"氯乙烯通过悬浮聚合得到聚氯乙烯"这个检索方案为例,介绍如何查找到合适的 IPC 分类号。检索方案中,聚氯乙烯是一种高分子均聚物,采用的基本原料为氯乙烯,能够确定的一个检索要素为"氯乙烯"。

检索者可以在国家知识产权局中国专利公布公告子网站(http://epub.cnipa.gov.cn/ipc.jsp)进行查询,具体界面如图 2 - 3 - 2 所示。

图 2 - 3 - 2 IPC 分类查询示意

检索人员在检索对话框中输入"氯乙烯"后运行检索,即可获得包含"氯乙烯"的各个 IPC 分类号的检索主题。经筛选,与检索主题相关的分类等级及含义如图 2 - 3 - 3 所示。

图 2 - 3 - 3 IPC 分类等级及含义示意

可见，通过"氯乙烯"这个检索基本要素即可获得属于"C 部""C08 大类""C08F 小类""C08F 114/00 大组"下的"C08F 114/06"，该分类号准确地表达了"氯乙烯均聚"的含义。此时，检索者可以将该分类号作为检索要素为"氯乙烯"的分类号表达。

另外，检索者还可以通过简单的关键词检索，从其他相关的专利文献中查找分类号或者提取统计相关专利文献的分类号，获得检索主题相关的分类号。

（2）IPC 分类号扩展

与关键词扩展类似，分类号也需要进行不同纬度的扩展。扩展的方式包括以下几种。

向上扩展：向选定分类号小组上面的高一级小组直到大组进行扩展。

横向扩展：向与选定分类位置相关联或相近的分类位置进行扩展。例如，当存在与检索主题的功能类似的功能性分类位置时，有可能存在与检索主题的功能相关的一个或多个应用性分类位置。因此，在检索过程中，可以考虑对该应用性分类位置进行合理的扩展。

向下扩展：除了最适合覆盖检索主题的小组之外，可考虑与待检索主题关联度高的其他小组。

2.3.3 选择检索数据库

对检索关键词和分类号进行表达和扩展后，检索者需要根据检索主题和检索需求，合理选择检索数据库，从而提高检索效率。例如，当检索者需要针对一个中药组方进行查新检索时，检索者首先可以考虑在 PSS 药物检索系统、中国期刊数据库 CNKI、读秀中检索；当检索者的检索主题为生物领域的基因或者蛋白序列时，为了获得目标文件，检索者可以考虑将待检索的序列提交至生物长序列检索中最为常用的专门数据库 Genbank、EMBL 或 DDBJ 数据库中进行检索。

2.3.4 构建检索式

检索实际上是根据不同数据库的检索特点将检索要素通过一定逻辑运算符连接，即构建检索式，从而获得目标文献的过程。

在构建检索式时，首先需要找到检索数据库的检索入口，了解检索入口提供的可供检索的字段。比如，常见的 CNKI 数据库，可供检索的字段包括"作者""主题""题名"等检索项。

其次，确定检索入口后，根据字段的不同，选择合适的检索要素。检索要素可以是关键词，也可以是关键词与分类号的组合。

最后，根据数据库特定的逻辑运算符将不同的关键词和/或分类号进行连接，便可构建一条检索式。最为常用的逻辑运算符包括"或""OR""与""AND"。

"或""OR"表示同一检索要素的不同表达方式之间的并列关系,如关键词"OR"分类号。

"与""AND"表示同一主题不同检索要素之间相"与"的关系,如检索要素1"AND"检索要素2。

由于数据库的不同,逻辑运算符的表述方式也不尽相同。比如,CNKI 数据库中"并且"表示各检索要素之间"与"的关系。如图 2-3-4 所示的检索式,其含义为在"主题"检索入口采用关键词"愈创木酚"或者"VG",并且在"全文"检索入口采用关键词"PADC"进行联合检索。

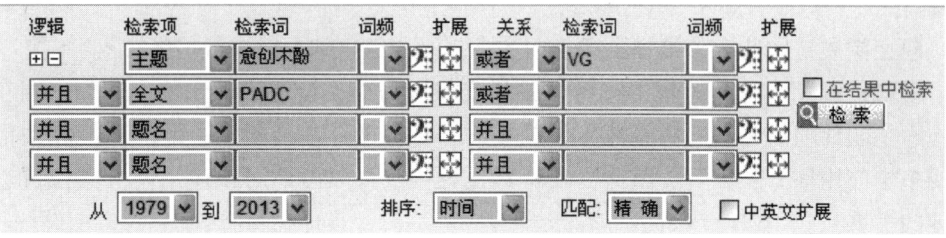

图 2-3-4 CNKI 数据库检索式界面

2.3.5 检索策略

2.3.5.1 基本检索策略

构建检索式后需要采用合适的检索策略以高效地完成检索。基本的检索策略包括以下几种。

(1) 简单检索:通过准确的关键词或者分类号对检索主题进行尝试性检索。一般简单检索时无须对检索要素进行扩展。

(2) 块检索:块检索一般包括以下几个步骤:

步骤一:将一个检索要素中的不同表达用"OR"进行连接构建完整检索块。例如,对于检索要素1构建检索式:关键词 OR 分类号。

步骤二:将构建好的各检索块,用"AND"连接,进行要素与要素之间的组合块检索。例如,检索要素1"AND"检索要素2。

块检索的过程中可以将全部检索要素相"与"进行全要素组合检索,亦可根据需要进行部分检索要素之间组合检索。

(3) 追踪检索:利用文献与文献之间的关系进行追踪。比如,利用相关科技文献中的作者信息进行追踪,检索该作者类似的研究成果。

2.3.5.2 检索策略调整

针对一个主题的检索并非能够一蹴而就,通常需要经过多次尝试,根据检索结果进行反馈式调整。例如，一次检索后，文献数量偏少，没有找到具备参考意义的文件，就可以采用拓宽检索要素的扩展范围（如上位概念、近似概念）、调整检索式的构建方式（如选择全文检索、使用截词符）等；而如果检索过程中出现过多无关文献，相关度低，阅读和筛选难度过大，则应该考虑缩小检索范围、聚焦相关度高的文献，可采用更精准的检索要素表达方式、调整检索式等方法。及时修正检索过程、调整检索策略是能够获得理想检索结果的必要步骤。

第 3 章 检索资源

要做好检索,首先要了解检索资源。能用于医药化学领域检索的检索资源种类繁多,情况各异,只有充分了解和掌握不同检索资源的特点和使用方法,才能针对检索主题选择合适的检索资源,进行准确高效的检索。

3.1 通用检索资源

通用检索资源,是指可以普遍用于各类科技文献检索的检索资源,当然也可以用于医药化学领域的检索。这类检索资源普适性强、检索范围广,但对医药、化学、生物等领域的特色检索要素如化学结构、生物序列等,检索能力不强。

3.1.1 专利检索资源

3.1.1.1 国家知识产权局专利检索及分析系统(PSS)

(1) PSS 系统概述

国家知识产权局(China National Intellectual Property Administration,CNIPA)开发的专利检索及分析系统(Patent Search and Analysis,PSS)于 2011 年正式上线,共收集自 1790 年以来共 103 个国家、地区和组织的专利数据,还收录专利的引文、同族、法律状态等数据信息。

PSS 系统不但提供常规检索、高级检索、导航检索、药物检索、命令行检索的专利检索服务,还提供热门工具和专利分析服务。热门工具包括同族查询、引证/被引证查询、法律状态查询、国别代码查询、关联词查询、双语词典查询、分类号关联查询、申请人别名查询、CPC 查询;专利分析服务包括申请人分析、发明人分析、区域分析、技术领域分析、中国专项分析及高级分析。

对于检索结果,PSS 系统针对申请人、发明人、技术领域、申请日及公开日进行统计,并且每条检索记录除显示专利的发明名称、申请号、申请日、公开号、公开日、IPC 分类号、申请人、发明人、代理人及代理机构等信息外,还提供详览、收藏、+分析库、申请人基本信息、法律状态等有用的工具或信息。

中国专利数据每周二、周五更新,滞后公开日 7 天;外文专利每周三更新;引文数据每月更新；同族数据、法律状态数据每周二更新。

该系统提供的检索、分析、查询等功能在注册后均可免费使用。

（2）PSS系统检索方式

在国家知识产权局主页（www.cnipa.gov.cn）"政务服务平台"的"专利检索查询"栏中可快速登录PSS系统（参见图3-1-1、图3-1-2）。

图3-1-1　国家知识产权局主页

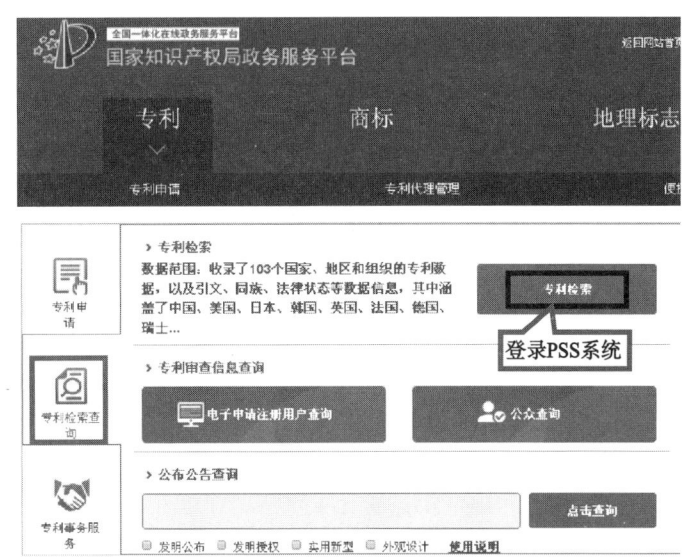

图3-1-2　国家知识产权局政务服务平台界面

进入系统后，默认进入常规检索界面，如图3-1-3所示，也可点击菜单栏进入高级检索、导航检索、药物检索或命令行检索，或者进入热门工具或专利分析模式。

图 3－1－3　PSS 系统常规检索界面

1）常规检索

常规检索的数据范围包括中国、主要国家/地区/组织、其他国家/地区/组织，可通过检索栏中的地球图标选择，如图 3－1－4 所示。

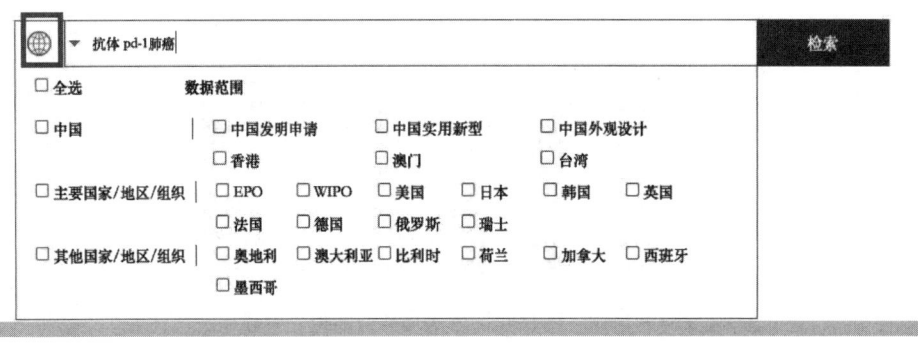

图 3－1－4　PSS 系统常规检索范围界面

常规检索的检索方式为直接在检索框输入中英文检索关键词。关键词系统默认为自动识别，用户也通过检索框中的三角形图标在检索要素、申请号、公开（公告）号、申请（专利权）人、发明人、发明名称中进行选择；多个检索词之间用空格间隔，若检索条件中包括空格、运算符，需使用半角双引号（参见图 3－1－5）。

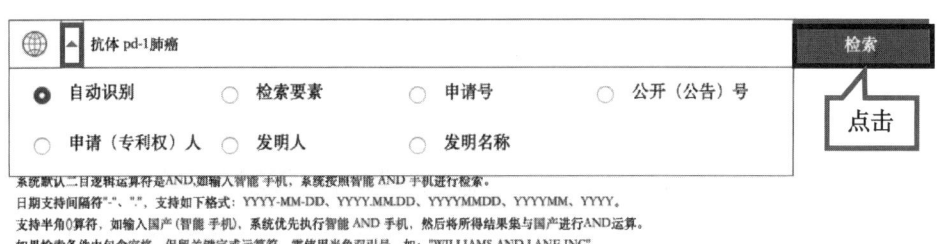

图 3-1-5　PSS 系统常规检索的自动识别界面

如检索框内输入"抗体 PD-1 肺癌",检索结果共 673 条记录,如图 3-1-6 所示。检索到的每条专利文献都显示专利的发明名称、申请号、申请日、公开(公告)号、公开(公告)日、IPC 分类号、申请人、发明人、代理人及代理机构,还提供针对该条专利文献的详览、收藏、+分析库、申请人基本信息及法律状态相关功能。值得注意的是,同一用户名登录后,收藏库、+分析库中所保存的专利文献仍可阅读。此外,页面左边同时提供检索结果统计分析功能,包括申请人统计、发明人统计、技术领域统计、申请日统计及公开日统计。

图 3-1-6　PSS 系统"抗体 PD-1 肺癌"检索结果

对检索结果,用户还可以进行过滤操作,包括显示字段、文献类型、日期筛选及显示语言(参见图 3-1-7)。如在进行专利侵权或布局时,可将显示字段选为权利要求、文献类型选为授权公告文献。

2)高级检索

当常规检索不能满足用户检索需求时,可选择高级检索,如图 3-1-8 所示。进入高级检索界面后,首先选择数据范围,其次选择检索字段。如在发明名称字段限定关键词"PD-1",权利要求字段限定"抗体",关键词字段限定"肺癌",分别点击"生成检索式""检索"按钮,最终获得 114 条记录,如图 3-1-9 所示。检索后,系统自动保存检索式,用户可在检索历史中看到历次的检索式。

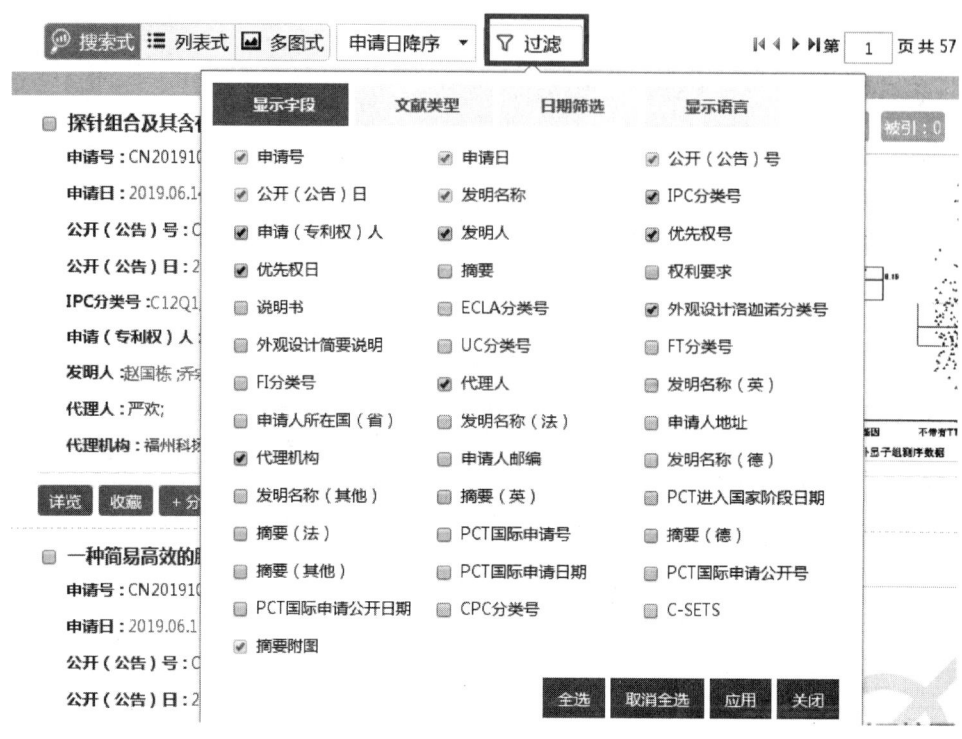

图 3-1-7　PSS 系统检索结果过滤界面

图 3-1-8　PSS 系统高级检索界面

图 3-1-9 PSS 系统高级检索结果

3) 导航检索

导航检索是通过专利文献的 IPC 分类号进行检索的方式。选择 IPC 分类号的"部"后，即可展开分类表，按照拟检索的主题选择具体的分类号后点击出现的"检索"浮标即可进行检索，如图 3-1-10 示。

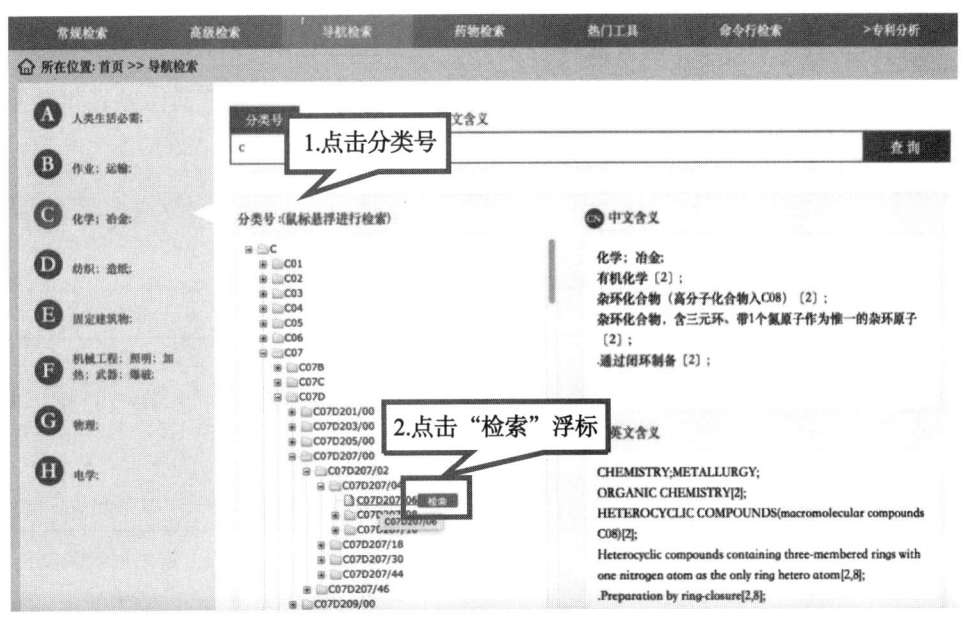

图 3-1-10 PSS 系统导航检索界面

4) 药物检索

药物检索分为高级检索、方剂检索、结构式检索，检索界面中还提供中药词典、西药词典，其主界面如图 3-1-11 所示，具体检索方式将在第 3.2.2.7 节介绍。

图 3-1-11 PSS 系统药物检索界面

3.1.1.2 美国专利商标局专利检索系统

（1）USPTO 专利检索系统概述

美国专利商标局为方便用户检索美国专利文献，于 1999 年起在其网站提供免费专利检索服务，供检索的数据库包括专利授权数据库 PatFT 和专利申请数据库 AppFT，其收录的数据范围、数据类型和检索入口如表 3-1-1 所示。

表 3-1-1 USPTO 专利检索数据库信息

数据库名称	数据范围	数据类型	检索入口
PatFT	1976 年以来已公布的专利	全文文本、全文图像	常用检索字段、全文检索
PatFT	1790~1975 年已公布的专利	全文图像	公布日、专利号、美国专利分类号
AppFT	2001 年至今的专利申请	全文文本、全文图像	常用检索字段、全文检索

（2）USPTO 专利检索方式

PatFT 检索提供快速检索（Quick search）、高级检索（advanced search）和专利号检索（patent number search）。

登录 USPTO 主页（www.uspto.gov），选择 Patents 子目录中"Search patents"，可

以快速链接至 PatFT 或 PatFT 快速检索、高级检索或专利号检索系统服务界面（参见图 3-1-12、图 3-1-13）。

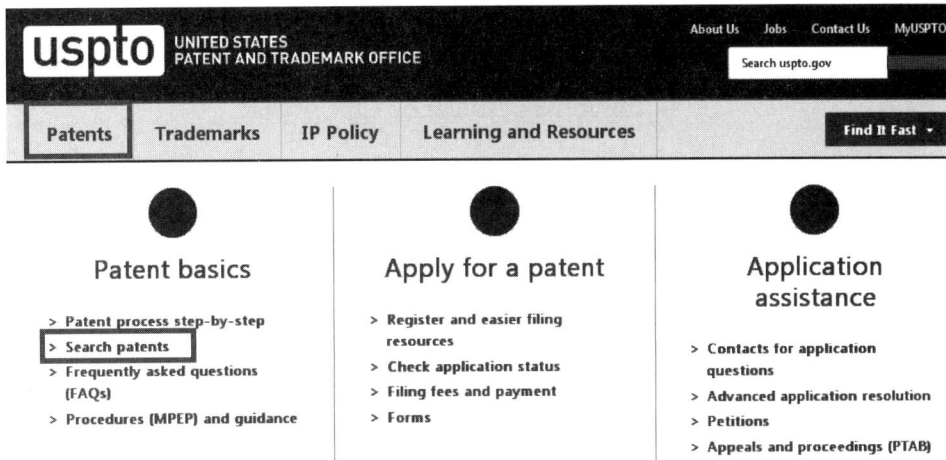

图 3-1-12　USPTO 专利主页

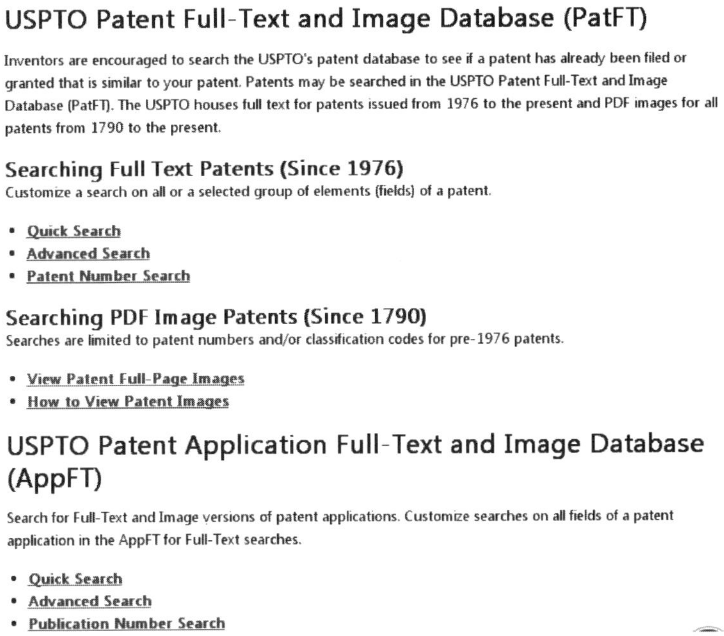

图 3-1-13　USPTO 专利检索界面

1）快速检索

如图 3-1-14 所示，打开 PatFT 检索界面，点击 Quick Search，在 Term 1、Term 2 框中输入检索关键词，关键词可以是单词或短语，短语需要采用双引号进行标记，如 "Protein Sequence"，并且在 Field 1、Field 2 框中选择检索字段，Term 1 与 Term 2 之间可选择逻辑运算符（AND、OR 和 ANDNOT），检索关键词允许在字符串后面采用"$"代替字母，接着选择年份，最后点击"Search"提交即可。若用户仅涉及单个检索词检索，则 Term 2 框中无须输入关键词，该检索系统不区分关键词的大小写。AppFT 检索方式 PatFT 检索方式相同，区别在于 AppFT 中年份仅能选择 2001 年至今。

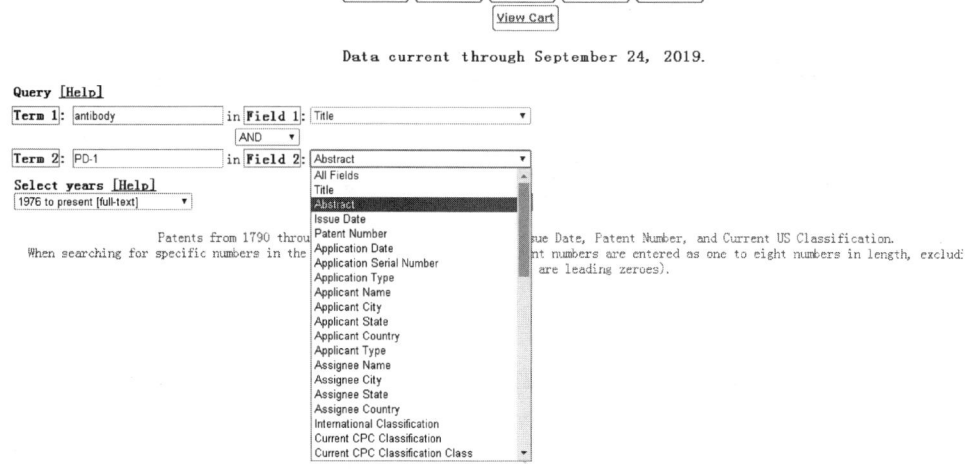

图 3-1-14　PatFT 检索的快速检索界面

例如，检索 PD-1 抗体相关的技术方案，在 Term 1 中输入 antibody，字段选择 title，Term 2 中属于 PD-1，字段选择 abstract，逻辑运算符选择 AND，时间选择 1976 年以来，提交检索最终获得 13 条检索结果，如图 3-1-15 所示。

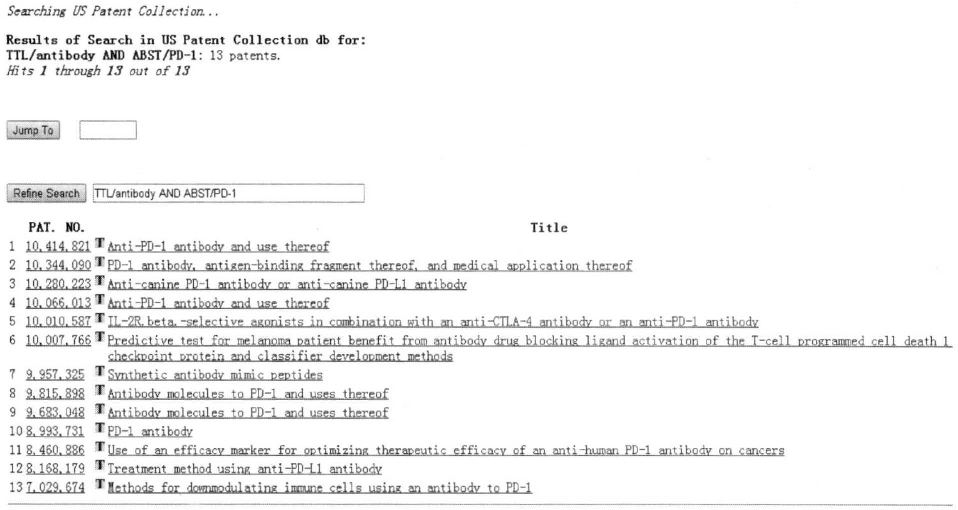

图 3-1-15　PD-1 抗体相关的技术方案检索结果

如图3-1-16所示,每条记录均给出标题、摘要、专利号、公开日、优先权、文献引用、权利要求、说明书等信息,通过点击"Images"还可查看或下载专利文献的全文图像。

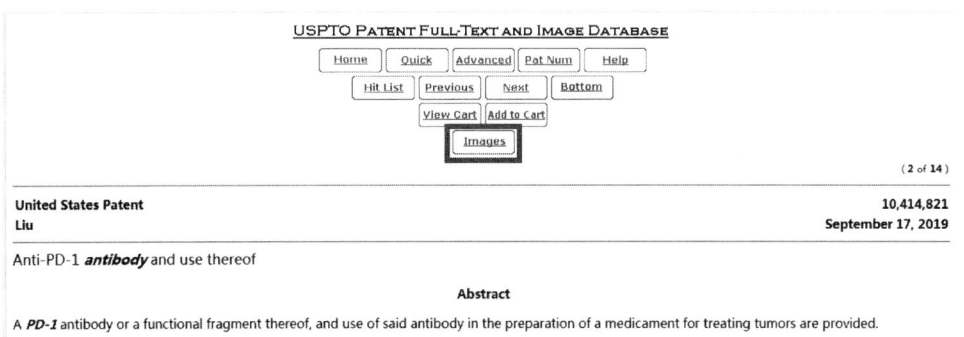

图3-1-16　PD-1抗体相关的技术方案检索结果示意

2) 高级检索

相对于快速检索,高级检索适用于多字段组合的复杂检索。如图3-1-17所示,首先,选择检索年度,在Query框内输入检索式,检索式中可以使用嵌套的逻辑算符表达形式,字段限定方式是在检索关键词前加上"字段代码/",如"PN/"即检索公开号字段,检索界面上提供各字段的代码及其具体含义供检索时对照查询,最后点击"Search"提交即可,结果如图3-1-18所示。AppFT检索方式与PatFT检索方式相同,区别在于AppFT中年份仅能选择2001年至今。

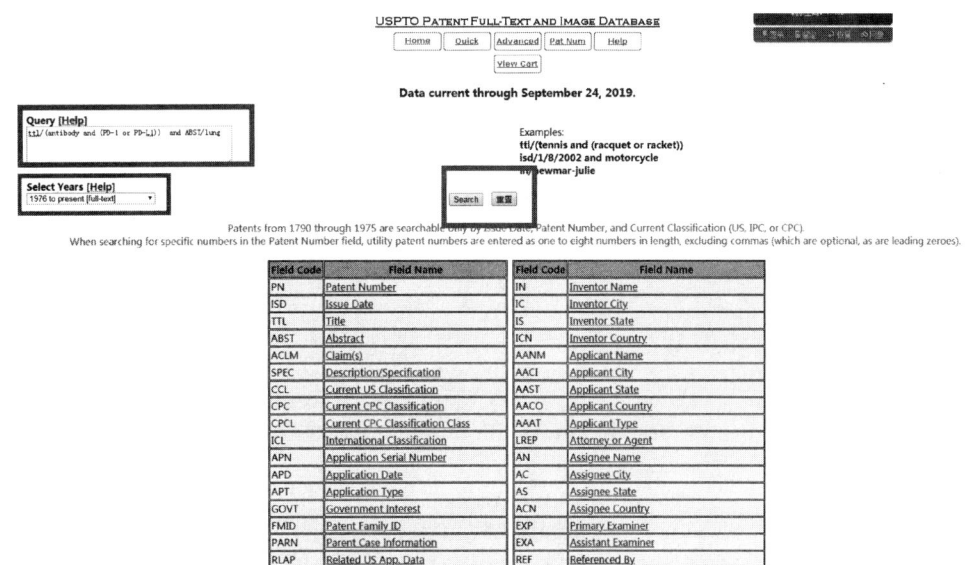

图3-1-17　USPTO高级检索界面

```
Searching US Patent Collection...
Results of Search in US Patent Collection db for:
(TTL/(antibody AND (PD-1 OR PD-L1)) AND ABST/cancer: 4 patents.
Hits 1 through 4 out of 4

Jump To

Refine Search  ttl/(antibody and (PD-1 or PD-L1)) and ABST/cancer

PAT. NO.                Title
1 10,221,244  T  Anti-CSF1R antibody and anti PD-1 antibody combination therapy for cancer
2 10,007,766  T  Predictive test for melanoma patient benefit from antibody drug blocking ligand activation of the T-cell programmed cell death 1 (PD-1) checkpoint protein and classifier development methods
3 9,765,147   T  Anti-CSFR1 antibody and anti PD-1 antibody combination therapy for cancer
4 8,460,886   T  Use of an efficacy marker for optimizing therapeutic efficacy of an anti-human PD-1 antibody on cancers
```

图 3 – 1 – 18　USPTO 高级检索结果

3）专利号检索或公开号检索

PatFT 数据库提供专利号检索（patent number search），AppFT 数据库提供公开号检索（publication number search），在已知目标文献的专利号或公开号的情况下，可采用该方式快速获取文献。两个数据库的检索方式相同，在 Query 框内输入专利号或公开号后，点击"Search"提交检索即可。当输入多个专利号或公开号时，各专利号或公开号之间用空格或"OR"间隔开。

3.1.1.3　欧洲专利局官方网站

（1）Espacenet 专利检索数据库

欧洲专利局（EPO）的 Espacenet 专利检索数据库文献覆盖面广，用户可以免费检索全世界 100 多个国家的已公开专利申请，目前其专利文献收录量超过 1.1 亿篇。Espacenet 专利检索数据库的网址为 https://worldwide.espacenet.com/，其首页如图 3 – 1 – 19 所示。

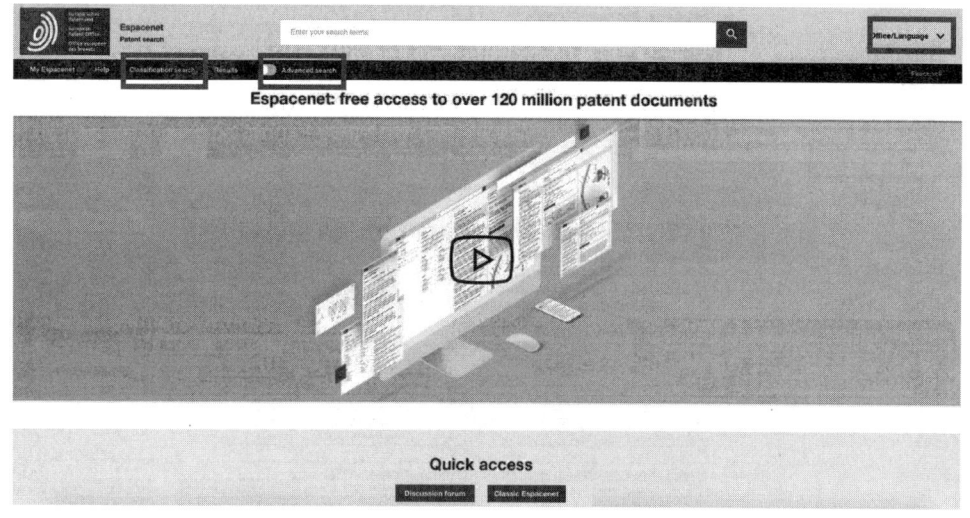

图 3 – 1 – 19　Espacenet 专利检索首页

其中，"Classification search""Advanced search"分别表示 CPC 分类号检索和高级检索，"Office/Lanuage"表示用户可选语言。目前该数据库支持欧盟主要成员国的语言。

点击"Classification search"后可以进行 CPC 分类号的检索,相关检索界面如图 3-1-20 所示。

图 3-1-20　Espacenet CPC 分类号检索界面

可以在"Search"任务栏中输入 CPC 分类号或英文关键词进行查询,也可以点击"Index"按钮右边相应 CPC 分类号的"部"后按层级结构查询。

在首页点击"Advanced search"后进入高级检索界面,高级检索界面可以实现不同模块的组合检索,"Advanced search"默认四个检索块,部分检索块的界面如图 3-1-21 所示。

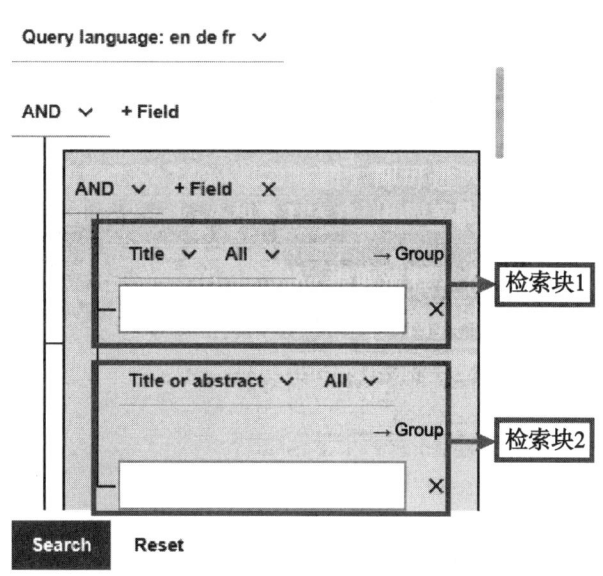

图 3-1-21　"Advanced search"部分检索块界面

首先需要在相应的检索字段输入检索词,其次根据需要选择检索块之间的逻辑运算关系,最后再运行检索。目前高级检索仅支持英文、德文、法文检索,对于上述语言不太熟悉的国内检索人员来说,使用起来并不方便。

(2) Classic Espacenet 数据库介绍

Classic Espacenet 检索界面更为人性化,来自全世界大部分国家的用户可以选择母语界面进行检索,这样可以避免语言障碍。在检索功能上,该检索系统提供智能检索、高级检索、分类号检索的模式,有利于减低检索噪声,从而提高检索效率。Classic Espacenet 检索界面的网址为 https://worldwide.espacenet.com/? locale = en_EP,在 Espacenet 首页中点击下方的 "Classic Espacenet" 可直接进入,其界面如图 3 - 1 - 22 所示。

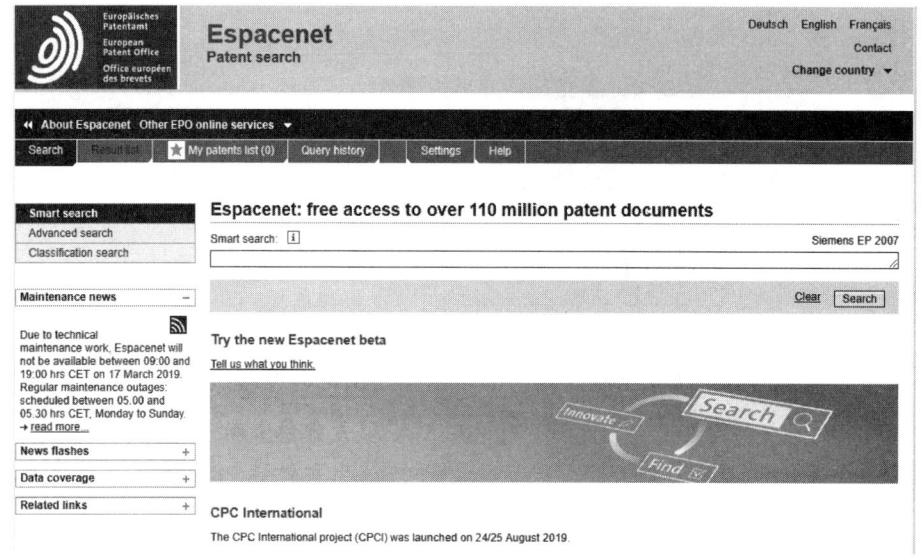

图 3 - 1 - 22　Classic Espacenet 检索界面

为方便不同国家检索人员的查询,欧洲专利局专利检索数据库提供不同国家查询入口,检索人员点击右上角 "Change country" 来选择相应的国家,目前支持的国家如图 3 - 1 - 23 所示。

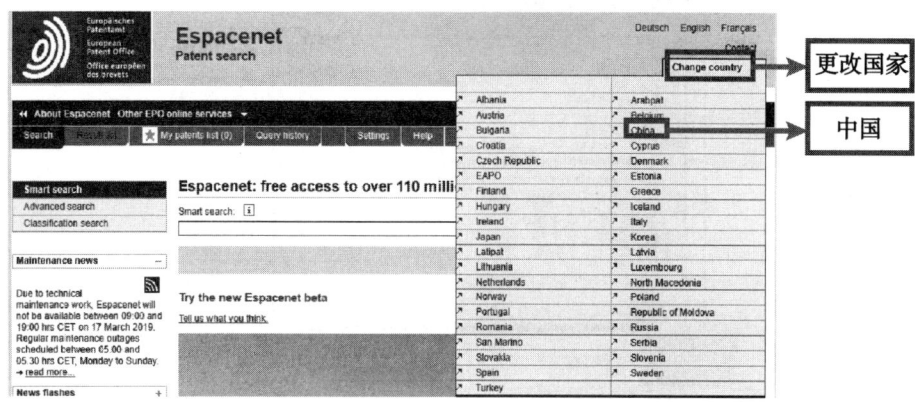

图 3 - 1 - 23　Espacenet 支持的国家选择界面

对于国内检索人员，只需点击"China"即可进入中文界面。中文检索界面如图 3 -1 -24 所示。

图 3 -1 -24　Espacenet 中文检索界面

从欧洲专利局专利检索数据库中文界面可以看到，其提供智能检索、高级检索、分类检索（CPC）的入口，用户可以通过智能检索、高级检索来查询欧洲专利局针对相关专利申请的审查状态，并通过"全球案卷"（Global Dosser）超链接来查询同族专利的审查情况。

1）智能检索

在智能检索任务栏中，可以最多输入 20 个检索词并以空格或适当的运算算符连接。可供使用的运算符包括布尔运算符、嵌套查询算符、缺省运算符、截断算符等，其中截断算符对于扩展检索较为实用，"*"代表任何长度的字符串，"?"代表无或一个字符，"#"只代表一个字符。例如，想了解 3M 公司在欧洲有关水凝胶方面的专利申请情况，只需在智能检索任务栏中输入"hydrogel and 3m"，运行检索后即可获得相关检索结果，如图 3 -1 -25 所示。

点击第一条检索记录后，可以获得该专利的著录项目信息、全球案卷等信息，如图 3 -1 -26 所示。

用户可根据需要点击左侧任务栏中著录项目数据、说明书、权利要求书、说明书和附图、原始文献、INPADOC 法律状态、INPADOC 同族专利等信息。值得注意的是，欧洲专利局专利检索数据库在著录项目数据的申请号一栏中引入"全球案卷"超链接，方便用户快速获得全球案卷信息，关于全球案卷系统的使用将在后续章节详细介绍。

图 3-1-25 "hydrogel and 3m" 智能检索结果

图 3-1-26 "hydrogel and 3m" 智能检索详细信息

2) 高级检索

欧洲专利局专利检索数据库还提供高级检索的入口，通过高级检索，用户可以检索全世界 100 多个国家的已公开专利申请。高级检索的可检索字段包括标题/摘要中关键词、公开号、申请号、优先权号、公开日、申请人、发明人、IPC、CPC 等，并提供相关检索字段的检索示例。例如，检索人员想获得 2009～2019 年公开的 3M 公司申请的标题或摘要中包含水凝胶、CPC 分类号为 A61L15/60 的相关专利，只需在相应检索字段输入检索信息即可。需要注意的是，在输入公开日范围时应采用"2009：2019""2009，2019"或"2009 2019"形式，运行后的检索结果如图 3-1-27 所示。

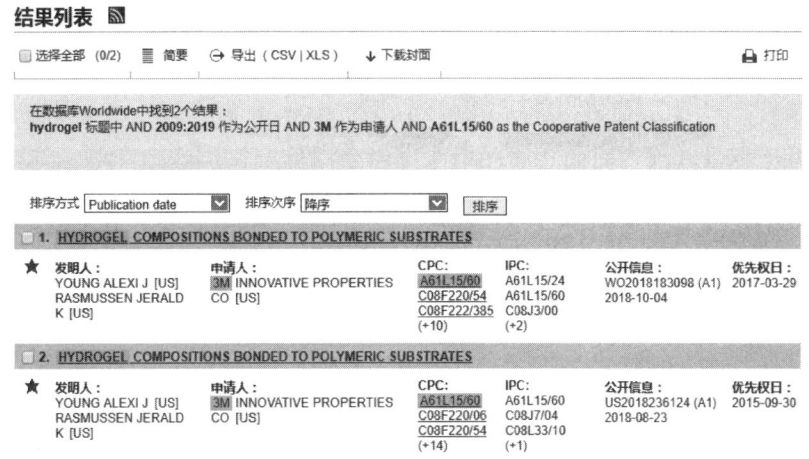

图 3-1-27　2009～2019 公开的"hydrogel and 3m"高级检索结果

3.1.1.4　日本特许厅官方网站

（1）数据库介绍

日本特许厅（JPO）是日本工业产权申请受理、审查、授权或注册的政府机构，其官方网站提供日语和英语网站界面，以供不同语言用户使用，日语版主页如图 3-1-28 所示。

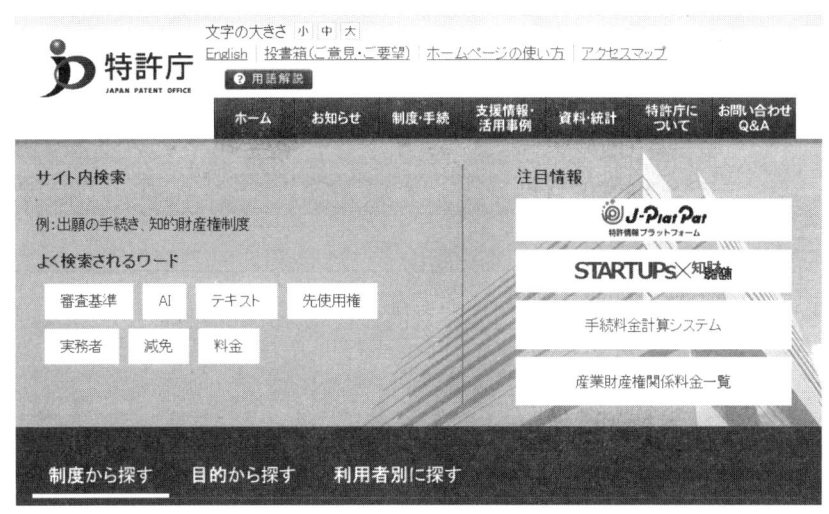

图 3-1-28　JPO 日语版主页

对于非日语用户，只需点击主界面上方"English"按钮，即可跳转到英文主界面，如图 3-1-29 所示。

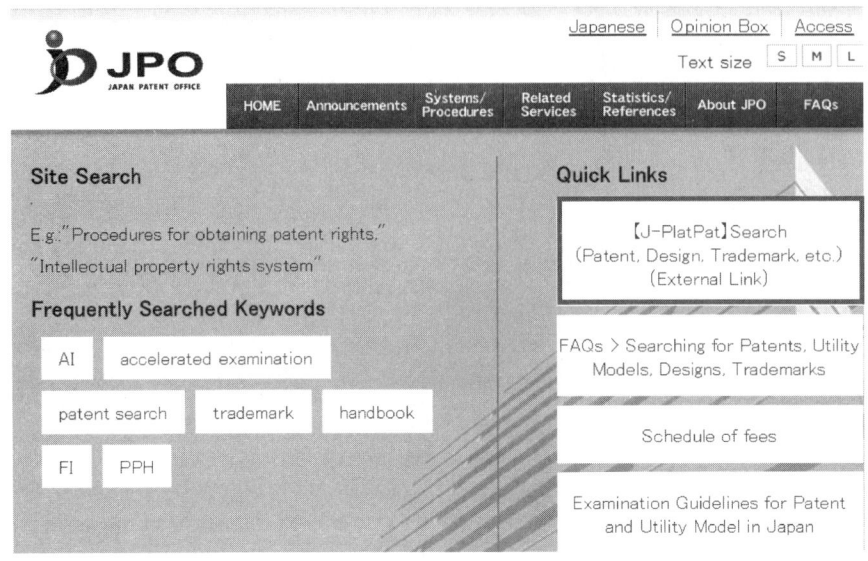

图 3-1-29　JPO 英文版主页

通过日本特许厅官网，用户可以进行摘要检索、简单检索、高级检索、IPC 分类号检索以及日本特有的 FI-FT 分类号检索。

（2）文献检索

登录日本特许厅英文界面后，点击"Quick Links"栏下"【J-PlatPat】Search (Patent, Design, Trademark, etc) (External Link)"超链接即可进入日本特许厅检索系统（https://www.j-platpat.inpit.go.jp/），进入检索系统后将鼠标放在"Patent/Utility Models""Designs"等超链接按钮上可以显示各种检索模式，如图 3-1-30 所示。

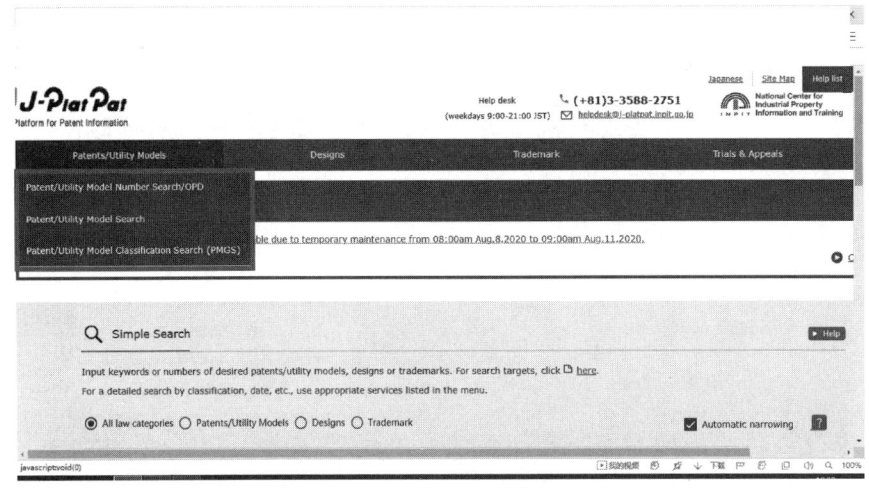

图 3-1-30　JPO 检索系统主界面

"Patent/Utility Model Number Search/OPD"模式下可以提供专利的申请号、公开号、授权号及其模糊检索,在检索栏中还给出相关编码的输入示例,具体操作界面如图 3-1-31 所示。

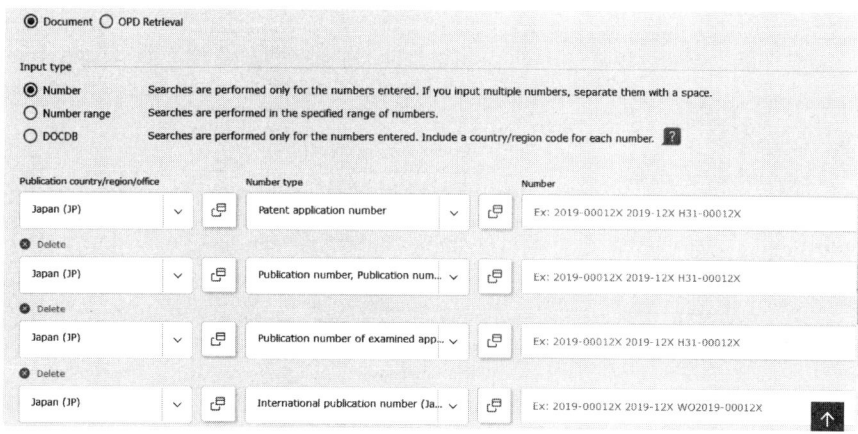

图 3-1-31　JPO 编码检索界面

"Patent/Utility Model Search"包括表格检索(Selective Input)和命令检索(Logical Expression Input)两种模式。表格检索界面与"Patent/Utility Model Number Search"类似,选择语言、字段后输入检索词即可进行检索,目前可以使用的表格检索字段如图 3-1-32 所示。

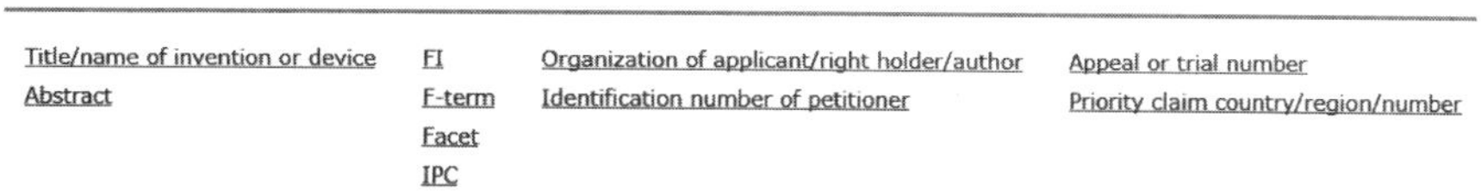

Title/name of invention or device	FI	Organization of applicant/right holder/author	Appeal or trial number
Abstract	F-term	Identification number of petitioner	Priority claim country/region/number
	Facet		
	IPC		

图 3-1-32　JPO 表格检索字段

例如,想查询 HOYA 公司水凝胶领域、FI 分类号为 C08F230/08 的相关专利情况,只需在表格检索中选择相应字段,具体操作界面如图 3-1-33 所示。

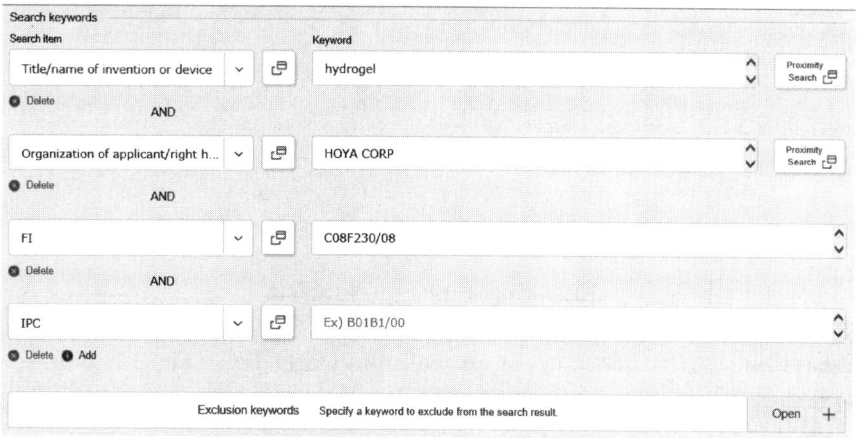

图 3-1-33　HOYA 公司相关专利表格检索界面

输入检索词后运行检索得到两篇相关文献，结果如图 3-1-34 所示。

By publication years ： All | 2018(1) | 2014(1)

By FI ： All | C08(2) | G02(2)

Classification Code Ranking | Print List | CSV Output

No.	Document number	Application number	Filing date	Publication date	Title of the invention	Applicant/Right holder	FI	Options
1	JP,2018-199803,A	JP,2017-183598	Sep.25,2017	Dec.20,2018	WATER-SOLUBLE SILICONE MACROMER, SILICONE HYDROGEL COMPOSITION, SILICONE HYDROGEL CONTACT LENSES AND METHOD FOR MANUFACTURING THE SAME	PEGAVISION CORP	C08F230/08 C08F8/00 G02C7/04 Other	Details OPD URL
2	JP,2015-011314,A	JP,2013-138880	Jul.02,2013	Mar.26,2014	METHOD FOR PRODUCING SILICONE-CONTAINING COPOLYMER MOLDED ARTICLE HAVING HYDROPHILIC SURFACE, AND SILICONE HYDROGEL CONTACT LENS HAVING HYDROPHILIC SURFACE	HOYA CORP	C08F230/08 G02C7/04	Details OPD URL

Jump To Top Of List

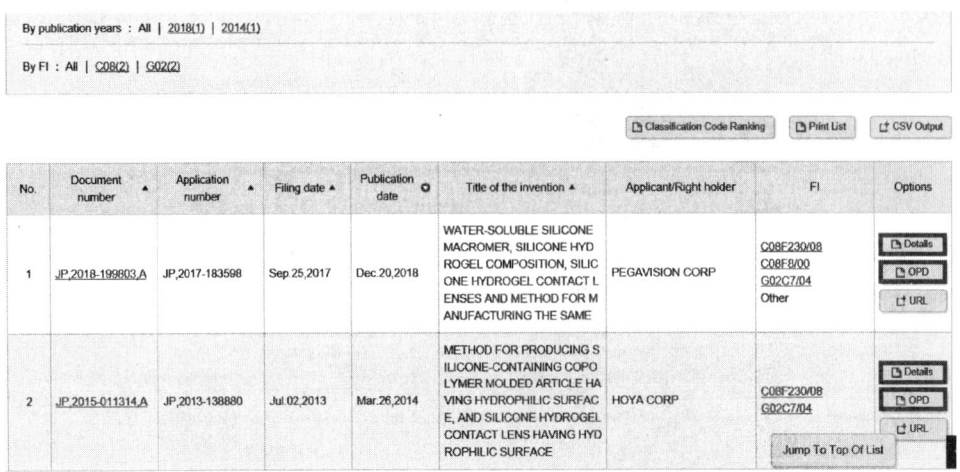

图 3-1-34　HOYA 公司相关专利表格检索结果

通过最后一栏的 Delails 可获取该专利/申请的详细信息，OPD（One Portal Dossier）可获得其同族在全球的审查信息。

命令检索适用于多字段组合的复杂检索，其检索界面如图 3-1-35 所示。

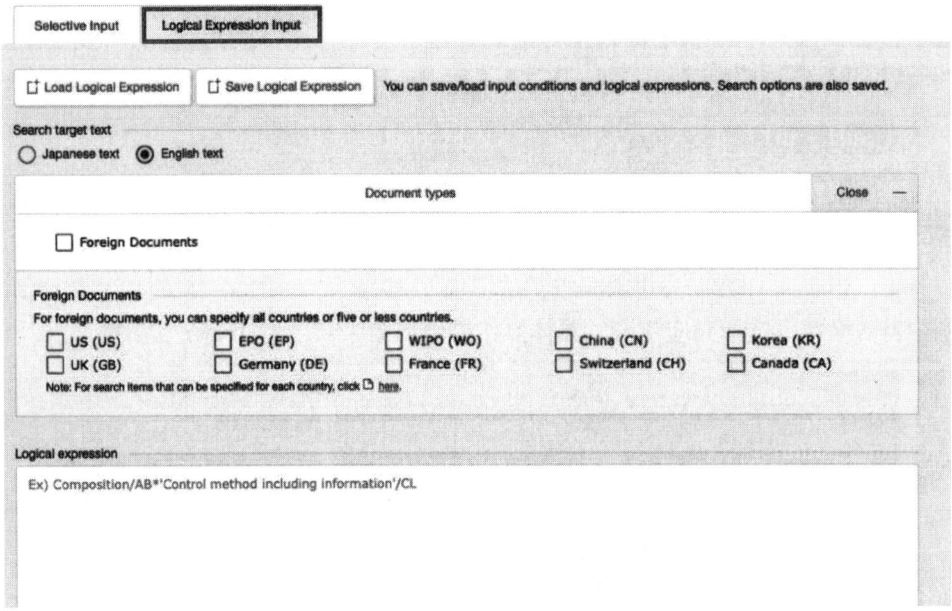

图 3-1-35　JPO 命令检索界面

“Patent/Utility Model Classification Search”可以进行 IPC、FI、FT 分类号的检索，用户可以在检索任务栏中输入 FI、FT 分类号来查询分类号的含义，也可以在检索任务栏中输入关键词，查询与之相关的 FI、FT 分类号。

3.1.1.5 韩国知识产权局官方网站

(1) 数据库介绍

韩国知识产权局（KIPO）对韩国的发明、实用新型、外观设计和商标（包括服务标记）申请实行审查、授权和注册；制定保护商业秘密发明的政策；对半导体集成电路布图设计进行注册，其官方网站提供韩语和英语界面，英文网址为 https://www.kipo.go.kr/en/MainApp?c=1000，主界面如图 3-1-36 所示。

图 3-1-36　KIPO 网站英文主页

在上述英文主页中，检索人员可以在"Intellectual Property Information Search"（知识产权信息检索入口）进行发明专利、实用新型、外观设计、商标的简单相关检索。如果检索人员需要更专业的检索，可点击检索任务栏下 KIPRIS 的超链接或直接访问 http://eng.kipris.or.kr/enghome/main.jsp 网站，其界面如图 3-1-37 所示。

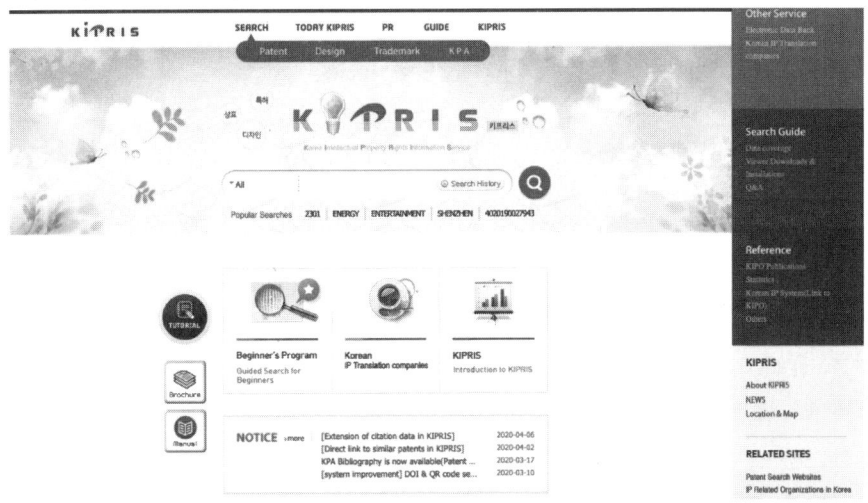

图 3-1-37　KIPO 知识产权信息检索界面

以检索专利文献为例，检索人员可以点击"SEARCH"按钮进入专利文献检索的主界面，或直接访问 http://engpat.kipris.or.kr/engpat/searchLogina.do?next=MainSearch，主界面如图3-1-38所示。

图3-1-38 KIPO专利文献检索界面

与前面介绍的欧洲专利局、日本特许厅英文界面检索操作类似，检索人员可以在韩国知识产权局网站进行智能检索、高级检索等相关操作。

3.1.2 非专利检索资源

3.1.2.1 中国知网（CNKI）

（1）CNKI概述

中国知网（CNKI）的网址为 https://www.cnki.net/。CNKI从涵盖文献的主题来看，包括理化基础研究、化工能源与材料、农业、医药卫生、工业技术、电子技术与信息科学等主题；从收录文献类型来看，包括学术期刊、硕士/博士论文、会议、标准、报纸、年鉴、专利、成果等。

（2）CNKI检索方式

1）初级检索

CNKI系列数据库提供友好的检索界面，包括跨库检索和分库检索。跨库检索将各个分库数据库的信息予以整合，并提供主题、关键词、篇名、全文、摘要等检索字段。跨库检索界面如图3-1-39所示。

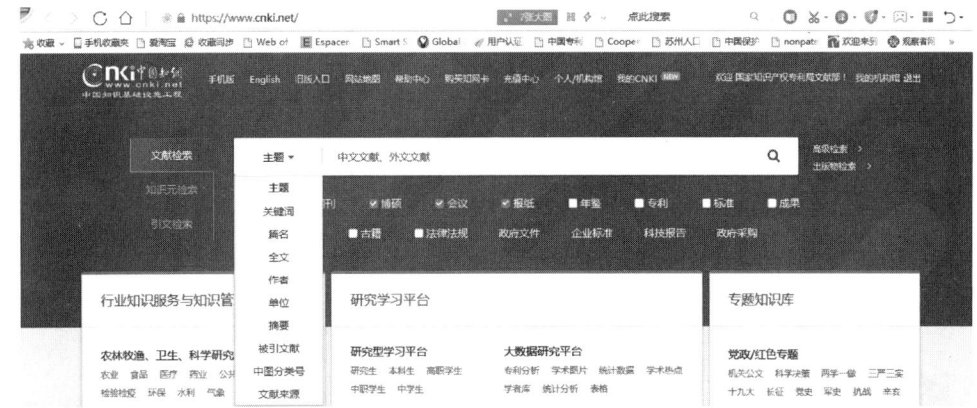

图 3-1-39　CNKI 跨库检索界面

在进行跨库检索时，检索人员应首先根据检索目的定义跨库检索的数据库，由于各个子数据库中包含海量的文献信息，选择数据库过多虽漏检概率小，但检索噪声较高，因此子数据库的选择对于提高检索效率非常关键。选定数据库，选择合适的字段即可检索快速获取相关文献。

2）高级检索

CNKI 数据库的跨库检索提供高级检索的功能，通过"并且""或者""不含"等逻辑运算符实现对不同检索字段的运算。跨库高级检索的界面如图 3-1-40 所示。

图 3-1-40　CNKI 跨库高级检索界面

尽管跨库检索可以实现不同分数据库的联合检索，但各个分库基于各自收录文献的特点，提供各具特色的检索字段，如硕士/博士论文数据库提供导师、第一导师、学科专业名称等检索字段，当想了解高分子化学与物理领域自修复/自愈合水凝胶的硕博论文时，只需按图 3-1-40 所示输入检索词并点击"检索"即可。

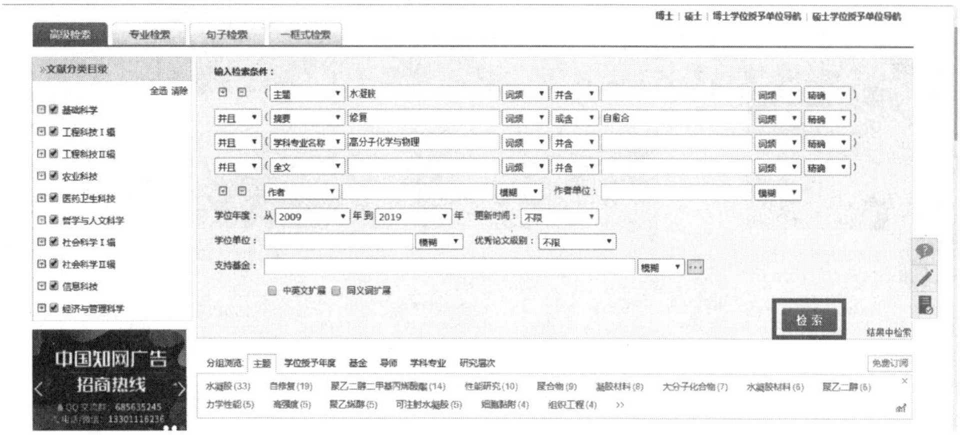

图 3-1-41　CNKI 硕博论文检索界面

3）专业检索

CNKI 数据库的跨库检索还提供专业检索的功能，虽然专业检索比高级检索功能更强大，但需要检索人员根据数据库制定的检索语法编写检索命令进行检索。这种检索方式适合熟练掌握检索技能的专业检索人员。检索人员可以在检索对话框中运用"and""or""not"运算符对检索字段进行运算以降低检索噪声，从而高效准确地命中目标文献。例如，技术人员申请发明专利前，拟对待申请专利的技术先进程度进行评估。一件申请涉及一种可压缩可拉伸自修复水凝胶的制备方法，由 3-(2-甲基丙烯酰氧乙基二甲胺基)丙磺酸盐单体、丙烯酸单体在水溶液中以热引发聚合反应制备。技术人员只需在专业检索对话框中输入"(AB=甲基丙烯酰氧乙基二甲胺基 OR AB=DMAPS) AND TI=水凝胶 AND (AB=自修复 or AB=自愈合)"进行检索即可。

3.1.2.2　万方数据知识服务平台

（1）万方平台概述

万方数据知识服务平台网址为 http://www.wanfangdata.com.cn/index.html，万方数据库与 CNKI 系列数据库涵盖的文献主题及收录文献类型大体相同，然而万方数据知识服务平台与 CNKI 系列数据库相比，数据更新速度，数据来源有所差异。因此，在进行检索时，应在不同检索平台进行检索。

（2）万方平台检索方式

1）初级检索

与 CNKI 系列数据库类似，万方数据知识服务平台也提供菜单式的检索界面，包括跨库检索和分库检索。跨库检索将各个分库数据库的信息予以整合，并提供题名、作者、作者单体、关键词、摘要等检索字段。跨库检索界面如图 3-1-42 所示。

例如，检索人员想获取篇名中包含"3D 打印材料"的相关文件，只需在检索任务栏点击题名后输入"3D 打印材料"即可获得目标文献，如图 3-1-43 所示。

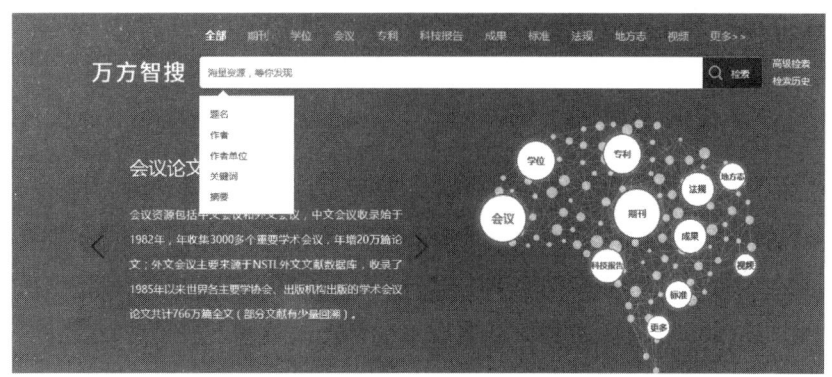

图 3-1-42　万方跨库检索界面

图 3-1-43　万方跨库检索及结果示例

2）高级检索

万方数据知识服务平台提供高级检索的功能，通过"与""或""非"等逻辑运算符实现对不同检索字段的运算。跨库高级检索的界面如图 3-1-44 所示。

图 3-1-44　万方跨库高级检索界面

在进行高级检索时，检索人员可以根据实际需要选择不同的数据库。由于各个分数据库收录文献的类型的不同，各个分数据库提供各具特色的检索字段，如表3－1－2所示。

表3－1－2 万方数据库资源及相应的检索字段

编号	数据库名称	供检索字段
1	期刊数据库	作者、论文标题、作者单位、中图分类号、来源、关键词、摘要、发表日期等检索项
2	学位论文数据库	标题、作者、导师、关键词、摘要、学校、专业、发表日期等检索项
3	会议论文数据库	作者、论文标题、中图分类、关键词、摘要、会议名称、主办单位、会议时间等检索项
4	科技成果数据库	成果名称、完成单位、关键词、摘要、公布时间、所在地区、鉴定时间、成果类别、成果水平、成果密级等检索项

3）专业检索

万方数据知识服务平台提供专业检索的功能，检索人员可以使用检索字段、逻辑运算符编辑自己期望的检索式。为实现检索字段的逻辑运算，在进行专业检索时，可使用"*"（与）、"+"（或）、"^"（非）逻辑运算符，各运算符的优先级为（）＞ not／^＞ and／*＞ or／+。例如，检索人员想了解2015～2019年丙烯酸系光固化及热固化涂料在期刊论文、学位论文、会议论文的相关文献，可用鼠标右击检索任务栏的"可检索字段"超链接，然后弹出如图3－1－45所示对话框。

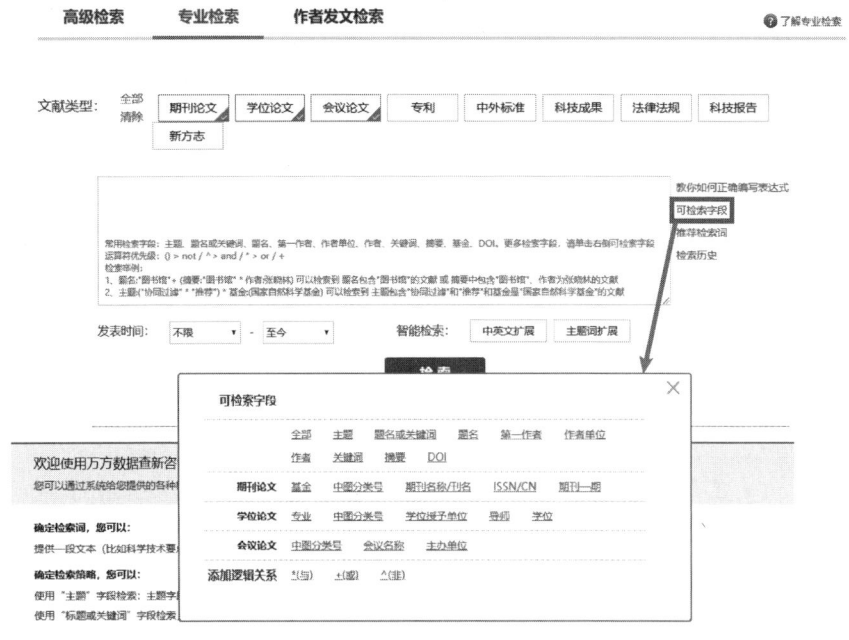

图3－1－45 万方专业检索界面

依次点击相应检索字段和逻辑运算符后,输入检索词即可,具体的检索命令如下:(主题:(涂料)＊摘要:(光固化＋热固化)＊摘要:(丙烯酸))＊Date:2015—2019。

(3) 数据源及数据更新对检索结果的影响

万方数据知识服务平台与 CNKI 系列数据库收录文献的类型大体相同,但并非从二者之一进行检索就可以保障检索结论的全面客观,这是由于二者数据更新速度有所差异,数据来源也不尽相同。例如,硕士毕业论文"用于铀酰离子富集的功能高分子微球及温敏聚合物研究",在万方学位论文数据库的在线出版时间为 2014 年 9 月 16 日,在 CNKI 硕博论文数据库中发表时间为 2014 年 5 月 1 日;又如 2012 年《共产党员》第 8 期上发表的"'聪明'水凝胶能瞬间实现切口自修复"一文被万方数据知识服务平台收录,在线出版时间为 2018 年 5 月 29 日,在 CNKI 系列数据库没有检索记录。因此,在进行目标文献检索时,应在各个数据库进行全面检索。

3.1.2.3 读　秀

(1) 读秀概述

读秀是北京世纪超星有限责任公司旗下的产品,它是建立在该公司近 20 年来所数字化的 430 余万种中文图书、10 亿页全文资料基础上的,提供深入内容的章节和全文检索。虽然该数据库还收录了期刊、报纸、会议论文、学位论文等多种信息资源,但是其主要优势在于中文图书资源。读秀的访问地址为 www.duxiu.com,未购买的读者可以申请试用。

(2) 读秀检索方式

读秀提供多个检索入口,如图 3-1-46 所示。其中,"知识"检索频道最简便也最常用,在搜索框中输入关键词后,将围绕该关键词到书籍的每一页进行检索,在搜索结果很少的情况下,具有拓展搜索范围的功能。多个关键词之间可用"空格"、"、"或","隔开。"空格"代表逻辑"与",没有位置和距离限定;"、"或",",虽然也代表逻辑"与",但表示关键词间相邻并具有前后顺序关系。

图 3-1-46　读秀检索界面

检索结果页面会以红色突出显示关键词,如图 3－1－47 所示。"展开"按钮可以进一步浏览更多信息,点击"阅读"按钮或标题链接可以进入阅读页面。

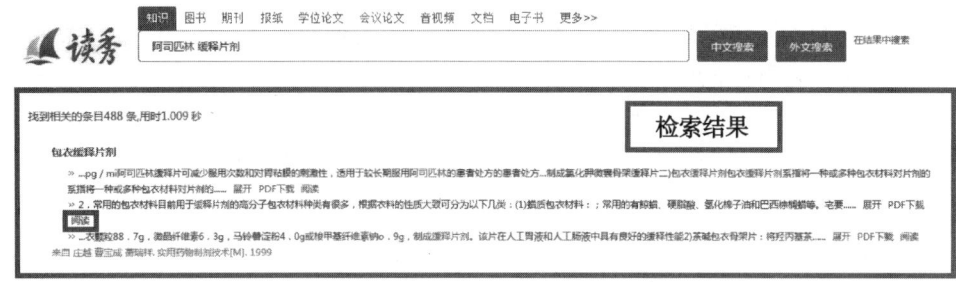

图 3－1－47　读秀检索结果示例

读秀知识频道的检索原理在于将其数字化的图书打成碎片模式,从而实现围绕某一关注点一站式检索所有涉及该关注点的图书内容。有时,用户想要系统地了解某一知识板块或技术发展概况,则可以利用读秀图书频道。如图 3－1－48 所示,在图书检索入口,除利用其"分类导航"外,还可以使用关键词查找图书。在检索结果浏览页,点击图书封面或书名链接,可进入图书详细信息页面,如图 3－1－49 所示。

图 3－1－48　读秀图书检索界面

图 3－1－49　读秀图书检索结果示例

3.1.2.4 JournalSeek

(1) JournalSeek 概述

JournalSeek 是信息检索和基因分析工具 Genamics 旗下的一款期刊信息检索服务产品，目前属于免费资源，网址为 http://JournalSeek.net/。目前该数据库共收录来自 6617 个不同出版商的 39226 种期刊，该数字还在不断增加。JournalSeek 还对其中的 33298 种期刊按照所属学科进行分类。此外，JournalSeek 还定期对期刊的基本信息（包括标题、ISSN 号和网址）进行更新，保证每种期刊信息的准确性和时效性。

(2) JournalSeek 检索方式

JournalSeek 的检索操作十分简单。如图 3-1-50 所示，其仅提供一个检索框，检索人员可在该检索框中输入期刊全名、期刊缩写名、期刊 ISSN 号或期刊 eISSN 号进行检索，JournalSeek 会自动识别该检索信息类型并进行检索。

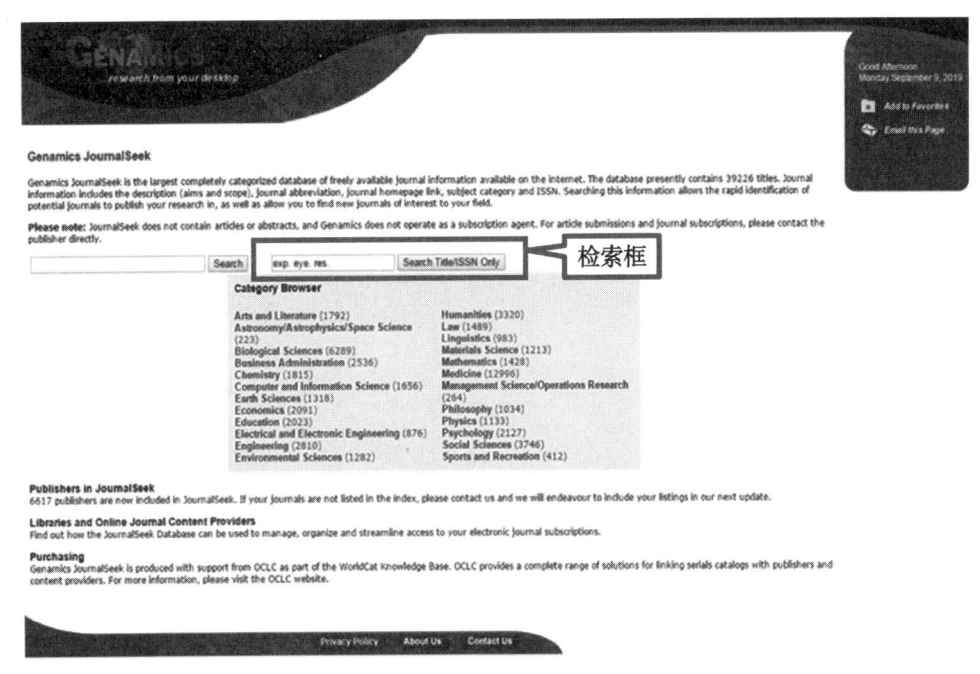

图 3-1-50　JournalSeek 检索界面

通过检索，JournalSeek 会给出与所输入的检索词相关的期刊，如图 3-1-51。点击所需期刊名，JournalSeek 会显示相应期刊的出版社或主办机构及其网络链接、期刊全文是否可网络获取、期刊主页、期刊简介等信息，如图 3-1-52 所示。尤其是前三项信息，可以为用户获取期刊全文提供十分重要的信息。

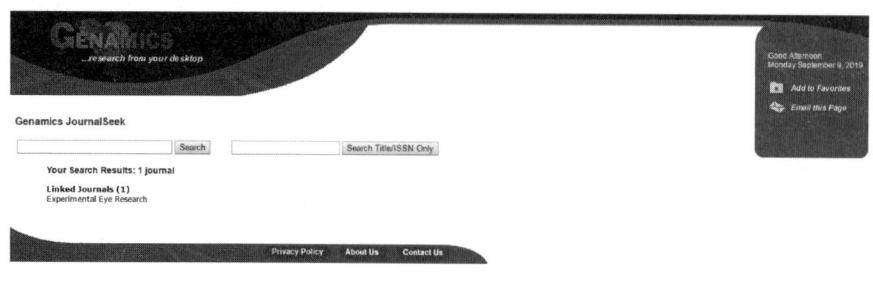

图 3-1-51　JournalSeek 检索结果界面

图 3-1-52　JournalSeek 检索结果详细信息

以下几种情况通常用 JournalSeek 进行检索：

其一，了解是否有网络公开：如 JournalSeek 检索结果提示"full text articles available online"，则说明该期刊存在网络公开，通过适当途径即可在网络上获取该期刊的全文；假设 JournalSeek 提示"full text articles not currently available online"，则说明该期刊目前仅是纸质出版，未进行网络公开。

其二，获取链接：JournalSeek 提供期刊的主页信息及其链接，通过点击该链接，检索人员可以直接到达所查询的期刊主页。

3.1.2.5　Digital Object Identifier（DOI）

（1）DOI 概述

DOI 由国际 DOI 基金会负责运作和管理，专门用于标示数字化对象，为数字化对象提供一种唯一性的、长期有效的标识符。DOI 是一个字符串，格式上包括由 "/" 分开的两部分。所有的 DOI 均由 "10." 开头，其是 DOI 的特定代码，之后的 4 位数字是出版机构代码，均由 DOI 分配，而 "/" 后的部分由出版社自身提供，需要具有唯一性。

目前，包括 ACS、Nature、RSC、Elsevier 和 Springer 在内的大量出版机构出版的期刊文献都使用 DOI，且不断地有更多的出版机构加入其中。因此，DOI 已成为期刊文献国际化和规范化的标志。

由于 DOI 为包括期刊文献在内的数字化对象提供唯一性的、长期有效的标识符，借助 DOI，可以极为方便快捷地获得期刊文献，免去查找期刊文献在线公开网页的大量时间。

（2）DOI 检索方式

DOI 的获取方式是多样的，目前，大量期刊文献给出参考文献的 DOI。另外，某些索引数据库所给出的文献著录项目中同样标注 DOI 信息。例如，通过 STN 的 CAplus 数据库检索并展示的期刊文献信息中就包含 DOI。

```
L5    ANSWER 2 OF 3    CAPLUS    COPYRIGHT 2019 ACS on STN
AN    2016:207706    CAPLUS    Full-text
DN    164:308866
TI    Metal-Organic Framework-Templated Porous Carbon for Highly Efficient
      Catalysis: The Critical Role of Pyrrolic Nitrogen Species
AU    Huang, Gang; Yang, Li; Ma, Xiao; Jiang, Jun; Yu, Shu-Hong; Jiang, Hai-Long
CS    Hefei National Laboratory for Physical Sciences at the Microscale, CAS Key
      Laboratory of Soft Matter Chemistry, Collaborative Innovation Center of
      Suzhou Nano Science and Technology, School of Chemistry and Materials
      Science, University of Science and Technology of China, Anhui, 230026,
      Peop. Rep. China
SO    Chemistry - A European Journal (2016), 22(10), 3470-3477
      CODEN: CEUJED; ISSN: 0947-6539
DOI   10.1002/chem.201504867
PB    Wiley-VCH Verlag GmbH & Co. KGaA
DT    Journal; (online computer file)
LA    English
OS    CASREACT 164:308866
```

在获取 DOI 的基础上，通过 DOI 的官方网址进行 DOI 解析，用户可以方便快捷地获得期刊文献的在线公开网页。中文 DOI 和外文 DOI 的官方网址分别为 http://

www.chinadoi.cn/和https://dx.doi.org/。通过在解析框中输入 DOI，经过解析，可以直接链接至期刊文献的在线公开网页。

例如，某篇期刊文献的 DOI 为 10.1002/adma.201601140，通过在 DOI 的官方网址的解析框中进行检索，点击"Go"按钮（参见图 3-1-53），则 DOI 直接链接至该文献的在线公开网页（参见图 3-1-54）。

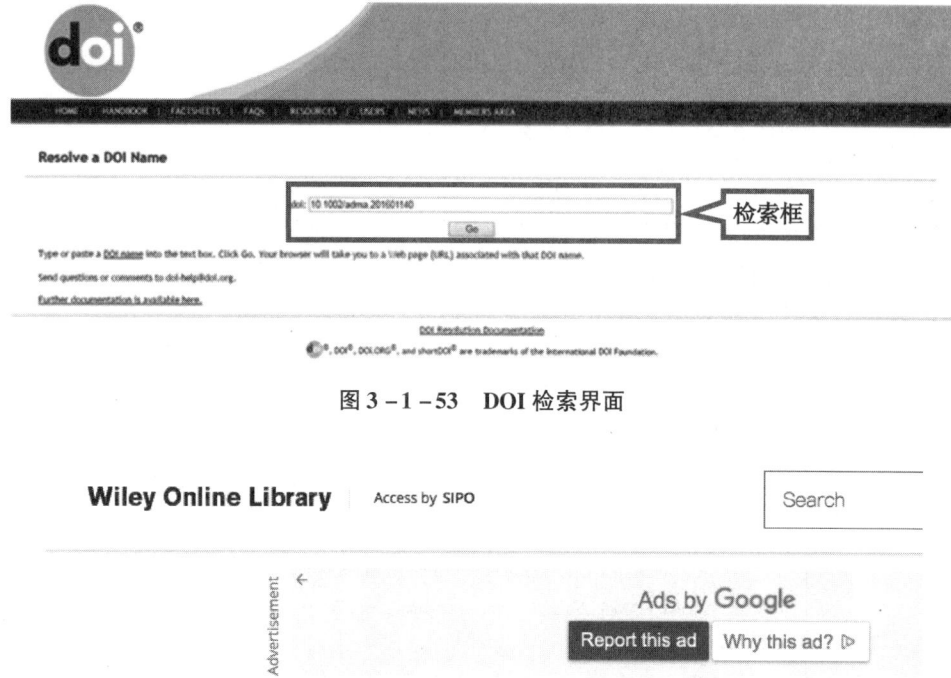

图 3-1-53　DOI 检索界面

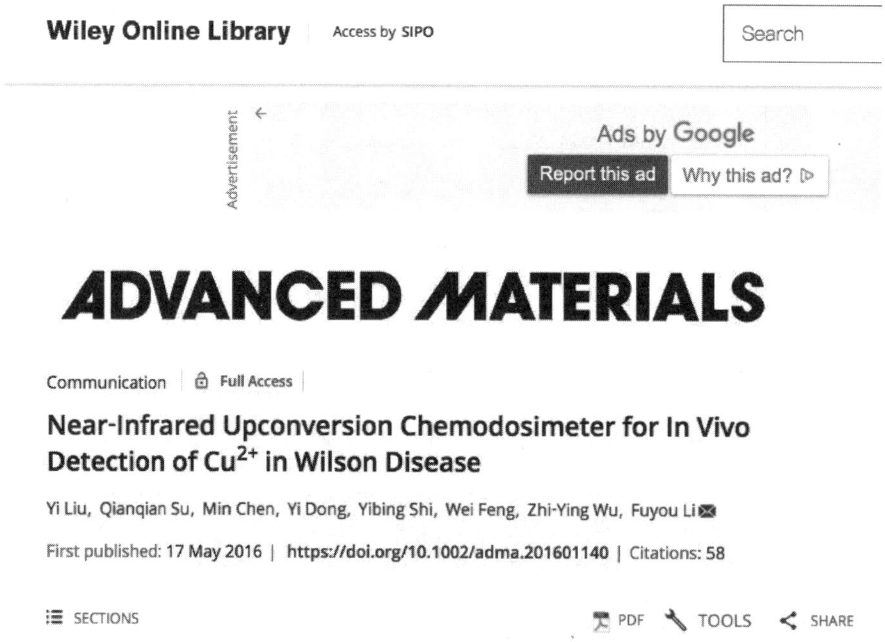

图 3-1-54　DOI 检索结果界面

3.1.2.6　常用互联网资源

（1）概述

常用互联网检索资源包括微软必应（Bing）、百度学术/百科、网络文库（E-library）等。

必应（Bing）是一款由美国微软公司于 2009 年推出的互联网搜索引擎，向用户提供网页、图片、视频、学术、词典、地图、在线翻译等产品。Bing 检索采用自然语言处理（Powerset）技术对搜索结果进行分类。

百度（Baidu）是全球最大的中文搜索引擎，收录了超过千亿的中文网页数据库，可以瞬间检索到相关检索结果。百度中文收录量远远大于 Bing，是目前全球最大的中文信息库，如输入"蛋白质"，百度返回约 1 亿条检索记录，Bing 国内版返回 308 万条检索记录。百度向用户提供新闻、知道、学术、百科等多类型产品，满足多元化的检索需求。在浏览器地址栏输入 www.baidu.com 直接访问百度搜索引擎，默认进入中文网页搜索。对于检索结果用户还可以根据百度提供的搜索工具，通过设置时间、网页和文件格式及站点进行二次过滤筛选，逐步缩小检索范围，直至返回最佳的检索集。百度与 Bing 除了个别算符表达差异外，也存在很多相同的检索算符，如百度提供"《》"这一算符，表示可检索书籍名称，并且百度在中文分词、拼音提示方面较 Bing 存在优势。百度搜索引擎基于字词结合的信息处理技术，提高了关键词检索的准确性、查全率。

网络文库（E-library）是由不同网络运营商提供的供用户在线分享相关文档的平台，是一种个人自助出版的全新模式，运营商本身不上传或编辑文档，网络文库中的文档全部由用户上传，并经网络运营商审核后发布，并供其他用户在线阅读和下载。用户下载网络文库一般需要提前注册并消耗相应积分，而通过上传有效文档则可以得到一定的积分。目前网络文库中文档的格式包括 pdf、txt、doc、ppt 等。常用的网络文库包括百度文库、豆丁网、道客巴巴、爱问共享等，上述网络文库的文档均可在线阅读。表 3-1-3 列出常用网络文库的网址信息。

表 3-1-3 常用网络文库网址信息

名称	网址
百度文库	http://wenku.baidu.com
豆丁网	http://www.docin.com
道客巴巴	http://www.doc88.com
爱问共享	http://ishare.iask.sina.com.cn

（2）检索方式

1）Bing

如图 3-1-55 所示，在浏览器地址栏输入 cn.bing.com 直接访问 Bing 搜索引擎，默认进入国内版的网页搜索，还可以根据检索结果的语言选择国际版进行检索。在输入框中输入待检索关键词后即可进入 Bing 简单检索模式下的结果显示页面，其中第 1 部分为搜索选项卡，默认结果是"网页"选项，根据检索需要可切换至其他选项卡中进行检索。第 2 部分显示检索结果的详细信息，每条记录均包括标题、文章信息摘要、网址、收录系统时间等。单击标题链接即可查看该记录的详细信息。若该链接下的记录已被删除，Bing 还提供"已缓存"链接用于查找缓存的记录信息，在缓存页面检索关键词被高亮显示。同时，值得关注的是，对于输入的关键词，Bing 会智能关联除网页选项外的其他检索信息。如输入"蛋白质"，除网页信息外还显示图片、视频等检索信息。第 3 部分提供 Bing 登录、相关检索设置，包括语言、国家、主页、个性化、安全搜索、搜索历史记录、隐私及中英双语检索设置。第 4 部分显示相关主题及其他热门检索信息。

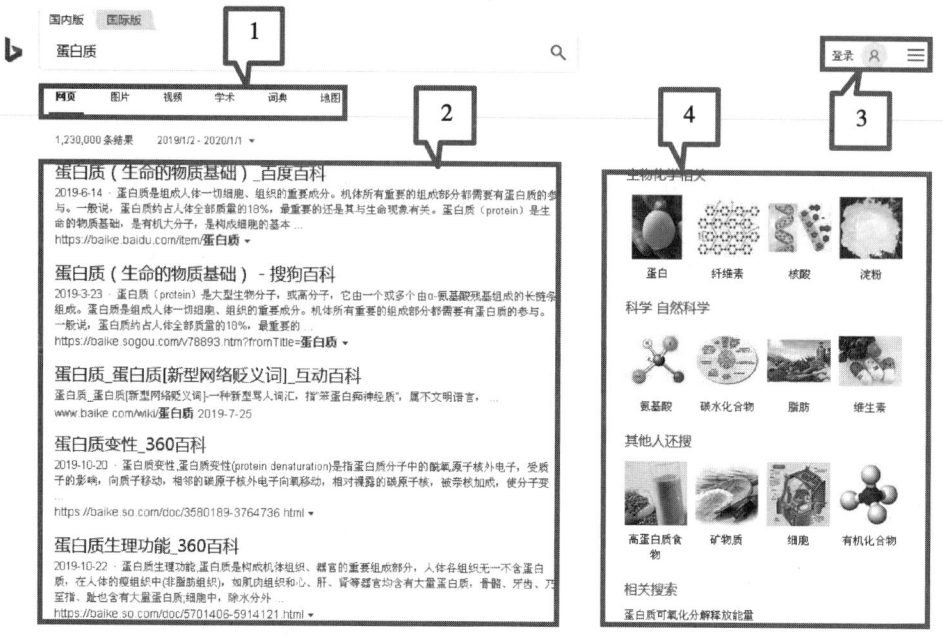

图 3-1-55　Bing 检索界面

Bing 检索引擎提供的检索算符如表 3-1-4 所示，在检索框内输入多个检索关键词默认 and 运算，无须额外添加 and。

表 3-1-4　Bing 提供的检索算符

算符	定义	示例
＋	包括"＋"符号开头关键词的网页信息或者一般会被忽略的关键词	＋蛋白质
——	准确查找网页信息中出现的检索关键词	——蛋白质
（ ）	检索或者排除括号中的检索关键词	（蛋白质）
and/&/空格	关键词之间"与"的检索	核酸 and 蛋白质
or/ |	关键词之间"或"的检索	核酸 or 蛋白质
not/ －	"非"关键词的检索	not 蛋白质
filetype	检索特定文件类型链接的网页信息	蛋白质 filetype：pdf
contains	仅检索指定类型链接的网页信息	蛋白质 contains：pdf
site	仅检索指定网页	site：www.ncbi.nlm.njh.gov

续表

算符	定义	示例
intitle	检索范围限定为网页标题	intitle：protein
inbody	检索范围限定为网页正文	inbody：protein
inanchor	检索范围限定为定位标记	inanchor：protein
loc：/location	检索范围限定为特定国家或地区，可以与逻辑运算符 or 联用	loc：CN
language	检索范围限定为特定语言	language：en
prefer	某检索条件优先检索	蛋白质 prefer：抗体

2）百度学术/百科

百度学术是百度公司推出的可供用户检索中英文文献的学术资源检索平台，于 2014 年正式上线，收录了各学科中外文期刊、会议论文等，旨在为全球学者提供开放式的科研体验。通过百度学术，能够检索到免费或收费的文献，并细分期刊频道、学者主页、论文查重、开题分析等产品服务。在百度学术的检索框内输入关键词如"蛋白质提取"，显示约 12.1 万条相关记录，每条记录均显示文献标题、作者、期刊、被引量、时间及来源，如图 3-1-56 所示。用户可快速对检索结果切换中英文或按相关性进行排序，并且根据百度提供的发表时间、领域、核心、获取方式、关键词、作者等信息可以进行二次过滤筛选。

图 3-1-56 百度学术检索及结果界面

若检索结果中存在其他非相关的文献，用户还可通过百度学术提供的高级设置中的精确关键词、检索词在文章中出现的位置等进行进一步精确检索，如图3-1-57所示。

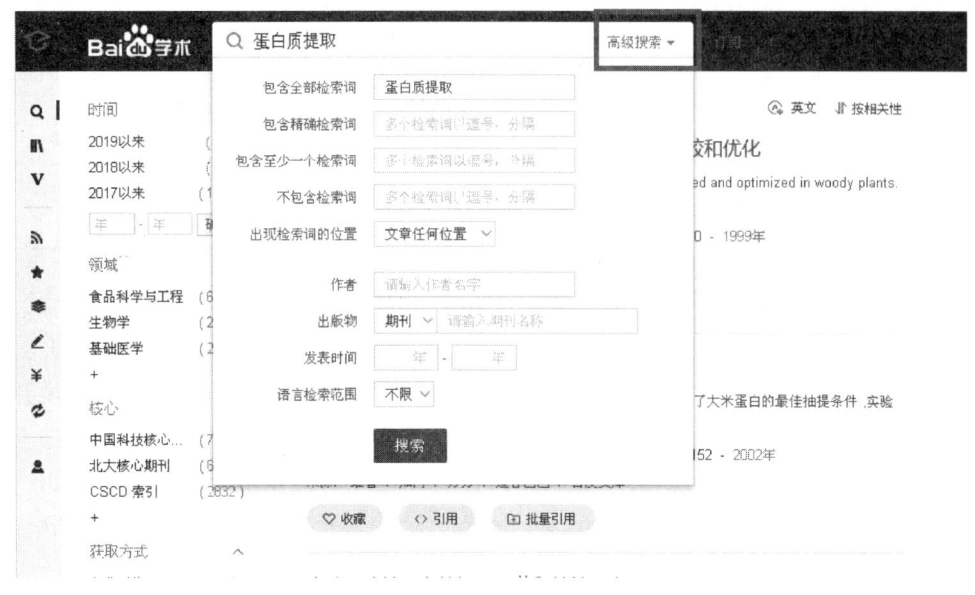

图3-1-57　百度学术高级检索界面

百度百科是一部内容开放、自由的网络百科全书检索平台，旨在创建涵盖所有知识领域、服务广大网络用户的中文百科全书。当个人百度账号等级达到四级并且通过率达85%时，方能直接编辑词条；若不满足上述条件，百度用户可通过百度投诉中心进行反馈修改。每天百度百科词条右边栏"词条统计"中都会显示词条的浏览次数、编辑次数、最近更新作者及编辑的时间。测试版于2006年上线，其正式版于2008年发布。目前，已收录超16 066 344个词条，分类包括艺术、自然、地理、社会、经济、历史、科学、文化、生活、人物、体育。如在百度百科检索框内输入"蛋白质"，该条目收录了蛋白质名称、分子量、组成、结构、性质、生理功能等详细信息。

3）网络文库

网络文库中的文档可通过百度、Bing等搜索引擎检索到，但搜索引擎排序规则的影响导致用户不能快速、直接检索到目标文档。因此，为了提高检索效率，用户根据检索习惯可选择直接登录网络文库主页进行检索。

① 百度文库。登录百度文库主页后，直接在输入框中输入检索词即可检索，用户还可对待检索的文档格式进行限定，包括doc、ppt、txt、pdf、xls。如输入"蛋白质提取"后，点击"搜索文档"后返回检索结果，如图3-1-58所示。根据用户级别可对文档范围进行筛选，以及根据相关性、下载量、最新、评分对文档进行排序。每条检索记录均显示上传时间、页码、下载次数、下载券要求、上传者及质量评分，其中的质量评分是不同用户阅读文档后给出的评分，并非网络运营商提供的分值。

图 3-1-58　百度文库检索结果界面

② 豆丁网。登录豆丁网主页后，在搜索框内直接输入检索词即可检索，返回的检索结果可按照相关性、最多阅读、最新上传进行排序，并可以通过选择"只显示优质文档"对文档质量进行筛选。如图 3-1-59 所示，输入"蛋白质提取"返回约 3612 篇文档，检索结果左栏还显示 95% 的用户最终下载的文档信息，以供用户参考。

图 3-1-59　豆丁网检索结果界面

③ 道客巴巴。登录道客巴巴主页，在搜索框内直接输入检索词即可检索。道客巴巴还提供文档求助功能，检索结果可以按照 doc、ppt、pdf 文档格式进行筛选，如图 3 – 1 – 60 所示。

图 3 – 1 – 60　道客巴巴检索结果界面

④ 爱问共享。登录爱问共享资料主页，在搜索框内直接输入检索词即可检索，并且可选择 doc、ppt 等文档格式对检索结果进行进一步限定，返回的检索结果可按照下载量或上传时间进行排序，默认综合排序，检索结果的右栏还提供相关搜索词供用户调整检索策略，如图 3 – 1 – 61 所示。

图 3 – 1 – 61　爱问共享检索结果界面

上述常用的互联网检索资源较为丰富、多样，其中网络文库中的文档可通过百度、

Bing 等搜索引擎检索到，表 3-1-5 对比 Bing 与百度各自的检索特点。

表 3-1-5　Bing 与百度检索特点对比

对比项	Bing	百度
检索页面风格	简洁，带有高清图片，凸显开发者的创意	简洁，节假日会有相应美化
检索结果（如输入"蛋白质提取"）	返回 349 万条记录，左侧显示结果，右侧显示相关信息	返回 4280 万条记录，左侧显示结果，右侧显示相关信息，但存在广告链接
检索语言	较多收录不同语言的网页信息，适合英文关键词的检索	最大中文网页数据库，适合中文关键词的检索

3.1.3　其他检索系统

近年来，随着人工智能和大数据技术的发展以及专利检索需求的剧增，专利检索工具的发展处于井喷期，涌现出大量检索系统，这些检索系统的主要特点基本相同，具体如下：

（1）数据范围基本相同

各检索系统的数据基本来自于五大专利局（US、EP、CN、JP、KR）以及世界知识产权组织（WIPO），涵盖世界上 100 多个主要国家、地区和组织的专利数据，收录总量超过 1 亿条。

（2）界面和功能基本相同

布尔逻辑检索是检索系统的标配。这些检索系统均会提供不同的检索模式，如简单检索、高级检索、分类表检索等，并且也都会推出自己的智能检索，或称为语义检索。在运算符和截词符方面，也都会提供临近算符、同在算符等常用算符。事实上，在掌握 PSS 系统之后，对其他系统都会触类旁通，迅速上手。

本小节遴选 SooPAT、Patentics、PatSnap（智慧芽）、IncoPat 和 HimmPat 等检索系统，重点介绍其特色之处。

3.1.3.1　SooPAT

（1）SooPAT 概述

SooPAT 包含 108 个国家和地区、超过 13000 万条专利文献，不用注册即可免费检索。

（2）SooPAT 检索方式

通过 SooPAT 官方网站 http://www.soopat.com 即可进入检索网页。如图 3-1-62 所示，在该界面可以使用简单检索方式，直接输入关键词或申请号、公开号即可进行搜索。

图 3-1-62 SooPAT 主检索界面

若想要进行更精准的检索，可以使用表格检索方式，SooPAT 的搜索框支持将各字段间组成复杂的逻辑检索式进行精确搜索，如图 3-1-63 所示。这其中包括字段限定、缺省符"*"、时间范围查询和复杂逻辑运算。

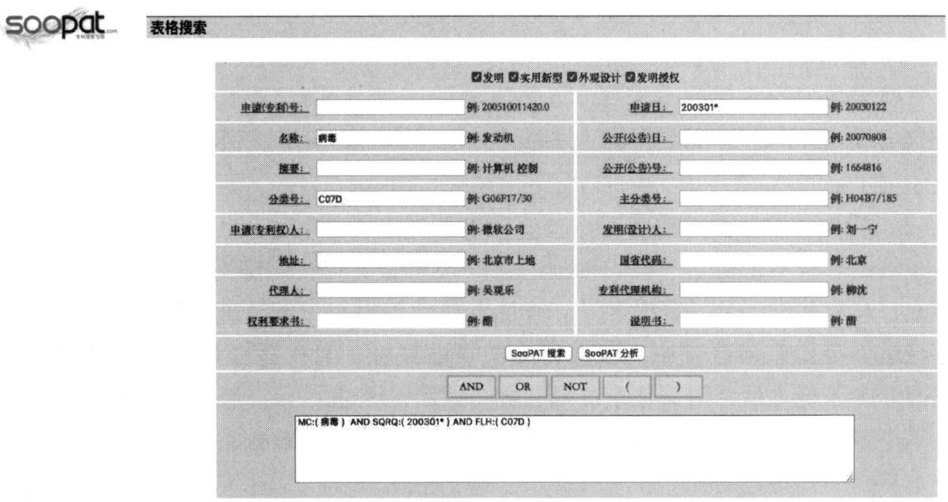

图 3-1-63 SooPAT 表格检索界面

在申请号、公开日期、公开号、分类号、主分类号、申请日期这六个字段中查询时，可使用缺省符"*"进行模糊搜索。"200601*"表示查询公开日期在"2006 年 1 月"的所有专利。

申请日、公开日可支持时间范围查询"开始值 TO 结束值"。如"2005 TO 2006"表示查询申请日期在 2005~2006 年的所有专利。

另外，SooPAT 还提供 IPC 分类号检索，如图 3-1-64 所示，可方便地点击相应的"IPC 分类号"进行检索。

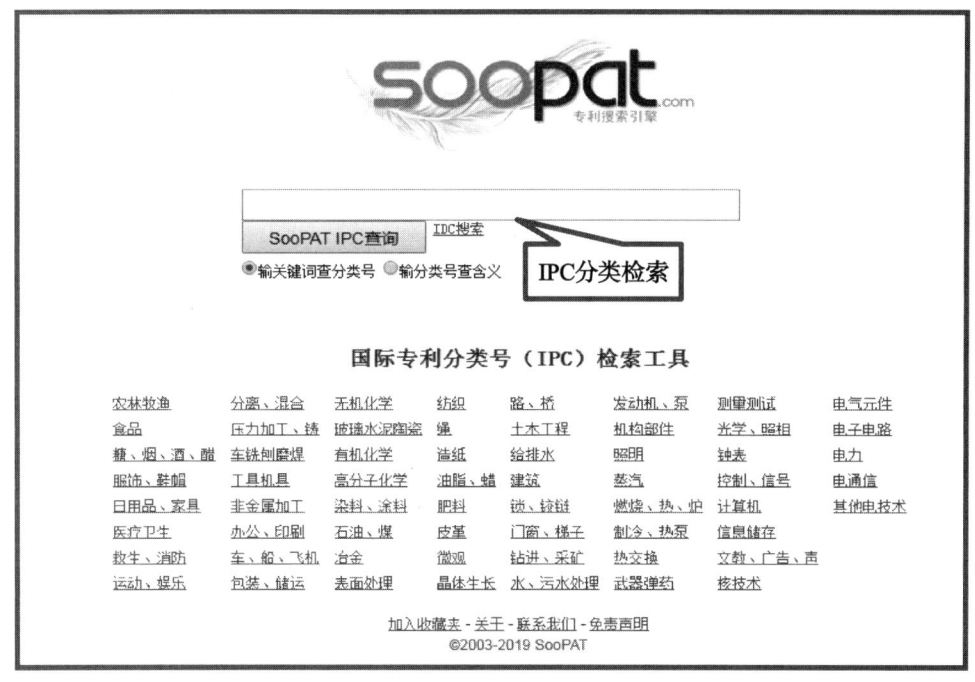

图 3-1-64 SooPAT IPC 分类号检索界面

在检索结果界面提供不同模式的显示方式、排序方式，同时支持批量导出，如图 3-1-65 所示。

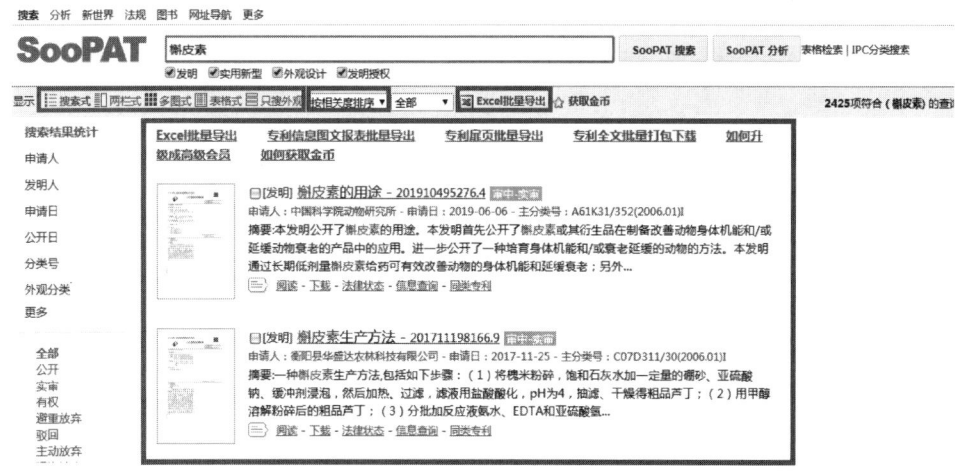

图 3-1-65 SooPAT 检索结果界面

3.1.3.2 Patentics

（1）Patentics 概述

Patentics 智能化专利搜索和分析系统（简称 Patentics）是索易互动（北京）信息

技术有限公司开发的检索数据库平台,能够进行智能语义搜索、专利分析与管理等,网址是 http://www.patentics.com/。

Patentics 的特色在于智能语义检索功能,检索时只需输入一个专利公开号或申请号、一个技术方案、一句话或者一个关键词,系统就自动理解输入内容,将与之相关的文献按语义相关度从高到低输出检索结果,只要是含义相同或相似的专利文献,就会按相关度排序来呈现,而不必考虑文本中是否包含该检索词。在语义搜索的基础上,如果加之人工干预,检索结果会更加精准、高效。

Patentics 提供非常多的检索字段,在首页上点击"字段组合"→"更多高级字段"即可看到所有字段以及通配符、逻辑运算等信息。常用的特色检索字段如表 3-1-6 所示。

表 3-1-6 Patentics 常用的特色检索字段

代码	名称	等级	说明
R/	语义排序	1	根据输入的词、句子、段落、文章或者专利号(输入专利等于输入专利全文)意思,对检索结果进行排序,优先级低于布尔检索命令。 R/cdma B/手机 and R/cdma(先检索出关键词包含"手机"的专利,再对检索结果按照与"cdma"意思的相关度进行排序)
RDI/	新颖性语义排序	1	仅对公开日(或 PCT 公开日)在本专利申请日前的专利进行语义排序 RDI/CN1234567 等于 R/CN1234567 and DI/CN1234567
RM/	多库语义排序	1	同时对 9 个数据库(中国、中国台湾、美国、欧专局、日本、韩国、WO、中国英文翻译、美国中文翻译)专利进行语义排序,各取相关度最高的前 20 位 RM/CN1234567 或 RM/无人机
C/	概念检索	1	后跟专利号、词、词组、语句或文章,获得与输入概念的相关专利,约定输出最相关前 400 项。 C/cdma B/手机 and C/cdma(先检索出与"cdma"意思最相关的 400 项专利,从其中筛选出关键词包含"手机"的专利)

(2) Patentics 检索方式

Patentics 提供客户端、网页版和微信小程序三种检索模式,其功能及费用对比如表 3-1-7 所示。

表 3-1-7　Patentics 三种检索模式对比

功能及费用		客户端	网页版	微信小程序
检索	智能语义	可以	可以	可以
	数据库及字段	全面	全面	全面
浏览		全文浏览	全文浏览	全文浏览
下载与上传		基本不受限	有上限	不可
统计与分析		强大	一般	简单
费用		收费	收费	注册后免费

其中，网页版使用难度适中，基本能够满足不同检索需求，本部分将以其为例说明 Patentics 的检索方式。

使用账号登录后的检索页面如图 3-1-66 所示，鼠标悬停处会自动显示提示内容。左栏选择数据库，右栏上方空白处输入检索式，如 "r/CN107468682"，点击 "搜索" 或回车后，下方即可显示检索结果，默认按照相关度排序，点击想要浏览的文献即可。

另外，点击该界面右侧 "回" 字形符号，打开所有标签，即可显示每篇检索结果的摘要（默认）、题录等内容，无须单独打开每篇文献，可以提高浏览效率。

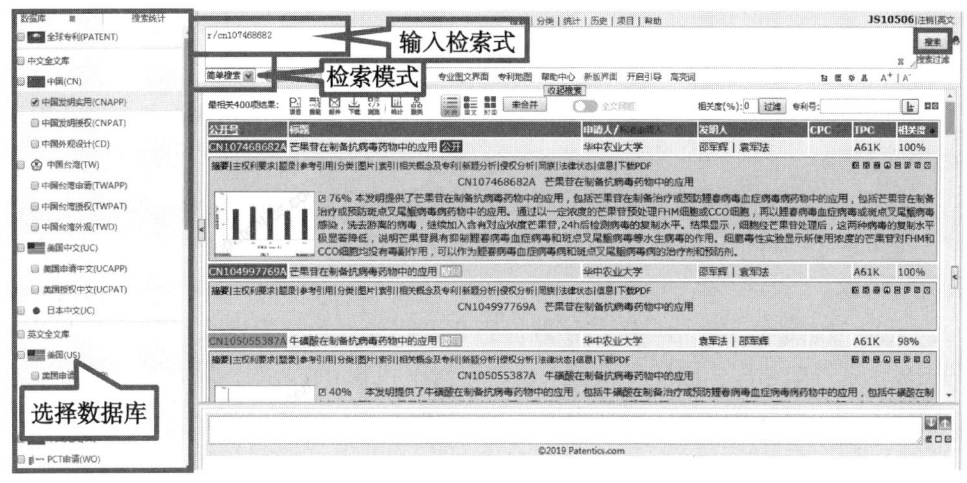

图 3-1-66　Patentics 检索及检索结果界面

Patentics 支持布尔算符的使用，可进行组合检索。例如，"r/cn107468682 and b/鲤春病毒血症病毒"，即在语义搜索的基础上，进一步人工干预，提高检索效率。

以上内容是在默认的 "简单搜索" 模式下进行的。另外，Patentics 还提供向导搜索、高级搜索、表格搜索、新手上路、公司搜索等检索模式，可以根据需求进行选择。

3.1.3.3 PatSnap

（1）PatSnap 概述

PatSnap（智慧芽）全球专利数据库为 PatSnap 旗下专利分析与管理平台，支持中、英、日、法、德等多语言全文搜索，如图 3-1-67 所示。其提供简单搜索、高级搜索、批量处理、语义搜索、扩展搜索、分类号搜索、法律搜索、图像搜索和化学搜索 9 个检索方式入口，以下介绍常用的检索入口。

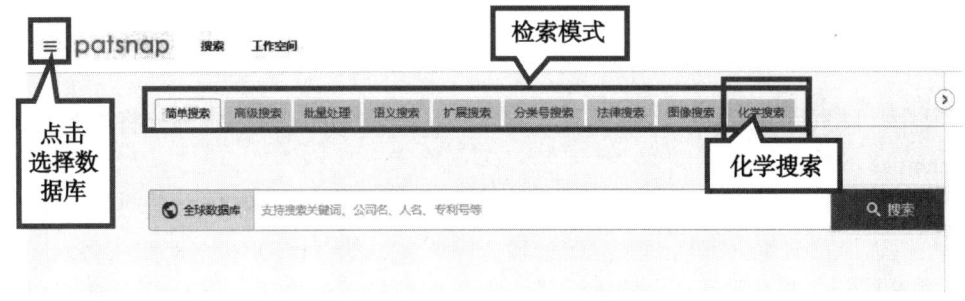

图 3-1-67 PatSnap 检索界面

（2）PatSnap 检索方式

① 简单搜索检索范围为全文搜索，是最为简单的检索入口，使用方法类似百度搜索。

② 高级搜索以表格形式进行，能够提高检索精准度且简单易上手。

③ 语义搜索输入框支持中英文文档搜索，默认匹配最相关的 1000 条专利并默认最相关进行排序。

④ 扩展搜索通过输入或者粘贴一段文本，在显示框下方自动提取生成 10 个以内主题词，每个主题词将会自动推荐与之相关的衍生关键词，点击相关关键词，选择不同字段进行检索。

⑤ 化学搜索是便于在化学医药领域检索化合物的一种检索模式。另外，点击左上角的图标也选择数据库，同样可以进入化学数据库和 Bio 数据库，后者可以检索生物序列，如图 3-1-68、图 3-1-69、图 3-1-70 所示。

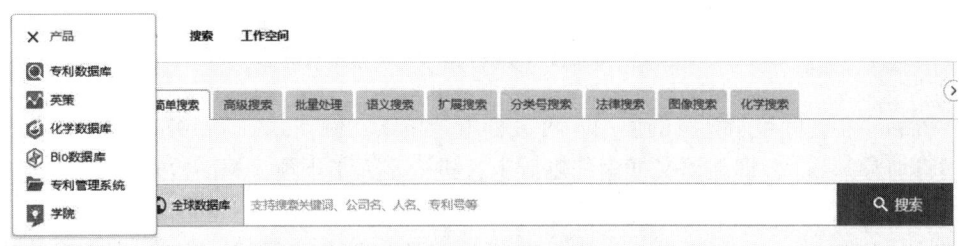

图 3-1-68 PatSnap 数据库选择界面

图 3-1-69　PatSnap 化学检索界面

图 3-1-70　PatSnap 序列检索界面

检索结果界面支持切换不同的视图、排序模式，具备分析统计、二次检索等常规功能以及特色的 3D 地图可视化显示等，如图 3-1-71、图 3-1-72 所示。

图 3-1-71　PatSnap 常规功能检索结果界面

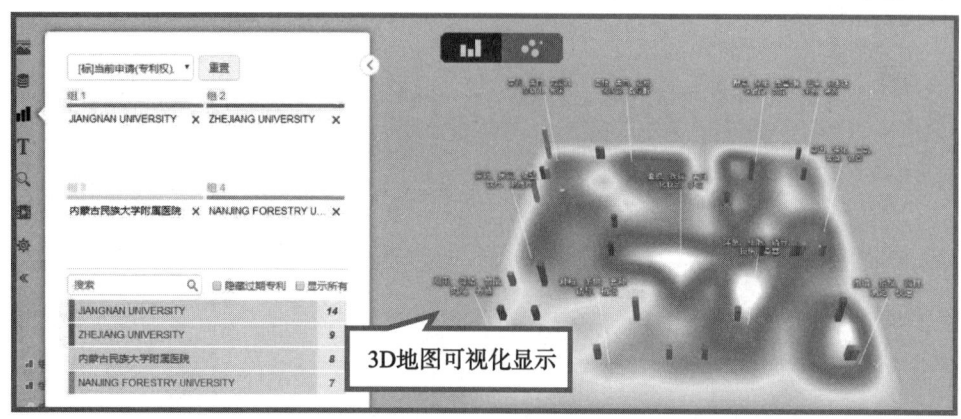

图 3-1-72　PatSnap 3D 地图可视化显示界面

3.1.3.4　IncoPat

（1）IncoPat 概述

IncoPat 检索平台是北京合享智慧科技有限公司开发的专利信息平台，集成专利检索、分析、数据下载、文件管理和用户管理等多个功能模块，在检索上提供双语和语义检索功能，网址为 https://www.incopat.com/。

（2）IncoPat 检索方式

IncoPat 检索方式包括简单检索和高级检索。

简单检索给用户提供形式简单的复合字段查询途径，如图 3-1-73 所示，用户可在一个框中输入公司、发明（设计）人、关键词或专利号等信息，系统会在多个字段中同时进行匹配。

图 3-1-73　IncoPat 简单检索界面

高级检索包括数据范围选择、扩展表格检索和指令检索三部分区域，如图 3-1-74 所示。其中，扩展表格检索提供常用的检索字段入口，分为关键词、分类号、名称和地址、号码、日期和自定义 6 个类别，这 6 个类别之间为逻辑与（and）关系，选择指定的字段输入检索要素即可实现检索；指令检索支持多种逻辑组配方式和运算符，可以自行编辑逻辑关系较为复杂的检索式。

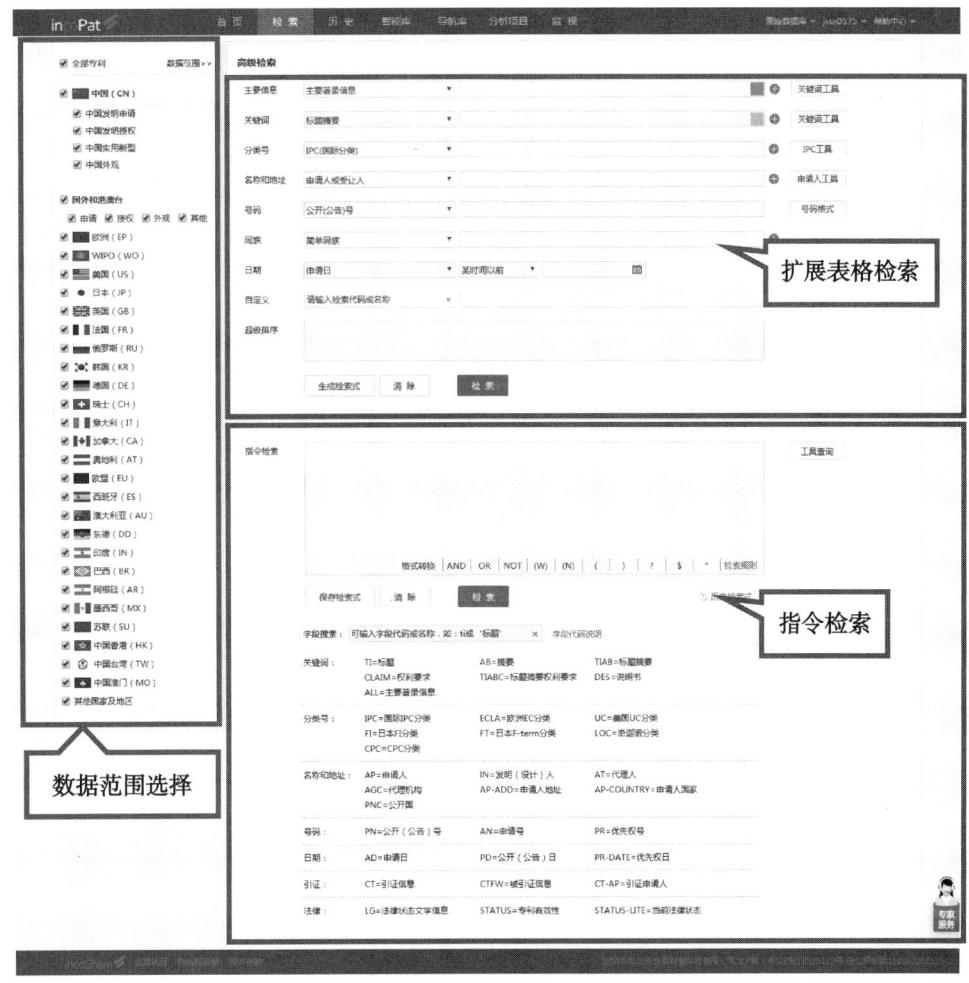

图3-1-74 IncoPat高级检索界面

对检索条件执行检索后,将进入检索结果概览页面,点击显示和分析工具栏的"图文显示"下拉菜单,可以切换5种检索结果概览的显示方式:列表显示、图文显示、首图浏览、深度浏览、多图浏览。

3.1.3.5 HimmPat

(1) HimmPat概述

HimmPat解决方案式专利智能检索分析平台是天启黑马信息科技(北京)有限公司开发的一款全球专利智能检索分析平台,支持全球专利的智能检索、表格检索、专业表达式检索等多种检索模式,对不同检索水平的用户都有较好的适用性,网址为https://www.himmpat.com/。

HimmPat当前收录来自全球105个专利局的专利数据,总量超过1.3亿条(截至2020年4月9日),其中包含25个主要专利局的全文数据;同时收录全球引文、同族、法律状态数据信息。所有专利均提供英文翻译版本，支持英文与原文语种检索；浏览页面提供多国语言机器翻译。除英文与原文以外，还可将专利翻译为各国语言浏览。

（2）HimmPat 检索方式

HimmPat 支持智能检索、表格检索和表达式检索三种检索方式，较为突出的特色是其智能检索和表达式检索。

HimmPat 支持全球 25 个专利局全文专利的跨语种智能检索，输入专利号码（申请号/公开号）和/或文字描述可快速获取全球范围内的相似专利文献，其智能检索特色在于以下几个方面。

① 支持全语种无障碍智能检索。可以使用不同语种专利的文献号码以及中、英、法、日、韩、德、俄等不同国家语种，无须翻译，智能检索全球多国专利，获取不同语种的相似专利技术。

② 支持多重智能语义筛选。用户可以在已有智能检索的基础上，再次输入认为重要的关键词、段落、专利文献号码等作为智能筛选条件进行多重智能语义筛选，掌控智能检索的方向，如图 3-1-75 所示。

图 3-1-75　HimmPat 专利文献号码与文字多重语义筛选界面

HimmPat 的另一特色是其表达式检索与国家知识产权局及欧洲专利局使用的检索系统具有类似的检索指令和规则，并提供常用快捷键，可实现专业高效的检索。配合智能语义筛选功能，可进一步提高检索效率和质量。

HimmPat 在智能检索和表格检索框中，均设置有相关字段的引导提示，输入检索内容后可直接点击"检索"，在方便用户的同时，使检索更有掌控感和针对性，如图 3-1-76、图 3-1-77 所示。

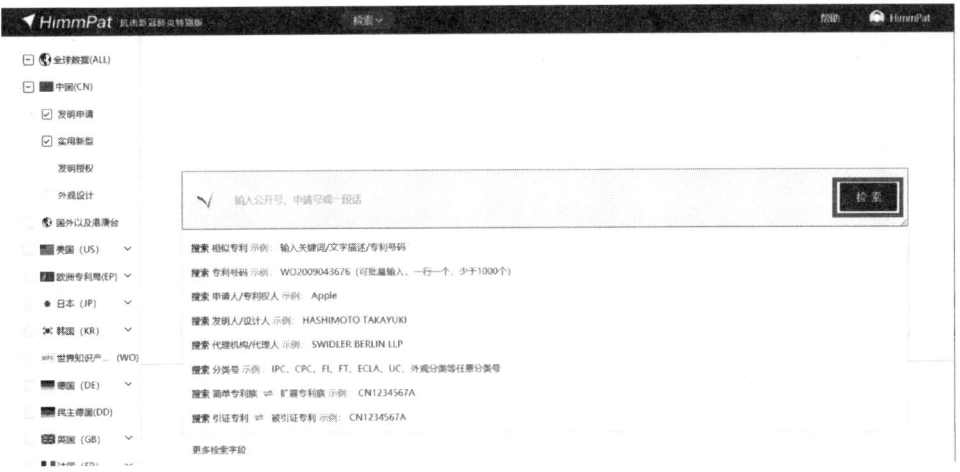

图 3-1-76　HimmPat 智能检索字段引导提示界面

图 3-1-77　HimmPat 表格检索字段引导提示界面

以上介绍了 5 种检索工具，它们在各方面的优劣比较如表 3-1-8 所示。

表 3-1-8　5 种检索工具对比

功能及费用	SooPAT	Patentics	PatSnap	IncoPat	HimmPat
数据资源	全球专利	全球专利、中国硕博论文及期刊、专利诉讼等	全球专利、部分序列等	全球专利	全球专利

续表

功能及费用	SooPAT	Patentics	PatSnap	IncoPat	HimmPat
字段	覆盖常用字段	覆盖常用字段	覆盖常用字段	覆盖常用字段	覆盖常用字段
智能语义检索	无	可以	可以	可以	可以
翻译	无	中文或英文翻译	英文或中文翻译	中文翻译	英文翻译
全文浏览	可以	可以	可以	可以	可以
统计与分析	一般	强大	强	强	强
费用	基本免费	小部分限时免费，大部分收费	收费	收费	限时免费
操作界面	简单	较复杂	简单	简单	简单
医药化学特色检索	无	无	化合物结构、配方、部分序列检索	无	无

3.1.4 法律文献检索资源

法律文献的概念比较广泛，最为熟知的法律文献类型包括法律、司法解释、行政法规、部门规章、裁判文书和中外条约等。

药品监管信息、食品监管信息以及专利文献的制作、发布、效力受到《中华人民共和国食品安全法》《中华人民共和国药品管理法》和《中华人民共和国专利法》相关条文的规制，也属于法律文献。

医药化学产业属于政府监管严格、政策导向强烈的行业，生产研发受法律法规约制明显，因此检索法律信息很有必要。本小节主要涉及医药化学领域法律、司法解释、行政法规、部门规章、裁判文书和中外条约等所用的数据库北大法宝和 WestLaw 数据库。

3.1.4.1 北大法宝

（1）北大法宝概述

北大法宝是由北大英华公司和北京大学法制信息中心共同开发和维护的法律数据库产品，目前提供法律法规、司法案例、法学期刊、律所实务、专题参考、英文译本、法宝视频等检索系统，并且提供基础检索、高级检索等检索方式。北大法宝需要付费使用，其登录网址为 http://www.pkulaw.cn/。

（2）北大法宝检索方式

根据检索对象是法律法规、司法案例或者是其他种类，在首页上方的选项卡中可以点击进入法律法规、司法案例等检索系统，如图 3-1-78 所示。

第3章 检索资源

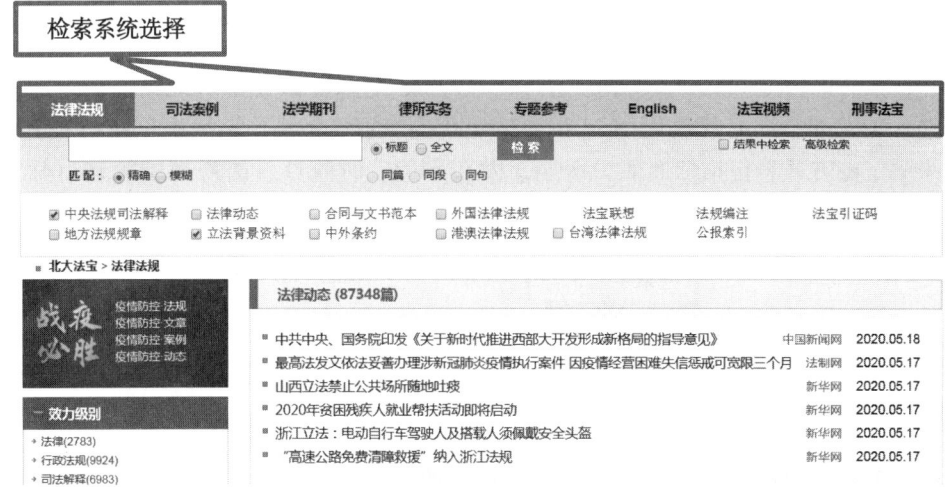

图 3-1-78 北大法宝检索系统界面

北大法宝主要子数据库收录的内容如表 3-1-9 所示。

表 3-1-9 北大法宝主要子数据库收录内容

数据库	收录的内容
法律法规检索系统	自1949年至今的法律法规，包括司法解释、地方法律规章、合同与文书范文、港澳台法律法规、中外条约、外国法律法规、法律动态、立法背景资料等
司法案例检索系统	收录我国法院的各类案例，并且对案例进行深加工，包括提炼核心术语、争议焦点、案例要旨等
法学期刊检索系统	提供法学期刊服务，收录国内法学类核心期刊全文和目录、法律集刊全文和目录
律所实务检索系统	收录知名律师事务所、全国优秀律师事务所刊物及优秀律师文章
专题参考检索系统	审判实务相关内容，内容涵盖裁判标准、实务专题、法学文献、法律年鉴、法学教程等
英文译本检索系统	提供中国法律法规、案例、中外税收协定，以及法律新闻等中国法律信息的英文译本
视频检索系统	收录北京大学等多所国内顶尖法学院校的著名学者专题讲座

北大法宝的大多数检索系统都具有基础检索和高级检索功能，并且提供对结果的筛选功能。以法律法规检索系统为例，提供标题和全文检索字段，可以限定关键词出现在同篇、同段或者同句中，并且可以选择在结果中检索来限定结果集。

北大法宝还提供高级检索功能。由于法律文献类型较多，高级检索中针对不同的法律文献类型提供的检索字段也不同，以"中央法规司法解释"的高级检索为例，其检索字段包括"法规标题""发布部门""时效性""效力级别"以及"发文字号"等；而法规解读高级检索功能中就不提供时效性等检索字段。

以检索药品管理的法律法规为例，在高级检索中选择法律法规数据库后，法规标题处输入关键词"药品管理"，点击检索按钮获得检索结果集，结果集左侧列举主要的对结果限定的方式，包括依照效力级别、发布部门、时效性、法规类别等进行筛选和排序，如图3-1-79所示。

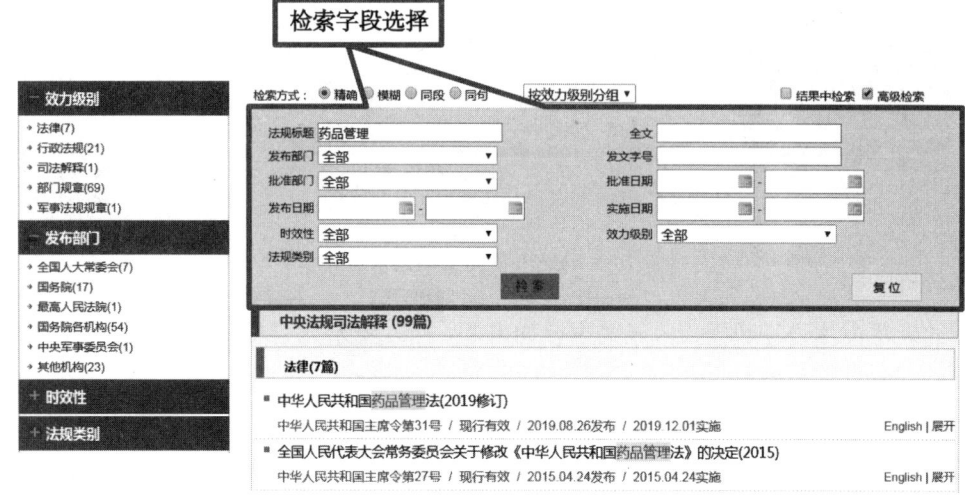

图3-1-79 北大法宝法律法规检索界面

北大法宝检索的特色功能包括联想功能，即可以链接与某一条法律条文相关的所有法律法规、司法解释、案例、条文释义、法学期刊、英文译本等，方便用户查询、理解、研究和利用法条，如图3-1-80所示。

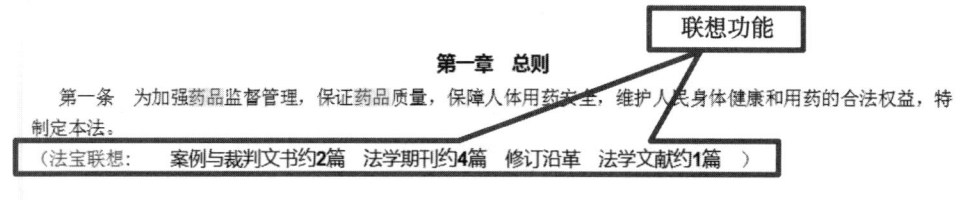

图3-1-80 北大法宝联想功能示例

北大法宝检索的特色功能还包括法宝之窗，在勾选显示法宝之窗后浏览法规和案例时，如把光标停留在引用的法条处，法宝之窗中会即刻显示该法条具体内容和相关资料等，如图3-1-81所示。

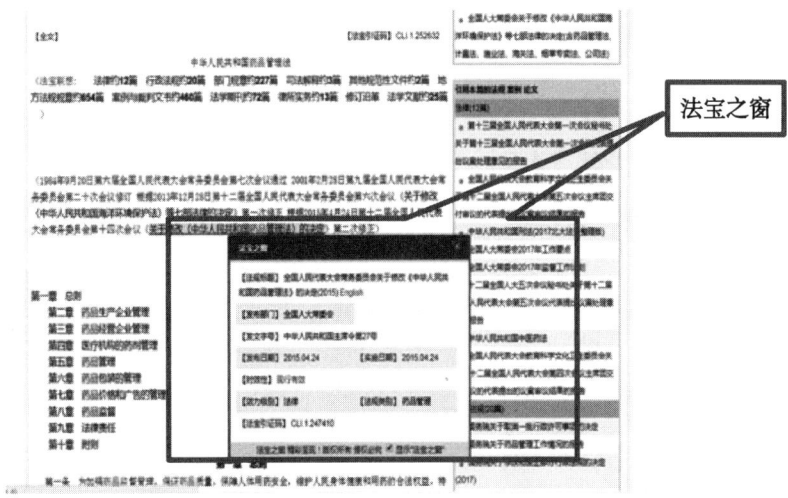

图 3-1-81 北大法宝法宝之窗功能示例

3.1.4.2 WestLaw 数据库

（1）WestLaw 概述

WestLaw 是汤姆森路透集团开发的法律检索工具。其收录的资源来自法律、法规和期刊图书出版商，包括：英国、美国、法国、澳大利亚、加拿大、韩国、中国香港和欧盟国家的判例、成文法；美国、欧盟等地的 5000 余种法学期刊通信资源（其中包括 90%以上美国法学核心期刊）；近 4000 本法学专业专著书籍，独家收录布莱克法律词典第十版电子版；路透法律、财经、政治等领域新闻。具体收录内容如表 3-1-10 所示。

表 3-1-10 WestLaw 数据库所收录的文献内容

判例	法规	期刊评论	新闻
美国（联邦&州），1658 年至今所有判例	美国，全文注释	近 20 个国家和地区	路透新闻以及上千种法律与金融方面的报纸杂志的浏览与查询
英国，1865 年至今所有判例	英国，1627 年至今（全文整理）	超过 1500 种带有 ISSN 的法学期刊与法学评论，覆盖当今 80% 以上英文法学核心期刊	汤森路透商业财经资讯
欧盟，1952 年至今所有判例	完整的欧盟法规	《哈佛法律评论》	《纽约时报》
澳大利亚，1903 年至今所有判例	中国香港，1997 年至今	《欧洲竞争法评论》	《金融时报》
中国香港，1905 年至今所有判例	加拿大，全文整理	《刑法报告》	美联社的资讯
加拿大，1825 年至今所有判例		《McGill 法律评论》	《经济学人》
韩国		《墨尔本大学法律评论》	其他知名新闻频道的报道
		《香港法律期刊》	

WestLaw 网址为 https://legal.thomsonreuters.com/en/products/westlaw，其主页清晰呈现各种类型的数据库，如图 3-1-82 所示。

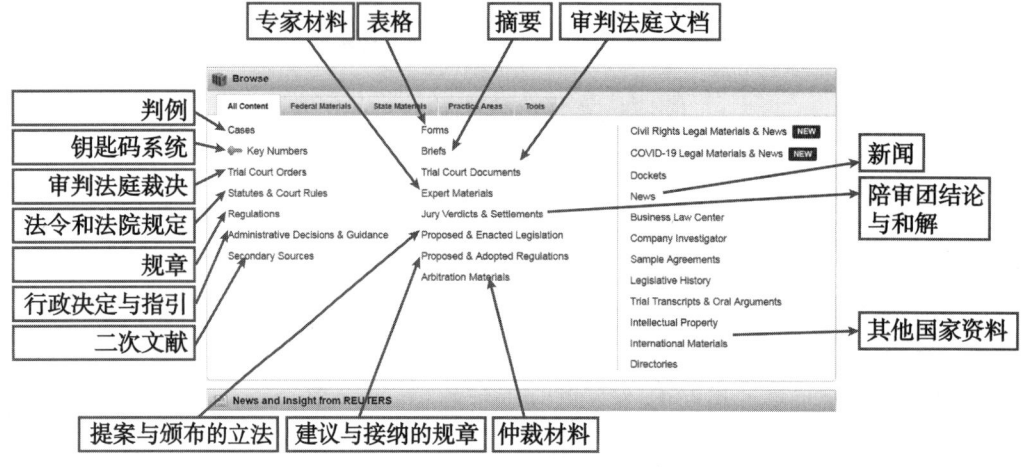

图 3-1-82　WestLaw 数据库类型

（2）数据库检索入口简介

该数据库主要的检索步骤包括选择数据库、输入搜索指令、浏览检索结果，以及筛选合适的文献并且保存。具体的步骤举例如下：在检索首页选择 Directory，然后在左列快捷检索区的检索数据库中选择数据库如 World Journals and Law Reviews，选定后点击"Go"按钮进入下一步界面，WestLaw 会自动列出和 World journals and law reviews 相近的数据库。

以目前专利诉讼较多的重磅药物索非布韦（Sovaldi）为例：2016 年，复方索非布韦销售额达到 90.81 亿美元，美国制药公司默克药厂（Merck & Co., Inc., 以下简称"默克"）旗下 Idenix 制药公司（Idenix Pharmaceuticals, 以下简称"Idenix"）等与美国制药巨头吉利德科技公司（Gilead Sciences, Inc., 以下简称"吉利德"）的专利诉讼案初审中，裁定吉利德侵犯了默克的两件名为"丙型肝炎病毒的治疗方法及混合物"（Methods and Compositions for Treating Hepatitis C Virus）的专利，判决吉利德支付给默克高达 25.4 亿美元的专利损害赔偿金。

索非布韦在国内也属重磅药物，相关领域创新主体采用北大法宝等检索工具获得的信息相对有限。为获知关于上述案件的裁判文书和评述文章，在 WestLaw 数据库中进行如下检索。

WestLaw 数据库中最主要的检索方式为关键词检索。根据已知的信息包括诉讼双方的英文名称"Merck"和"Gilead"，在 WestSearch 检索框中输入"Merck, Gilead"或者根据英美的语言习惯，输入"Merck V. Gilead"即可获取相关的诉讼文书以及相关的评论文章，检索操作如图 3-1-83 所示。

此外，WestLaw 数据库提供钥匙码检索系统，按照主题分类编写要点（headnotes），例如涉及专利的法律文献赋予钥匙码"PATENTS"，如需检索与专利相关的裁判文书，可以采用该钥匙码进行限定来实现通过使用关键词"PATENTS"所不能达到的效果，查询钥匙码的方式如图 3-1-84 所示。

第 3 章 检索资源

图 3-1-83 WestLaw 数据库的二次文献检索结果

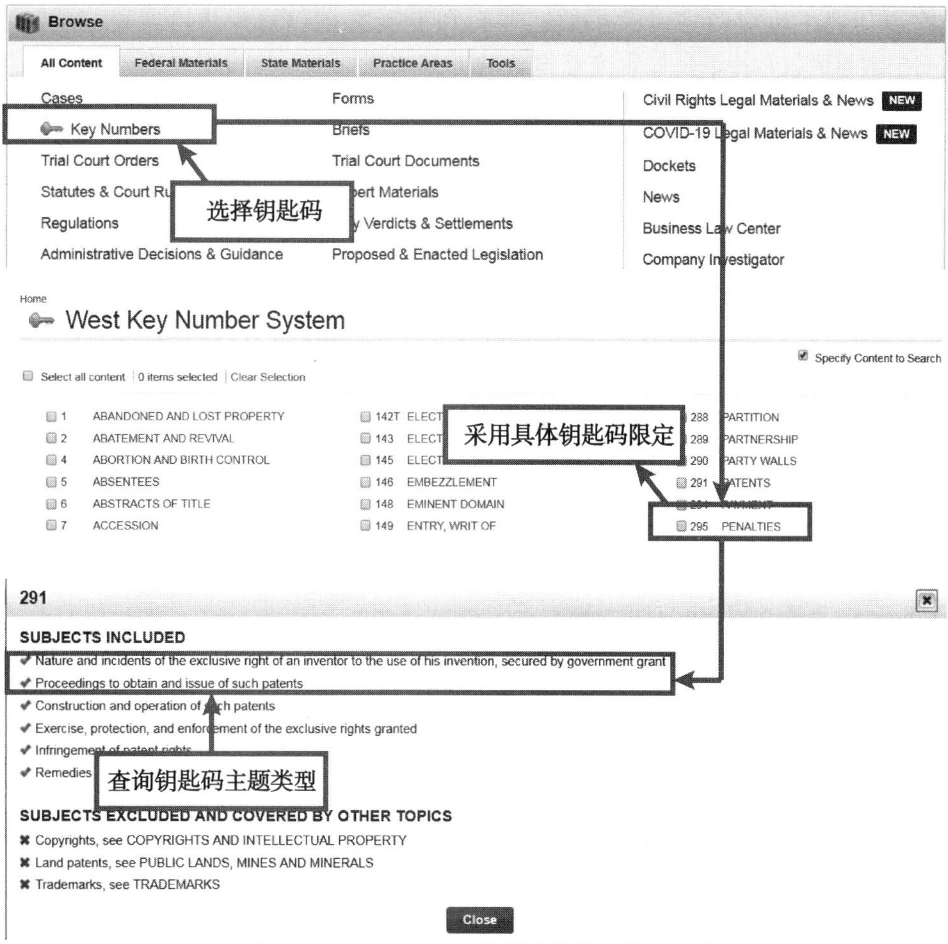

图 3-1-84 WestLaw 数据库钥匙码检索示例

3.2 医药化学领域特色检索资源

医药化学领域有多种特色数据库，可以对化学结构、生物序列等领域特色的检索要素进行检索。本节对该领域重要的特色检索资源进行介绍。

3.2.1 STN 和 SciFinder

STN 和 SciFinder 是美国化学文摘社（CAS，美国化学会的分支机构）的主要产品，CAS 创建于 1907 年，100 多年来，对全球重要的化学文献进行追踪、编写摘要和索引，这些信息的索引，可以帮助研究人员和同业人员快速从海量文献中获取有价值的信息。经过 100 多年的发展，CAS 数据库涵盖全球范围内公开的化学信息和相关研究数据，是目前世界范围内应用最广的化学化工及相关学科的检索工具。

STN 和 SciFinder 是 CAS 最重要的两个检索分析工具，通过这两个工具，可检索全面的物质信息、反应信息以及书籍、期刊和专利文献信息。从检索模式上来看，SciFinder 为界面检索，通过检索交互窗口的方式实现检索，检索更易理解和操作，但可变性差一些；而 STN 为指令检索，可根据检索人员的指令实现更专业和精准的检索，检索的可变性、精准性和专业性均较强。STN 和 SciFinder 的核心数据是共享的，二者主要在产品风格上存在差异，下面以 STN 为例介绍 CAS 产品中的核心数据库。

STN 实际上是多个数据库集成的一个检索平台，在 STN 中集合了 REGISTRY、CAplus、MARPAT、CASREACT 等一系列数据库，不同数据库对不同的信息资源进行索引，因此具有不同的检索入口和相应的索引词，适用于不同类型信息的检索。

3.2.1.1 REGISTRY 数据库

REGISTRY 数据库是物质数据库，收录超过 1.56 亿种独特的有机和无机化学物质，例如合金、配位化合物、矿物质、混合物、聚合物和盐，以及超过 6800 万个序列。REGISTRY 所收录文献中报道的物质可追溯到 19 世纪初，是全球最全面的物质数据库。

REGISTRY 赋予每个物质唯一的 CAS 登记号，可用于物质的标识和检索。另外，REGISTRY 还记录有关该物质的文献参考、实验和预测的特性数据（沸点和熔点等）、CA 索引名称和同义词、商业信息、制备方法、谱图、国际法规信息等。

想通过 REGISTRY 数据库了解物质的上述信息，在该数据库中检索到上述物质是关键，如前所述，REGISTRY 提供独特的 CAS 登记号检索。此外，在 REGISTRY 中还可进行化学名称、分子式和化学结构的检索。

（1）CAS 登记号检索

在 REGISTRY 中进行 CAS 登记号检索，首先需要获取该物质的 CAS 登记号。CAS 登记号是多样的：对于一些常用的或者已经成药的化合物，其 CAS 登记号往往可通过谷歌、百度的搜索引擎获得；而对于一些还未被公众所熟知的物质，在了解其相关文献的情况下，则可通过 CAplus 数据库获取。

例如，吉非替尼是一种已经上市的药物，为公众所熟知，其 CAS 登记号可通过百度等搜索引擎检索获得，在百度中检索"吉非替尼 CAS"这一关键词，可得到其 CAS 登记号为 184475-35-2。

对于专利文献 CN104530064A 中记载的如下化合物，检索人员想获取该化合物的 CAS 登记号，则可借助 STN 平台的 CAplus 数据库获取（CAplus 数据库的使用方式将在下部分中介绍）。

首先，在 CAplus 数据库中检索获得该专利文献：

=> s cn104530064/pn

L1   1 CN104530064/PN

然后，显示该文献中公开的物质：

=> d L1 RN

L1   ANSWER 1 OF 1   CAPLUS   COPYRIGHT 2016 ACS on STN

RN   14302-87-5P

RN   1706697-94-0P

RN   81-88-9

RN   107-15-3

RN   10199-89-0

RN   950846-89-6P

RN   1266569-99-6P

逐一点击浏览，确定以下化合物为目标化合物，其 CAS 登记号是 1706697-94-0：

=> d acc 1706697-94-0

ANSWER 1   REGISTRY   COPYRIGHT 2016 ACS on STN

RN   1706697-94-0   REGISTRY

ED   Entered STN： 18 May 2015

CN   Spiro [1H-isoindole-1, 9'-[9H] xanthene]-3 (2H)-thione, 3', 6'-bis (diethylamino)-2-[2-[(7-nitro-2, 1, 3-benzoxadiazol-4-yl) amino] ethyl]-(CA INDEX NAME)

MF   C36 H37 N7 O4 S

SR   CA

LC　STN Files：　CA，CAPLUS，CASREACT

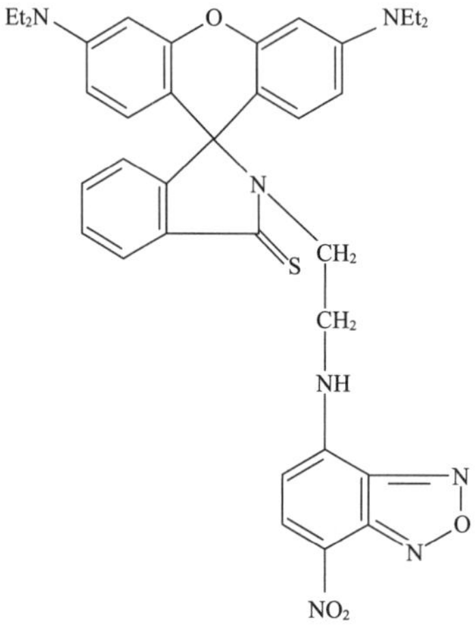

在获取 CAS 登记号的基础上，检索人员可以方便地在 REGISTRY 数据库中以 CAS 登记号为入口进行检索，并了解该物质的相关信息。

获取登记号后，可在 REGISTRY 数据库中检索得到 CAS 登记号，并获得相应物质的信息。

如检索上述 1706697 − 94 − 0 的物质：

=> s 1706697 − 94 − 0

L1　　　　　1 1706697 − 94 − 0
　　　　　　　（1706697 − 94 − 0/RN）

=> d

L3 1 of 1

1706697 − 94 − 0

CAS Registry Number：1706697 − 94 − 0 REGISTRY

Entered STN：18 May 2015

CAS Registry Number Locator：

STN Files：CA，CAPLUS，CASREACT

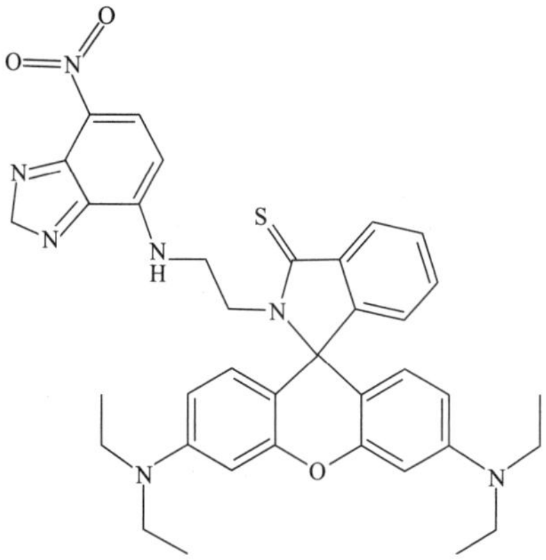

PROPERTY DATA AVAILABLE IN THE 'PROP' FORMAT

Chemical Name：

Spiro [1H - isoindole - 1, 9' - [9H] xanthene] - 3 (2H) - thione, 3', 6' - bis (diethylamino) - 2 - [2 - [(7 - nitro - 2, 1, 3 - benzoxadiazol - 4 - yl) amino] ethyl] - (CA INDEX NAME)

Molecular Formula：

C36 H37 N7 O4 S

Source of Registration：

CA

1 REFERENCES IN FILE CA (1907 TO DATE)

1 REFERENCES IN FILE CAPLUS (1907 TO DATE)

通过以上检索，可以获得 CAS 登记号是 1706697 - 94 - 0 的物质的化学结构式、化学名、分子量、入库时间等基本信息，"PROPERTY DATA AVAILABLE IN THE 'PROP' FORMAT" 显示 REGISTRY 数据库记录了该物质的性质数据，如有需要，可通过 "D - PROP" 命令获取。同时，检索结果还显示，该物质被 1 篇文献（CAplus 数据库中收录）所报道，如有需要，检索人员还可在 CAplus 数据库中获取该文献。

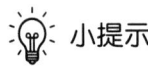 小提示

上述物质信息中包含入库时间 "Entered STN" 信息，通过该信息，可以初步判断物质的新颖程度。

(2) 化学名检索

REGISTRY 数据库支持化学名、商品名、通用名进行检索，在采用化学名检索时，可利用完整化学名，或者片段/部分化学名检索。为了更加精准地获得检索词，可借助 REGSTRY 数据库自身的词典功能。

例如，在阅读专业期刊时注意到名为 "TAMIFLU" 的物质，如何通过 REGYSTRY 数据库对该物质进行详细了解？

首先，进入 REGISTRY 数据库，利用自带词典，用截断帮助 EXPAND 命令（简写为 "E"）检索该物质：

=> FIL REG

=> E TAMIFLU/CN   -→以右截断的方式展开 "TAMIFLU"

E1   1   TAMIBAROTENE/CN

E2   1   TAMID/CN

E3   1 - - > TAMIFLU/CN   -→目标物质名称

E4   1   TAMIN/CN

E5   1   TAMIRIN/CN

……

词典显示，TAMIFLU 这一物质在 REGISTRY 数据库中有所收录，名称准确，接下

来，正式在 REGISTRY 数据库中进行检索。

```
=> S E3
L1           1 TAMIFLU/CN
=> D
L1   ANSWER 1 OF 1   REGISTRY   COPYRIGHT 2006 ACS on STN
RN   204255－11－8   REGISTRY
ED   Entered STN： 17 Apr 1998
CN   1－Cyclohexene－1－carboxylic acid, 4－(acetylamino)－5－amino－3－(1－ethyl-
propoxy)－, ethyl ester, (3R, 4R, 5S)－, phosphate (1:1) (9CI) (CA INDEX NAME)
……
```

(3) 化学名和分子式的检索

利用分子式检索化学物质，也是一种常见的物质检索方法。在检索时，以物质的分子式作为检索词进行检索，作为检索词的分子式中的元素遵循希尔规则（Hill System）进行排序：①分子式中含碳——碳在前，氢在后，其他元素按字母顺序排列；②分子式中不含碳——各元素按照字母顺序排列。例如，检索词"C18H24N18O6"是准确的，而硫酸 H_2SO_4 在检索时则需要以"H2O4S"作为检索词，相应地，盐酸 HCl 在检索时，需要以"CLH"作为检索词。

例如，如何利用分子式在 REGISTRY 数据库中检索以下物质？

首先，计算该物质中的元素种类及数量，按照希尔规则确定用于检索的分子式为"C18 H24 N18 Zn2"。

然后，进入 REGISTRY 数据库，利用词典功能查阅该分子式在 REGISTRY 数据库中的收录情况。

```
=> FIL REG
=> E C18H24N18ZN2/MF
E1        1      C18H24N18O3. XC3H3N3O3/MF
E2        2      C18H24N18O6/MF
E3        1 --> C18H24N18ZN2/MF -→ 目标分子式
E4      1642     C18H24N2/MF
E5        1      C18H24N2. 1/2C4H4O4/MF
```

……

词典查阅结果显示，REGISTRY 数据库中收录一种符合上述分子式的物质。

接下来，正式在 REGISTRY 数据库中检索该分子式。

=> S E3

L1   1 C18H24N18ZN2/MF

=> D

L1   ANSWER 1 OF 1   REGISTRY   COPYRIGHT 2010 ACS on STN

RN   917590－62－6   ZREGISTRY

ED   Entered STN： 17 Jan 2007

CN   Zinc, tetraazido［m－［N1, N2－bis［2－［［(2－pyridinyl－kN) methylene］amino－kN］ethyl］－1, 2－ethanediamine－kN1：kN2］］di－(CA INDEX NAME)

MF   C18 H24 N18 Zn2

……

通过这种检索手段，成功地在 REGISTRY 数据库中检索到目标物质。

（4）化学结构式检索

当一种化学物质无从获取 CAS 登记号，同时又不易采用化学名或者分子式表达，或者检索人员想检索一类具有类似结构的化合物时，CAS 登记号检索和化学名、分子式检索的方式就无法满足检索人员的检索需求。此时，化学结构式检索能够高效地解决上述问题。

在 REGISTRY 数据库中通过化学结构式检索，有 3 种检索方式——精确检索（Exact search）、族检索（Family search）和亚结构检索（Substructure search）。

① 精确检索是一种全闭合检索，这类检索会得到所画结构的化合物、其立体异构和同位素，适用于特定的具体化合物的检索，但较少使用。

② 族检索能得到精确检索的结果，再加上其盐和含目标化合物的多组分物质。

③ 亚结构检索（SSS）能得到族检索的结果，再加上有共同结构部分但在某些位点可开放取代的化合物。

三种不同检索类型得出的结果如表 3－2－1 所示。

表 3－2－1　REGISTRY 数据库 3 种检索方式所对应的检索结果

要检索物质匹配的类型	使用该结构检索类型		
	Exact（精确的）	Family（族）	Substructure（亚结构）
精确物质	√	√	√
立体异构	√	√	√
同位素物质	√	√	√
盐类		√	√
混合物（及其他多组分物质）		√	√
在开放点的取代			√

其中的亚结构检索是结构检索最广泛的类型,该检索方式在开放的化合价处允许取代,适用于检索一类具有相同母核或者结构片段的化合物。闭合的亚结构检索(CSS)是 SSS 的一种特殊类型,其在检索时自动将氢放在开放的节点上,除非该点是开放给取代基的,适用于检索化合物主体结构较为固定,同时希望特定位点可以有所变化的物质。

在检索范围方面,REGISTRY 数据库提供样本库检索(SAMPLE)和全库检索(FULL)两种方式。样本库检索会检索数据库的一部分来测试查询,以确保相应的检索可在系统限制内完成运行;全库检索则检索整个数据库。样本库检索是免费的,全库检索则是需付费的。

一般来说,在进行结构式检索时,应该首先作样本库检索,再根据测试结果进行全库检索或者调整检索结构式。

例如,以下样本库检索显示出的"COMPLETE"表明全库检索可以完成,可以直接进行全库检索;而如果显示出的是"INCOMPLETE",则表示全库检索不能在系统限制内完成运行,需要调整结构式再进行检索。

```
ENTER SCOPE OF SEARCH (SAMPLE), FULL, RANGE, OR SUBSET:SAMPLE
SAMPLE SEARCH INITIATED 15:51:59 FILE 'REGISTRY'
SAMPLE SCREEN SEARCH COMPLETED -      8 TO ITERATE

100.0% PROCESSED      8 ITERATIONS      4 ANSWERS
SEARCH TIME: 00.00.01

FULL FILE PROJECTIONS:  ONLINE  **COMPLETE**
                        BATCH   **COMPLETE**
PROJECTED ITERATIONS:            8 TO      329
PROJECTED ANSWERS:               4 TO      200

L2          4 SEA EXA SAM L1
```

进行结构式检索步骤通常包括绘制结构式并上传→登录→样本库检索→全库检索。以下述亚结构检索为例:

首先,在 REGISTRY 提供的结构绘制窗口中绘制如图 3-2-1 所示的结构式。

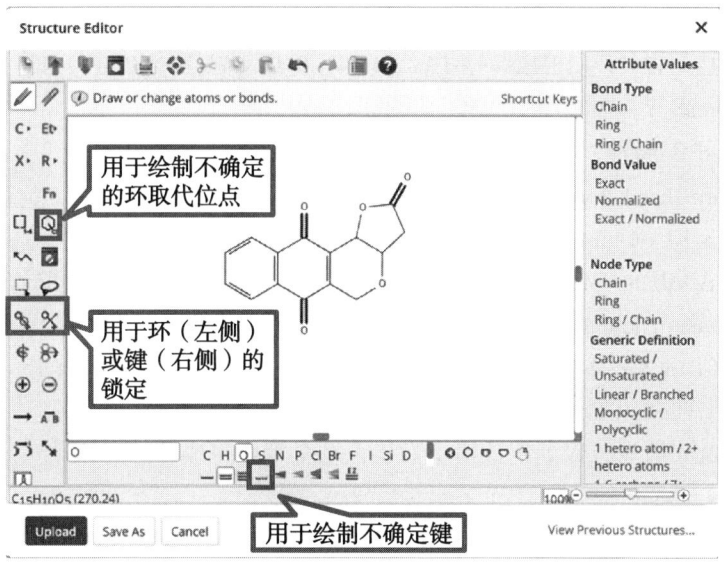

图 3-2-1 REGISTRY 数据库结构式绘制示例

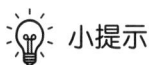 小提示

> STN 的结构式绘制界面可以提供多种结构定义方式。例如图 3-2-1 标示出部分常用的结构定义方式：
> （1）可对环和键进行锁定，锁定后的环和键将不再进一步被环稠合；
> （2）可在环上进行不确定位点的基团取代定义；
> （3）当不确定某一键的键型时，可将该键绘制为虚键，此时可以检索到该处为任何键型（包括单键、双键、三键等）的化合物。

然后，上传（Upload）进行检索：

=> file reg

=>

Uploading structure file：2020_0158_Structure

Node Attributes

Ring Nodes：1 2 3 4 5 6 7 8 9 10 11 12 13 14 15 16 17

Chain Nodes：18 19 20

Bond Attributes Ring Bonds：1-2 2-3 3-4 4-5 5-6 5-7 6-1 7-8 8-9 8-11

9 – 10 10 – 6 11 – 12 11 – 15 12 – 13 13 – 14 14 – 9 15 – 16 16 – 17 17 – 12

 Chain Bonds：7 – 19 10 – 20 16 – 18

 Normalized Bonds：1 – 2 2 – 3 3 – 4 4 – 5 5 – 6 6 – 1

 Exact/Normalized Bonds：5 – 7 7 – 8 7 – 19 8 – 9 8 – 11 9 – 10 10 – 6 10 – 20 11 – 12

11 – 15 12 – 13 13 – 14 14 – 9 15 – 16 16 – 17 16 – 18 17 – 12

 Markush Attributes Match Level（ATOM）：1 2 3 4 5 6 7 8 9 10 11 12 13 14 15 16 17

 Match Level（CLASS）：18 19 20

 Element Count Level（LIMITED）：1 2 3 4 5 6 7 8 9 10 11 12 13 14 15 16 17 18 19 20

L1 STRUCTURE UPLOADED

先进行 SAM 检索，以确定该项检索能否在全库中完成：

 => s l1 sss sam

 FULL FILE PROJECTIONS： ONLINE **COMPLETE**

          BATCH **COMPLETE**

"COMPLETE" 显示全库检索能够完成的情况下，进行全库亚结构检索：

 => s l1 sss ful

 FULL SEARCH INITIATED 22：54：24 FILE 'REGISTRY'

 FULL SCREEN SEARCH COMPLETED – 48942 TO ITERATE

 100.0% PROCESSED 48942 ITERATIONS 15 ANSWERS

 SEARCH TIME：00.00.01

 L3 15 SEA SSS FUL L1

通过以上检索，获得一个检索结果集，该检索结果集中含有 15 种具有上述亚结构的化合物。

3.2.1.2 CAplus 数据库

 CAplus 数据库是一个文献数据库，涵盖全球范围内大量的优秀期刊数据和专利文献数据，记录内容包括文献的著录项目、摘要、CA 分类代码、专利分类代码、控制词和 CAS 登记号等索引词。其中，CAS 对专利的摘要进行必要的改写，并添加了其他必要的文摘信息。以下是 CAplus 中的一条记录：

  ACCESSION NUMBER： 1998：137530 CAPLUS Full – text

  DOCUMENT NUMBER： 128：221420

  ENTRY DATE：   Entered STN： 09 Mar 1998 →→收录时间

  TITLE：   UV damage on human hair. A comparison study of 10 UV filters

  AUTHOR（S）：   Gonzenbach, H.; Johncock, W.; De Polo, K. – F.;

         Blankenburg, G.; Fohles, J.; Schafer, K.; Hocker, H.

  CORPORATE SOURCE： Roche Vitamins and Fine Chemicals, Geneva, Switz.

  SOURCE：   Cosmetics & Toiletries（1998），113（2），43 – 49→→文献出处

```
CODEN: CTOIDG; ISSN: 0361 - 4387
PUBLISHER:           Allured Publishing Corp.
DOCUMENT TYPE:       Journal
LANGUAGE:            English
CLASSIFICATION:      62 - 3 (Essential Oils and Cosmetics) →→分类
ABSTRACT:
```

UV - induced alterations in virgin blond Caucasian hair and in virgin black Asian hair were assessed in a preliminary study by measuring color changes, mech. properties (single hair friction, combing force and tensile strength), FTIR spectroscopy and classical amino - acid anal. The amino - acid anal. seemed the most sensitive test. Next, virgin blond Caucasian hair were treated with 10 protective test formulations and exposed each to simulated sunlight. The different results can be attributed to qual. differences in deposition induced by the formulation.

```
SUPPL. TERM:         UV damage hair filter amino acid
INDEX TERM:          Hair preparations
                     (creams; study of UV damage on human hair)
INDEX TERM:          Hair preparations
                     Hair preparations
                     (emulsions; study of UV damage on human hair)
INDEX TERM:          Shampoos
                     Sunscreens
                     (study of UV damage on human hair)
INDEX TERM:          Amino acids, analysis
                     ROLE: ANT (Analyte); ANST (Analytical study)
                     (study of UV damage on human hair)
INDEX TERM:          56 - 89 - 3, Cystine, analysis   60 - 18 - 4, Tyrosine, analysis
                     73 - 22 - 3, Tryptophan, analysis   498 - 40 - 8, Cysteic acid
                     ROLE: ANT (Analyte); ANST (Analytical study)
                     (study of UV damage on human hair)
```

以上信息中"TITLE"至"LANGUAGE"部分的内容是由文献本身公开的内容,"CLASSIFICATION"表明该文献的CA领域分类,"ABSTRACT"为经过CAS改写的摘要,其后大量的"INDEX TERM"则是CAS对该文献进行标引后形成的索引词,其中包含文献所涉及的技术领域关键词、物质信息及其CAS登记号、CAS Role,CAplus记录中的索引词极大地提高了检索效率。

CAplus支持截词符检索,其中"?"可用在词首或者词尾,统配0及以上个字符;"#"则可用在词尾,统配0或1个字符,"!"用在词中间,统配1个字符。例如,antitumor、antitumorigenic、antitumorigenically、antitumorigenicity、antitumoral 均可通过"antitumor?"检索得到;antibiotic 和 antibiotics 可通过"antibiotic#"检索得到。

另外,根据检索的需要,CAplus 还支持临近算符的检索,具体如下:
AND 检索词在记录的任意地方出现;
(L) 检索词出现在同一个字段中;
(S) 检索词出现在同一个句子中;
(A) 词语相连,但可以调换排列顺序;
(W) 词语按指定的顺序相连。

利用 CAplus 进行检索通常可以解决两方面的检索问题:一是在 REGISTRY 数据库中获得物质结果集后,如何获得记载这些物质的文献;二是如何通过直接检索的方式获取感兴趣的文献。

对于第一类问题,可通过在 CAplus 数据库中检索 REGISTRY 数据库所得的结果集代码(L 号码)解决。

如第 3.2.1.1 节通过结构式检索获得了 15 种感兴趣的化合物,想进一步获取该 15 种化合物的相关文献,只需将 REGISTRY 数据库中所检索获得的结果集 L3 转入 CAplus 中进行检索,即可获得相关文献集。

  => FILE CAPLUS
  => s l3
  L4   4 L3

经过以上检索,得到文献结果集 L4,该文献结果集中存在 4 篇相关文献。检索人员可通过"D 1 - 4 BI"的命令获该 4 篇文献的基本索引信息。

对于第二类问题,则可利用 CAplus 数据库提供的检索字段,采用关键词检索的方法解决。

例如,想在 CAplus 中检索有关控制山艾树(sagebrush,一种杂草)生长的文献,在根据检索主题确定检索词 SAGEBRUSH、WEED、CONTROL 和 HERBICID? 后,可直接在 CAplus 数据库中构建检索式进行检索。

  => FILE CAPLUS
  => S SAGEBRUSH AND(WEED(L)(CONTROL OR HERBICID?))
  L1   49 SAGEBRUSH AND(WEED(L)(CONTROL OR HERBICID?))

得到 49 篇相关文献。

类似地,检索人员还可利用词典功能对检索词作进一步扩展,并可根据需要在不同的检索字段中进行检索。

 小提示

> 通过 REGISTRY 数据库检索所获得的文献集可转入 CAplus 数据库,进而获得相关文献。

3.2.1.3 MARPAT 数据库

涉及有机化合物的专利文献中有时会通过 Markush 化合物(也称为"通式化合

物")的形式定义一簇化合物,从而对权利要求的保护范围进行界定,例如以下结构的 Markush 化合物:

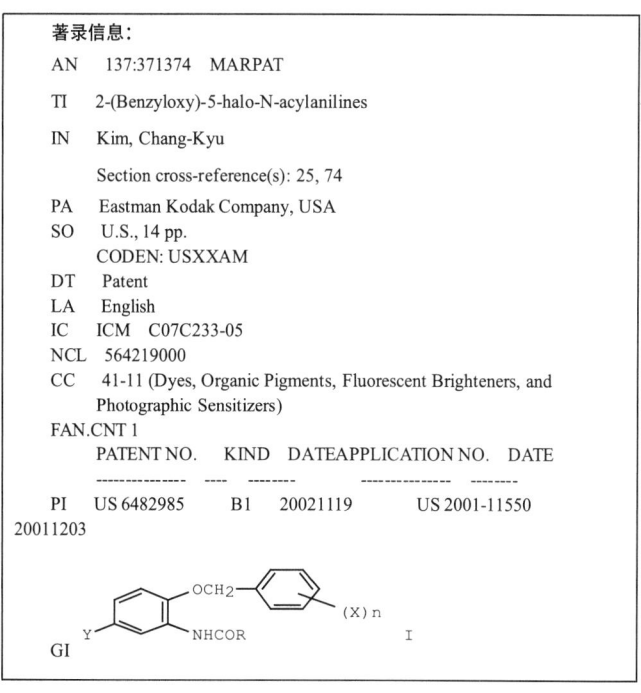

其包含共同的苯基丙酰胺骨架,结构中的 R^1、R^2、R^3、R^4 均为可变基团,整个 Markush 化合物包含大量并列技术方案(化合物)。相对于具体化合物,一个 Markush 化合物结构式即可构建较大的保护范围,因此大量有机化合物专利文献中都包含 Markush 化合物。这些化合物不同于具体的单一化合物,不具有固定的结构和 CAS 登记号。

有些情况下,检索 Markush 化合物具有重要意义。例如,专利侵权分析中,检索某一化合物是否落入现有专利权利要求的范围是一项重要工作,此时,仅采用 REGISTRY 数据库和 CAplus 数据库将无法实现 Markush 化合物的检索,而 STNext 平台中的 MARPAT 数据库为此提供了很好的解决手段。通过在 MARPAT 中检索,可以获得包含所检索的结构的 Markush 化合物。MARPAT 数据库含有 CAplus 数据库中 1988 年至今的专利中的 Markush 结构,通过 MARPAT 检索所获得的结果数是命中的专利文献数。

(1) MARPAT 记录

为更好地在 MARPAT 数据库中进行检索,了解其记录信息是十分必要的,以下展示 MARPAT 数据库中的一条记录。

```
著录信息:
AN    137:371374    MARPAT
TI    2-(Benzyloxy)-5-halo-N-acylanilines
IN    Kim, Chang-Kyu
      Section cross-reference(s): 25, 74
PA    Eastman Kodak Company, USA
SO    U.S., 14 pp.
      CODEN: USXXAM
DT    Patent
LA    English
IC    ICM   C07C233-05
NCL   564219000
CC    41-11 (Dyes, Organic Pigments, Fluorescent Brighteners, and
      Photographic Sensitizers)
FAN.CNT 1
      PATENT NO.    KIND   DATE APPLICATION NO.   DATE
      ------------  ----   ----------- -----------
PI    US 6482985    B1     20021119    US 2001-11550    20011203
GI
```

AB   Disclosed are 2-(optionally substituted benzyloxy)-5-halo-N-acylanilines (I; R = H, alkyl; X = substituent; n = 0-5; Y =halogen). I can be used to prepare phenolic cyandye-forming couplers with improved efficiency.Inanexample,I(R=Me;Y=F;n=0)was prepared starting with 4-fluorophenol followed by steps of nitration,reduction,acetylation,and benzylation.

索引项目：

IT   Cyan couplers
     (production of benzyloxyhaloacetanilides for)

IT   102604-67-1P   475287-72-0P
     RL: IMF (Industrial manufacture); TEM (Technical or engineered
       material use); PREP (Preparation); USES (Uses)
         (cyan dye coupler; production of benzyloxyhaloacetanilides as intermediates for)

IT   394-33-2P, 4-Fluoro-2-nitrophenol   399-97-3P, 2-Amino-4-fluorophenol   26488-93-7P   112900-44-4P   460048-17-3P
     475280-95-6P   475280-99-0P   475287-74-2P   475287-75-3P
     475287-76-4P
     RL: IMF (Industrial manufacture); RCT (Reactant); PREP
       (Preparation); RACT (Reactant or reagent)
         (intermediate; production of benzyloxyhaloacetanilides as intermediates for cyan dye couplers)

IT   475287-70-8P   475287-71-9P
     RL: IMF (Industrial manufacture); RCT (Reactant); PREP
       (Preparation); RACT (Reactant or reagent)
         (production of benzyloxyhaloacetanilides as intermediates for cyan dye
          couplers)

IT   102-36-3, 3,4-Dichlorophenyl isocyanate 150-76-5, 4-Methoxyphenol 63059-55-2 71130-54-6, Phenyl 4-cyanophenylcarbamate 475287-73-1
     RL: RCT (Reactant); RACT (Reactant or reagent)
         (starting material; in production of cyan dye couplers)

IT   95-85-2, 2-Amino-4-chlorophenol 100-39-0, Benzylbromide 108-24-7, Acetic anhydride   371-41-5, 4-Fluorophenol 7697-37-2, Nitric acid, reactions
     RL: RCT (Reactant); RACT (Reactant or reagent)
         (starting material; production of benzyloxyhaloacetanilides as intermediates for cyan dye couplers)

引文信息：

RE.CNT   6   THERE ARE 6 CITED REFERENCES AVAILABLE FOR THIS RECORD
    RE
    (1) Anon; JP 03-48603 1991 CAPLUS
    (2) Aoki; US 4579813 A 1986 CAPLUS
    (3) Itoh; US 4743595 A 1988 CAPLUS

(4) Lau; US 5962198 A 1999 CAPLUS
(5) Yale; J Med Chem 1970, V13(4), P713 CAPLUS
(6) Zaltsgendler; Tetrahedron Lett 1993, V34(15) CAPLUS

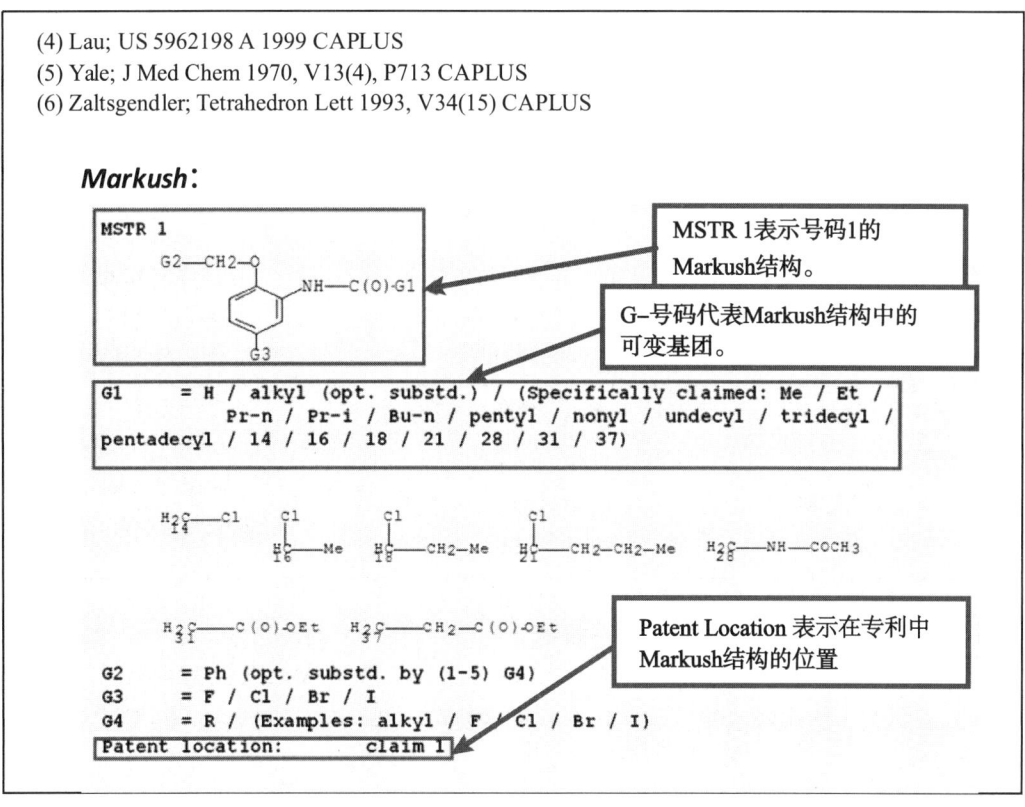

MARPAT 的一条记录是通过对一篇专利文献进行信息加工而形成的。与 CAplus 数据库中所提供的记录信息有所不同，MARPAT 记录中除了包含著录信息、摘要、常规索引项目外，还对专利文献中所涉及的 Markush 化合物进行信息加工和标引，这是 MARPAT 数据库能够提供 Markush 化合物检索的信息基础。

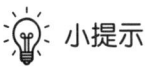 小提示

根据 CAS 的标引规则，专利文献的权利要求中所涉及的 Markush 化合物将被优先标引，但在有些情况下，专利说明书中所涉及的 Markush 化合物也会被标引。

（2）MARPAT 检索方式

在 MARPAT 中进行检索，可以采用与在 REGISTRY 数据库中基本相同的检索命令，例如，MARPAT 同样支持样本库检索、全库检索和子集检索，但在部分检索要求上也存在区别。例如，MARPAT 数据库仅支持结构检索，而不支持 CAS 登记号或者名称等形式的检索。另外，在 MARPAT 并不支持精确检索，仅可进行亚结构检索和闭合的亚结构检索。表 3-2-2 示出 MARPAT 检索与 REGISTRY 检索的相同点和主要区别。

表 3－2－2　MARPAT 检索与 REGISTRY 检索对比

项目	REGISTRY	MARPAT
记录条目类型	物质	专利文献
检索入口	CAS 登记号、名称、化学式、结构等	结构
检索范围	样本库（SAMPLE）、全库（FULL）、子集（SUBSET）	样本库（SAMPLE）、全库（FULL）、子集（SUBSET）
环/链键（RC）定义	允许	不允许
结构检索类型	精确检索（EXACT）、亚结构检索（SSS）、闭合的亚结构检索（CSS）	亚结构检索（SSS）、闭合的亚结构检索（CSS）

在 MARPAT 中进行检索的步骤一般如下：

① 登录 STNext 检索平台，通过命令"file marpat"进入 MARPAT 数据库；

② 根据待检索主题绘制检索结构，根据需要可采用环锁定、G－group 定义等结构定义方式；

③ 上传所绘制的结构，获得结构代码 L1；

④ 通过命令"s L1 sss sam"或者"s L1 css sam"进行样本库检索；

⑤ 通过命令"d scan"浏览样本库检索结果；

⑥ 根据样本库检索结果对检索结构作出调整；

⑦ 再次上传调整后的结构，获得结构代码 L3；

⑧ 通过命令"s L1 sss ful"或者"s L1 css ful"进行全库检索；

⑨ 通过命令"d hit""d qhit"显示所命中的检索结果。

💡 小提示

"d hit"命令和"d qhit"命令的区别："d hit"命令格式显示所有命中的 Markush 结构，并突出显示命中部分；"d qhit"命令格式显示所有命中的 Markush 结构，仅显示命中的部分。例如，检索结构中 R_1 位置的基团为 C1－6 烷基，则通过"d hit"命令会显示所有命中的 Markush 结构及其取代基定义，并且突出显示 R_1 位置取 C1－6 烷基的部分；而通过"d qhit"命令在显示所有命中的 Markush 结构的基础上，仅显示 R_1 可为 C1－6。

（3）MARPAT 检索实例

如何检索涵盖以下通式化合物 A 的 Markush 化合物？

其中，R_1 为 C 原子或者 N 原子；R_2 为 O 或 S 或 N 原子；且上述结构中的 * 处可被酯键 -COO 所取代。

针对这一检索主题，采用 MARPAT 数据库进行检索：

① 以命令 "file marpat" 进入 MARPAT 数据库。

② 绘制如图 3-2-2 所示的结构式，并上传。

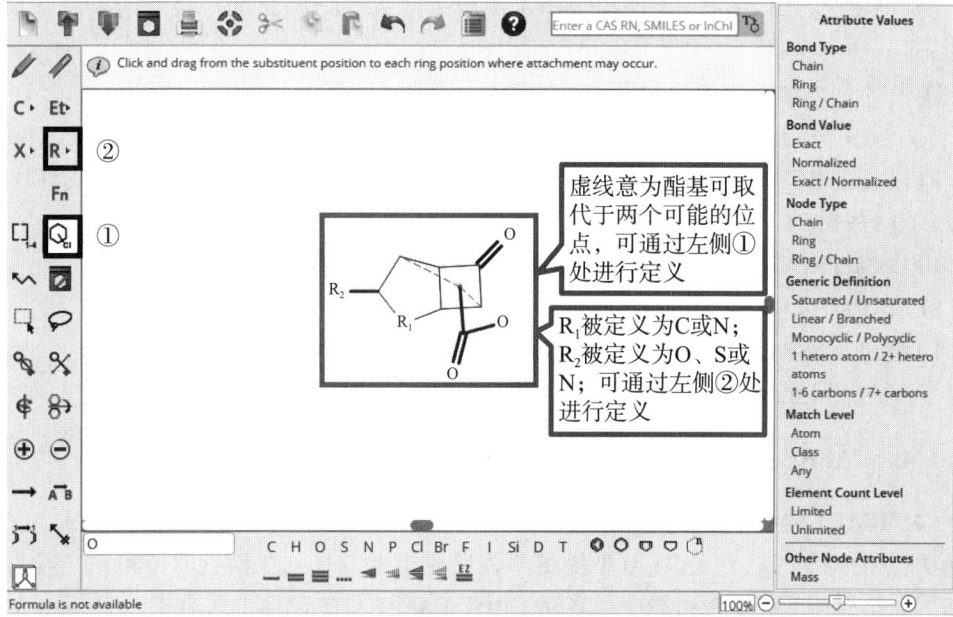

图 3-2-2　MARPAT 检索结构式绘制示例

　　=> Uploading structure file：2019_0070_Structure

R-Group Definitions R_1：C, N　R_2：C, N, O, S

Node Attributes

Ring Nodes：2 3 4 5 6 7

Chain Nodes：8 10 11 12

Bond Attributes

Ring Bonds：1-2 2-3 3-4 4-5 4-6 5-1 6-7 7-5

Chain Bonds：2-9 6-8 10-11 10-12 10-13

Exact/Normalized Bonds：1-2 2-3 2-9 3-4 4-5 4-6 5-1 6-7 6-8 7-5 10-11 10-12 10-13

Markush Attributes Match Level（ATOM）：2 3 4 5 6 7

Match Level（CLASS）：8 10 11 12

Element Count Level（LIMITED）：2 3 4 5 6 7 8 10 11 12

L1 STRUCTURE UPLOADED

③进行样本库检索，通过"d scan"浏览样本库检索结果：

采用"s l1 sss sam"命令进行样本库检索，检索结果显示能够实现全库检索完全。

进一步通过"d scan"命令浏览样本库检索结果，结果显示，命中结果符合检索预期。

④样本库检索符合检索预期，直接进行全库检索：

=> S L3 FULL

FULL SEARCH INITIATED 09：33：18 FULL SCREEN SEARCH COMPLETED – 13025 TO ITERATE

100.0% PROCESSED13025 ITERATIONS 48 ANSWERS

SEARCH TIME：00.00.04

L4 48SEA SSS FUL L3

⑤通过"d qhit"命令显示检索结果。

3.2.1.4 CASREACT 数据库

CASREACT 数据库是反应数据库，收录了从 1840 年至今的单步和多步反应，其中包括期刊和专利文献。CASREACT 提供多种反应检索方式，在检索时还可限定检索的溶剂、催化剂、反应步骤和产率。另外，由于 CASREACT 记录中含有来自 CAplus 的题录信息、文摘和索引信息，还可采用 CAplus 中的相关字段进行检索。

常用的 CASREACT 反应检索方式有 CAS 登记号检索、官能团反应检索和结构式反应检索。三种检索方式均可进行反应角色代码限定，表 3-2-3 示出常用反应角色代码及其含义。

表 3-2-3 CASREACT 数据库常用反应角色代码及其含义

角色代码	含义
/PRO	Product
/RRT	Reactant or Reagent
/RCT	Reactant
/RGT	Reagent
/SOL	Solvent
/CAT	Catalyst

表 3-2-4 示出三种不同检索方式的检索方法。

表 3-2-4 CASREACT 数据库的三种不同检索方式及其检索方法

检索方式	CAS 登记号检索	官能团反应检索	结构式反应检索
检索方法	检索 CAS 登记号/角色代码	在结构绘制窗口绘制反应官能团，并定义其反应角色	在结构绘制窗口绘制反应原料或者产物的结构式，并定义其反应角色
检索示例	以下在 CASREACT 中的检索式是指检索由乙醇制备乙醛的反应： S64-17-5/RCT（L） 75-07-0/PRO	在结构绘制窗口中绘制以下的官能团及反应角色，上传后可实现检索由醇生成酮的反应： ALCOHOLS ⟶ KETONES reactant　　　　product	在结构绘制窗口中绘制以下的反应式，即可检索所绘制的反应： OH ⟶ O reactant　　product

> 💡 **小提示**
>
> CASREACT 的结构式检索同样支持精确检索、闭合的亚结构检索和亚结构检索，其中最常用的检索方式为亚结构检索。

下面以结构检索为例，对 CASREACT 的检索进行说明：

CH₃ ⟶ COOH

① 使用命令"file casreact"进入 CASREACT 数据库；
② 在结构绘制窗口中绘制如图 3-2-3 所示的原料和产物结构式，设定角色类型，并点击上传。

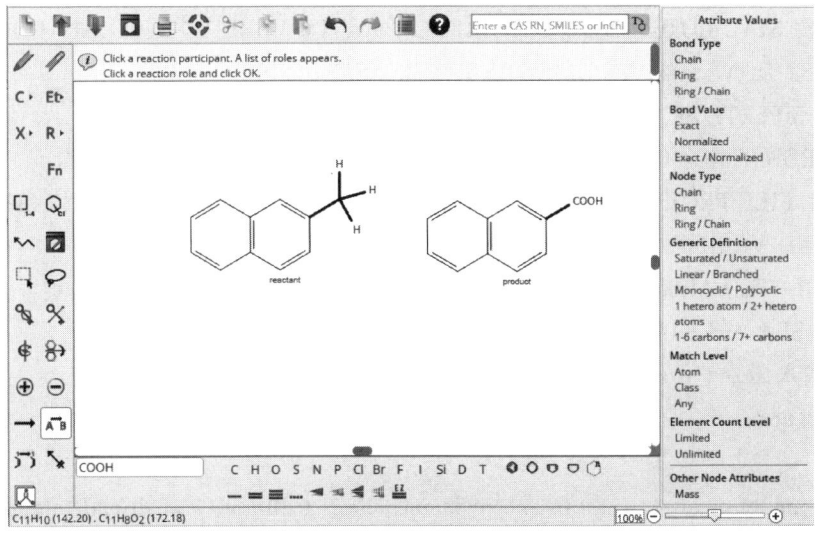

图 3-2-3　CASREACT 检索原料和产物结构式绘制示例

Uploading structure file：2019_0072_Structure

Node Attributes

Ring Nodes：1 2 3 4 5 6 7 8 9 10 15 16 17 18 19 20 21 22 23 24

Chain Nodes：11 12 13 14

Bond Attributes

Ring Bonds：1－2 2－3 2－7 3－4 4－5 5－6 6－1 7－8 8－9 9－10 10－3 15－16 16－17 17－18 18－19 19－20 19－21 20－15 21－22 22－23 23－24 24－20

Chain Bonds：5－11 11－12 11－13 11－14 22－25

Exact Bonds：5－11 11－12 11－13 11－14 22－25

Normalized Bonds：1－2 2－3 2－7 3－4 4－5 5－6 6－1 7－8 8－9 9－10 10－3 15－16 16－17 17－18 18－19 19－20 19－21 20－15 21－22 22－23 23－24 24－20

Markush Attributes Match Level（ATOM）：1 2 3 4 5 6 7 8 9 10 15 16 17 18 19 20 21 22 23 24

Match Level（CLASS）：11 12 13 14 25

Element Count Level（LIMITED）：1 2 3 4 5 6 7 8 9 10 11 12 13 14 15 16 17 18 19 20 21 22 23 24 25

L7 STRUCTURE UPLOADED

③ 输入命令"s l7 sss sam"，进行样本库检索：

=> s l7 sss sam

SAMPLE SEARCH INITIATED 01：19：21 FILE 'CASREACT'

SCREENING COMPLETE－24736 REACTIONS TO VERIFY FROM 1319 DOCUMENTS

20.4% DONE 5044 VERIFIED 35 HIT RXNS 2 DOCS

INCOMPLETE SEARCH（SYSTEM LIMIT EXCEEDED）

SEARCH TIME：00.00.01

FULL FILE PROJECTIONS：ONLINE ** COMPLETE ** BATCH ** COMPLETE ** PROJECTED VERIFICATIONS：485306 TO 504134

PROJECTED ANSWERS：10 TO 390

L8 2 SEA SSS SAM L7（35 REACTIONS）

④ 输入命令"d scan"浏览检索结果：

=> d scan

L8

Economy of catalyst synthesis－convenient access to libraries of di-and tetranaphthoazepinium compounds

RX(141) OF 554 – 3 STEPS

[Reaction scheme: 1-bromo-2-methylnaphthalene → 1-bromo-2-naphthoic acid, 94%; Reagents: 1. AIBN, Bromosuuccininide; 2. CaCO$_3$, Water; 3. KH$_2$PO$_4$, NaOClO]

⑤ 检索结果符合预期，输入命令"S L7 SSS FUL"进行全库检索：

=> s l7 sss ful

FULL SEARCH INITIATED 01：36：13 FILE 'CASREACT'

SCREENING COMPLETE – 582915 REACTIONS TO VERIFY FROM 26687 DOCUMENTS

100.0% DONE 582915 VERIFIED 601 HIT RXNS (6 INCOMP) 219 DOCS SEARCH TIME：00.00.03

L9　219 SEA SSS FUL L7 （601 REACTIONS）

⑥ 以"d"命令显示检索结果：

=> d 1

L9 1 of 219 Reaction

RX(4) OF 7

[Reaction scheme: 2,6-dimethylnaphthalene → 6-formyl-2-naphthoic acid (5%) + 2,6-naphthalenedicarboxylic acid (81%); Reagents: Co(OAc)$_2$, Mn(OAc)$_2$, HBr, AcOH, O$_2$]

REF：Chemical Enqineering & Technology, 42 (6), 1188 – 1198; 2019

NOTE：alternative preparation shown for naphtan dicarboxylic acid, reaction carried out under air, continuous flow mode, alternate reaction conditions also shown, high pressure

CON：190 deg C, 2.5MPa

上述检索结果中展示了反应的基本信息和文献信息。检索人员可根据需要进一步获取相关文献。

💡 小提示

（1）相对于 REGISTRY 收录物质和 CAplus 收录文献的全面性，CASREACT 数据库对于反应的收录略有逊色。因此，在检索化学反应时，还应当注重使用其他的数据库进行补充检索，或者直接在 CAplus 数据库中以反应物和/或产物作为关键词进行相关检索。例如，在某些情况下，某篇文献记载了一种 A + B→C 的反应，CAS 在对该篇文献进行标引时，标引了文献中所记载的物质 A、B、C，但并未对上述反应进行标引，那么，检索人员在 CASREACT 数据库中检索反应 A + B→C 将无法获得这篇文献，而通过在 CAplus 数据库中检索"A and B and C"，则能够检索得到该篇相关文献。可见，利用 CAplus 对 CASREACT 的反应检索进行补充是十分必要的。

（2）CAS 对于国内期刊和硕博论文的收录和标引尚不完全，虽然近些年逐渐加大对国内优秀期刊和硕博论文的收录，但仍有大量中文非专利文献未被 CAS 的数据库收录。因此在必要情况下，检索人员应当注重中文非专利的补充检索。

3.2.2　免费检索工具

3.2.2.1　Organic Syntheses

（1）Organic Syntheses 概述

Organic Syntheses 是一个由名为 Organic Syntheses, Inc 的非营利性组织创办于 1921 年的有机化学反应期刊，是世界上最具权威性的有机化学工具书之一。期刊自 1921 年创刊以来，收录了大量有机化学反应。与其他期刊明显不同的是，Organic Syntheses 所收录的每个反应的反应步骤都记载得非常详细，且所有反应均在编辑委员会成员的实验室中进行重现性实验，保证所收录的每一条反应都真实可靠，具有很高的参考价值。

Organic Syntheses 完全对公众免费开放，提供在线反应检索，网址为：http://www.orgsyn.org/Default.aspx，其主页面如图 3-2-4 所示。

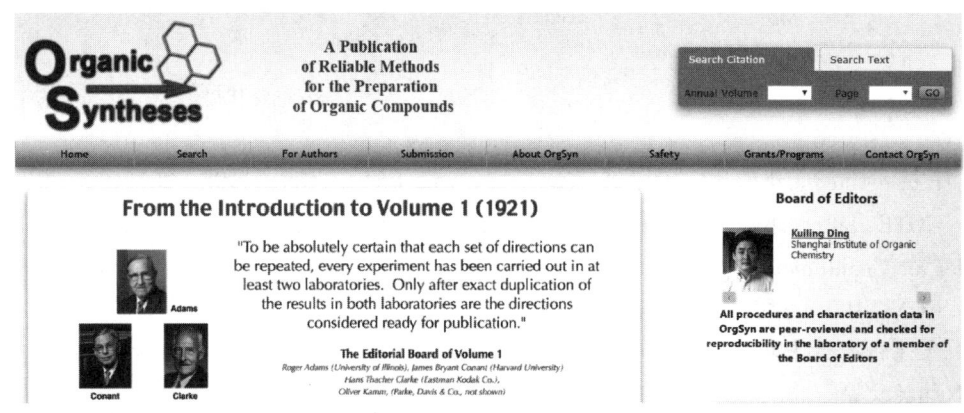

图 3-2-4　Organic Syntheses 主页

（2）Organic Syntheses 检索方式

Organic Syntheses 提供的结构式检索入口是其最主要的检索方式，结构式检索支持精确检索和亚结构检索。在结构式检索的基础上，Organic Syntheses 还允许同时进行关键词的进一步限定，可在关键词栏中进一步通过限定反应条件、催化剂等参数，更加精准地获取所需参考的反应。

在结构式检索界面，通过点击页面空白处，可在弹出的结构式绘制窗口中绘制感兴趣的有机化学反应或者感兴趣的反应物或产物，也可通过点击页面右上角的"Upload ChemDraw ® CDX File"实现 ChemDraw 离线 CDX 文件的上传，如图 3-2-5 所示。

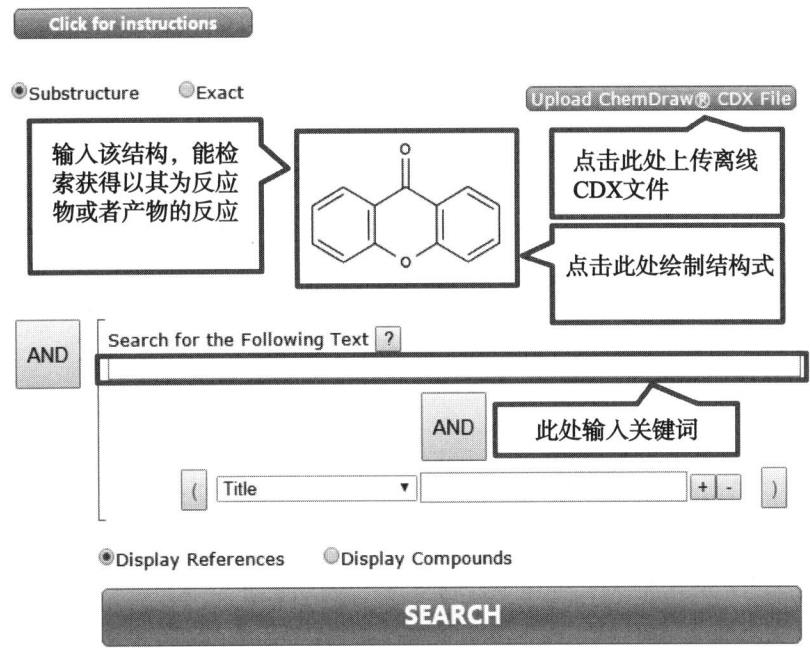

图 3-2-5　Organic Syntheses 结构式检索方法示例

通过点击检索，系统将完成检索，并示出检索结果，如图 3-2-6 所示。

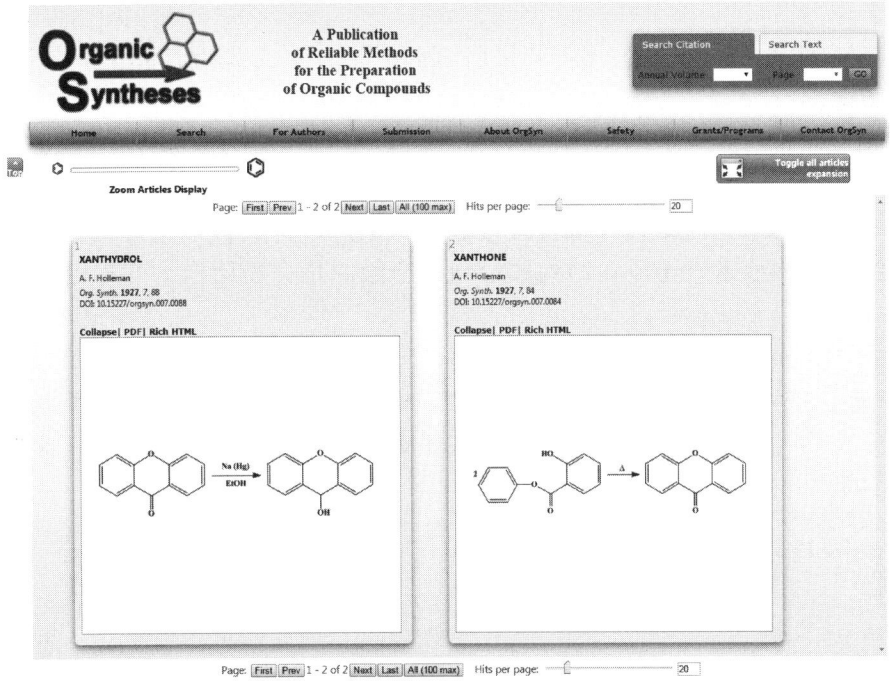

图 3-2-6　Organic Syntheses 结构式检索结果示例

通过初步浏览检索结果，可以找到感兴趣的反应，进一步通过点击"PDF"或者"Rich HTML"，可以直接获得有关该反应的详细信息，包括反应的详细操作步骤、反应结果、注意事项等。

如果一项检索产生较大噪声，或者检索目的在于了解具有某些特征的有机化学反应，那么在检索时，可以尝试进行关键词的进一步限定，限定的反应要素包括但不限于催化剂、反应试剂、溶剂、温度等参数。例如，想了解有关高锰酸钾催化的苯甲酸类物质生成的反应，可以通过在结构式绘制窗口中绘制苯甲酸的结构，并在"Search for the Following Text"一栏中输入"Potassium Permanganate"，对结果进行限制。

3.2.2.2 ZINC

（1）ZINC 概述

ZINC 是一个由加州大学旧金山分校药物化学系的 Irwin 和 Shoichet 实验室提供的免费商业化合物虚拟筛选数据库。ZINC 中收录 7.5 亿种可供购买的化合物，同时提供 2.3 亿种化合物的 3D 格式。ZINC 提供化合物的分子量、LogP、环数、杂原子数、tPSA、氢键供体数、氢键受体数等化合物的基本信息，可方便地用于计算机辅助药物设计的化合物筛选。通过检索和筛选，ZINC 还给出目标化合物的供应商链接。ZINC 网址为 http://zinc.docking.org/。

（2）ZINC 检索方式

通过点击 ZINC 数据库首页左上角的"Substance"按钮，即可进入物质检索界面。

在 ZINC 中检索小分子化合物可以采用三种检索方式，分别为简单检索、单项检索和多项检索。

① 在简单检索中，可采用化合物名称、ZINC 编号、SMILES 编号、SMARTS 编号或者 InChi 编号等为检索词进行检索。

② 单项检索可通过结构式或者编号进行检索。结构式检索支持精确检索、模糊检索和亚结构检索，通过在结构式绘制框中绘制化合物结构，可对相应化合物进行检索。

③ 多项检索支持一次检索多个化合物，检索词支持 ZINC 编号、SMILES 编号、SMARTS 编号或者 InChi 编号，检索人员只需在检索框的每行中输入一个检索词，即可一次性完成多个化合物的检索，同时，ZINC 还支持上传包含上述编号的 TXT 文件来进行检索，如图 3-2-7 所示。

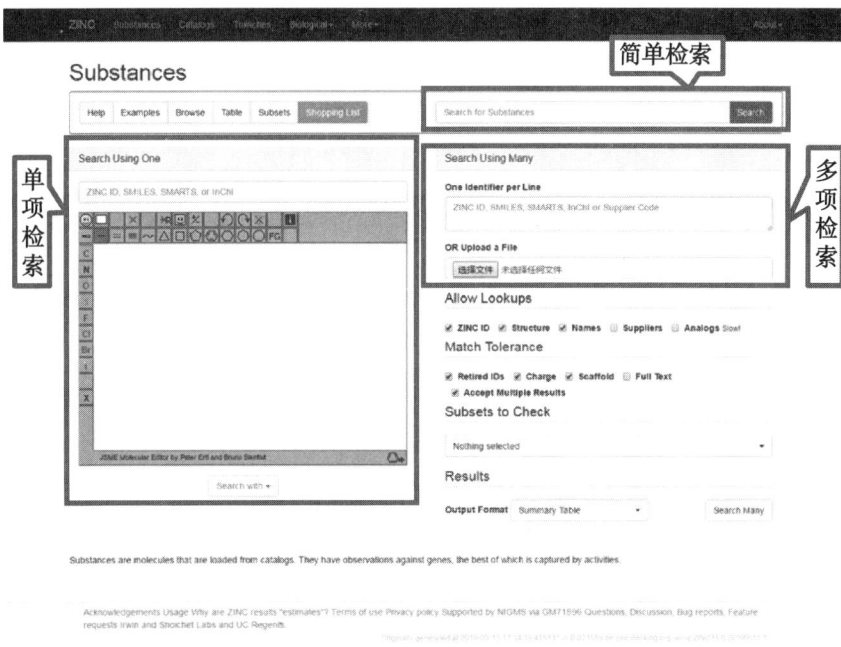

图 3-2-7 ZINC 检索方式示例

如想了解以下化合物及其类似物的基本信息：

可在 ZINC 提供的结构式检索框中绘制如上的结构式，如图 3-2-8 所示。

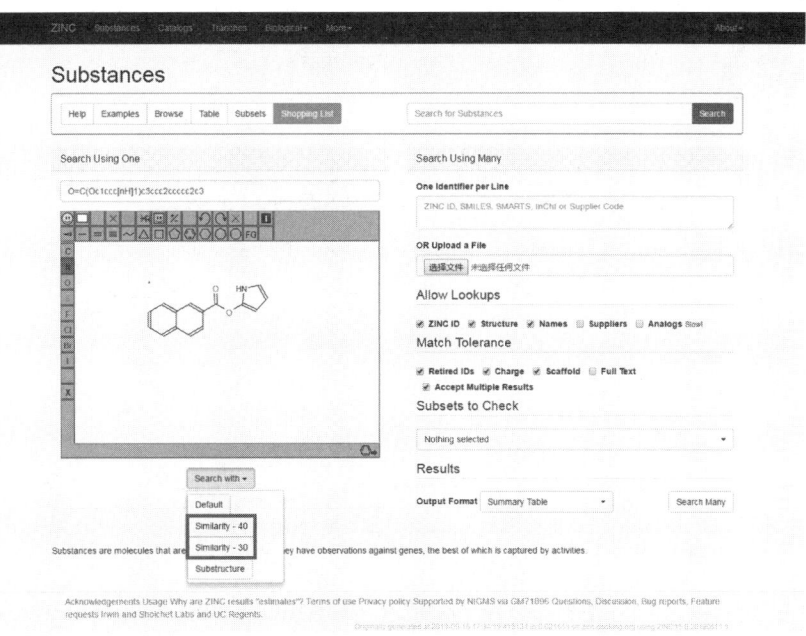

图 3-2-8 ZINC 结构式检索示例

ZINC 的结构模糊检索提供"Similarity – 40"和"Similarity – 30"等多种匹配度,其中"Similarity – 40"匹配度较"Similarity – 30"更高。本次根据需要选择"Similarity – 40"进行检索,获得以下的检索结果,如图 3 – 2 – 9 所示。

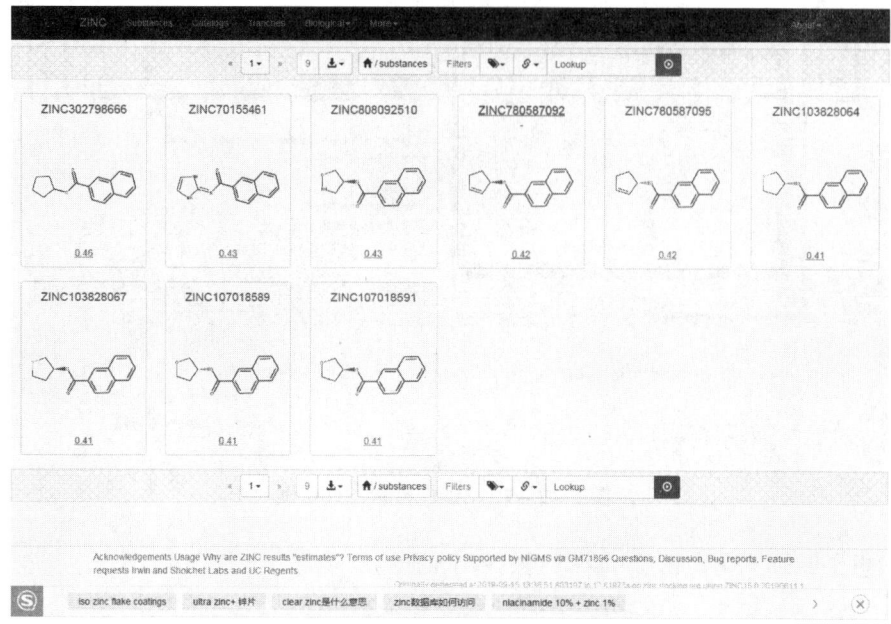

图 3 – 2 – 9　ZINC 检索结果示例

点击相应的化合物,即获得该化合物的详细信息,如图 3 – 2 – 10 所示。

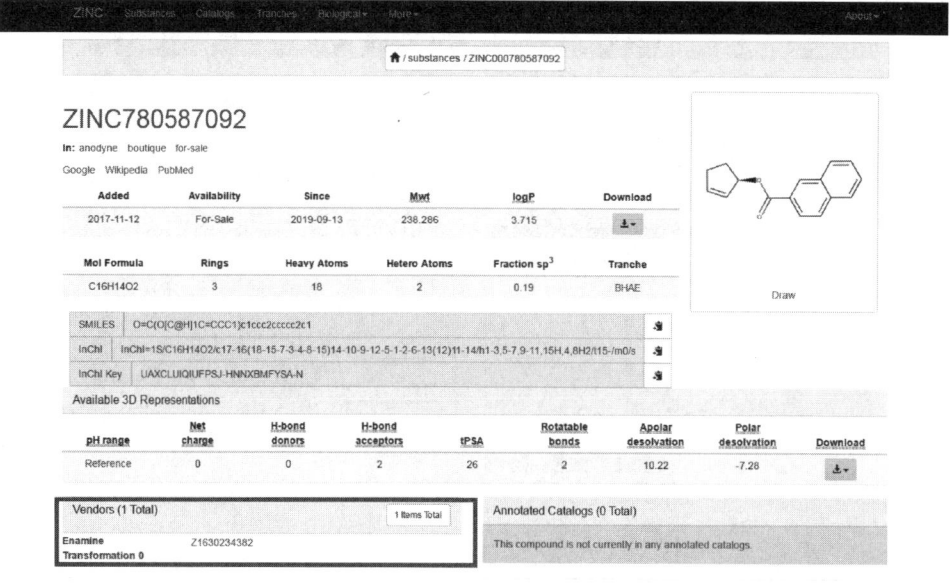

图 3 – 2 – 10　ZINC 化合物详细信息示例

该页面所展示的化合物除基本信息之外，还提供一个该化合物的供应商 Enamine 及其链接。

3.2.2.3 PubChem

(1) PubChem 概述

PubChem 是由美国国立卫生院（NIH）支持、基于美国国家生物技术信息中心（NCBI）生物信息平台的一个开放数据库项目，任何研究者都可以将科学信息在该网站上公布。

PubChem 主要包括三个子数据库：PubChem Substance 用于存储机构和个人上传的化合物原始理化数据；PubChem Compound 用于存储整理后的化合物结构信息；PubChem BioAssay 用于存储生化实验数据，实验数据主要来自高通量筛选实验和科技文献。PubChem 网站入口是 https://pubchem.ncbi.nlm.nih.gov/，其主检索界面如图 3-2-11 所示。

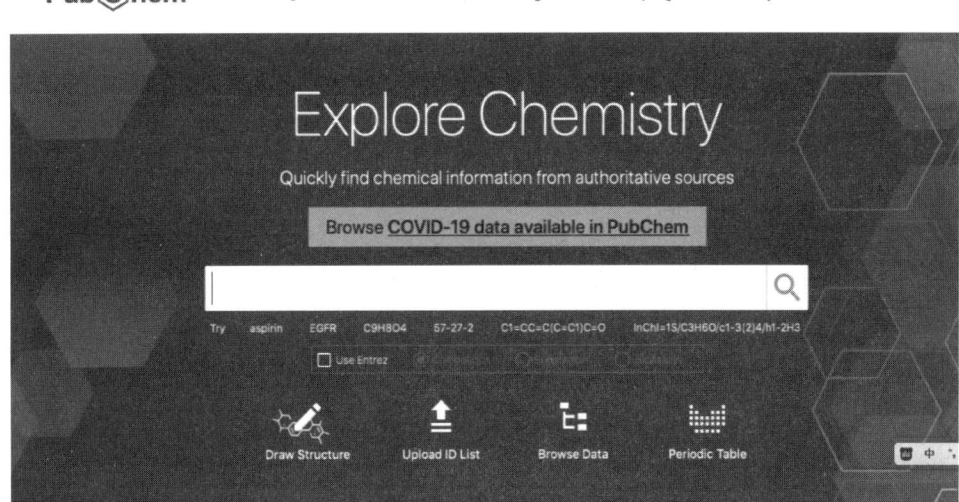

图 3-2-11　PubChem 的主检索界面

在 PubChem 中检索得到的多数化合物记录内容包括该化合物的具体生物活性测试结果数据，可供检索者直观地判断该化合物的用途是否与检索主题相同，有利于检索者筛选评价创造性的对比文献，从而提高检索效率。

(2) PubChem 检索功能简介

PubChem 检索方式主要包括快速检索和结构检索。快速检索直接在检索框中输入化合物的名称或者 CAS 物质登记号，系统会自动在检索框下显示不同类型的相关检索词条，选择相关的词条之后或者直接点击检索按钮即可，如图 3-2-12 所示。

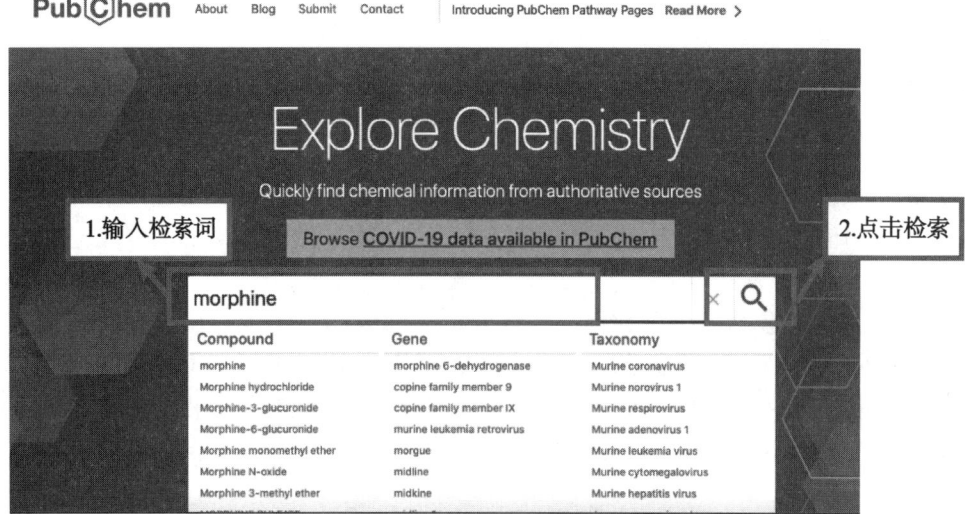

图 3-2-12　PubChem 快速检索示例

PubChem 检索结果界面如图 3-2-13 所示，用户可以查询和阅读想要的文献。

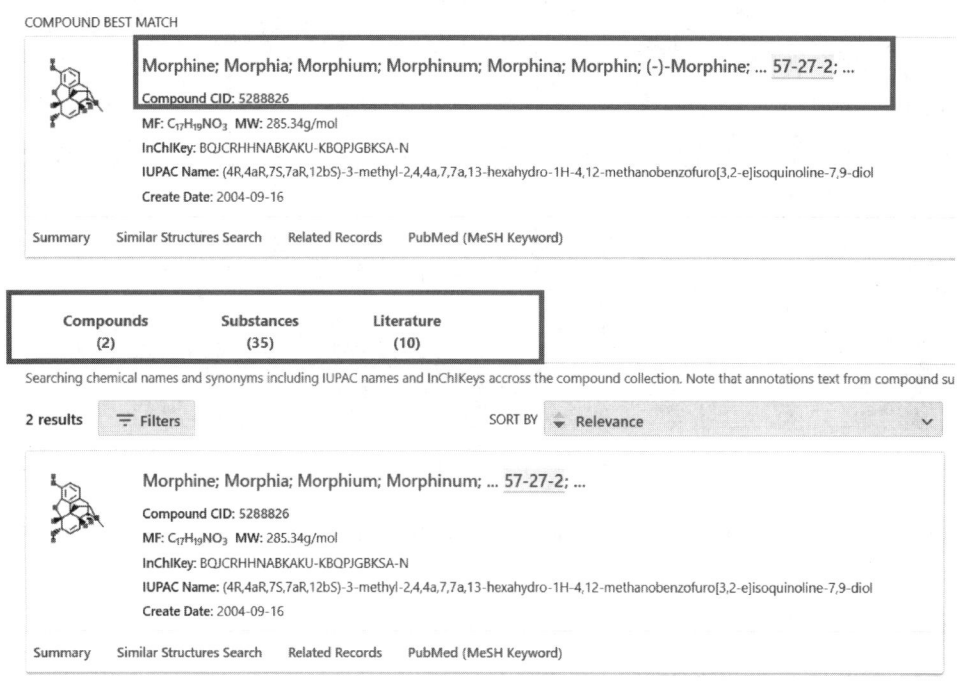

图 3-2-13　PubChem 检索结果示例

选中上述化合物，可以具体查看包括化合物的 2D 和 3D 结构、物理性质、化学性质以及安全信息等，还可以查询到与化合物相关的文献和专利，如图 3-2-14 所示。

图 3 – 2 – 14　PubChem 中化合物的主要信息

在结构式检索时，只需要在主页搜索框下方点击"Draw Structure"，进入页面后会显示结构式画板，进一步画出化合物的相应结构，点击左下角的搜索按钮，即可针对该化合物进行检索，如图 3 – 2 – 15 所示。

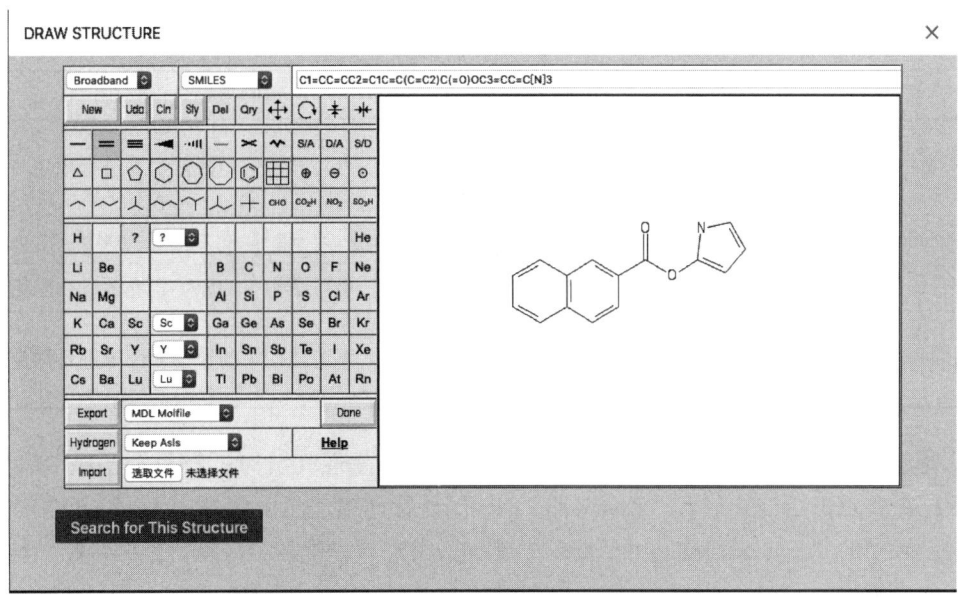

图 3 – 2 – 15　PubChem 结构式检索界面

PubChem 提供精确检索（Identity）、类似物检索（Similarity）、亚结构检索（Substructure）、超结构检索（Superstructure）4 种结构式检索模式，可通过检索界面下的选项进行选择，并且可通过"Settings"按钮对不同检索模式进行限定，如图 3 – 2 – 16 所示。

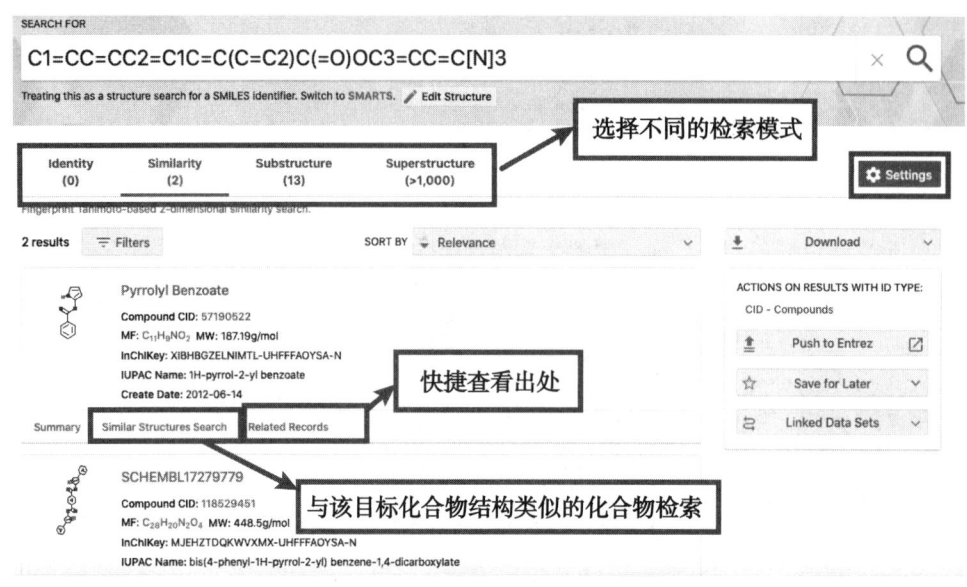

图 3-2-16　PubChem 4 种结构检索模式示例

4 种结构式检索模式对比如表 3-2-5 所示。

表 3-2-5　PubChem 4 种结构式检索模式对比

检索类型	匹配的结果集	可选的限定条件（Settings）
Identity	与绘制结构完全相同的化合物，包括其旋光异构体、立体异构体和同位素	可对异构体、同位素等进行限定
Similarity	与绘制结构类似的化合物	可设置相似度为 1%~100%
Substructure	以绘制结构作为一部分的化合物	可对结构中的原子、环等进行限定
Superstructure	以绘制结构中的子结构片段作为一部分的化合物	可对结构中的原子、环等进行限定

对于结构式检索结果，PubChem 以列表形式清晰呈现其结构、分子式等基本信息，可根据需要点击结构式或者"Compound CID"查看详细信息。此外，还可以直接点击检索结果中的"Similar Structure Search"进行二次检索，检索出与该目标化合物结构类似的化合物。

PubChem 中除了可以采用结构式检索，还可以通过化合物的 CID 号或 SID 号检索。如果用其他手段检索到的文献中并没有记载化合物的结构式，只记载 CID 号或 SID 号的情况，此时便可在 PubChem 中检索 CID 号或 SID 号以获取化合物的结构式，甚至其出处。

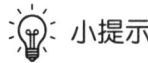 小提示

> PubChem 虽然在化学物质的收录量上比 STN 少，非专利文献链接信息也比较少，但其属于免费资源，检索者可根据检索结果任意调整结构式进行多次检索，尤其是 PubChem 标引大量化合物的具体生物活性测试结果，便于在检索中判断其用途是否与目标化合物相同，从而提高检索效率。
>
> STN 的 REGITSTRY、MARPAT 与 PubChem 均是化合物结构式检索的常用平台。STN 检索系统收录约 220 个数据库，涉及生命科学、药学等领域，是检索化学领域的科技文献的权威工具。其具有化合物收录全面、化学物质相关信息丰富、检索速度快等优点。
>
> 但是，STN 的检索费用非常高，由于其专业的检索逻辑和多样化的检索入口，检索效果依赖于检索者对检索结构式的选取能力，常常会因为检索的结构式选择、表达、筛选不合理而导致遗漏关键文献。而 PubChem 虽然在化合物收录量和文献链接信息上比 STN 少，但其可免费使用，因此，可根据检索结果任意调整结构式进行多次检索，而且其收录的化合物部分来源与 STN 不同，这就意味着其包括部分 STN 未收录的化合物。

3.2.2.4 PubMed

（1）PubMed 概述

PubMed 由美国国家医学图书馆（NLM）所属的美国国家生物技术信息中心开发和维护的基于 WEB 生物医学信息检索系统，收录了超过 3000 万条来自 Medline 数据库、生命科学期刊及在线图书的文献，并提供文献的摘要及原文链接，Medline 数据库是其主要数据来源。虽然其核心主题涉及医学，但也会包括其他与医学交叉的领域，如健康、护理学等。同时，也会提供相当全面的生物医学资讯，该资讯不包括文献的全文，但可能提供给用户全文的链接。

PubMed 网址为 https://www.ncbi.nlm.nih.gov/pubmed/，PubMed 主界面包括检索区、功能区和信息区：检索区可进行快速检索或高级检索。功能区包括 Using PubMed、PubMed Tools、More Resources 三部分，Using PubMed 涉及快速掌握使用 PubMed、全文文献获得方式、PubMed 使用时遇到的常见问题、PubMed 使用指南等；PubMed Tools 涉及手机版链接页面、单一引文匹配检索工具、批量引文匹配检索工具、检索范围指定为临床范围、特殊主体范围检索；More Resources 涉及其他附带资源检索。信息区提供最新的文献资源信息及研究趋势文章。PubMed 检索主界面如图 3-2-17 所示。

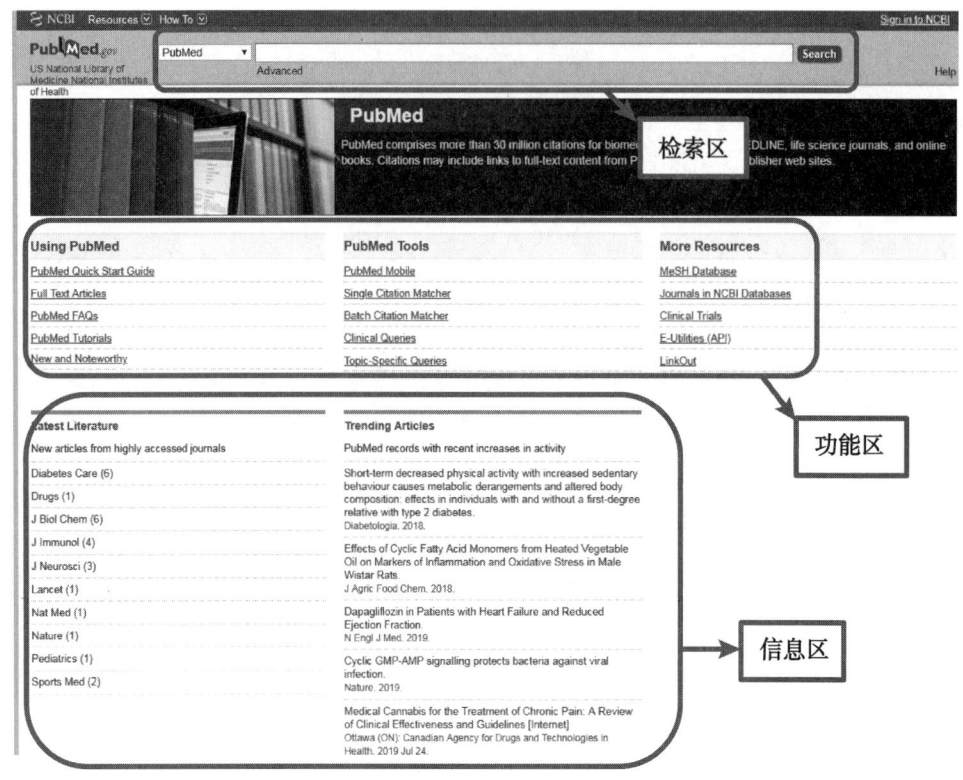

图 3-2-17　PubMed 检索主界面

（2）PubMed 检索方式

在 PubMed 主界面的检索框中直接输入关键词即可进行快速检索，快速检索可选择检索的数据库范围，但不提供字段选项，默认涉及主题、篇名、作者、刊名等全字段。高级检索（advanced search）提供多种可供选择的字段，字段之间可结合布尔逻辑算符"AND、OR、NOT"进行精确检索。PubMed 高级检索界面如图 3-2-18 所示。

例如，检索生物燃料电池的相关综述性文章。打开 PubMed 高级检索页面，输入检索关键词（MFC/（Title/Abstract）AND review/Publication Type），返回 166 个结果。每条检索记录都显示文献标题、作者、来源、发表日期、文献编号，并且部分综述文献提供免费全文链接（Free PMC article），如图 3-2-19 所示。

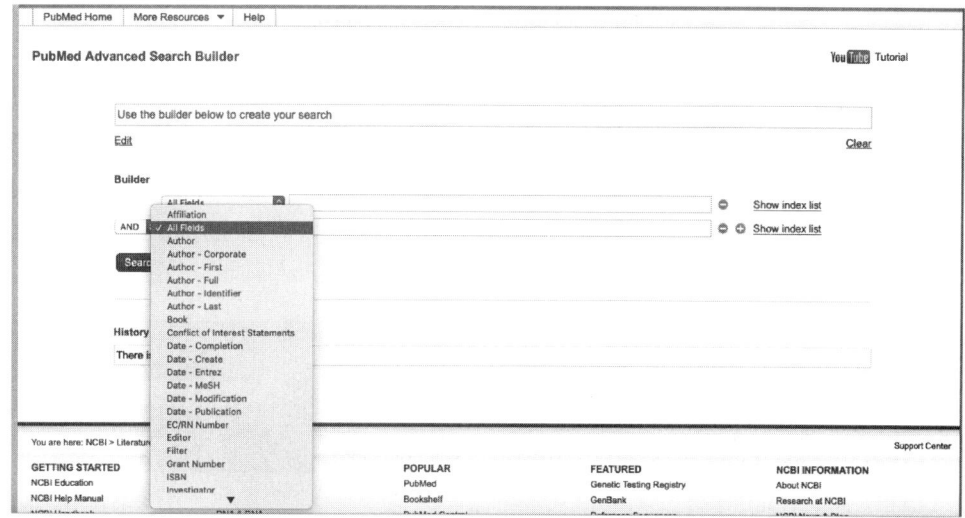

图 3-2-18　PubMed 高级检索界面

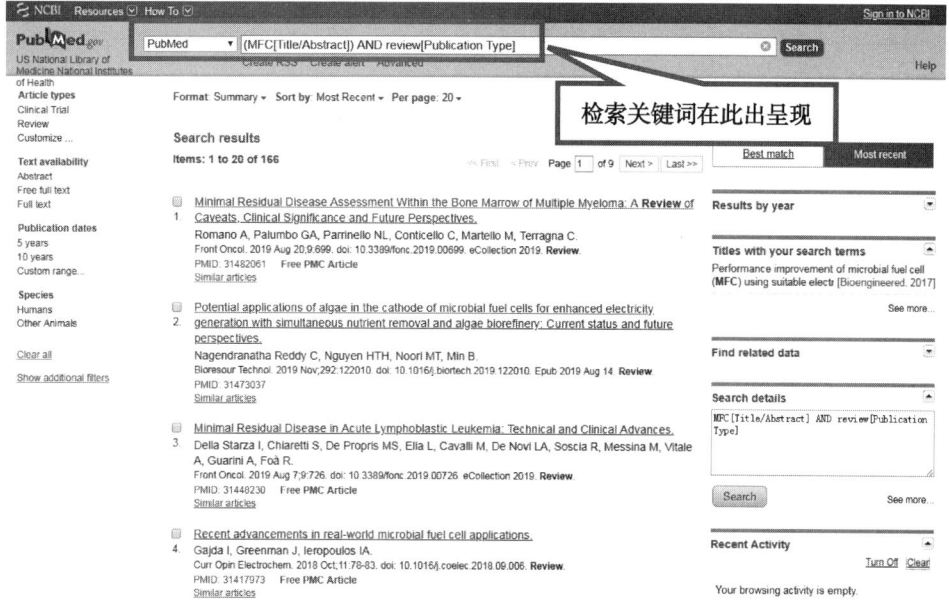

图 3-2-19　PubMed 高级检索结果示例

3.2.2.5 ChemSpider

（1）ChemSpider 概述

ChemSpider 隶属于英国皇家化学会（RSC），是一个免费的化学结构数据库，汇总来自不同数据资源的超过 8100 万种化合物，包括化合物的名称、结构、性质、图谱、晶体 CIFs 和数据源等信息。ChemSpider 的网址是 http://www.chemspider.com，其主界面如图 3-2-20 所示。

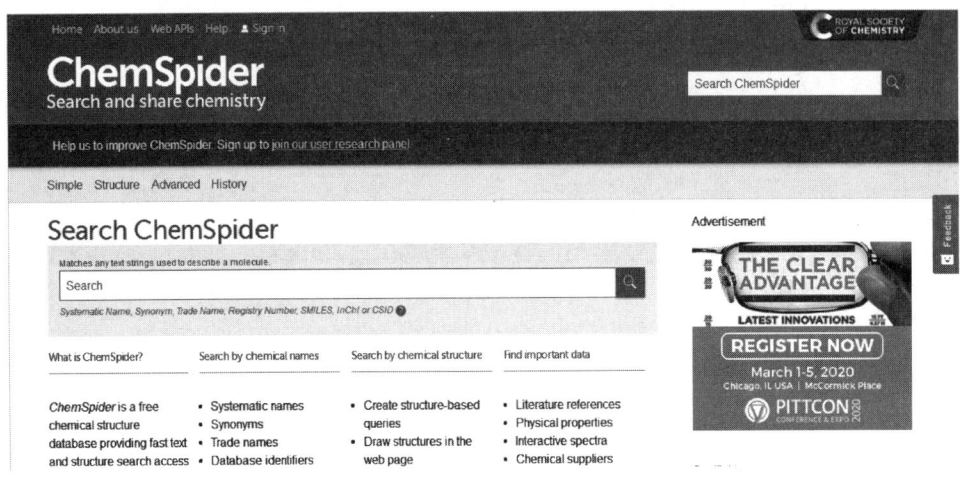

图 3-2-20　ChemSpider 检索主界面

（2）ChemSpider 检索方式

ChemSpider 提供的检索方式有简单检索、结构式检索和高级检索。简单检索可检索系统名称、同义词、商品名称、注册号、SMILES 编号或国际化合物标识（International Chemical Identifier，InChI），如图 3-2-21 所示。

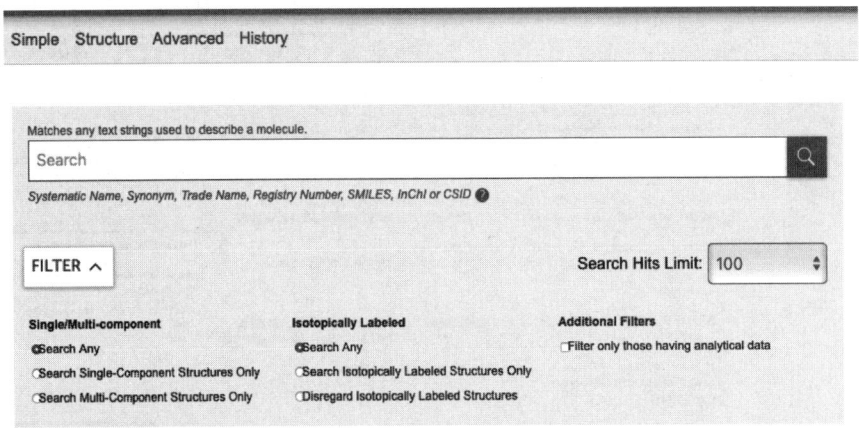

图 3-2-21　ChemSpider 简单检索界面

结构式检索可以提供精确检索、亚结构检索和模糊检索,其中模糊检索还可限定检索的相似度;在结构绘制框内绘制结构式并选择相应的条件即可进行检索,如图 3-2-22 所示。

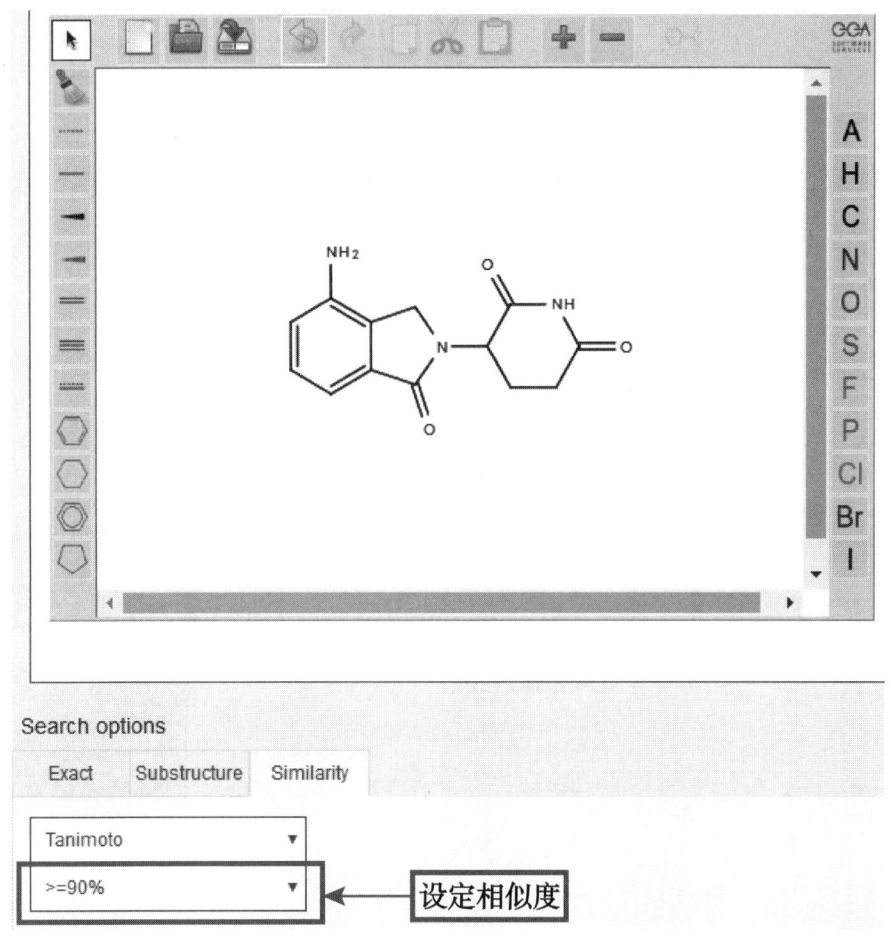

图 3-2-22 ChemSpider 结构式检索示例

高级检索则可对不同检索字段(包括结构、标示符、元素、固有属性、计算性质等)进行组合检索。

以上三种检索方式均支持通过单组分/多组分、同位素标记、是否有分析数据等对检索结果进行限定。对于检索结果,ChemSpider 除了显示化合物的基本信息外,还会提供数据源信息、文献信息等,如图 3-2-23 所示。

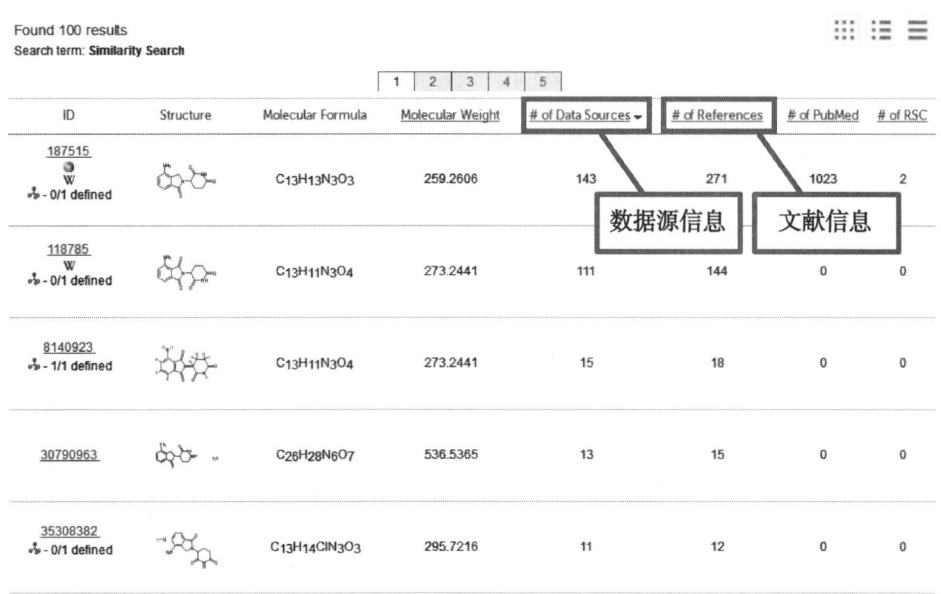

图 3-2-23 ChemSpider 检索结果示例

点击相应的化合物，即可进一步查看该化合物的详细，如图 3-2-24 所示。

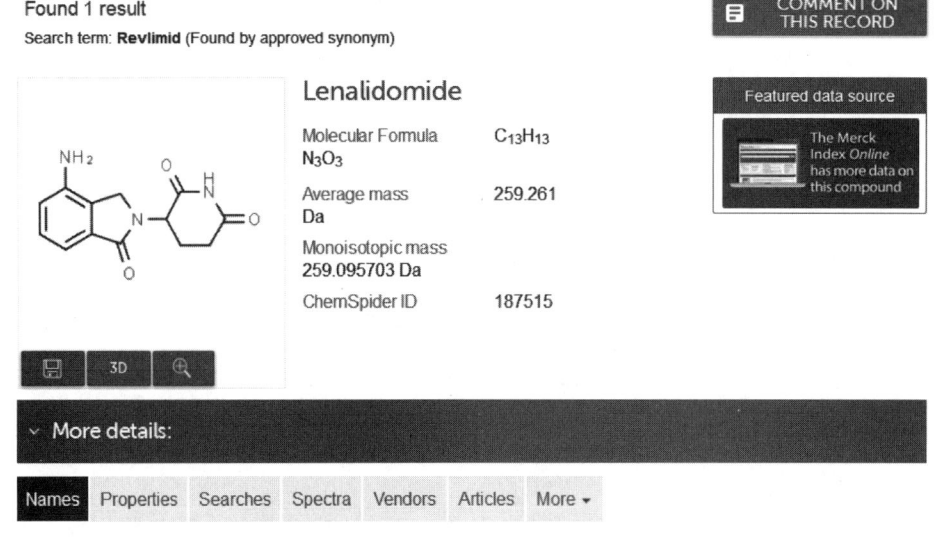

图 3-2-24 ChemSpider 化合物详细信息示例

3.2.2.6 Chemical Book

（1）Chemical Book 概述

Chemical Book 是一家国内企业运营的化合物检索平台，在其中进行检索可以同时获取化合物基本信息和供应商信息两方面的相关信息。另外，由于 Chemical Book 所收录的化合物多为常用精细化学品，特别适用于此类化合物相关信息的检索；而对于结构较为新颖的、尚未实现工业应用的化合物，在 Chemical Book 中进行检索可能无法获得相关信息。Chemical Book 的网址为 https://www.chemicalbook.com，主界面如图 3-2-25 所示。

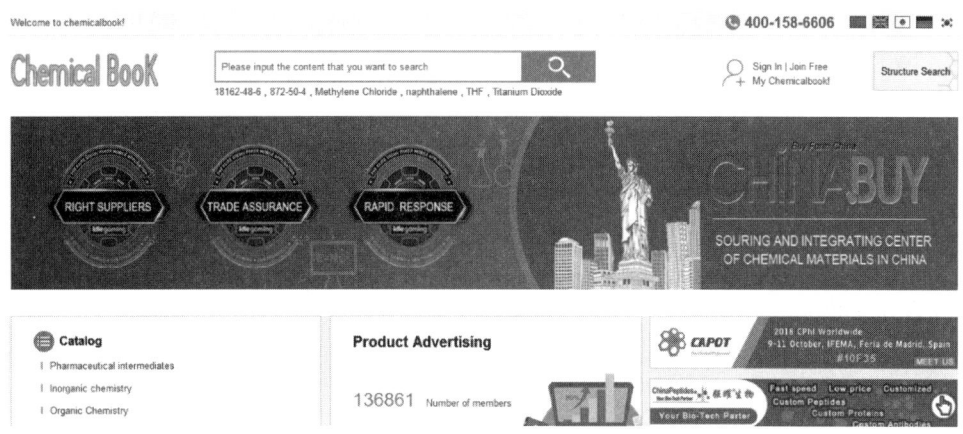

图 3-2-25　Chemical Book 检索主界面

（2）Chemical Book 检索方式

Chemical Book 提供两种检索方式，分别是简单检索和结构式检索。其中，简单检索可通过在搜索框中输入 CAS 登记号、化学名、通用名、商品名等关键词而实现；结构式检索则可以实现精确检索、亚结构检索和模糊检索。如检索"四乙酰核糖"，可直接在 Chemical Book 的搜索框中输入"四乙酰核糖"，点击检索，即可获得该化合物的相关信息和供应商信息，如图 3-2-26 所示。

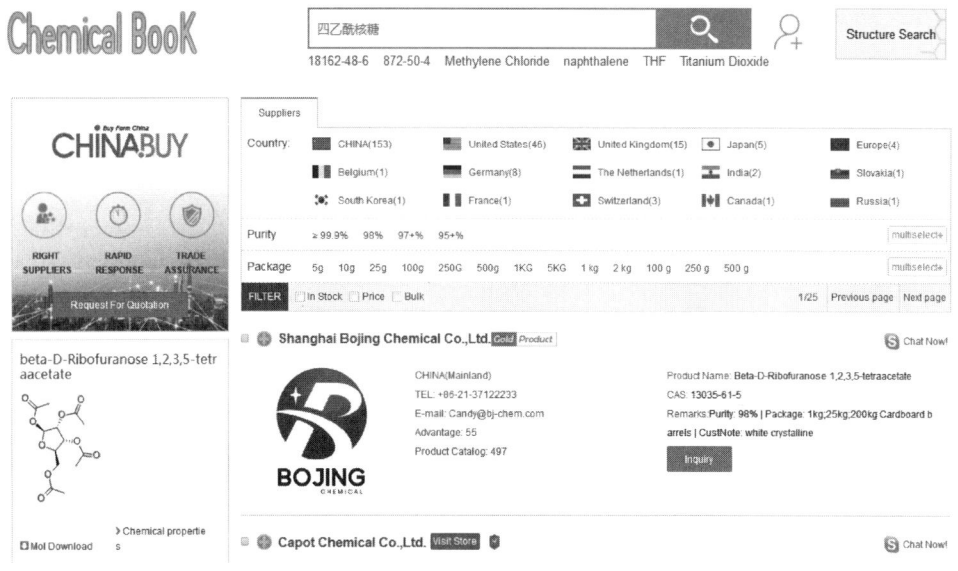

图 3-2-26　Chemical Book 检索示例

3.2.2.7 PSS 药物检索系统

(1) PSS 药物检索系统概述

前文介绍了国家知识产权局专利检索及分析系统（PSS），其中还包括一个特殊的检索板块——药物检索系统。该系统收录 1985 年至今公开的全部中国药物专利，并且相对 PSS 内的其他数据库来说是独立的，不能进行分析。

PSS 药物检索系统除了可进行药物检索外，还提供具有辅助功能的词典——西药词典和中药词典，可以通过查询关键词的方式获取药物 CAS 登记号、结构图、中药异名、英文名称等。使用上述功能可以快速扩展关键词。该系统可通过 PSS 数据库中的"药物检索"菜单项进入，如图 3-2-27 所示。

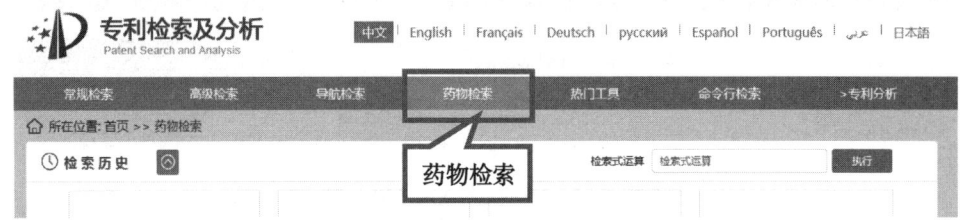

图 3-2-27　PSS 系统"药物检索"入口

(2) PSS 药物检索系统检索方式

药物专题检索包括高级检索、方剂检索和结构式检索三种检索模式。

① 高级检索。在对应输入框中输入查询内容，或者在检索式编辑区编辑检索式，点击"检索"按钮执行检索操作并显示检索结果页面。值得一提的是，当鼠标停留于某一输入框时，会自动显示提示内容，包括输入示例和注意事项，十分明了，易于新手使用，如图 3-2-28 所示。

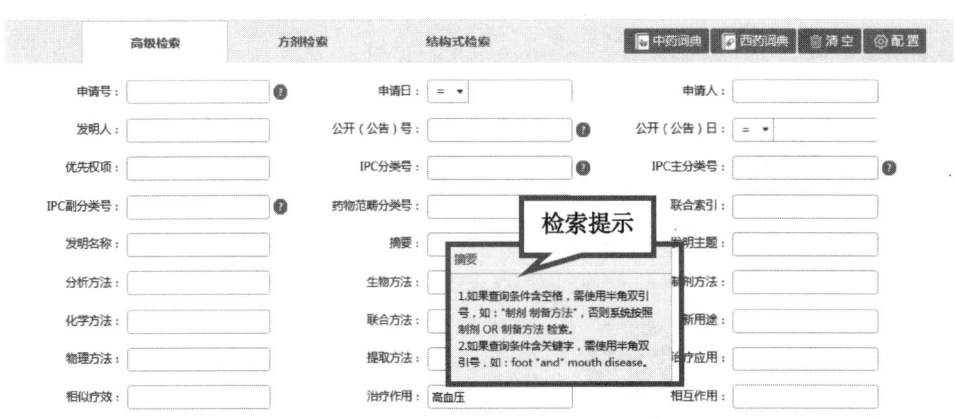

图 3-2-28　PSS 药物检索系统高级检索界面

② 方剂检索。在方剂检索界面中，输入方剂中各味药材后，可以设定所想要命

中文献中药物的总数量,并可设定其中含有至少几味指定药物。方剂检索基本步骤如图3-2-29所示。

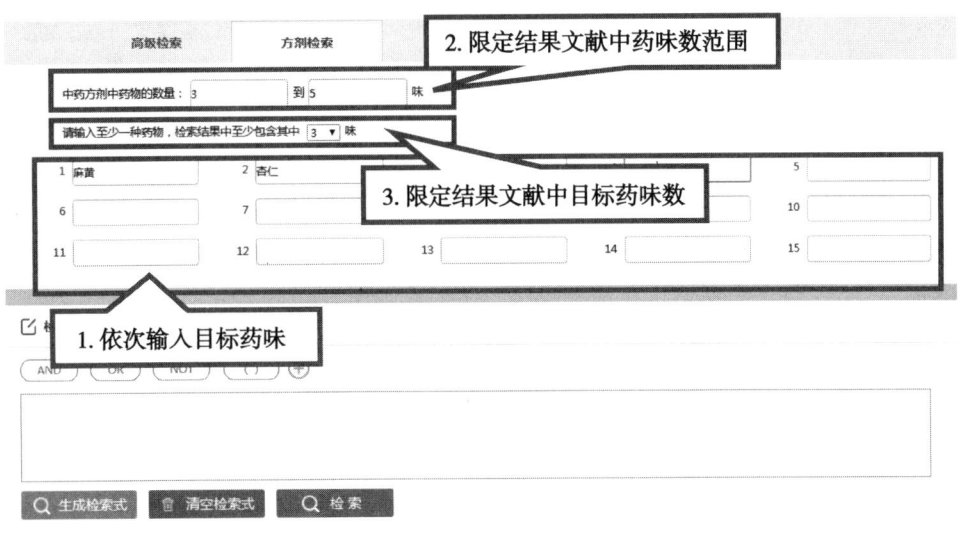

图3-2-29 PSS药物检索系统方剂检索步骤

③ 结构式检索。PSS药物检索系统提供结构式检索模块。使用该功能时一般应当使用 IE 浏览器,根据提示下载插件后即可使用。用户在结构式编辑区编辑化合物结构式,选择检索类型,点击"查询"按钮,结果列表区域将显示化合物列表,选择相关记录后,可根据需要生成检索式,进行检索。

(3) 词典功能

在高级检索的右上方设有"中药词典"和"西药词典",是非常实用的关键词扩展工具,可方便地查询中药和西药的详细信息,并进行检索,如图3-2-30所示。

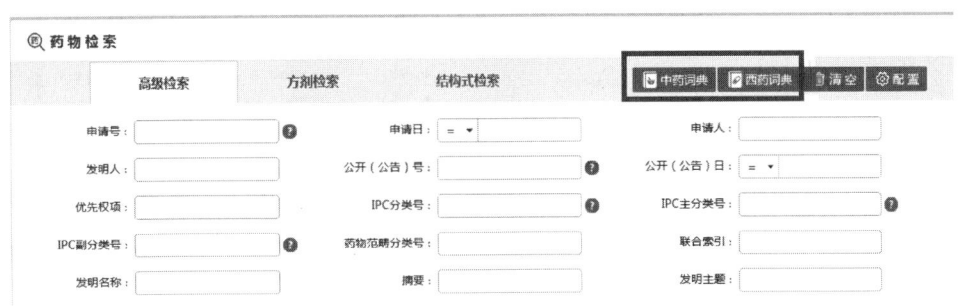

图3-2-30 PSS药物检索系统"词典功能"入口

具体地,使用"中药词典",可以中药材扩展为其中文正名、中文异名、英文名称、拉丁名称、拉丁植物名称,甚至其中文拼音,一应俱全,如图3-2-31所示。

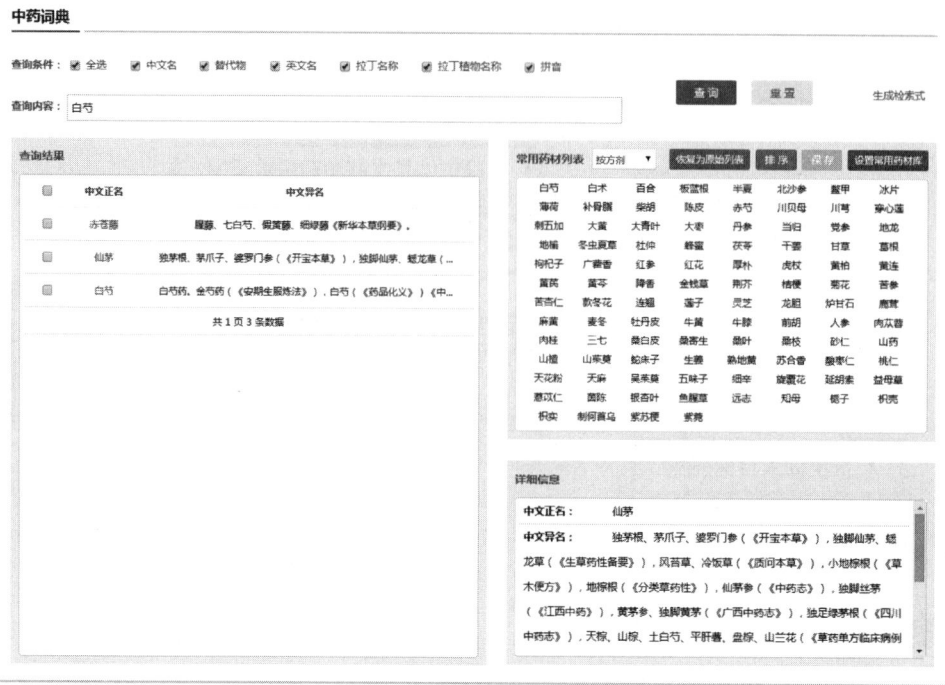

图 3-2-31　PSS 药物检索系统"中药词典"应用示例

使用"西药词典",可以将待查化合物扩展为其中文正名、中文异名、英文正名、英文异名、分子式以及其制药用途、药物登记号、CAS 登记号。此外还显示结构图,如图 3-2-32 所示。

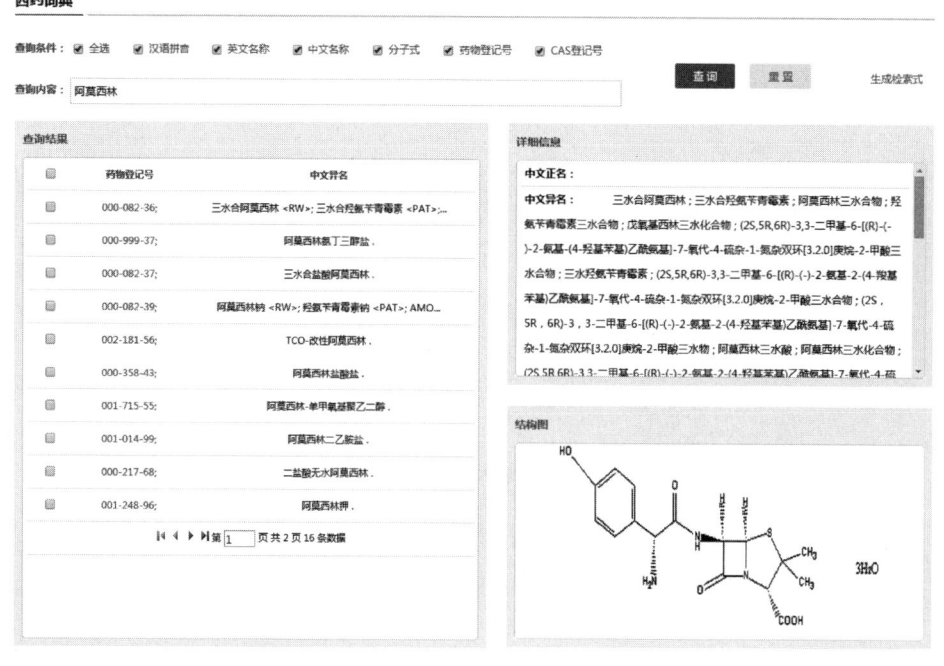

图 3-2-32　PSS 药物检索系统"西药词典"应用示例

3.2.3 生物领域检索资源

生物序列的检索是生物领域检索特殊性的集中体现。随着现代生物学的发展，海量的生物序列信息被公开出来，多种生物序列数据库对这些生物序列进行收集、整理、标引。本小节将对这些生物序列数据库的特点、收录情况、检索方法等进行介绍。

3.2.3.1 Genbank 数据库

（1）Genbank 概述

Genbank 数据库源于 1982 年美国阿拉莫斯国家实验室创建的核酸序列数据库，并于 1993 年归属于美国国立卫生院（NIH）的美国国家生物技术信息中心（NCBI）维护管理。该数据库收录 1982 年至今所有公开的基因、蛋白质序列，包括各国科研人员直接提交注册的序列、大规模基因组测序计划公开的序列、各种生物学期刊中报道的序列和各国专利文献中公开的序列。科研人员通过测序或提取获得的原始序列在正式发表之前均会先到 Genbank 注册，并且相关的期刊文献也会要求提供 Genbank 的登记号。数据库中每个 Genbank 登记号下的记录均包含序列的名称、物种来源信息、蛋白编码区、具有特殊生物意义的位点、相关引用文献、序列信息等。目前，世界三大权威基因数据库包括 NCBI 的 Genbank、欧洲分子生物学实验室的 EMBL 及日本基因数据库 DDBJ，这三大数据库均可接受科研人员提交序列的申请。因此，为保证数据的全面性，Genbank 与 EMBL 数据库以及 DDBJ 数据库建立了数据相互交换合作关系，每日交换序列信息，形成充分详细的数据信息免费向公众开放。

对于 Genbank 中序列的大规模检索，用户可通过 NCBI 提供的集成化检索系统（Entrez）或序列相似性检索系统（BLAST）进行检索。其中，Entrez 检索框内可输入基因名等进行检索，支持布尔逻辑运算如 And 等，可检索到 Genbank 中所有序列及其引用文献。BLAST 是将待检索序列与 Genbank 数据库中所有序列进行比对，通过一定算法寻找到足够相似的序列并进行功能相似性评估。NCBI 网站对外免费提供生物序列 4 种 Web BLAST 基本检索程序及其他特殊检索程序，表 3-2-6 列举出所有的 Web BLAST 程序：

表 3-2-6 Web BLAST 检索程序

Web BLAST	检索内容
Nucleotide BLAST	核酸序列同源性比对
blastx	将输入检索框的核酸序列按 6 个阅读框（向前和向后各 3 个碱基）翻译成蛋白质后进行相似性检索
tblastn	将数据库中核酸序列翻译成蛋白质序列后和待检索的序列进行相似性检索
Protein BLAST	蛋白质序列同源性比对
smartBLAST	检索高度同源性蛋白

续表

Web BLAST	检索内容
Primer – BLAST	特异性 PCR 模板引物设计
Global Align	基于 Needleman – Wunsch 算法两段序列全局比对
CD – search	检索序列保守区
GEO	检索基因表达谱匹配
IgBLAST	检索抗体和 T 细胞受体序列
VecScreen	用于识别序列中来源于载体的片段
CDART	检索具有相似保守区序列
Targeted Loci	检索系统发育的分子标记
Multiple Alignment	利用结构域和蛋白质约束比对序列
BioAssay	在 PubChem BioAssay 中检索蛋白和核酸
MOLE – BLAST	对未培养或环境序列建立分类

(2) Genbank 检索方式

Genbank 的 BLAST 检索界面（https://blast.ncbi.nlm.nih.gov/Blast.cgi？CMD：Web & PAGE TYPE = BLASTHome）如图 3 – 2 – 33 所示。

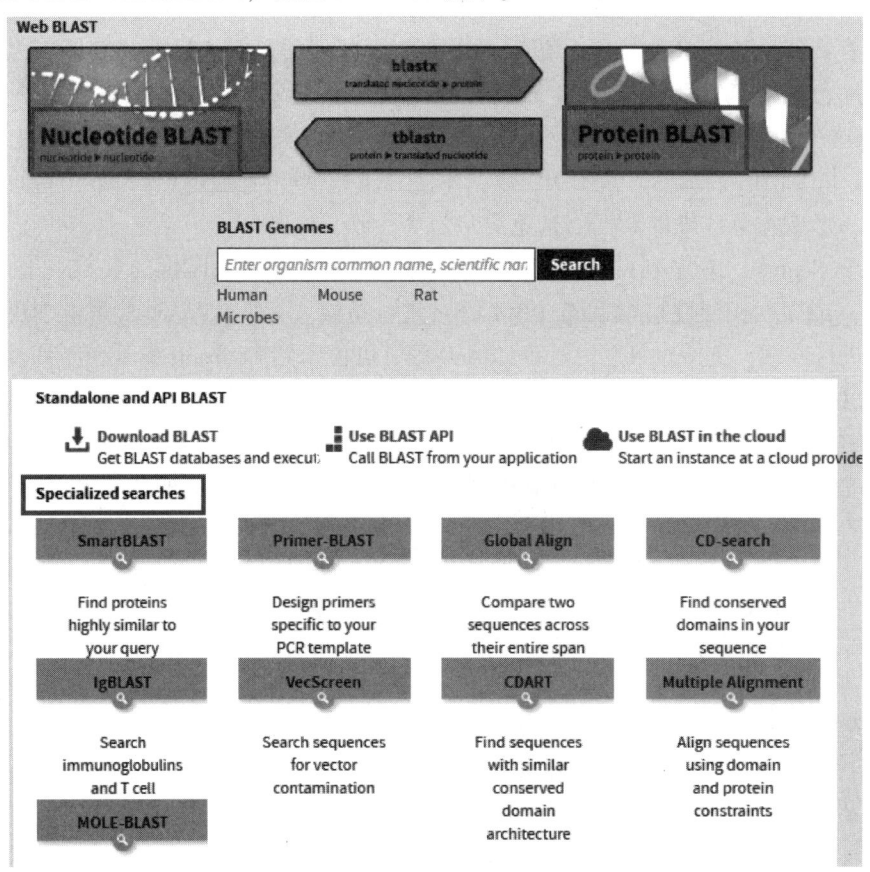

图 3 – 2 – 33　Web BLAST 检索界面

Web BLAST 中的 Nucleotide BLAST 或 Protein BLAST 可分别用于核酸与蛋白序列的检索，还可以用于对已知的两条或多条序列进行相似性比对。blastx、tblastn 程序涉及核酸与蛋白序列的转换，可根据检索目的适时选用。

1) Nucleotide BLAST 检索

若待检索的生物序列为核酸序列，选择 Nucleotide BLAST，如图 3 – 2 – 34 所示。Nucleotide BLAST 检索流程包括：第一步在"Enter Query Sequence"区域输入待检索的核酸序列，其中的"Job Title"可以对该检索任务进行命名；第二步在"Choose Search Set"区域设置检索参数，"Database"包括人类基因组和 mRNA 序列 human genomic plus transcript，小鼠基因组和 mRNA 序列 mouse genomic plus transcript、nucleotide collection（nr/nt）、patent sequence（pat）等，用户可根据需求选用不同核酸数据库分别进行检索，通常选择 nr/nt 和 pat 即可，"Organism"可以输入序列相关的物种信息；第三步在检索算法"Program Selection"区域进行设置，一般选择高同源性算法"megablast"，最后点击"BLAST"按钮即可检索该核酸序列。

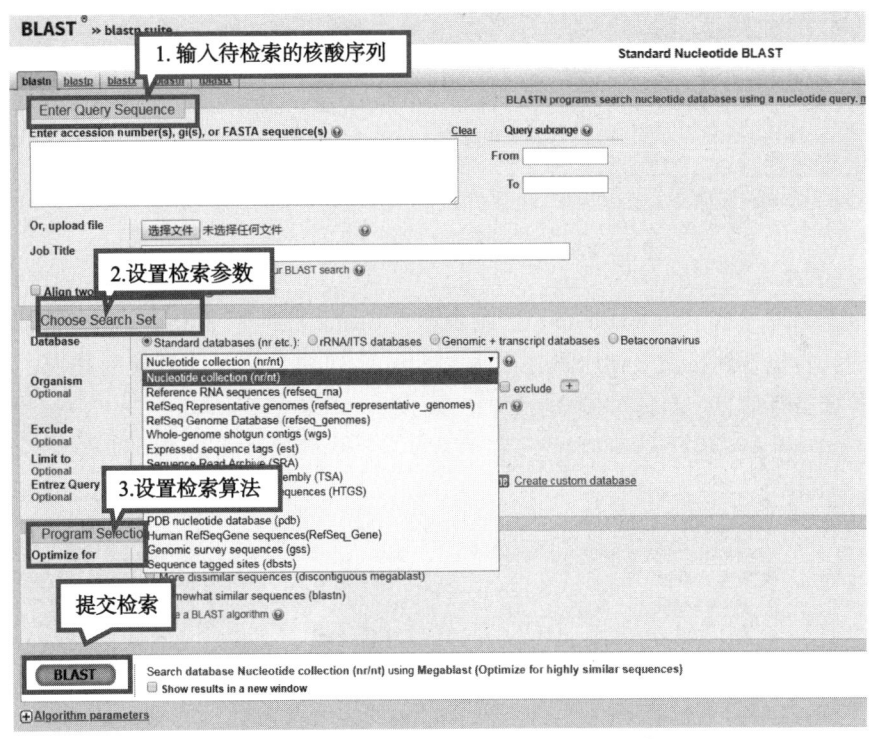

图 3 – 2 – 34　Nucleotide BLAST 检索流程界面

2) Protein BLAST 检索

若待检索的生物序列为蛋白质序列，选择 Protein BLAST，检索方式与核酸序列基本类似，如图 3 – 2 – 35 所示。Protein BLAST 检索流程包括：第一步在"Enter Query Sequence"区域输入待检索的蛋白质序列；第二步在"Choose Search Set"区域设置检索参数，蛋白质 Database 包括非冗余蛋白质数据库 non – redundant protein sequences (nr)、refseq-protein、patented protein sequences (pataa) 等，通常推荐选择 nr 和 pataa 检索蛋白质序列即可；第三步检索算法"Program Selection"区域进行设置，最后点击"BLAST"按钮即可检索该蛋白质序列。

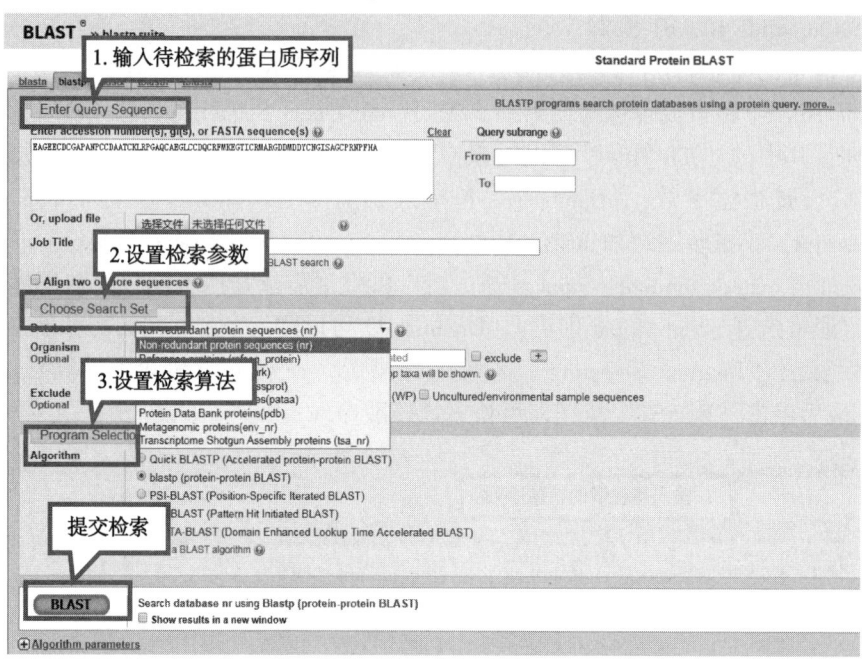

图 3-2-35　Protein BLAST 检索流程界面

若检索结果显示"no hits found"，则表示 Genbank 数据库中未检索到相同或相似的生物序列；若检索到相关生物序列，则返回相关序列的名称、序列比对情况、分析序列的物种分类等信息。具体如图 3-2-36 所示。

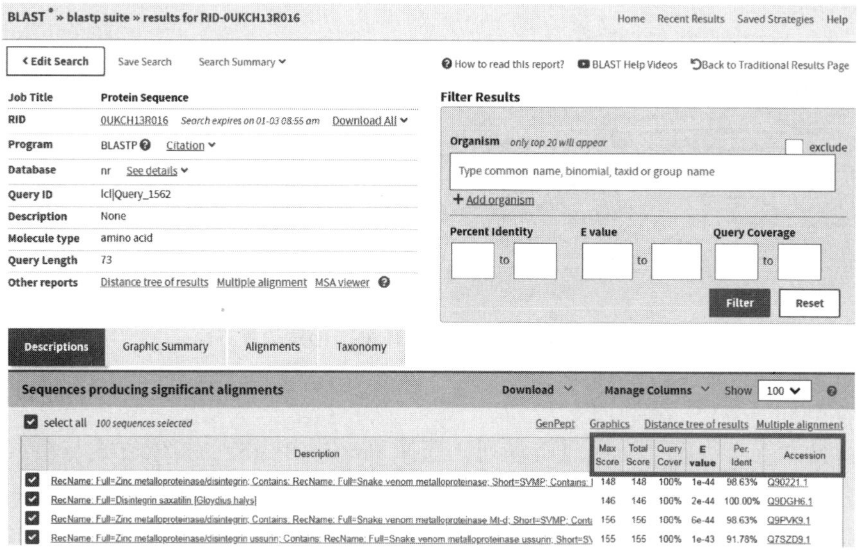

图 3-2-36　Protein BLAST 检索结果界面

每条结果均会显示"Score、Query Cover、E value、Per. Ident、Accession"等参数。其中，Score、E value可以衡量待检索序列与数据库中序列相似程度。Score是由打分矩阵计算出来的数值，分值越大，表示两条序列的相似程度越高；E value期望值表示两条序列的匹配程度，该值越小，该比对结果越可信，越接近0代表完全匹配。Query Cover表示序列的覆盖程度，Per. Ident表示序列的同源性，Accession表示序列在Genbank数据库中的编号。

如图3-2-37所示，点击检索结果可进一步查看序列详细比对信息。如图3-2-38所示，点击相应的序列编号出现Genbank数据库中该序列的详细注释信息，包括蛋白名称、来源及其参考文献。如图3-2-39所示，可在GenPept中的"Revision History"查看该序列的编辑历史。

图3-2-37 Protein BLAST检索结果序列比对界面

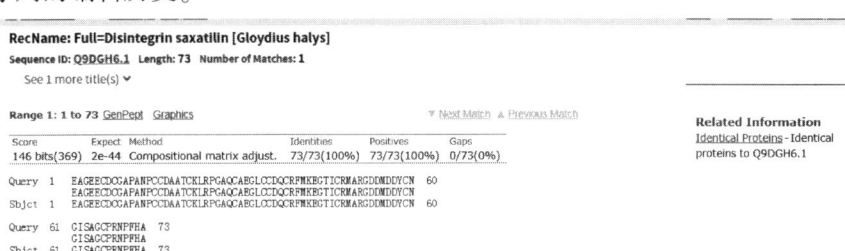

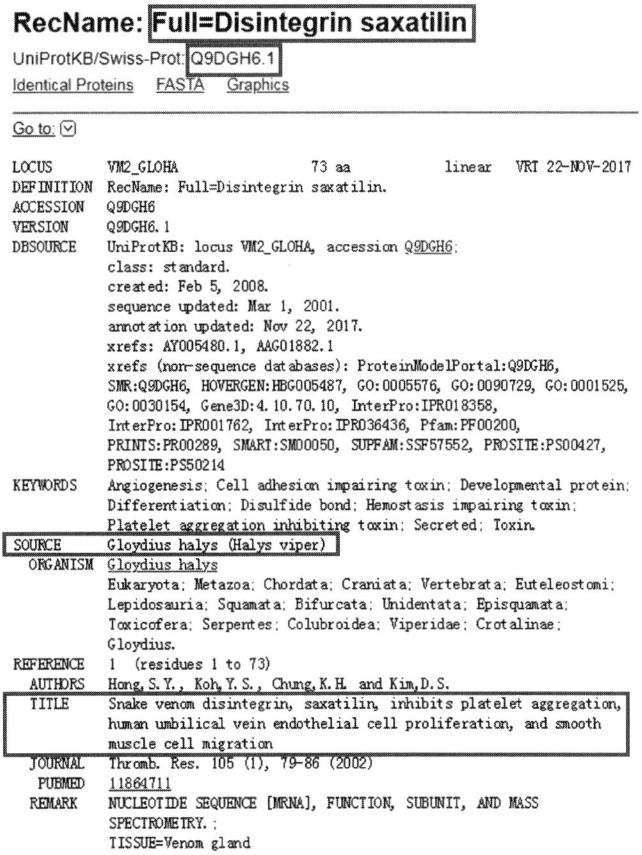

图3-2-38 Protein BLAST序列详细注释信息界面

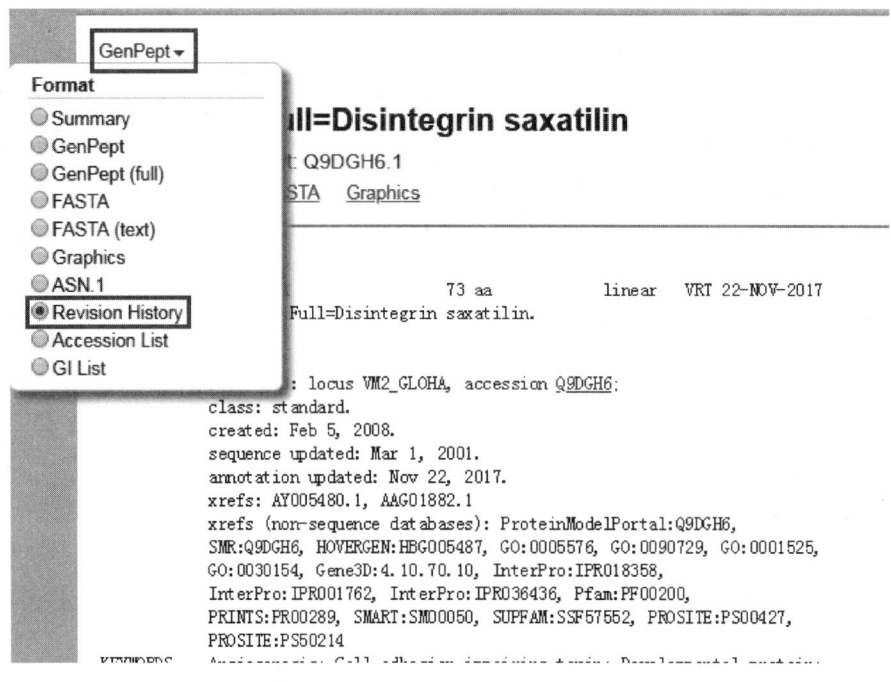

图 3-2-39　Protein BLAST 序列编辑历史信息界面

（3）序列相似性比对

对已知的两条序列相似性，可根据核酸或蛋白序列分别采用 blastn 或 blastp 进行比对。除此之外，还可以采用 BLAST 检索界面中其他特殊检索程序 Global Align 进行比对，如图 3-2-40 所示。

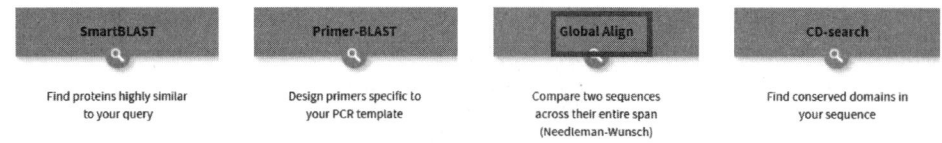

图 3-2-40　Protein BLAST 序列比对程序界面

采用 BLASTN 或 BLASTP 进行两条序列相似性比对的方法相同，以 BLASTP 为例。如图 3-2-41 所示，第一步在"Enter Query Sequence"区域输入比对的第一条序列；第二步，点击"Align two or more sequences"，在新出现的"Enter Subject Sequence"区域内输入比对的第二条序列；第三步，点击"BLAST"提交即可。图 3-2-42 示出序列比对结果。

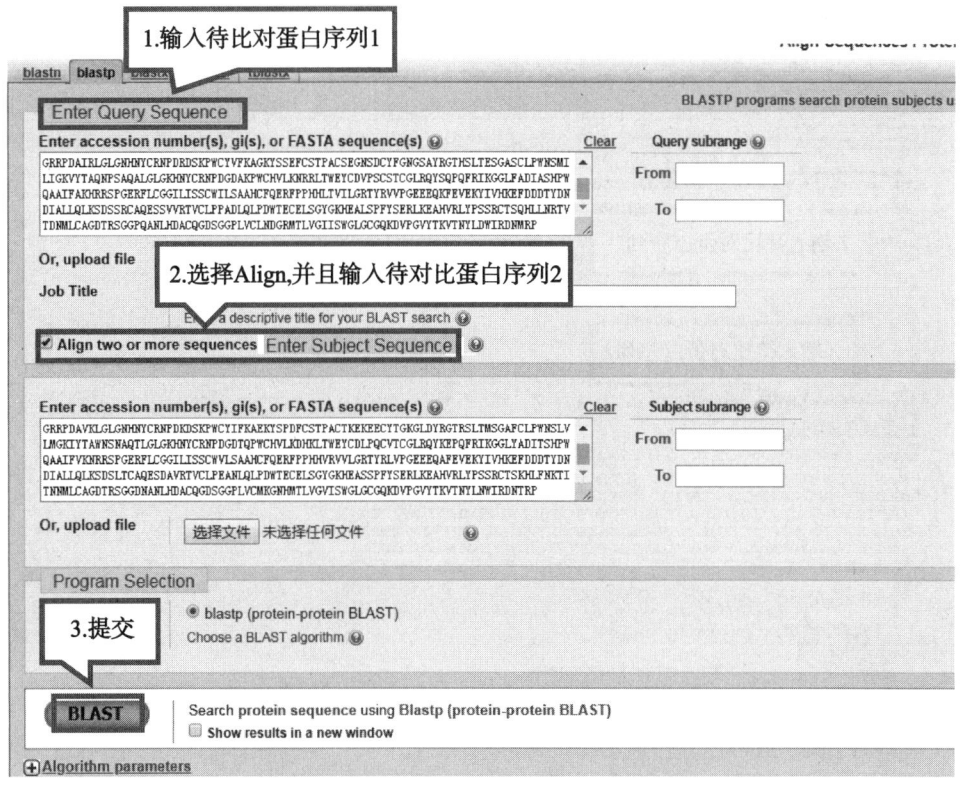

图 3-2-41　BLASTP 序列比对流程界面

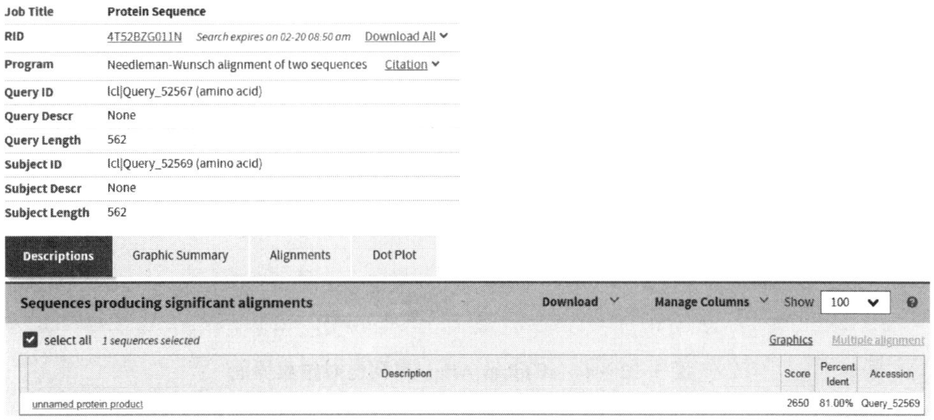

图 3-2-42　BLASTP 序列比对结果界面

在采用 Global Align 序列相似性比对时，如图 3-2-43 所示，在 BLAST 检索界面选择进入 Global Align 后，第一步，根据比对的核酸或蛋白序列，分别选择 Nucleotide 或 Protein；第二步和第三步分别在"Enter Query Sequence""Enter Subject Sequence"输入两条待比对的序列；第四步，点击"Align"提交即可。图 3-2-44 示出序列比对结果。

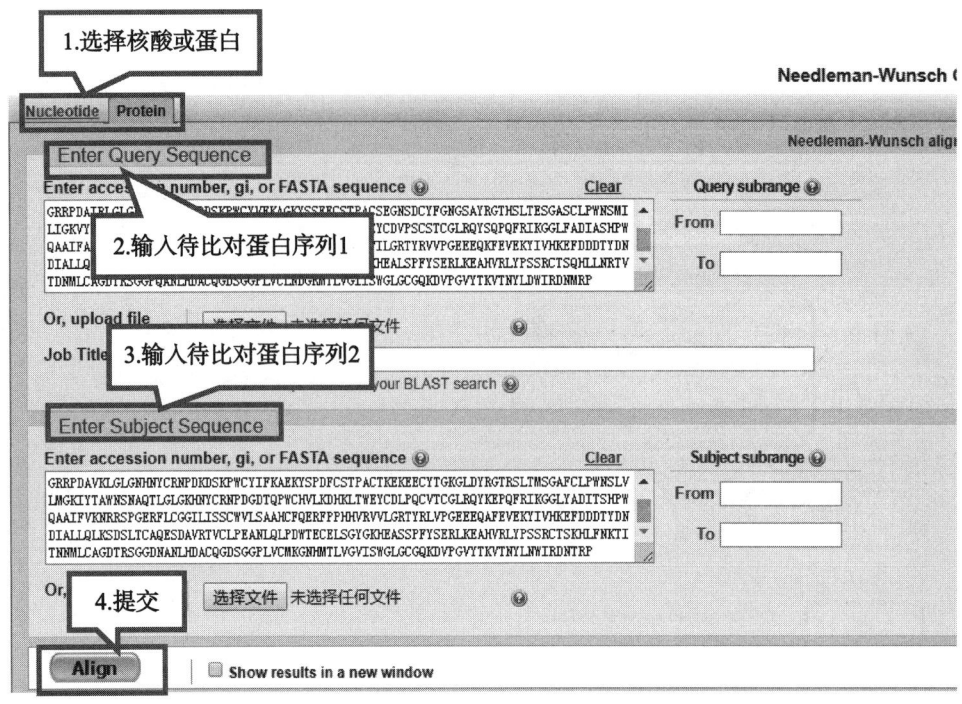

图 3-2-43　Global Align 序列比对流程界面

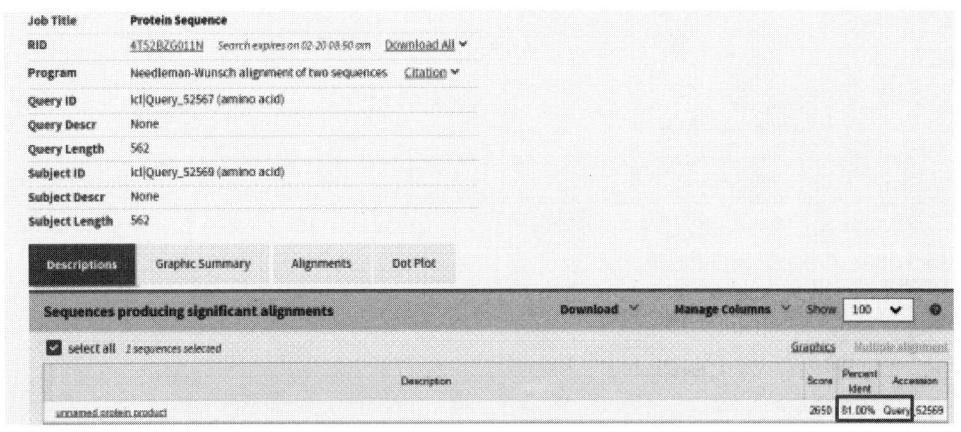

图 3-2-44　Global Align 序列比对结果界面

3.2.3.2　EMBL-EBI 数据库

（1）EMBL-EBI 概述

欧洲分子生物学实验室（EMBL）创建于 1974 年，起初由西欧国家和以色列等共 16 个国家共同发起建立的分子生物学研究机构，其主要实验室位于德国的海德堡，除了基础分子生物学研究，还提供多种生物工具和数据库资源方面的服务及生物序列的分析。该实验室在 1980 年构建了世界上首个核酸序列数据库，1988 年建立了欧洲分子生物学信息网 EMBnet，从一个区域性的生物学数据库转变为全世界范围内的生物学网络。我国于 1996 年加入该网络，节点位于北京大学生物信息中心。EMBL 的核酸序列数据库在 1994 年改由位于英国剑桥的欧洲生物信息研究所（EBI）维护和管理，该数据库注释自 1982 年以来全球范围内所有已公开的生物序列，是 EMBnet 的一个特别节点。自 1999 年 7 月以来，以其高标准、高质量的蛋白质序列数据为基础对其他已知蛋白质序列进行注释，为用户提供已知蛋白质的结构、功能区、翻译后修饰、突变、相似性等信息。

EMBL 网站（www.ebi.ac.uk）的"Data Resourse"为用户提供丰富的生物信息资源，生物工具"Tools"包括多条序列比对程序 Clustal Omega、基于蛋白质结构域和功能位点数据库预测待检索蛋白质序列功能的 InterProScan、序列相似性检索程序 BLAST、基于隐马尔科夫模型快速检索同源蛋白质或核酸序列的 HMMER 等。数据资源"Data Resources"包括基因组数据库 ENSEMBL、蛋白质序列及其详细注释数据库 Uniprot、欧洲蛋白质数据库 PDBe、检索全球生物科学文献数据库 Europe PMC、基因或蛋白质在何种环境中表达或环境间表达差异的增殖数据库 Expression Atlas、检索药物靶点和化合物生物活性数据的数据库 ChEMBL 等。针对欧洲专利局的专利审查需求，EBI 提供了内部专线访问的专门基于 Web 检索系统，相对于 EMBL 主页提供的免费检索系统，提供了更全面的生物资源数据，同时，针对专利审查过程中的某些特殊需求如"序列一致性或同源性"等，对检索系统进行部分优化，但检索的速度可能相对较慢。

（2）EMBL 检索方式

EMBL 的检索方式与 Genbank 类似，如图 3-2-45 所示。点击 EMBL 网站"Data Resourse"中的 BLAST（nucleotide）或 BLAST（protein），进入检索界面。

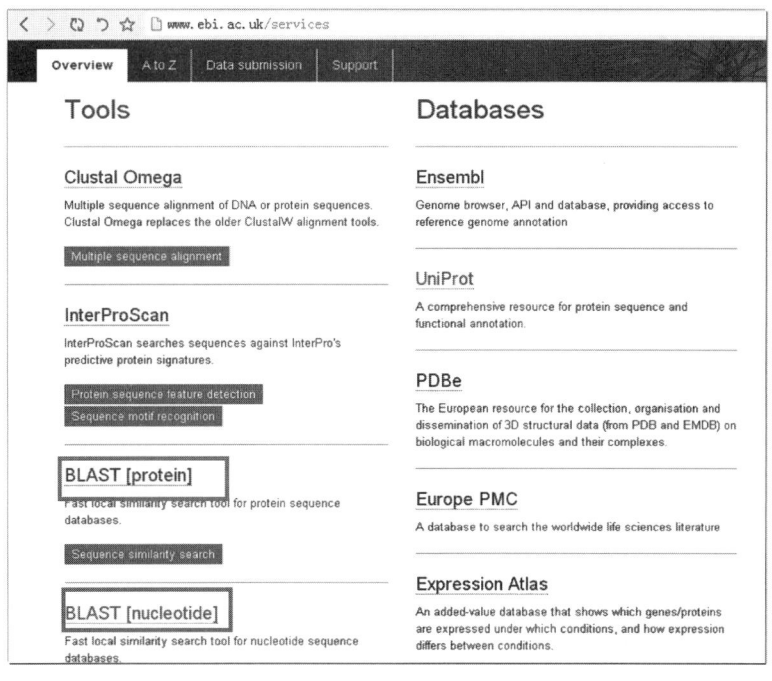

图 3-2-45　EMBL 检索工具界面

如图3-2-46所示的EMBL检索流程包括：第一步，选择数据库，基因数据库包括ENA、IMGT、Patents及Structure，蛋白质数据库包括Uniprot、Patents、Structure、Other Protein Databases等，选择的数据库越多，检索所需的时间就越长；第二步，在"Enter your input sequence"区域输入或者粘贴待检索的序列；第三步，选择参数（一般默认即可）；第四步，点击"Submit"提交检索任务。

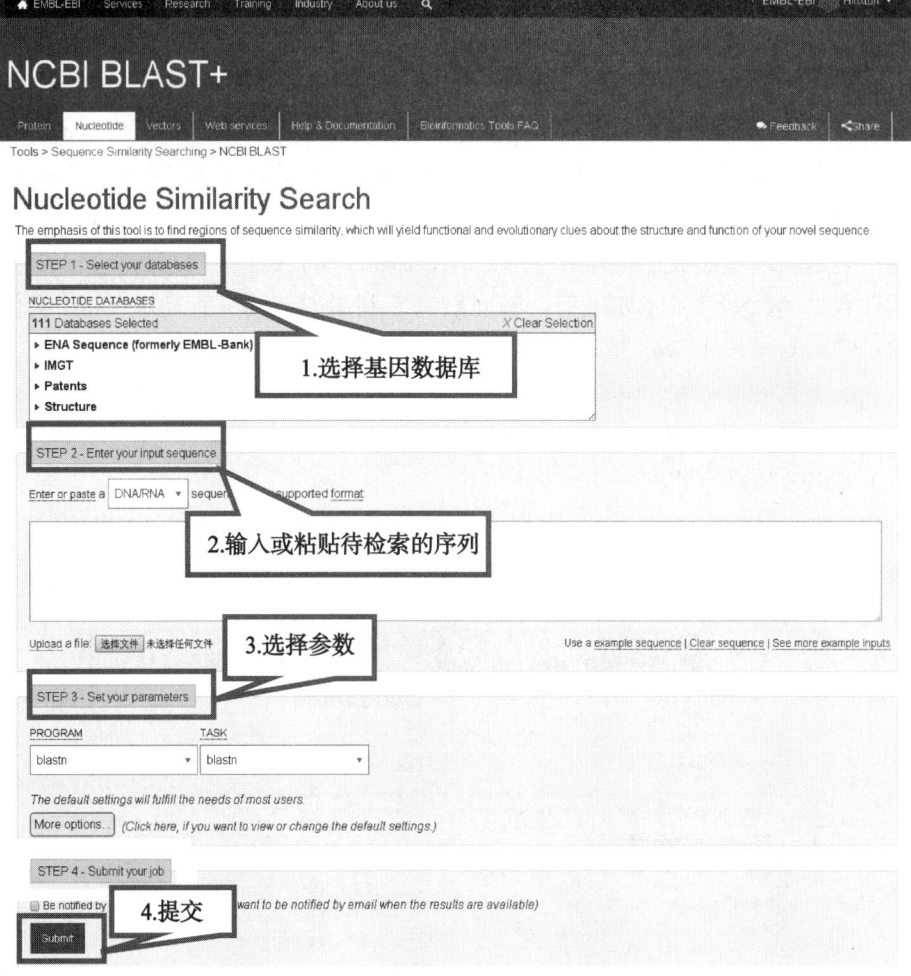

图3-2-46 EMBL检索流程界面

图3-2-47、图3-2-48示出EMBL数据库中检索结果及其详细信息。

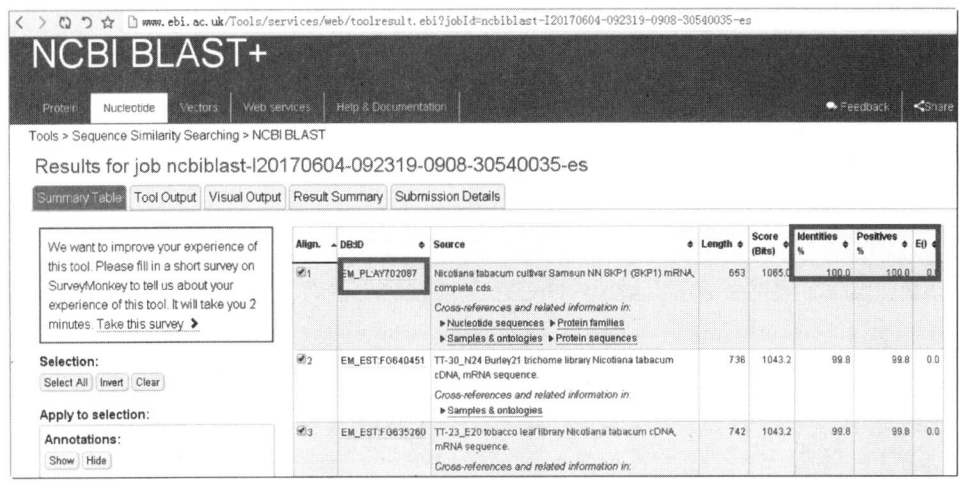

图 3-2-47　EMBL 检索结果界面

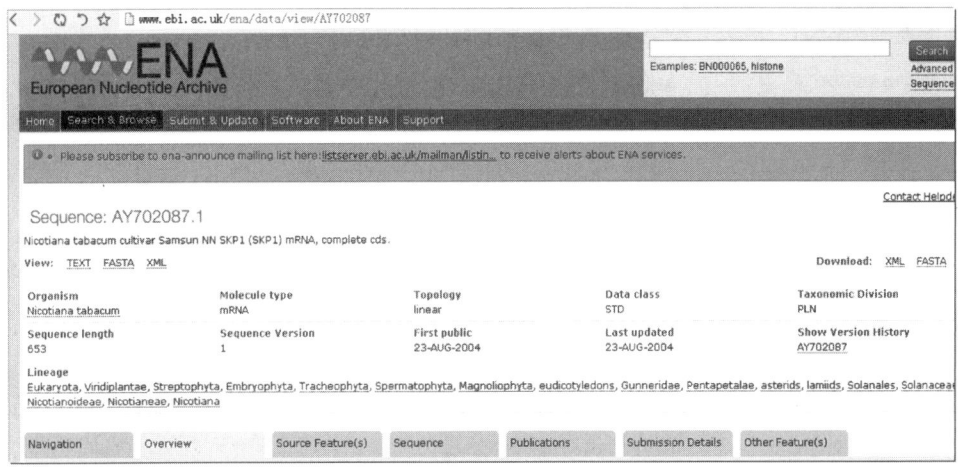

图 3-2-48　EMBL 检索结果详细信息界面

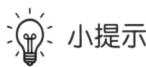 小提示

> EMBL 数据库与 Genbank 数据库中的生物资源共享，进行序列相似性检索时仅需检索其中一个数据库即可。相对于 Genbank 数据库，在检索生物序列时 EMBL 数据库可以选择不同数据库同时进行检索，但检索速度相对于较慢。

3.2.3.3　UniProt 数据库

（1）UniProt 概述

UniProt（Universal Protein）由欧洲生物信息研究所（EBI）、美国蛋白质信息资源（PIR）和瑞士生物信息学研究所（SIB）共同维护与管理的蛋白质信息资源库，EBI、

PIR、SIB 将各自的 Swiss–prot、TrEMBL、PIR–PSD 数据库信息整合而成，旨在为广大生物学科研工作者提供广泛、高质量、免费的涉及蛋白质序列及其功能的共享数据库。如图 3–2–49 所示，用户可以直接登录 UniProt 数据库界面查询、检索或直接下载蛋白质数据信息，并且进行交互式蛋白功能分析，网址为 www.uniprot.org。

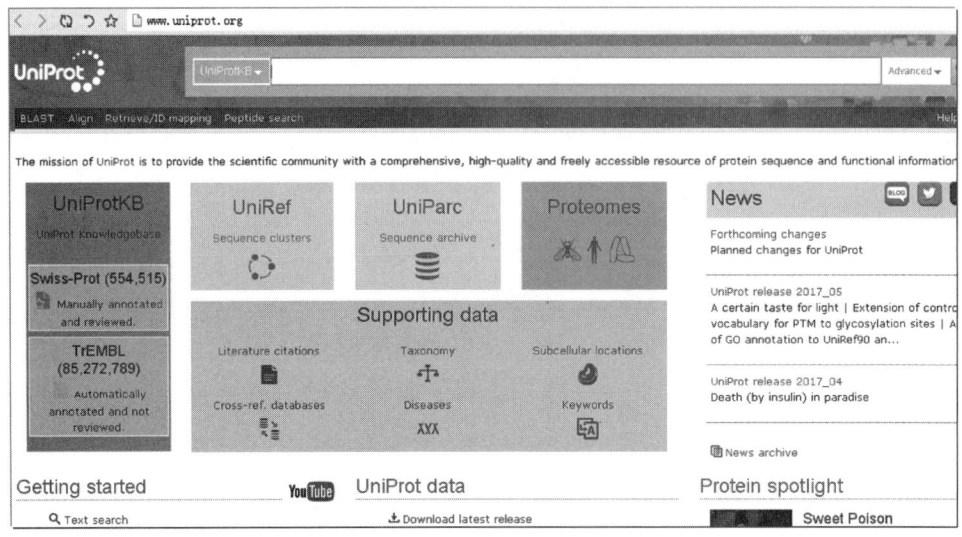

图 3–2–49 UniProt 检索工具界面

该数据库包括 UniProt 知识库（UniProtKB）、UniProt 参考资料库（UniRef）、UniProt 档案库（UniParc）、蛋白质组库（Proteomes）。表 3–2–7 简单介绍上述数据库信息。

表 3–2–7 UniProt 数据库简介

UniProt 知识库	收集蛋白质功能信息的核心，具有准确、一致及丰富的注释，除了每个 UniProtKB 条目必须的注释信息（包括氨基酸序列、蛋白质名称或描述、分类数据和引用信息），还添加了尽可能多的注释信息，提供了与其他数据的交叉引用。其包括两部分，即人工注释审核过的条目 Swiss–prot 及自动标识未审核过的条目 TrEMBL，Swiss–prot 数据库条目来源于相关文献和经审核计算分析的蛋白质，TrEMBL 来源于待审核的计算分析过的蛋白质，目前，Swiss–prot 和 TrEMBL 分别包括 560823 条和 171501488 条注释条目
UniProt 参考资料库	提供来自 UniProt 知识库（包括异构体）和选定 UniParc 记录的序列聚类集合，将关系密切的蛋白质整合到相同记录中提高了检索效率，并且根据序列相似度提供了 100%、90% 及 50% 一致性数据库。UniRef100 数据库将相同蛋白序列的数据整合在一条记录中，UniRef90、UniRef50 数据库分别在 UniRef100、UniRef90 基础上建立，数据量越来越少

续表

UniProt 档案库	是全面并且非冗余的蛋白质数据库，包含全球大多数可公开获得的蛋白质序列，蛋白质可能存在于不同来源的数据库中，也可能存在同一数据库的多个副本中，对于每一条蛋白质序列记录提供唯一的标识符（UPI）以避免冗余，UPI 永远不会被删除、更改或重新分配。值得注意的是，UniParc 中对蛋白质序列未进行注释
蛋白质组库	是生物体表达的一组蛋白质，为具有完整测序基因组的物种提供蛋白质组库，某些蛋白质组通过人工或算法选为参考蛋白质组，涵盖经过充分研究的模型生物和其他生物医学研究感兴趣的生物

（2）UniProt 检索方式

UniProt 数据库向用户提供的四大功能包括序列相似性检索工具（BLAST）、序列比对工具（Align）、数据批量提取工具（Retrieve/ID Mapping）及肽检索工具（Peptide Search）。

如图 3-2-50 所示，UniProt 的 BLAST 检索流程：首先，在表格栏输入蛋白质、核苷酸序列或 UniProt 标识符，其次，选择检索数据库如 UniProtKB 或相应物种类型，其他参数默认即可，最后，点击"Run BLAST"提交检索。如输入：一种烟草 S 期激酶蛋白 MSSSKMIVLKSSDGETFEVE EAVALESQTIKHMIEDDCADTSI PLPNVTSKILAKVIEYCKRHV-DATKTEDKASEDELKGFDSDFVKVDQATLFDLILAANYLNIKSLLDLTCQTVADMIKGKTPEEI RKTF NIKN DFTPEEEEEVRRENAWAFE。

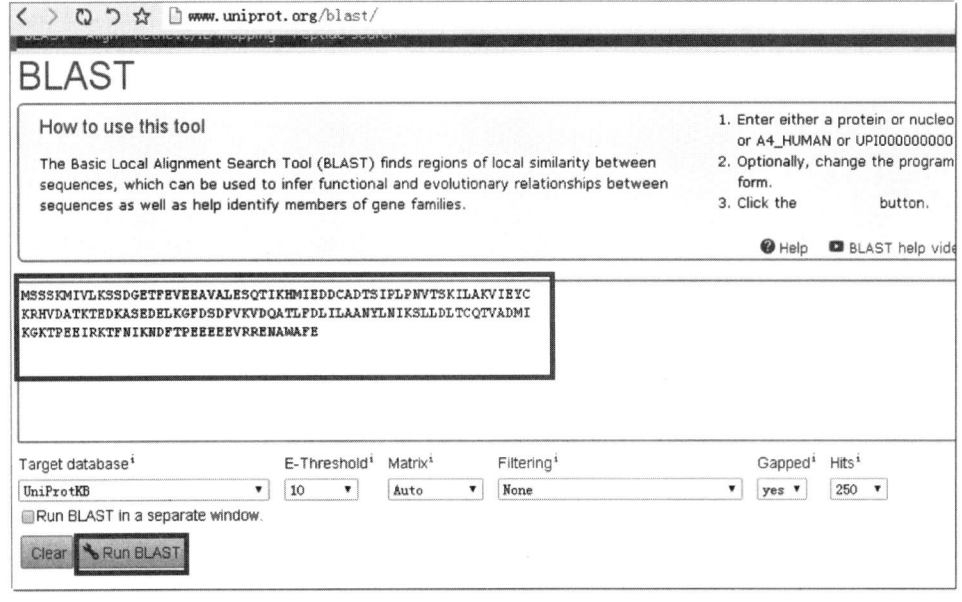

图 3-2-50　UniProt 检索流程界面

在 UniProt 数据库中检索到 Q68G50 与烟草 S 期激酶蛋白的序列一致，该条记录给出蛋白功能、名称、分类、家族、功能域、序列、相似性蛋白、交叉引用、进入数据库的相关信息，如图 3-2-51 所示。

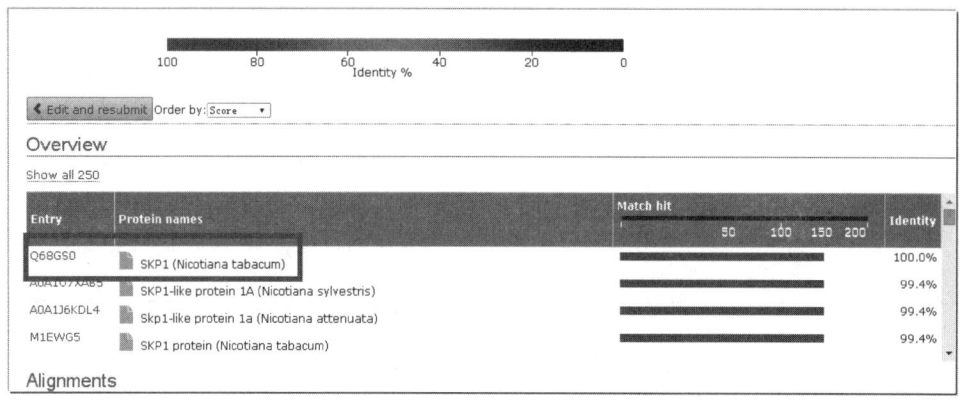

图 3-2-51　UniProt 检索结构界面

Align 的比对流程：在表格栏输入 TPA_HUMAN、TPA_PIG（人和猪的组织型纤溶酶原激活剂），点击"Run Align"提交即可，如图 3-2-52 所示。

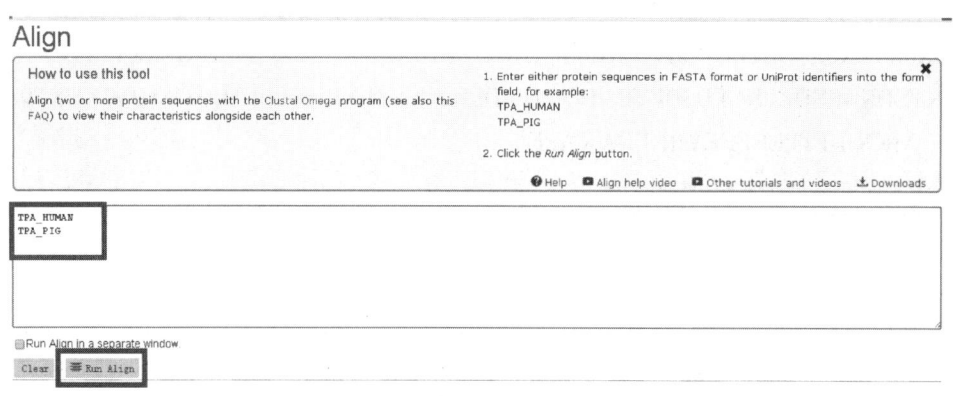

图 3-2-52　Align 比对流程界面

如图 3-2-53 所示，人和猪 TPA 具有 81% 的同源性。图 3-2-54 所示的是人和猪 TPA 序列详细比对的结果信息。

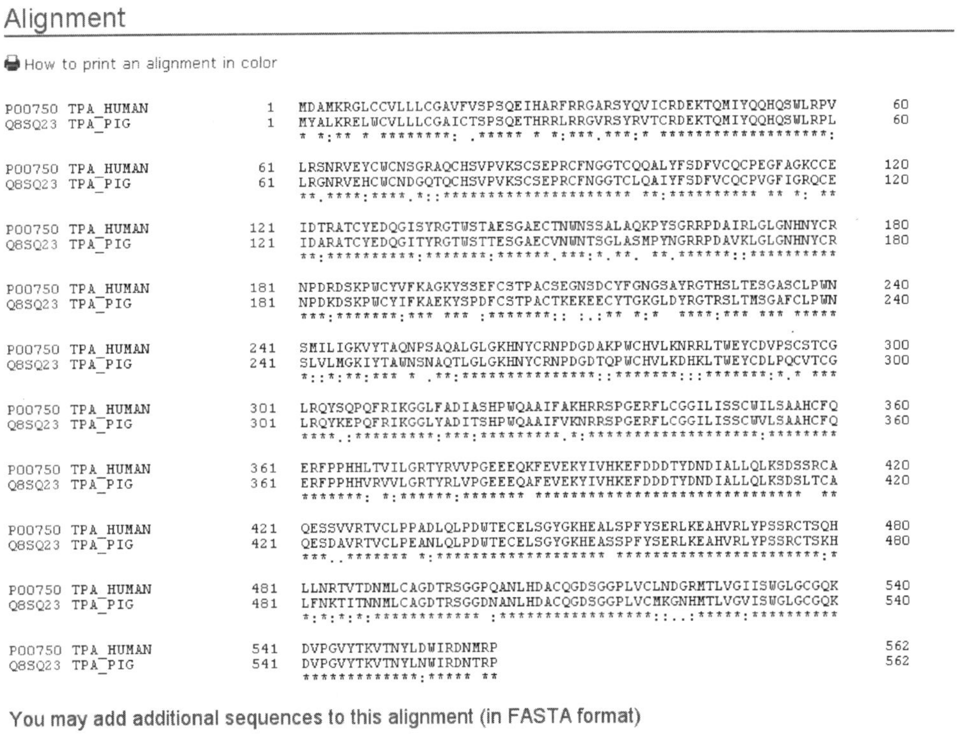

Alignment

🖨 How to print an alignment in color

```
P00750 TPA_HUMAN     1    MDAMKRGLCCVLLLCGAVFVSPSQEIHARFRRGARSYQVICRDEKTQMIYQQHQSWLRPV    60
Q8SQ23 TPA_PIG       1    MYALKRELWCVLLLCGAICTSPSQETHRRLRRGVRSYRVTCRDEKTQMIYQQHQSWLRPL    60
                          *:*:**  ******** .:****:**:*:*** ***:*:*********** ***

P00750 TPA_HUMAN     61   LRSNRVEYCWCNSGRAQCHSVPVKSCSEPRCFNGGTCQQALYFSDFVCQCPEGFAGKCCE   120
Q8SQ23 TPA_PIG       61   LRGNRVEHCWCNDGQTQCHSVPVKSCSEPRCFNGGTCLQAIYFSDFVCQCPVGFIGRQCE   120
                          **.****:****.*: :******************** **:********* ** *:.**

P00750 TPA_HUMAN     121  IDTRATCYEDQGISYRGTWSTAESGAECTNWNSSALAQKPYSGRRPDAIRLGLGNHNYCR   180
Q8SQ23 TPA_PIG       121  IDARATCYEDQGITYRGTWSTTESGAECVNWNTSGLASMPYNGRRPDAVKLGLGNHNYCR   180
                          **:**********:*******:******.***:*.**: **.******::*********

P00750 TPA_HUMAN     181  NPDRDSKPWCYVFKAGKYSSEFCSTPACSEGNSDCYFGNGSAYRGTHSLTESGASCLPWN   240
Q8SQ23 TPA_PIG       181  NPDKDSKPWCYIFKAEKYSPDFCSTPACTKEKEECYTGKGLDYRGTRSLTMSGAFCLPWN   240
                          ***:*******:***.***.:*******::*..:.** *:* ****:*** *** *****

P00750 TPA_HUMAN     241  SMILIGKVYTAQNPSAQALGLGKHNYCRNPDGDAKPWCHVLKNRRLTWEYCDVPSCSTCG   300
Q8SQ23 TPA_PIG       241  SLVLMGKIYTAWNSNAQTLGLGKHNYCRNPDGDTQPWCHVLKDHKLTWEYCDLPQCVTCG   300
                          *::*:**:*** *..**:***************::*******:::*******:* * ***

P00750 TPA_HUMAN     301  LRQYSQPQFRIKGGLFADIASHPWQAAIFAKHRRSPGERFLCGGILISSCWILSAAHCFQ   360
Q8SQ23 TPA_PIG       301  LRQYKEPQFRIKGGLYADITSHPWQAAIFVKNRRSPGERFLCGGILISSCWVLSAAHCFQ   360
                          ****..*********:***:********.*:*************************:***

P00750 TPA_HUMAN     361  ERFPPHHLTVILGRTYRVVPGEEEQKFEVEKYIVHKEFDDDTYDNDIALLQLKSDSSRCA   420
Q8SQ23 TPA_PIG       361  ERFPPHHVRVVLGRTYRLVPGEEEQAFEVEKYIVHKEFDDDTYDNDIALLQLKSDSLTCA   420
                          *******:.::******:******* *****************************  **

P00750 TPA_HUMAN     421  QESSVVRTVCLPPADLQLPDWTECELSGYGKHEALSPFYSERLKEAHVRLYPSSRCTSQH   480
Q8SQ23 TPA_PIG       421  QESDAVRTVCLPEANLQLPDWTECELSGYGKHEASSPFYSERLKEAHVRLYPSSRCTSKH   480
                          ***..*******.*:******************:*******************

P00750 TPA_HUMAN     481  LLNRTVTDNMLCAGDTRSGGPQANLHDACQGDSGGPLVCLNDGRMTLVGIISWGLGCGQK   540
Q8SQ23 TPA_PIG       481  LFNKTITNNMLCAGDTRSGGDNANLHDACQGDSGGPLVCMKGNHMTLVGVISWGLGCGQK   540
                          *:*:*:*:************..**************** :..:*****::*********

P00750 TPA_HUMAN     541  DVPGVYTKVTNYLDWIRDNMRP   562
Q8SQ23 TPA_PIG       541  DVPGVYTKVTNYLNWIRDNTRP   562
                          *************:*****.**
```

You may add additional sequences to this alignment (in FASTA format)

图 3 – 2 – 53　人和猪 TPA 同源性比对信息界面

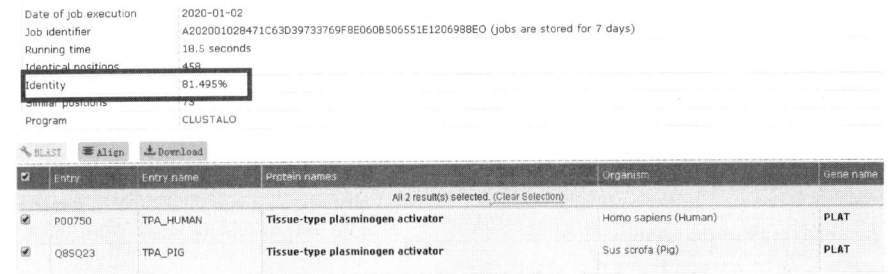

图 3 – 2 – 54　人和猪 TPA 序列比对结果界面

如图 3 – 2 – 55 所示，Retrieve/ID mapping 提取流程：在表格栏输入 P31946 P62258（14 – 3 – 3 蛋白编号）、ALBU_HUMAN（人血清白蛋白）、EFTU_ECOL1（延伸因子），点击"Submit"，即可批量提取上述 3 种蛋白相关信息，包括编号、名称、物种、序列长度等，如图 3 – 2 – 56 所示。

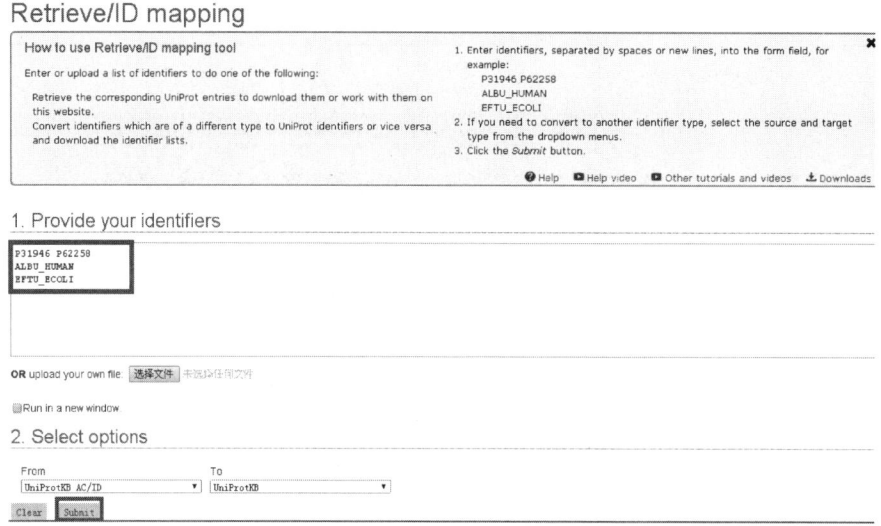

图 3-2-55 蛋白质序列提取流程界面

图 3-2-56 蛋白质序列提取结果界面

肽检索程序 Peptide search 针对肽进行检索，所输入的不同肽片段之间需通过空格或新行分隔，如"RVLSLGR LDEAFEFVK"。

小提示

UniProt 数据库中广泛收录蛋白质序列并对其功能进行全面标注，去除冗余的序列，提供了高质量的蛋白质信息检索平台，相对于 Genbank 数据库，其提供的蛋白质信息更为详细、丰富。对于蛋白质序列的检索，用户除了检索 Genbank 数据库，还可选择检索 UniProt 数据库。

3.2.3.4 PDB 数据库

（1）PDB 数据库概述

蛋白质数据库（PDB）自 1971 年就一直是蛋白质、核酸和复杂装配体三维结构的

信息存储库,全球 PDB 组织(wwPDB)管理 PDB 存档,并确保 PDB 对全球学者免费开放、使用。该数据库于 2003 年由美国结构生物信息学研究组织(RCSB)的蛋白质数据库 PDB、欧洲生物信息学研究所的蛋白质结构数据库 PDBe、日本大阪大学的蛋白质数据库 PDBj 共同建立,同时美国生物核磁共振数据库 BMRB 于 2006 年加入。其中,RCSB 的 PDB 是蛋白质三维结构信息贡献量最大的数据库。

RCSB 的蛋白质数据库 PDB 于 1971 年在美国的布鲁克海文国家实验室建立,存储经过 X 光晶体衍射、核磁共振等实验手段验证的蛋白质、多糖、核酸等生物大分子的三维结构。该数据库是生物学和医学领域中第一个开放访问的数字资源,现已成为全球领先的科学发现中心的实验数据资源。通过互联网信息门户网站和可下载的数据存档,PDB 提供全球生物体的大型生物分子(蛋白质、DNA 和 RNA)三维结构数据的访问。RSCB 的 PDB 在美国设有数据中心,用于全球 PDB 存档,存放的所有数据均经过专家审核,并向所有数据使用者免费提供。

(2) PDB 数据库检索方式

wwPDB 的各成员数据库均提供检索服务。以美国 PDB 数据库为例,登录 RCSB 主页(www.rcsb.org),数据库提供基本检索、高级检索、序列检索等多种检索方式,可通过蛋白质 ID、作者、生物大分子名称、序列或配体等进行检索,如图 3-2-57 所示。

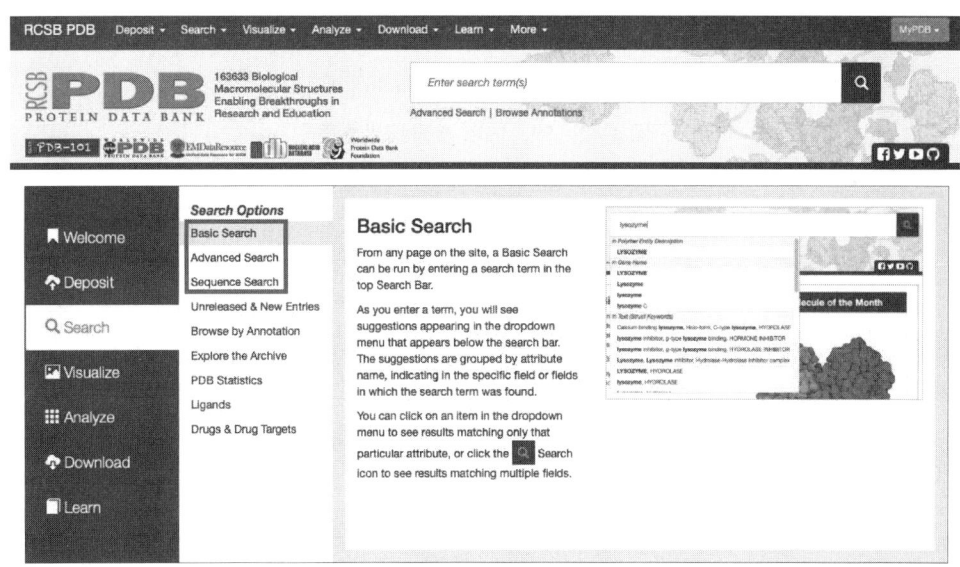

图 3-2-57 PDB 数据库主界面

以基本检索为例,在主页右上角的检索框内输入"血红蛋白名称 hemoglobin",点击"Go"提交检索(参见图 3-2-58)。如图 3-2-59 所示,最终返回 723 条相关蛋白信息,并且还可以根据物种(organism)或 UniProt 已知蛋白名称(UniProt Molecule Name)对检索结果进一步进行筛选。每条记录均显示蛋白质相关的公开日(Released)、分离方式(Method)、蛋白晶体结构模型中原子位置的不确定程度(Resolution）等信息。

图 3-2-58　PDB 检索界面示例

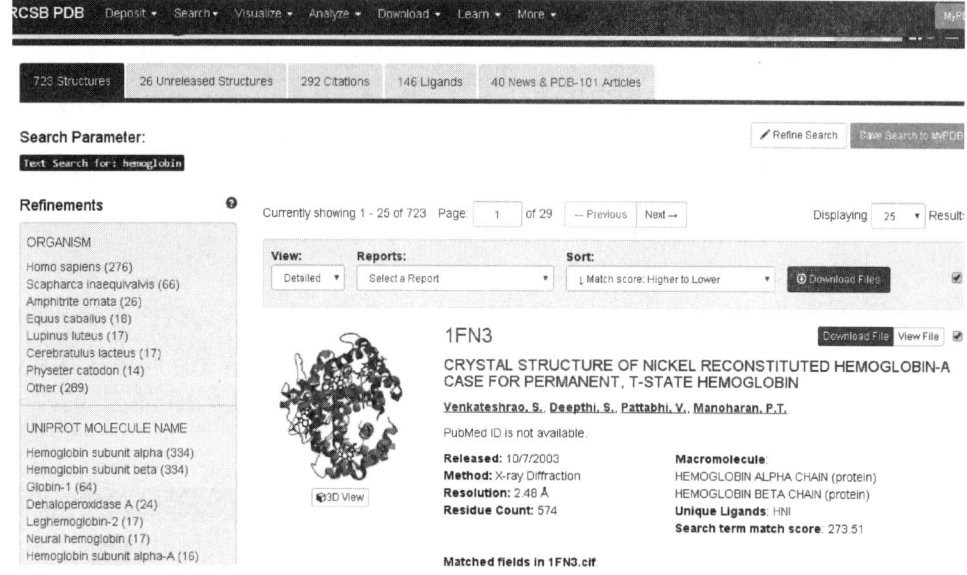

图 3-2-59　PDB 检索结果界面

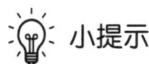 小提示

> PDB 数据库提供全球生物体的大型生物分子（蛋白质、DNA 和 RNA）3D 结构数据的访问，通过蛋白名称即可检索获得包括蛋白 3D 结构、分离方式、蛋白晶体结构模型中原子位置的不确定程度等信息。

3.2.3.5　IMGT 数据库

（1）IMGT 概述

国际免疫遗传学数据库（IMGT）由法国蒙波利埃第二大学/法国国家科学研究中心的 M.P. 勒弗拉克（Marie Paule Lefranc）于 1989 年建立，现已成为全球免疫遗传学和免疫信息学的权威数据库，专门研究免疫球蛋白或抗体、T 细胞受体、人类和其他脊椎动物的主要组织相容性及免疫球蛋白超家族、MH 超家族以及脊椎动物和无脊椎动物免疫系统的相关蛋白。IMGT 提供检索序列、基因组、结构免疫遗传数据的服务，并与国际三大核酸数据库——EBI、日本基因数据库 DDBJ、NCBI 密切合作。该数据库由序列数据库、基因组数据库、结构数据库和单克隆抗体数据库，以及 Web 资源、IMGT 工具组成，如图 3-2-60 所示。

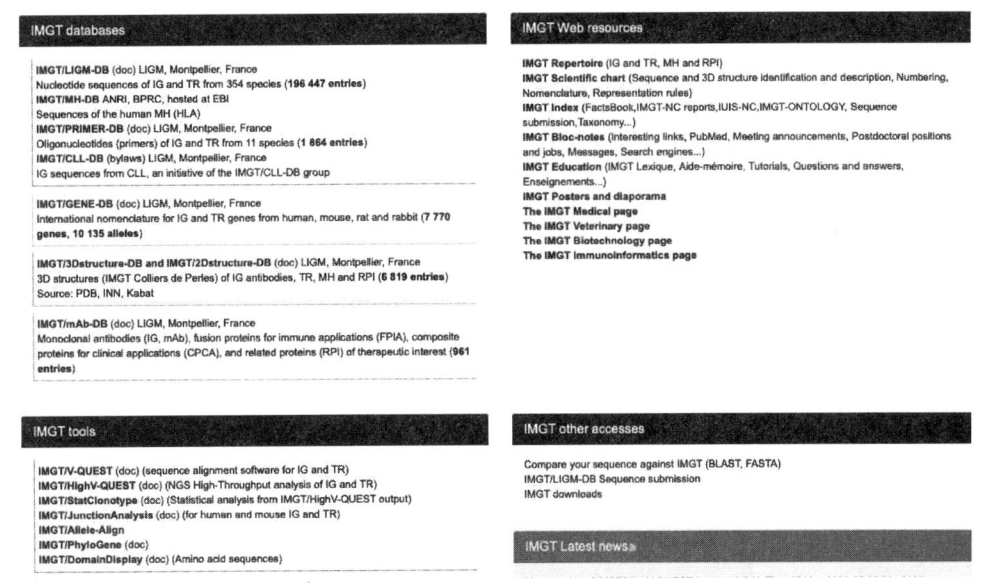

图 3-2-60　IMGT 数据库界面

① 序列数据库包括来自 354 个物种的免疫球蛋白 Ig、T 细胞受体 TR 的核苷酸序列数据库 LIGM-DB，人主要组织相同性表达产物人类白细胞抗原 HLA 序列的数据库 MHDB，来自 11 个物种的免疫球蛋白 Ig、T 细胞受体 TR 寡核苷酸引物数据库 Primer-DB，来自慢性淋巴细胞白血病 CLL 的免疫球蛋白 Ig 序列数据库 CLL-DB。

② 基因组数据库 GENE-DB 包括来自人、小鼠、大鼠和兔子的免疫球蛋白 Ig、T 细胞受体 TR 基因，已达 7038 条记录。

③ 结构数据库 3D structure-DB and 2D structure-DB 包括抗体、T 细胞受体、主要组织相容性、免疫相关蛋白的 3D 结构，已达 6412 条记录。

④ 单克隆抗体数据库 mAb-DB 包括单克隆抗体 mAb、免疫融合蛋白 FPIA、临床应用复合蛋白 CPCA 和具有治疗意义的免疫相关蛋白 PRI，已达 903 条记录。

IMGT 工具包括序列分析程序如抗体和 T 细胞受体序列比对程序 V-QUEST、抗体和 T 细胞受体高通量测序序列分析程序 HighV-QUEST、来自 IMGT/HighV-QUEST 输出统计分析程序 StatClonotype、人及鼠的抗体及 T 细胞受体分析程序 JunctionAnalysis 等；还包括基因分析程序，如检索基因组中所有基因程序 LocusView、检索基因座中特定基因程序 GeneView、通过 IMGT 已知基因功能来检索未知基因程序 GeneSearch 等；还包括结构查询程序，如根据特异结构特征检索 TMGT 三维结构程序 StructuralQuery 等。

（2）IMGT 检索方式

抗体分子可分为恒定区和可变区，在可变区内有一小部分氨基酸残基变化特别强烈的区域，称为互补决定区（CDR）称高变区。该部位在空间结构上可与抗原决定簇形成精密的互补,一般采用重链、轻链的 6 个 CDR 序列可表征不同结构的抗体。因此,大部分抗体的检索涉及 CDR 区的检索。对于某些仅提供重链或轻链序列、可变区序列的抗体,CDR 区未知,则可通过 V – QUEST 对抗体进行分析确定。

如图 3 – 2 – 61、图 3 – 2 – 62 所示的检索流程,登录 IMGT 主页(www.imgt.org),在"IMGT Tools"中打开 V – QUEST 界面,在表格框中输入待分析的抗体序列,输入格式为:

>xx(xx 为序列名称如 light chain)

caggtccagc……

选择物种类型及生物分子类型如 Ig,点击"Start"即可。

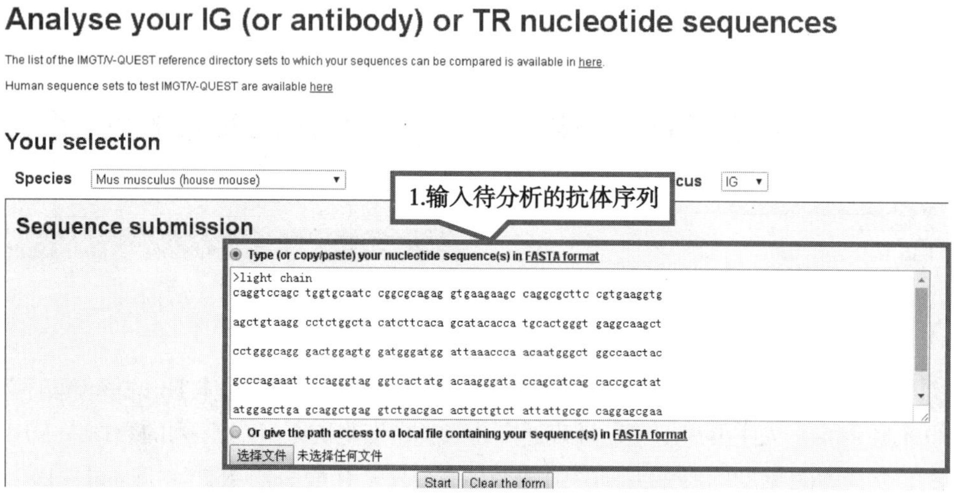

图 3 – 2 – 61 V – QUEST 检索流程的步骤 1

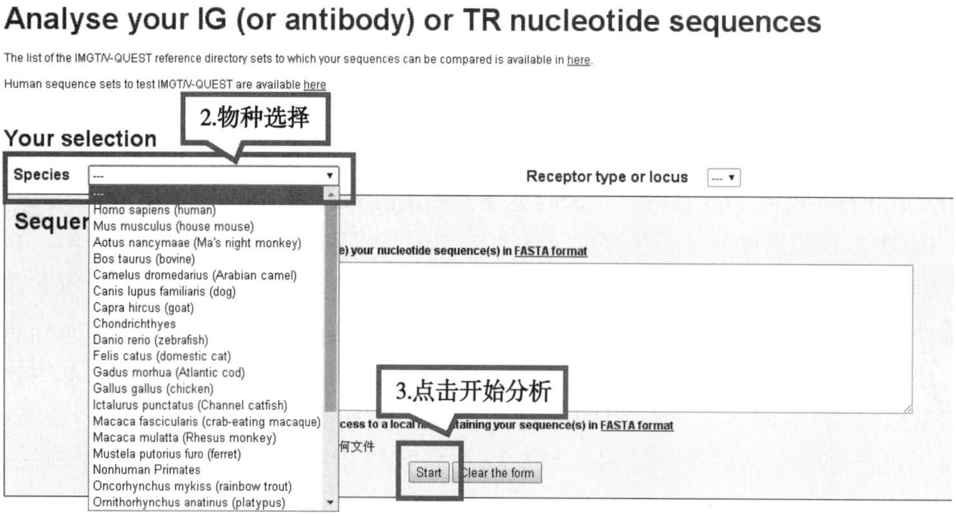

图 3 – 2 – 62 V – QUEST 检索流程的步骤 2 和步骤 3

通过 IMGT 分析,获得的抗体 CDR 区结果如图 3 – 2 – 63、图 3 – 2 – 64 所示。

图 3-2-63　V-QUEST 检索结果界面

图 3-2-64　IMGT 分析获得的 CDR 区结果界面

通过 IMGT 的检索可以获得该抗体的 6 个重链 CDR 区和轻链 CDR 区，检索时分别以该重链 CDR 区序列或轻链 CDR 区序列在 Genbank 数据库中对该抗体进一步检索。

💡 **小提示**

> IMGT 数据库是全球免疫遗传学和免疫信息学的权威数据库，提供检索序列、基因组、结构免疫遗传数据的服务。其中，抗体和 T 细胞受体序列比对程序 V – QUEST 对分析抗体未知 CDR 序列提供必要的参考。

3.2.3.6 BRENDA 数据库

随着基因组测序技术的飞速发展，科研工作者能够便捷地建立基因序列数据库，但是获得基因表达产物的功能数据则非常有限，特别是酶，因其在不同领域的期刊分布很广，也会受到实验条件的影响，酶的相关功能数据难以收集及标准化。BRENDA 是创建于德国的一个专门酶信息系统数据库，如图 3 – 2 – 65 所示。该数据库是科学界可获得酶功能数据的主要集合，收录了超过 5000 种不同的酶，整合了各领域文献中蛋白酶相关的功能数据，通过 web 界面供用户检索，网址为 http://www.brenda – enzymes.org/。每条记录都注释了酶的 EC 号、名称、来源、代谢途径、动力学等信息，某些还标注了氨基酸序列。

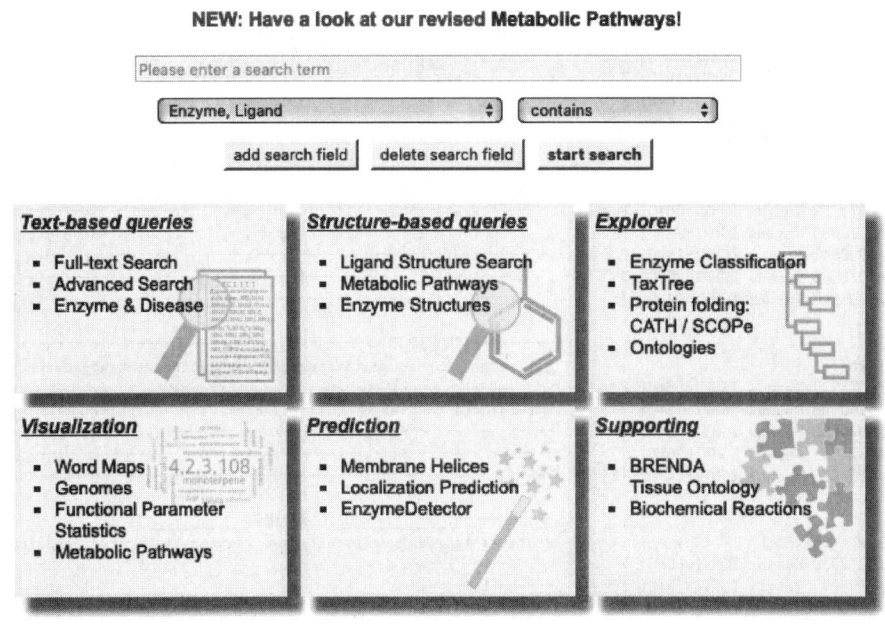

图 3 – 2 – 65　BRENDA 数据库主界面

BRENDA 数据库提供基于文本检索（Text – based queries）及基于结构检索（Structure – based queries），其主页还提供快捷检索方式，可直接在检索框中输入 EC 号、名称、来源、配体或酶结构进行检索。在检索框中输入 hydrolase（水解酶）检索（参见图 3 – 2 – 66），可以看到结果显示各种根据 EC 号排列的水解酶（参见图 3 – 2 – 67），并给出其命名和同义词。每条结果都显示其具体信息，其中还包括涉及所示酶的文献信息，便于了解现有技术。

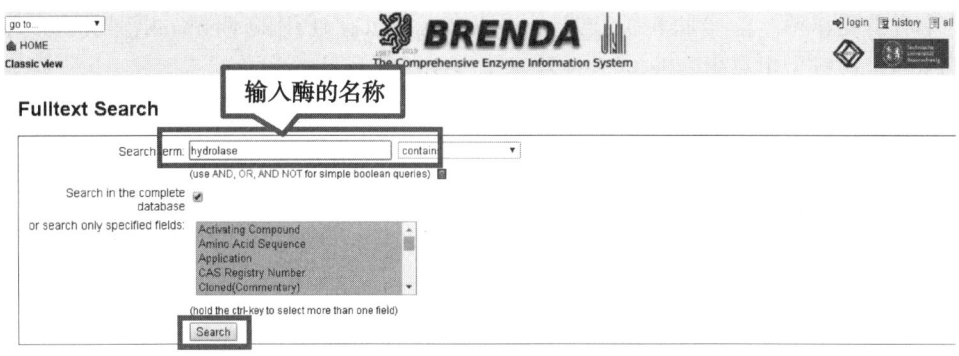

图 3 – 2 – 66　BRENDA 检索流程界面

图 3 – 2 – 67　BRENDA 检索部分结果界面

知识拓展——酶的 EC 号

酶是一大类重要的生物催化剂，对底物具有高度特异性和高度催化效能。随着越来越多的酶被发现，传统以酶底物或催化性质命名法已不能准确区分不同种类的酶。因此，1961 年国际生化协会酶委员会制定了酶的系统命名规则，即每种酶都应当标明酶的底物名称和催化反应的性质。若酶对应多种底物，则需要将底物都列出，底物之间用":"隔开。

根据酶的催化性质，1961 年国际生化会议将酶分为六大类，即氧化还原酶类、转移酶类、水解酶类、裂合酶类、异构酶类、连接酶类，分别采用 1、2、3、4、5、6 表示。上述六大类的酶继续细分为若干亚类、亚 – 亚类、若干种酶。因此，每种酶均有对应上述分类的 4 位数字组成的分类号，数字之间用"."隔开。而编号之前采用

"Enzyme Commission，EC"标记，如 EC1.1.1.1 表示醇脱氢酶。

3.2.3.7 SPD 数据库

信号肽是引导新合成的蛋白质向特定位置跨膜转移和定位的短肽链，通常为连接在蛋白质 N 端 5~30 个氨基酸长度的肽链，一般为用于指导蛋白质的跨膜转移（定位）的 N 末端的氨基酸序列。由于具有引导和定位能力，信号肽在靶向药物和跨膜药物的设计中有重要作用。信号肽相关技术主题的检索可以在通用的 Genbank、UniProt 等蛋白质序列库进行，也有更专业的 SPD 数据库专用于信号肽检索。

（1）SPD 概述

SPD 是 Signal Peptide Database 的缩写，是收录各种信号肽的数据库，如图 3-2-68 所示。登录地址和页面为 http://www.signalpeptide.de/? m = searchspdb。

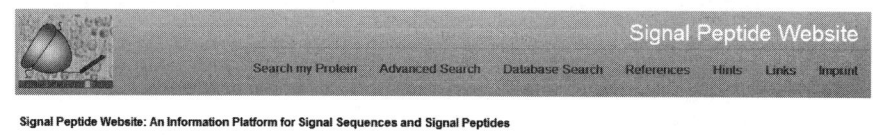

图 3-2-68 SPD 数据库主界面

信号肽数据库 SPD 是由德国普朗克分子细胞生物学和遗传学研究所构建的用于信号肽检索和分析的数据平台，数据库由基于 UniProt Knowledge Base 的数据资源组成，包含 UniProtKB/Swiss-Prot Release 56.7 和 UniProtBK/TrEMBL Release，收录包含信号肽的蛋白序列信息。

SPD 数据库对每条含有信号肽的蛋白质序列都进行如下信息的标引和显示：数据库序列号、来源数据库、蛋白名称、来源物种、谱系分类、蛋白长度、蛋白质量、蛋白序列特征分析、信号肽长度、信号肽序列、亲水性。其中，在最为重要的蛋白质序列特征分析部分，对蛋白质序列进行分析，标识出信号肽以及跨膜区、胞外区、胞内区、糖基化位点等主要功能区。图 3-2-69 示出一条示例性的信号肽记录。

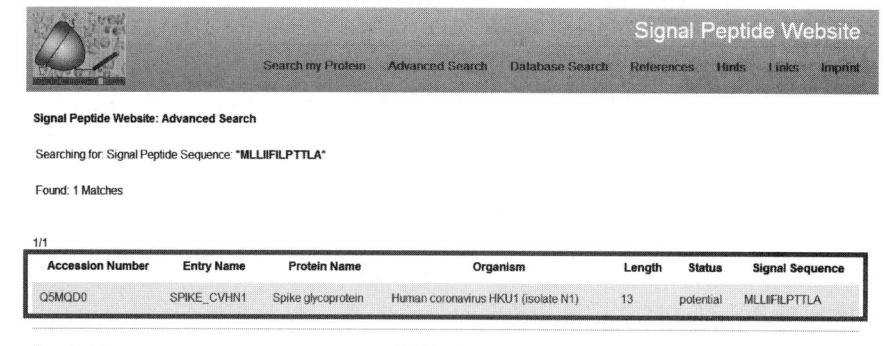

图 3-2-69 SPD 数据库收录的信号肽界面

(2) SPD 检索功能

SPD 系统提供蛋白检索、高级检索、数据库检索和引证检索等检索方式。

1) 蛋白检索

在蛋白检索模块，可以直接输入蛋白名称进行检索。

2) 高级检索

在高级检索模块，可以通过以下入口进行检索。

Organism：通过来源物种进行检索。

Lineage：通过来源物种的分类谱系进行检索。

Protein：通过蛋白质名称进行检索。

SP Length：可以限定信号肽的长度。

SP Status：可以选择信号肽是确定的、通过相似性推定的或潜在的。

Sequence：通过信号肽或蛋白的氨基酸序列进行检索。

3) 数据库检索

数据库检索模块提供直接的检索入口，且数据库被分成哺乳类、果蝇、病毒和细菌四个子库。

4) 引证检索

在引证检索模块，可以通过蛋白名、作者和/或关键词来检索。例如，针对一种新的蛋白，其氨基酸序列是 N – "MLLIIFILPTTLA……" – C，对于 N 端的"MLLIIFILPTTLA"是不是一段信号肽，或者有没有使用这段信号肽的已知蛋白进行检索，可选择高级检索模式。在 Sequence 入口输入序列"MLLIIFILPTTLA"，点击"Search"按钮，如图 3 – 2 – 70 所示。

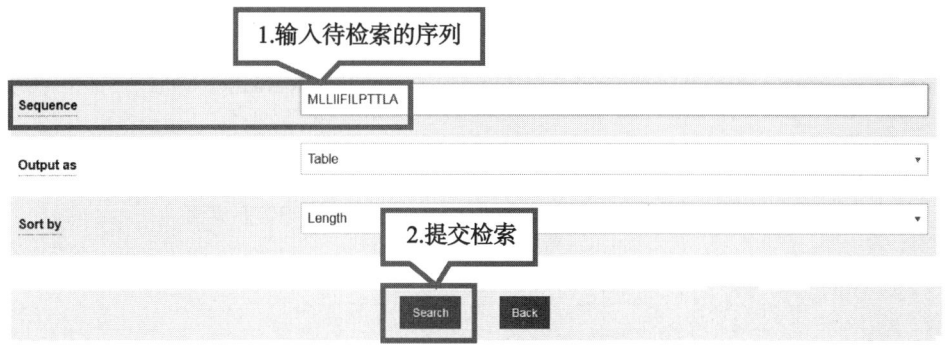

图 3 – 2 – 70　SPD 检索流程界面

最终检索获得 1 条记录，登录号为 Q5MQD0，如图 3 – 2 – 71 所示。该蛋白来源于 UniProt 数据库，点击该编号，可查看该条记录的具体信息，如图 3 – 2 – 72、图 3 – 2 – 73 所示。根据数据库的收录信息，可以看出该信号肽是一种来自人冠状病毒的蛋白，其 N 端有 13 个氨基酸残基的信号肽序列，与目标蛋白的 N 端序列完全相同。

Signal Peptide Website: Advanced Search

Searching for: Signal Peptide Sequence: "**MLLIIFILPTTLA**"

Found: 1 Matches

1/1

Accession Number	Entry Name	Protein Name	Organism	Length	Status	Signal Sequence
Q5MQD0	SPIKE_CVHN1	Spike glycoprotein	Human coronavirus HKU1 (isolate N1)	13	potential	MLLIIFILPTTLA

Home Imprint © 2007-2017 Katja Kapp, Dresden & thpr.net e. K., Dresden, Germany, last update 2010-06-11

图 3－2－71　登录号为 Q5MQDO 的信号肽检索结果

Entry Details

ID	13830
Source Database	UniProtKB/Swiss-Prot
UniProtKB/Swiss-Prot Accession Number	Q5MQD0 (Created: 2007-08-21 Updated: 2008-11-25)
UniProtKB/Swiss-Prot Entry Name	SPIKE_CVHN1
Protein Name	Spike glycoprotein
Gene	S
Organism Scientific	Human coronavirus HKU1 (isolate N1)
Organism Common	HCoV-HKU1
Lineage	Viruses ssRNA positive-strand viruses, no DNA stage Nidovirales Coronaviridae Coronavirus Coronavirus group 2 Coronavirus group 2a
Protein Length [aa]	1356

图 3－2－72　登录号为 Q5MQDO 的信号肽详细信息界面

SP Length	13
	----+----1----+----2----+----3----+----4----+----5
Signal Peptide	MLLIIFILPTTLA
Sequence	MLLIIFILPTTLAV[illegible]GDF[illegible]CTNFAINDL[illegible]TTVPRISEYVVDVSYGLGTYY [illegible]YFPKSGANFRDLSLKGTTYLSTLWYQKPFLSDFNN GIFSRVKNTKLYVNKTLYSEFSTIVIGSVFINNSYTIVVQPHNGVLEITA CQYTMCEYPHTICKSKGSSRNESWHFDKSEPLCLFKKNFTYNVSTDWLYF HFYQERGTFYAYYADSGMPTTFLFSLYLGTLLSHYYVLPLTCNAISSNTD NETLQYWVTPLSKRQYLLKFDNRGVITNAVDCSSSFFSEIQCKTKSLLPN TGVYDLSGFTVKPVATVHRRIPDLPDCDIDKWLNNFNVPSPLNWERKIFS NCNFNLSTLLRLVHTDSFSCNNFDESKIYGSCFKSIVLDKFAIPNSRRSD LQLGSSGFLQSSNYKIDTTSSSCQLYYSLPAINVTINNYNPSSWNRRYGF NNFNLSSHSVVYSRYCFSVNNTFCPCAKPSFASSCKSHKPPSASCPIGTN YRSCESTTVLDHTDWCRCSCLPDPITAYDPRSCSQKKSLVGVGEHCAGFG VDEEKCGVLDGSYNVSCLCSTDAFLGWSYDTCVSNNRCNIFSNFILNGIN SGTTCSNDLLQPNTEVFTDVCVDYDLYGITGQGIFKEVSAVYYNSWQNLL YDSNGNIIGFKDFVTNKTYNIFPCYAGRVSAAFHQNASSLALLYRNLKCS [illegible]

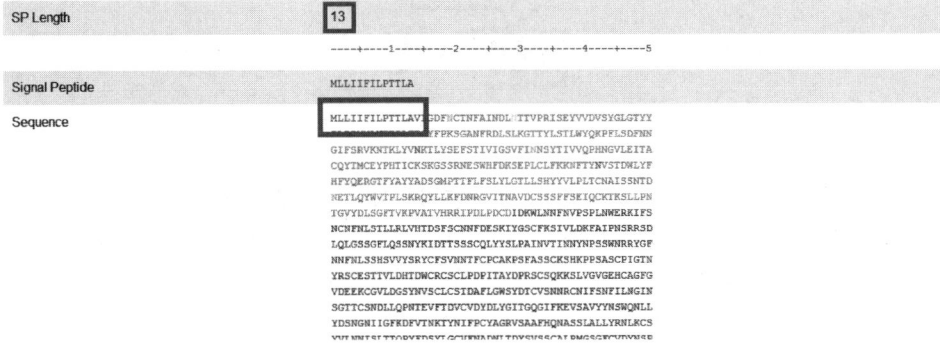

图 3－2－73　登录号为 Q5MQDO 的信号肽序列信息界面

此外，采用通用的 UniProt 数据库对该序列进行检索（参见图 3-2-74），也可检索获得登录号为 Q5MQD0 的蛋白，但信号肽的标引详细程度不如 SPD 数据库。

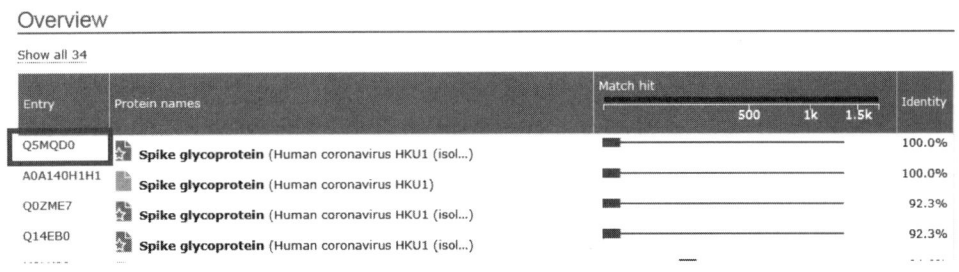

图 3-2-74　UniProt 检索结果界面

3.2.3.8　IEDB 数据库

免疫表位是指存在于抗原表面、决定抗原特异性的特殊性结构的化学基团。在多肽类抗原中，表位通常是暴露于多肽三维结构外围的一簇氨基酸序列，称为表位肽。表位肽检索的难点在于，如果在常规的序列数据库中用表位肽序列进行序列比对，则会检索到大量该抗原蛋白相关的噪声序列，而难以检出真正的抗原肽序列。在这种情况下，专门的免疫表位数据库——IEDB 可以为用户提供检索表位的强大工具。

（1）IEDB 概述

1）数据库概况

IEDB 是 Immune Epitope Database 的缩写，即免疫表位数据库，专门收录已知的各种免疫表位序列。登录地址为 http://www.iedb.org。该数据库是由美国国立卫生院（NIH）下属的过敏和传染病研究所（NIAID）建立的表位序列数据库，对公众免费开放。页面如图 3-2-75 所示。

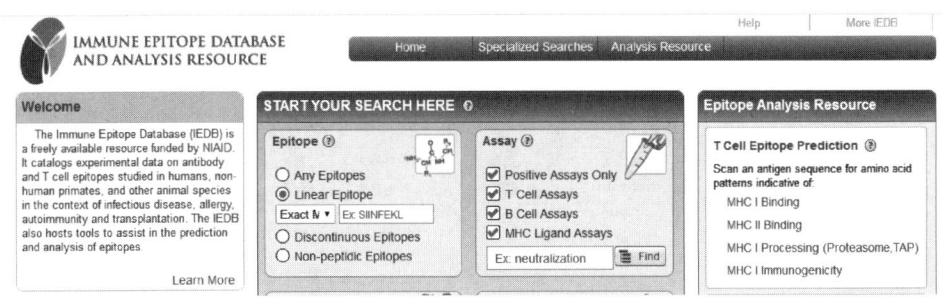

图 3-2-75　IEDB 数据库界面

2）数据库收录情况

数据库中收录多种来源、多种类型的抗原表位信息。从来源来看，IEDB 包含大量来源于人类的抗原表位。此外，也有相当数量的小鼠抗原表位。从类型来看，大多表位是来源于多肽的线性表位肽，也包含部分多肽立体表位和非多肽表位。此外，数据库还收录多种与表位相关的免疫检测数据，如 T 细胞检测、B 细胞检测、MHC 配体检测数据等。

3）数据标引

IEDB 数据库每个表位都被赋予一个 5~6 位数字组成的表位序列号，同时对表位序列、来源物种、来源蛋白、免疫反应性能等信息进行标引。特别需要强调的是，数据库中标引表位肽已知的免疫学反应情况，包括 MHC 配体检测、B 细胞检测、T 细胞检测等。例如，MHC 配体检测中对进行检测的 MHC 分子进行罗列，并记录每种 MHC 分子的反应性。图 3-2-76 示出一条示例性的表位肽记录。

EPITOPE SUMMARY

SIINFEKL is a linear peptidic epitope (epitope ID 58560) studied as part of Gal d 2 from Gallus gallus (chicken). This epitope has been studied for immune reactivity in 185 publication(s), tested in 368 T cell assays, 22 B cell assays, 104 MHC ligand assays and has 3D structure(s) 1P1Z, 2QRJ, 3P9L, 5OQF, 4HKJ, 5OQH, 1P4L, 3C8K, 1VAC, 2QRT, 2QRS, 5OQG and 5OQI.

COMPILED DATA
MHC Ligand Assay(s) 104

MHC molecule	Positive / All
H2-Kb	65/66
H2-Db	4/8
H2-Kb Y22F, M231, E24S, D30N mutant	5/5
H2-Kb Y84C mutant	4/4
H2-Kb E152A, R155Y, L156Y mutant	2/2
H2-Kb E63A mutant	2/2
H2-Kb K66A mutant	2/2
H2-Kb W167A mutant	2/2
H2-Kb Y84A mutant	2/2
H2-Dd	1/2

图 3-2-76　IEDB 数据库收录的表位肽界面

（2）IEDB 检索功能

数据库主页提供检索界面，如图 3-2-77 所示。

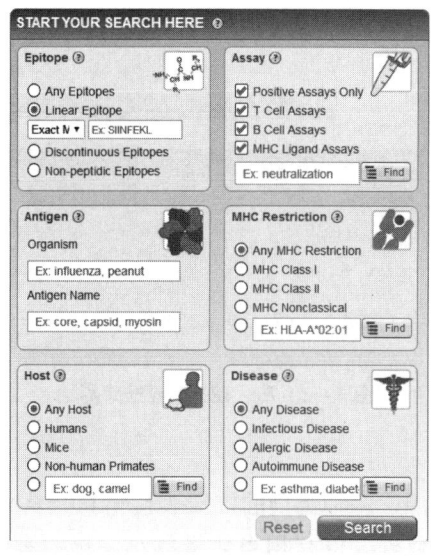

图 3-2-77　IEDB 检索界面

通过以下入口可以进行检索：

Epitope（表位类型）：选择任何表位或者线性表位、非连续表位（立体表位）、非肽类表位中的一种，其中线性表位可以输入序列进行检索。

Antigen（抗原）：可以以抗原来源物种或抗原名称进行检索。

Host（宿主）：可以选择人类、小鼠、非人灵长类或其他宿主。

Assay（检测）：可以选择进行免疫检测的情况，可以选择检索已经进行 T 细胞检测、B 细胞检测和/或 MHC 配体检测的表位，还可以选择仅检索具有阳性检测结果的表位。

MHC Restriction（MHC 限制性）：可以选择 I 型 MHC、II 型 MHC 或不作限制。

Disease（疾病）：可以选择限定与感染性疾病、过敏性疾病或自免疫性疾病相关的表位，也可以输入其他疾病种类。

例如，检索多肽表位序列 GGGTGPADGTNATTI，可选择 Epitope 表位检索，在"Epitope"检索框的"Linear Epitope"中输入其序列 GGGTGPADGTNATTI，序列匹配选择默认"Exact Matches"，而后直接点击"Search"按钮即可提交检索，如图 3-2-78 所示。

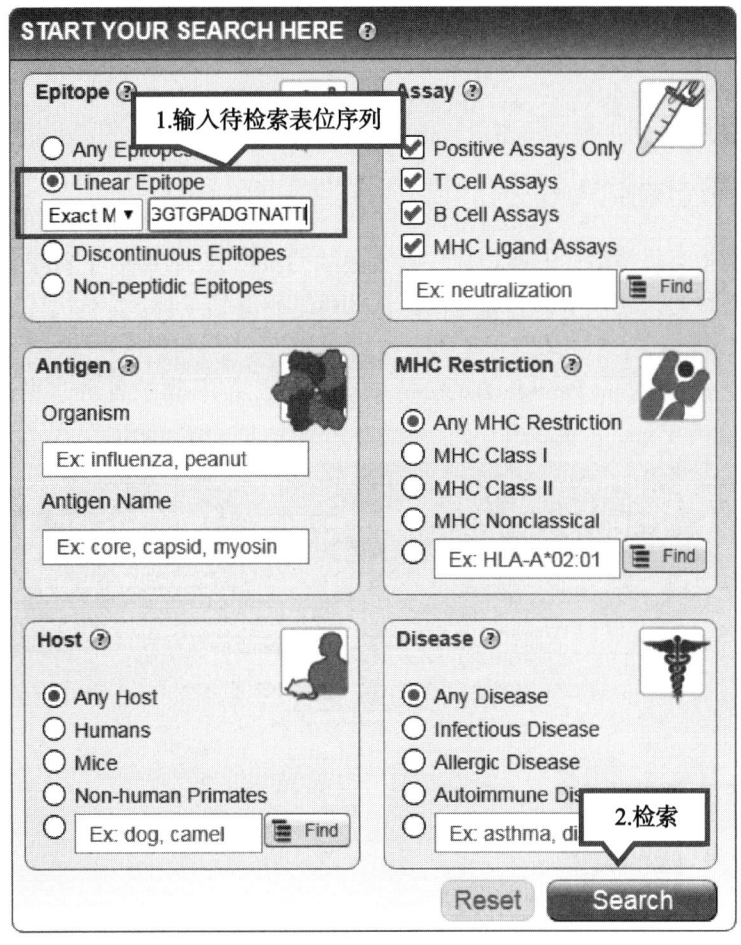

图 3-2-78　IEDB 检索流程界面

检索得到 1 条记录，其 IEDB ID 为 136315，如图 3－2－79 所示。

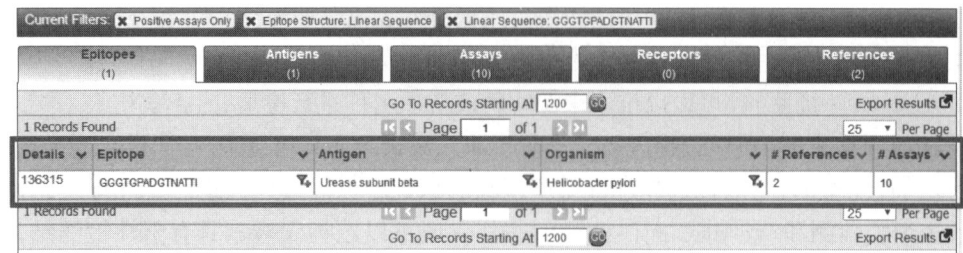

图 3－2－79　IEDB 检索结果

点击该编号，可以浏览该表位的详细信息，如图 3－2－80 所示。

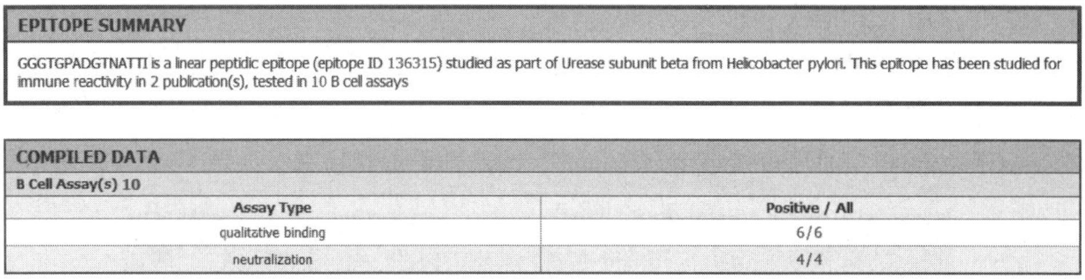

图 3－2－80　IEDB ID 为 136315 的表位信息界面

3.2.3.9　APD 数据库

抗菌肽是指有抗菌活性的肽，大多数抗菌肽的长度为 20～60 个氨基酸。随着滥用化学抗生素导致的抗药性增加，新型的抗菌肽越来越受到重视。

（1）APD 概述

APD 是 Antimicrobial Peptide Database 的缩写，是专门收录各种抗菌肽的数据库。登录地址为 http://aps.unmc.edu/ap，其界面如图 3－2－81 所示。

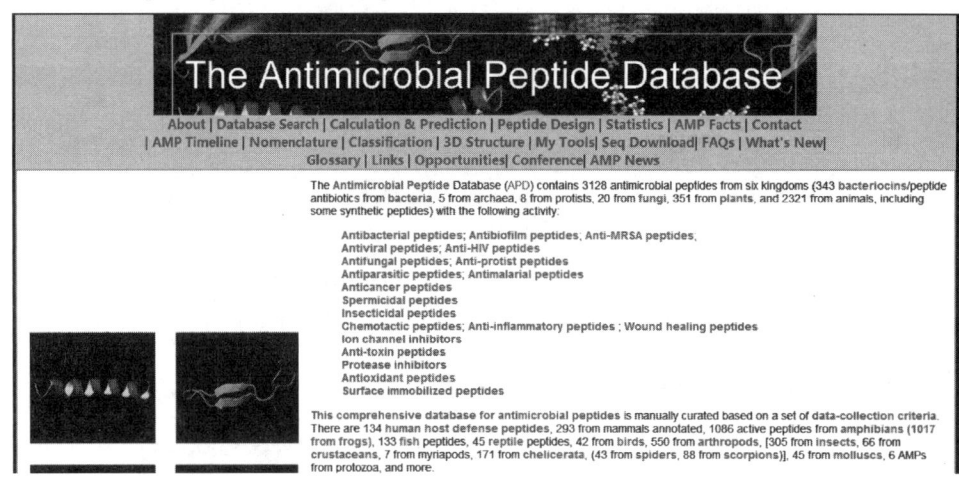

图 3－2－81　APD 数据库界面

该数据库由美国 Nebraska 大学医学中心的 Eppley 研究所维护，收录已知的抗菌肽序列，收录的抗菌肽主要来自 PDB、Swiss – Prot Protein Knowledgebase 以及 PubMed National Library of Medicine。数据库中收录的抗菌肽包括从生物体如细菌、真菌、植物、动物中获得的已成熟和有活性的抗菌肽，同时也包含一些合成的抗菌肽。收录于其中的肽一般都是小于 100 个氨基酸残基的短肽。截至 2019 年 9 月，该数据库中共收录 3128 条抗菌肽序列，涉及抗病毒、抗真菌、抗癌细胞和抗细菌等功能，其中抗细菌的抗菌肽占大多数。

APD 数据库赋予每个抗菌肽一个由 2 个英文字母和 5 位数字组成的 APD ID，同时对以下信息进行标引：名称及分类、来源物种、氨基酸序列、长度、带电性、疏水性残基比例、3D 结构、抗菌活性以及其他被认为有用的附加信息。数据库还标引该抗菌肽的文献来源。图 3 – 2 – 82 示出一条示例性的抗菌肽记录。

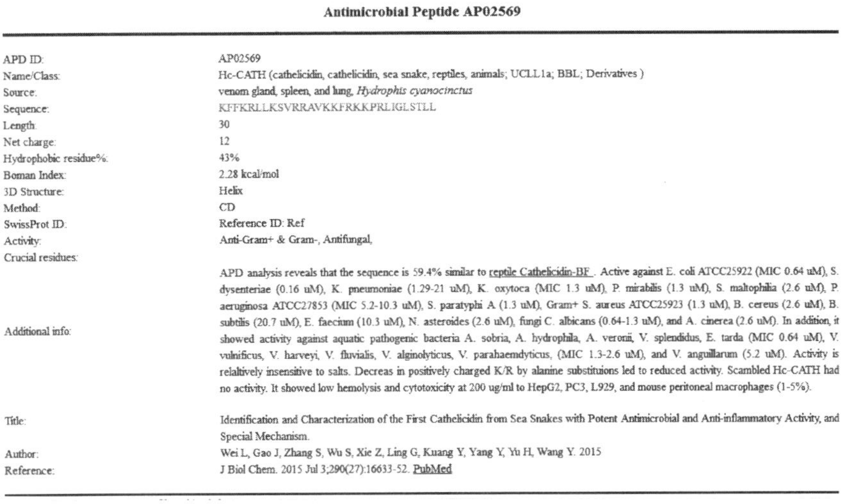

Antimicrobial Peptide AP02569

APD ID:	AP02569
Name/Class:	Hc-CATH (cathelicidin, cathelicidin, sea snake, reptiles, animals; UCLL1a; BBL; Derivatives)
Source:	venom gland, spleen, and lung, *Hydrophis cyanocinctus*
Sequence:	KFFKRLLKSVRRAVKKFRKKPRLIGLSTLL
Length:	30
Net charge:	12
Hydrophobic residue%:	43%
Boman Index:	2.28 kcal/mol
3D Structure:	Helix
Method:	CD
SwissProt ID:	Reference ID: Ref
Activity:	Anti-Gram+ & Gram-, Antifungal,
Crucial residues:	
Additional info:	APD analysis reveals that the sequence is 59.4% similar to reptile Cathelicidin-BF . Active against E. coli ATCC25922 (MIC 0.64 uM), S. dysenteriae (0.16 uM), K. pneumoniae (1.29-21 uM), K. oxytoca (MIC 1.3 uM), P. mirabilis (1.3 uM), S. maltophilia (2.6 uM), P. aeruginosa ATCC27853 (MIC 5.2-10.3 uM), S. paratyphi A (1.3 uM), Gram+ S. aureus ATCC25923 (1.3 uM), B. cereus (2.6 uM), B. subtilis (20.7 uM), E. faecium (10.3 uM), N. asteroides (2.6 uM), fungi C. albicans (0.64-1.3 uM), and A. cinerea (2.6 uM). In addition, it showed activity against aquatic pathogenic bacteria A. sobria, A. hydrophila, A. veronii, V. splendidus, E. tarda (MIC 0.64 uM), V. vulnificus, V. harveyi, V. fluvialis, V. alginolyticus, V. parahaemdyticus, (MIC 1.3-2.6 uM), and V. anguillarum (5.2 uM). Activity is relaltively insensitive to salts. Decreas in positively charged K/R by alanine substituions led to reduced activity. Scambled Hc-CATH had no activity. It showed low hemolysis and cytotoxicity at 200 ug/ml to HepG2, PC3, L929, and mouse peritoneal macrophages (1-5%).
Title:	Identification and Characterization of the First Cathelicidin from Sea Snakes with Potent Antimicrobial and Anti-inflammatory Activity, and Special Mechanism.
Author:	Wei L, Gao J, Zhang S, Wu S, Xie Z, Ling G, Kuang Y, Yang Y, Yu H, Wang Y. 2015
Reference:	J Biol Chem. 2015 Jul 3;290(27):16633-52. PubMed

图 3 – 2 – 82　APD 数据库收录的抗菌肽界面

（2）APD 检索功能

从数据库主页点击“Database Search”按钮，即可进入 APD 检索界面。APD 数据库提供以下入口的检索。

APD ID：直接用 APD 编号进行检索。

AMP Name：可以用抗菌肽名称进行检索。需要注意的是，一些描述性用词如来源物种的俗名，也可以在该入口进行检索。

Source Organism：根据来源生物进行检索。注意对于来源物种只能用拉丁文学名进行检索，以拉丁文全名或仅以种名或属名均可以。如果要以俗名进行检索，则应当在 AMP Name 入口进行检索。

Sequence：以多肽的氨基酸单字母序列进行检索。

AMP Length：抗菌肽长度。

Net Charge：多肽的带电性。

Hydrophobic Residues%：疏水性残基的比例。

Sturcture：可以以多肽的立体结构类型进行检索，如螺旋、β 折叠等类型。

Activity/Function/State：以抗菌肽的功能进行检索。APD 数据库将抗菌肽的功能进行分类，包含抗病毒、抗真菌、抗革兰氏阳性/阴性菌、抗肿瘤等十多种，可以在检索系统中直接进行选择。此外，还可以通过其他附加信息如动物模型、公开时间等进行检索。

例如，检索从蛇中分离出的抗肿瘤多肽有哪些，可在 AMP Name 入口输入"snake"，在 Activity/Function/State 入口勾选"AntiCancer"，然后点击"Search"按钮，如图 3－2－83 所示。需特别注意的是，以俗名"蛇"（snake）进行检索，只能用 AMP Name 入口，而不能用"Source Organism"入口。

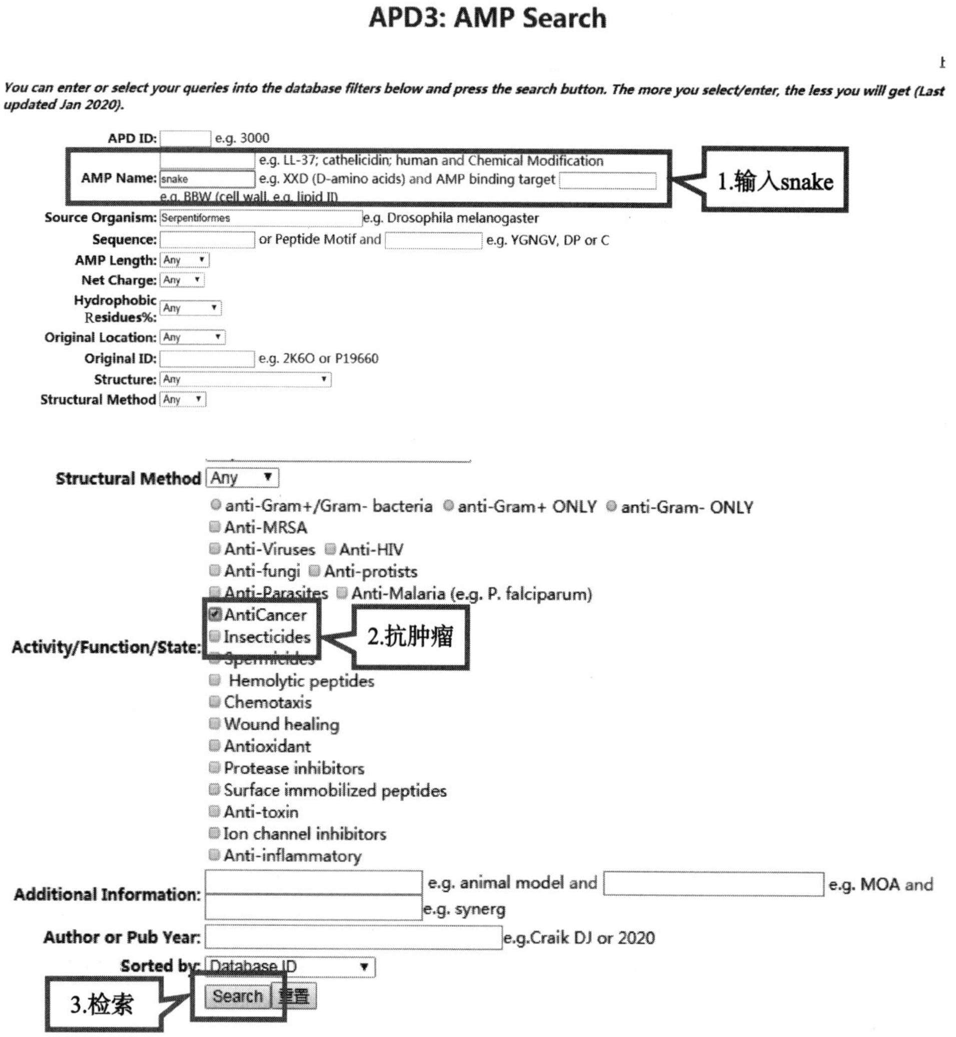

图 3－2－83 APD 检索流程界面

提交检索后获得3条记录（参见图3－2－84），每条记录都包括APD ID和抗菌肽的氨基酸序列（参见图3－2－85），点击APD ID即可浏览对应抗菌肽的具体信息。

Found 3 entries according to your query

AP01239 Ref, Cathelicidin-BF (BF-30; cathelicidin-WA; snake cathelicidin, reptiles, animals; Derivatives: BF-15; Cbf-K16)	KFFRKLKKSVKKRAKEFFKKPRVIGVSIPF
AP01650 1Z99, Crotamine (Crot; 3S=S; defensin-like toxin; UCSS1a; South American rattlesnake, reptiles, animals; ZZP; Derivatives: CyLoP-1)	YKQCHKKGGHCFPKEKICLPPSSDFGKMDCRWRWKCCKKGSG
AP02424 2MWT, Crotalicidin (Ctn, Vipericidins, cathelicidins; Rattlesnake, reptiles, animals; derivatives: Ctn[15-34]; more AMPs? Lachesicidin; Lutzicidin)	KRFKKFFKKVKKSVKKRLKKIFKKPMVIGVTIPF

图3－2－84　APD检索结果界面

Antimicrobial Peptide AP01239

APD ID:	AP01239
Name/Class:	Cathelicidin-BF (BF-30; cathelicidin-WA; snake cathelicidin, reptiles, animals; Derivatives: BF-15; Cbf-K16)
Source:	venom *Bungarus fasciatus*
Sequence:	KFFRKLKKSVKKRAKEFFKKPRVIGVSIPF
Length:	30
Net charge:	11
Hydrophobic residue%:	40%
Boman Index:	2.12 kcal/mol
3D Structure:	Helix
Method:	NMR
SwissProt ID:	Reference ID: Ref
Activity:	Anti-Gram+ & Gram-, Antifungal, Enzyme inhibitor, Anticancer
Crucial residues:	
Additional info:	The predicted mature sequence has 34-aa. The isolated peptide with N-terminal 4-aa truncation might be a further processed product. Since 2016, cathelicidin-BF is also called cathelicidin-WA (reason unknown). Importantly, it showed low toxicity against human blood cells. NMR structure in TFE was not presented due to incomplete restraints. Segments KF1-11, KF12-19, and KF20-30 had no activity. Active against E. coli ATCC25922 (MIC 2.3 uM), P. aeruginosa ATCC278953 (MIC 1.2 uM), S. aureus ATCC2592, and C. albicans (MIC 4.7 uM). Salt-insensitive: The activities did not change much in the presence of 150 mM NaCl. The peptide and its lysine 16 variant also possesses anticancer effects (Tian Y et al. 2013). A derivative called BF-15 was designed. BF-15 is composed of the N-terminal 10 amino acid residues (162KFFRKLKKSV172 of the precursor) of the peptide and another successive linked 5 amino acid residues (157VKRFK161 of the precursor) from the precursor amino acid sequence of BF-30. This peptide also inhibits E. coli ATP synthase (Azim et al., 2016). Cbf-K(16), Cbf-A(7), and Cbf-A(13) were obtained by mutating Lys(16), Ala(7), and Ala(13) of BF-30, respectively. Active against E. coli BL21 (DE3)-NDM-1 (Hao Q et al., 2013). The BF-30 K16 mutant also inhibits non-small cell lung cancer (Tian et al., 2013). Animal model:mouse. i.v. injection did not show CFU reductiomn. However, pretreatment with cathelicidin-BF ameliorates P. aeruginosa pneumonia in mice by enhancing NETosis and the autophagy of recruited neutrophils and macrophages (Liu C et al., 2018). Updated 3/2016; 6/2016; 11/2018.
Title:	Snake cathelicidin from Bungarus fasciatus is a potent peptide antibiotics.
Author:	Wang Y, Hong J, Liu X, Yang H, Liu R, Wu J, Wang A, Lin D, Lai R2008
Reference:	PLoS ONE. 2008 Sep 16;3(9):e3217. Pub-Med

图3－2－85　抗菌肽详细信息界面

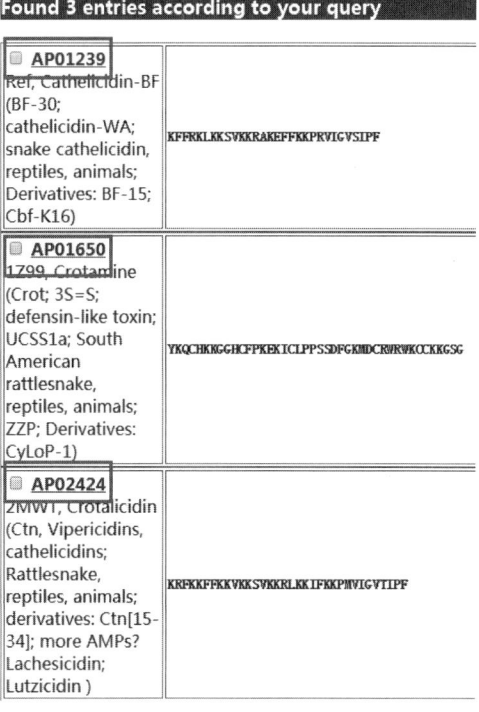

3.2.3.10 STN 短序列检索资源

STN 作为医药化学领域功能最强大的综合性检索工具之一，也提供全面的生物序列检索功能，特别是针对短序列的检索。

（1）STN 短序列检索概述

1）短序列收录情况

STN 中的 REGISTRY 数据库中包含 1957 年至今的 6000 多万条生物序列，并且这一数字仍在快速增长。这些序列主要来自学术期刊、57 个专利组织以及 Genbank 数据库，并经过 CAS 各个科学领域的专家分析和标引，其中，包含基因序列、基因表达的蛋白质序列、核酸引物和探针、融合蛋白、化学方法改进的序列、肽核酸（PNA）等生物分子。

2）数据标引

REGISTRY 数据库中对生物序列进行专门的标引，除了作为化学物质通用的 RN（CAS 登记号）、MF（分子式）等，还具有生物序列特有的 SQL、SEQ/SEQ3 和 NTE 等字段。

① SQL：序列长度，其格式为整数数字。

② SEQ 和 SEQ3：序列，其中 SEQ3 指多肽的三字母缩写形式的氨基酸序列。

③ NTE：序列注释，其中记录序列之外的其他结构信息，例如氨基酸残基的修饰、二硫键连接等。STN 提供完善的 NTE 字段对序列的化学修饰进行注释，因此可以用于检索具有特定化学修饰结构的多肽序列。

需要注意的是，这几个特有字段不在默认展示字段中。如果想获取检索结果的上述字段，需要在用"d"命令展示时加入该字段名称。

例如，我们查看检索结果 l2 的第 1 条记录的短肽，其默认展示如下：

=> d l2 1

L2   ANSWER 1 OF 61   REGISTRY   COPYRIGHT 2020 ACS on STN
RN   2324799-41-7   REGISTRY
ED   Entered STN： 05 Jun 2019
CN   L-Cysteinamide, N2-acetyl-L-arginyl-L-cysteinyl-D-alanyl-L-histi-
     dyl-D-phenylalanyl-L-arginyl-L-tryptophyl-, cyclic (2→8)-disulfide,
     hydrochloride (1:?)   (CA INDEX NAME)
FS   PROTEIN SEQUENCE; STEREOSEARCH
MF   C49 H68 N18 O9 S2 . x Cl H
SR   CAS Client Services
CRN（920014-72-8）

RELATED SEQUENCES AVAILABLE WITH SEQLINK

Absolute stereochemistry.

PAGE 1-A

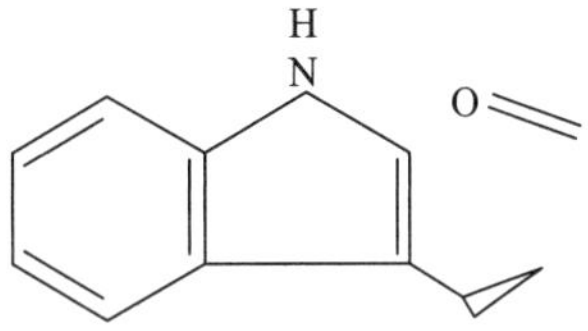

PAGE 1-B

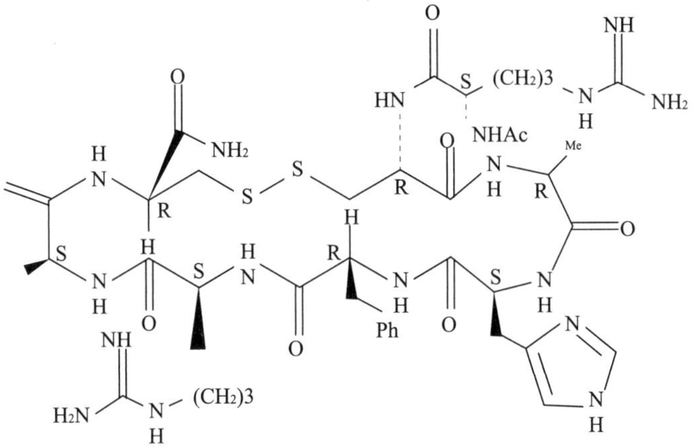

如果要查看该短肽的化学修饰情况，需要输入展示 NTE 字段的命令：
=> d l2 1 nte
L2　ANSWER 1 OF 61　REGISTRY　COPYRIGHT 2020 ACS on STN
NTE　modified

type	location		description
terminal mod.	Arg – 1	–	N – acetyl
terminal mod.	Cys – 8	–	C – terminal amide
bridge	Cys – 2	– Cys – 8	disulfide bridge
modification	–	–	undetermined modification

（2）STN 短序列检索功能

1）短序列检索方式

CAS REGISTRY 数据库的序列码比对（SCM）是专用于生物序列的检索方式，其通过对 SEQ 和 SQL 字段的检索来获取结果。SCM 包括以下检索方式。

/SQEN（对核酸）和/SQEP（对多肽）：精确检索，检索结果与输入序列完全匹配，具有相同的顺序和相同的序列长度，即同时在 SEQ 和 SQL 字段进行匹配。

示例：检索序列为"PGRKKRRQRRPPQC"的十四肽，则用以下检索式：

S PGRKKRRQRRPPQC/SQEP

该检索式检出的是序列精确为"PGRKKRRQRRPPQC"的十四肽。

上述检索式与以下检索式等价：

S PGRKKRRQRRPPQC/SQSP and SQL = 14

/SQEFP：精确家族检索，与输入的序列匹配并允许家族成员取代，检索结果为完全相同的序列和具有同样长度的家族序列。所谓家族成员取代，是指同类型氨基酸的取代，因此该检索方式仅适用于多肽序列检索。

/SQSN（对核酸）和**/SQSP（对多肽）**：亚序列检索，检索结果为被检序列两端添加任意序列所获得的序列，即对序列长度不作限制。

示例：检索序列中包含"PGRKKRRQRRPPQC"的多肽，则用以下检索式：

S PGRKKRRQRRPPQC/SQSP

该检索式检出的是序列包含序列"PGRKKRRQRRPPQC"的所有多肽，即在该序列两端添加任意长度的多肽都在检索结果中。

如果对检索结果的序列长度有要求，则可以与 SQL 字段组合检索。

示例：检索序列中包含"PGRKKRRQRRPPQC"，且不超过 20 个氨基酸残基的多肽。使用以下检索式：

S PGRKKRRQRRPPQC/SQSP and SQL < = 20

/SQSFP：亚序列家族检索，允许氨基酸的家族取代，也允许在序列两侧添加任意序列，仅适用于多肽序列检索。

SCM 对检索具有复杂的非常规结构的多肽尤其有用。需要注意的是，只有不少于 4 个氨基酸残基的多肽序列才能用 SCM 检索。REGISTRY 数据库也收录二肽和三肽，但是它们只能通过名称或结构来检索，而不能进行序列比对。

20 种常见氨基酸可以采用单字母或三字母缩写形式进行检索。三字母缩写要写在引号里进行检索，例如：

S 'ASP' 'SER' 'SCY' /SQSP。

对于其他非常规氨基酸，STN 给出相应的三字母缩写，例如鸟氨酸（Ornithine）用"Orn"表示，瓜氨酸（Citrulline）用"Cit"表示。需要注意的是，很多具有修饰结构的氨基酸也具有自己的缩写，例如，"Hyl"表示 5 - 羟基赖氨酸，"Tle"表示 3 - 甲基缬氨酸。这对于检索具有化学修饰的多肽尤其有用。氨基酸的简写列表可以参阅 CAS 网站，网址为 http://www.cas.org。

2）短序列检索符号

SCM 检索中可以使用丰富的检索符号来代替序列中的可变因素。例如，符号"[ ]"表示括号内是可替代的残基，符号"."代表任意的残基，符号"{#-#}"表示重复若干次前面的残基，其中"#"表示数字。需要注意的是，这些符号只能在/SQSP 和/SQSFP 检索方式下使用。表 3 - 2 - 8 示出常用的序列检索符号。

表 3-2-8　STN 常用的序列检索符号

STN	截词符	?	0 个或任意个字母，可放在词首和词尾	
		#	0 个或 1 个字母，放在词尾	
		!	1 个字母，放在词中间	
		^	在序列的头部或尾部检索	仅适用于多肽序列
		[ ]	可替代的残基	
		[-]	排除 1 个或多个残基	
		{#,#} 或 {#-#} 或 {#}	重复若干次前面的残基	
		.	代替任意的残基	
		|	可替代的残基	
		?	重复残基 0 次或 1 次	
		*	重复残基 0 次或多次	
		+	重复残基 1 次或多次	
		&	将多个序列片段组合成一个序列	
	算符	(W)	用指定的顺序连接词语	
		(A)	字相邻，但以任何顺序排列	
		(S)	连接的词语在同一个句子中出现	
		(L)	连接的词语在同一个字段中出现	
		AND	两个词语在记录中的任意地方出现	

　　SCM 检索符号可以组合使用，从而能够表达具有各种可变结构的多肽。例如，可以用检索式"AAA.{3-8} CCC"表示在 AAA 和 CCC 之间间隔 3~8 个任意残基的多肽。在使用多个检索符号时，可以使用括号来表述运算顺序。在没有括号的情况下，检索式按以下顺序进行运算：表示重复的符号? 或 * 或 +；用大括号表示的重复符号如 {3-8}；连接符号 &；表示可选的符号 | 。

　　SCM 检索符号在专利文献检索中非常有用，这是因为，在专利文献中专利申请人通常喜欢在权利要求中要求保护具有各种变化结构的多肽，从而全面保护自己的产品。对这种权利要求，SCM 检索符号往往可以准确覆盖其范围，因此 SCM 是目前对多肽来说最为高效的检索方式。当然除了专利文献，SCM 检索符号还可以用于非专利文献检索。

3）其他检索方式

在/SQL 字段可以对序列长度进行限定，通过与序列检索的结合来寻找更符合要求的生物分子。/SQL 字段是数字格式的，可以用">""<""="等符号进行运算。例如，可以用"SQL<=20"或"8-12/SQL"这样的检索式来进行检索。

化学注释字段（/NTE）是 REGISTRY 数据库对生物分子作的特征性标引。其中，记录生物分子不能用序列表达的其他信息，包括：蛋白质序列的大分类，例如多链（multichain）、线形（linear）或环形（cyclic）；化学修饰的类型，例如非常规氨基酸或桥连（bridge）；化学修饰发生的氨基酸位置；具体的化学修饰，例如末端封闭基团、金属复合物或桥连的名称。

在/NTE 字段可以对具有化学修饰的生物分子进行检索。例如，检索具有乙氧羰基修饰的残基的多肽，可以用"ethoxycarbonyl/NTE"或"Eoc/NTE"进行检索，其中 Eoc 是 ethoxycarbonyl 的缩写。/NTE 字段对很多取代基都有专门的缩写，具体列表可以参阅 CAS 网站，网址为 http://www.cas.org。

示例：检索含有序列"RCAHFRWC"且含有二硫键桥连的多肽，则用以下检索式：

s RCAHFRWC/SQSP and bridge/NTE。

需要注意的是，对于一个有化学修饰的氨基酸，如果其同时属于"非常规氨基酸"，则 REGISTRY 习惯将其归入非常规氨基酸，从而在 NTE 字段留下"uncommon"注释，并以三字母形式表现非常规氨基酸，而不再对化学修饰进行描述。例如，RN 号为 1313716-17-4 的多肽，其氨基酸序列为 Tyr – Gly – Tle – His – Thr – His，其中 Tle 表示 3-甲基缬氨酸，该多肽在 NTE 字段并未标引为 3 位缬氨酸的甲基化，而是标引为 3 位非常规氨基酸：

SEQ3   1 Tyr – Gly – Tle – His – Thr – His

NTE   modified

type	– – – – location – – – –	description
terminal mod.	His – 6 –	C – terminal amide
uncommon	Tle – 5 –	–

SCM 检索与化学检索的结合：REGISTRY 中的每个多肽或核酸分子的记录，除了其序列，还包含其作为化学物质的常规记录，例如分子量（MF）、化学名称（CN）等。通过生物序列和其他化学信息组合可以进行检索，以提高检索的准确性。

以下给出短肽的检索案例。

文献报道了一种胰腺癌给药系统，该给药系统由多功能纳米载体和包含有目的基因的碱基片段组成，所述的纳米载体由树枝状高分子材料、亲水性聚合物和含钆的螯合物组成，所述的纳米载体是细胞穿膜肽修饰的，该细胞穿膜肽的氨基酸序列如下所示：Pro GlyArg Lys LysArgArgGlnArgArg Pro ProGlnCys。如何查找关于该穿膜肽的相关文献？

检索方法：

在 STN 系统中，进入 REGISTRY 数据库，使用 SCM 检索，检索命令如下：

检索式：S PGRKKRRQRRPPQC/SQEP

检索到文献 CN102988295A，而阅读该文献发现其中只有序列 PGRKKRRQRRPPQ，与该申请的 SEQ ID NO.1 相比缺失末端的 C。通过阅读说明书文字部分可知：当穿膜肽与聚乙二醇末端的 MAL 相连接时，其肽链末端需增加一个半胱氨酸 Cys（C）。因此，该多肽实质与前文报道的多肽相同。

从该案例可以看到，虽然文献 CN102988295A 中的序列为 PGRKKRRQRRPPQ，但由于其说明书中记载了连接聚乙二醇时肽链末端需增加一个半胱氨酸 Cys，STN 标引了增加 Cys 的多肽序列 PGRKKRRQRRPPQC，可以看出 STN 对序列的标引相当深入。

3.2.3.11　SNP 检索资源

单核苷酸多态性（Single Nucleodite Polymorphism，SNP）或称单碱基多态性，是指同一物种的不同个体之间，在某染色体的特定位点上具有不同碱基的特性。随着生物技术的发展，越来越多的生理和病理性状被发现与特定的 SNP 相关，因此 SNP 在疾病检测、遗传分析、农作物育种等领域发挥越来越重要的作用，收集 SNP 信息的数据库资源也越来越丰富。

（1）数据库概述

SNP 检索常用的数据库包括 dbSNP、HGV Database、HGVS 等。其中，dbSNP、HGV Database 较为常用。

1）dbSNP

dbSNP 是 NCBI 数据系统提供的专用于检索 SNP 的数据库，SNP 作为分子标记已在疾病诊断和预后、物种鉴定、亲子鉴定等方面得到广泛的应用。登录地址为 http://www.ncbi.nlm.nih.gov/SNP，其界面如图 3-2-86 所示。

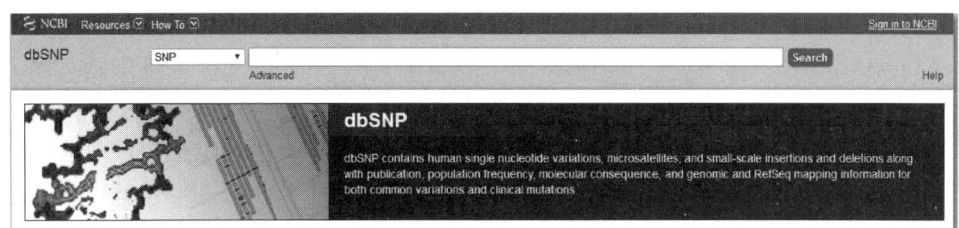

图 3-2-86　dbSNP 数据库界面

2）HGV Database

人类基因组变异数据库（Human Genetic Variation Database，HGVD）是由 Nature 旗下的人类基因组变异（Human Genome Variation）提供的基因变异数据库，包含该杂志发表的所有人类基因变异，是一个对公众免费开放的平台。该数据库可以通过不同的突变体进行检索，包括特定的基因、人群或染色体区域。登录地址为 http://hgv.figshare.com/，其界面如图 3-2-87 所示。

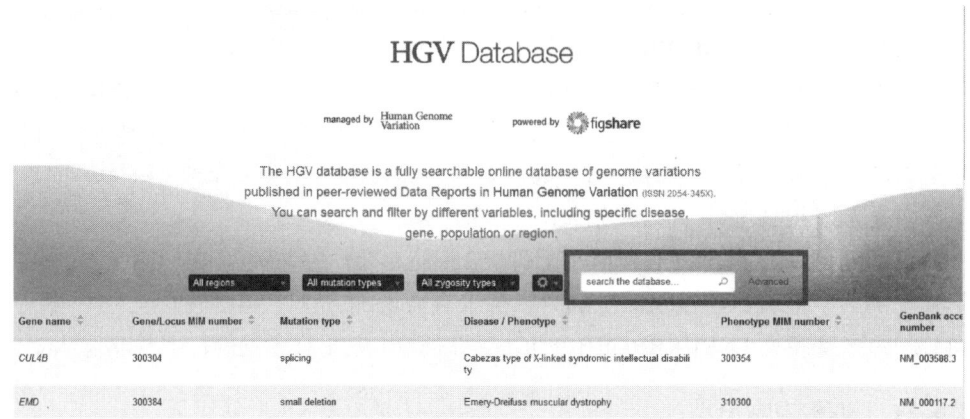

图 3-2-87　HGV 数据库界面

数据库中对报道的 SNP 作了以下标引：基因名称；基因位点；相关表型/疾病；表型编号；GenBank 登录号；HGVS 格式的突变名称；蛋白质突变；密码子/碱基改变；所在染色体；结合性；分布人群所在区域、民族；提供该突变的作者/文献。

3) 其他 SNP 数据库

① HGVS：人类基因组变异社会（Human Genome Variation Society）提供的 SNP 数据库，登录地址为（http://www.hgvs.org/central-mutation-snp-databases。）

② Gene SNPs Environmental Genome Project database，登录地址为 http://www.genome.utah.edu/genesnps/。

③ 日本人类遗传变异数据库，登录地址为 http://www.hgvd.genome.med.kyoto-u.ac.jp/about.html。

④ 水稻 SNP 数据库，登录地址为 http://snp-seek.irri.org。

(2) SNP 检索方式

以 dbSNP 为例，首先，进入 NCBI 的主页，然后，Search 下拉菜单中选"SNP"，检索框内输入待检索的基因名称，获得多条相关记录，如图 3-2-88 所示。

以上检索结果显示检索基因的 SNP 有 4415 条，这么庞大的数据逐个核对显然工作量太大。注意到检索结果左侧"annotation"中的"Cited in PubMed"分类，点击该注释分类后仅有 4 条 SNP 结果，从而获得相应的文献，如图 3-2-89 所示。

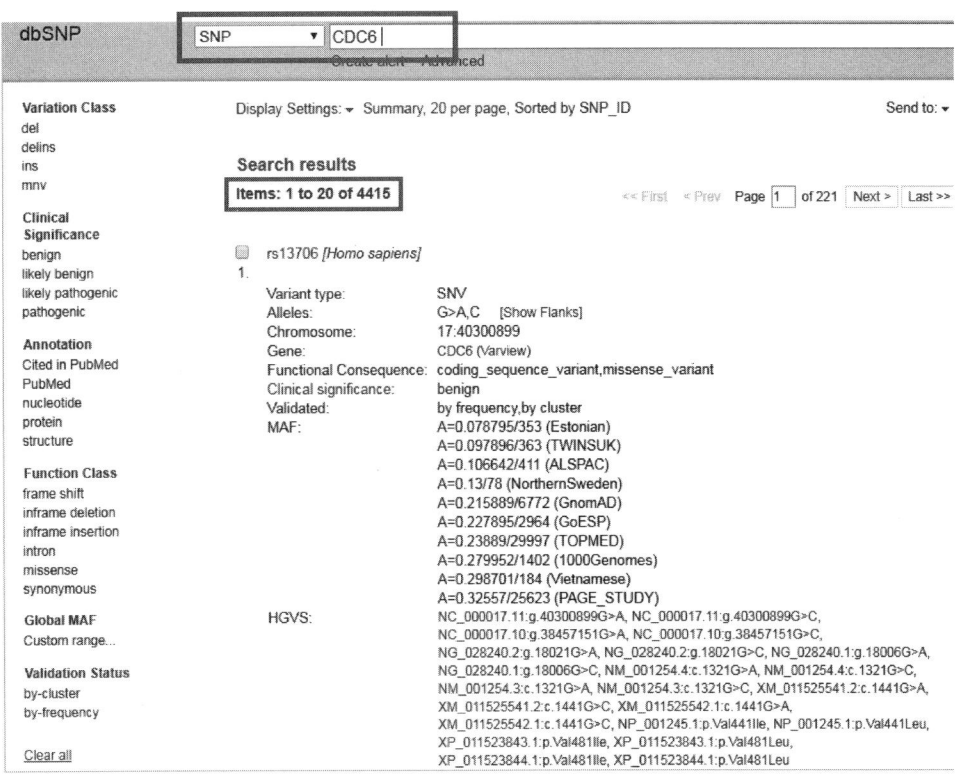

图 3-2-88 SNP 检索流程的步骤 1

图 3-2-89 SNP 检索流程的步骤 2

点击第一条SNP（rs13706）相关信息，得到如图3-2-90、图3-2-91所示的检索结果页面。

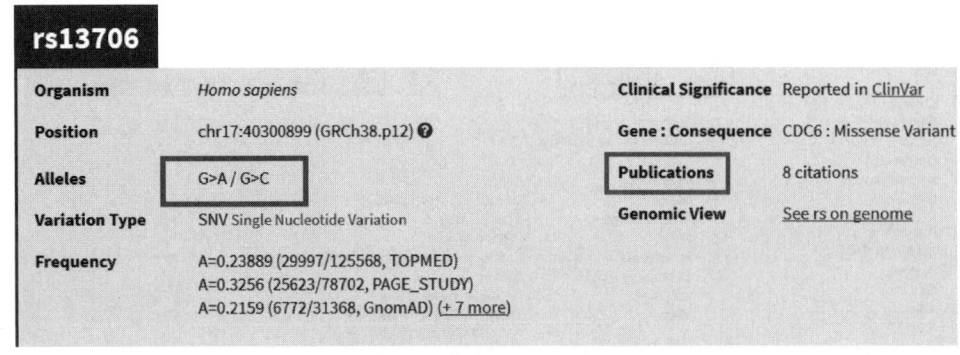

图3-2-90　SNP检索结果界面1

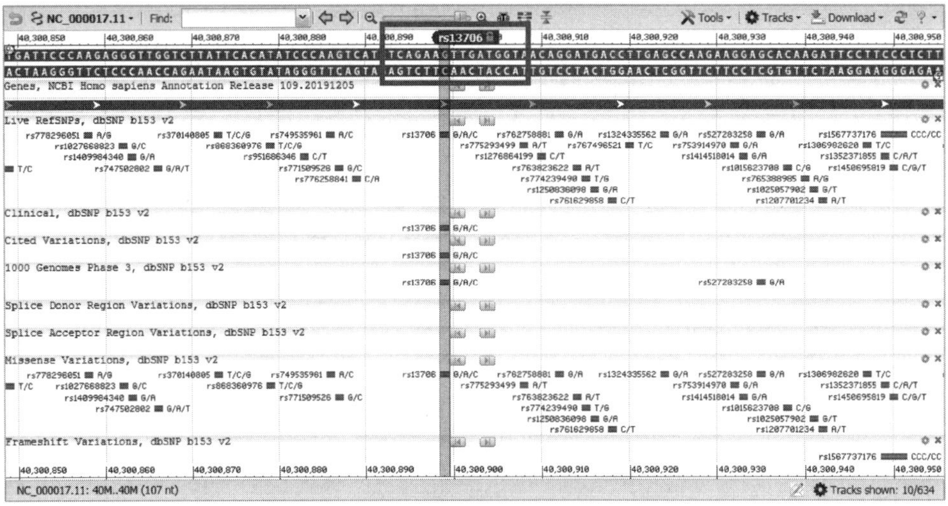

图3-2-91　SNP检索结果界面2

同时，通过rs13706的页面左侧"Publications"还可以查看相关参考文献信息，点击"View All in Pubmed"即可检索到Pubmend数据库中收录的已公开该SNP位点的8篇参考文献，如图3-2-92、图3-2-93所示。

本小节介绍了数量众多、种类各异的生物领域特色检索资源，表3-2-9总结对比各生物领域数据库的适用范围和各自的优缺点。检索时，可以在检索目的、检索主题的特点以及检索费用等方面进行权衡考虑，选择合适的检索数据库。

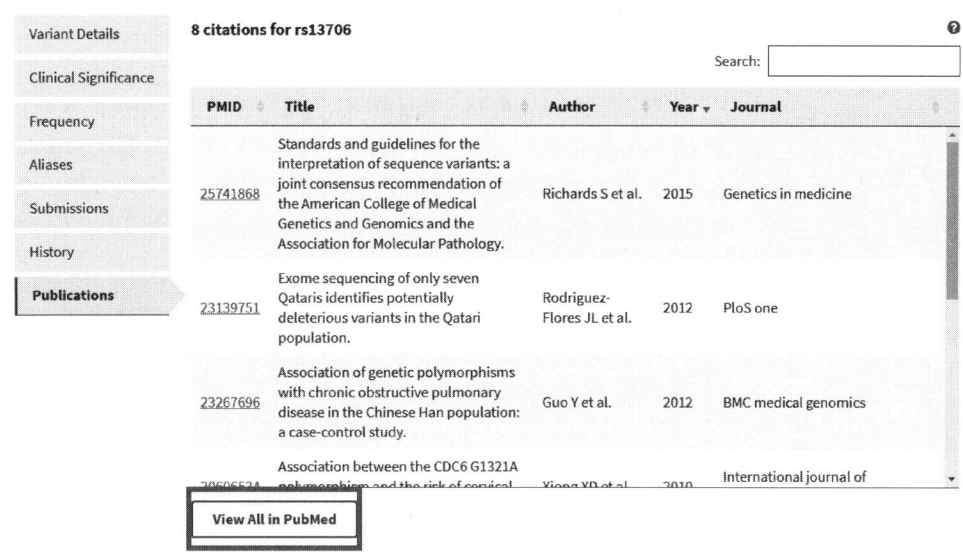

图 3-2-92　SNP 相关参考文献界面

Search results

Items: 8

1. Standards and guidelines for the interpretation of sequence variants: a joint consensus recommendation of the American College of Medical Genetics and Genomics and the Association for Molecular Pathology.
   Richards S, Aziz N, Bale S, Bick D, Das S, Gastier-Foster J, Grody WW, Hegde M, Lyon E, Spector E, Voelkerding K, Rehm HL; ACMG Laboratory Quality Assurance Committee.
   Genet Med. 2015 May;17(5):405-24. doi: 10.1038/gim.2015.30. Epub 2015 Mar 5.
   PMID: **25741868**　Free PMC Article
   Similar articles

2. Association of genetic polymorphisms with chronic obstructive pulmonary disease in the Chinese Han population: a case-control study.
   Guo Y, Gong Y, Pan C, Qian Y, Shi G, Cheng Q, Li Q, Ren L, Weng Q, Chen Y, Cheng T, Fan L, Jiang Z, Wan H.
   BMC Med Genomics. 2012 Dec 26;5:64. doi: 10.1186/1755-8794-5-64.
   PMID: **23267696**　Free PMC Article
   Similar articles

3. Exome sequencing of only seven Qataris identifies potentially deleterious variants in the Qatari population.
   Rodriguez-Flores JL, Fuller J, Hackett NR, Salit J, Malek JA, Al-Dous E, Chouchane L, Zirie M, Jayoussi A, Mahmoud MA, Crystal RG, Mezey JG.
   PLoS One. 2012;7(11):e47614. doi: 10.1371/journal.pone.0047614. Epub 2012 Nov 6.
   PMID: **23139751**　Free PMC Article
   Similar articles

图 3-2-93　SNP 相关参考文献详细界面

表 3-2-9 生物数据库优缺点比较

数据库	适用范围	优点	缺点
Genbank	通用	权威、全面、便捷，BLAST 检索界面集成度较高，nr、pat 数据库提供核酸或蛋白的检索，序列条目标引详细	pat 数据库中收录美国专利、欧洲专利、日本专利等相关专利序列数据，缺少部分中国专利序列数据，短序列检索不方便
EMBL	通用	BLAST 可同时检索多个数据库，数据库种类较 Genbank 多，与 Genbank、EMBL、DDBJ 数据实行共享，序列条目标引详细	检索选择多个数据库时，检索速度较 Genbank 慢
dbSNP	单核苷酸多态性	除了收录相关基因的 SNP 位点信息，还整合 PubMed 数据库中引用 SNP 位点相关功能的文献	检索方式较为单一，而且收录的 SNP 位点信息经过审核后存在动态变化现象
UniProt	蛋白质序列检索、突变蛋白质检索	蛋白质信息资源丰富，序列及功能进行全面标注，是 Genbank 蛋白检索的有效补充	由欧洲生物信息研究所、美国蛋白质信息资源、瑞士生物信息学研究所共同维护，缺少与其他数据库的数据共享
PDB	蛋白质三维结构检索	蛋白质三维结构详细，信息权威数据库，数据资源包括美国、欧洲和日本相关数据资源	检索界面较为简单，缺少高级检索等
IMGT	免疫相关技术主题的检索，包括抗体等	专注于免疫资源的数据库，包括抗体、T 细胞受体等，与三大核酸数据库密切合作，检索工具较为丰富	分析的抗体 CDR 序列可能存在一定的局限性
BRENDA	酶	收录酶功能的详细专业数据库	仅提供基于关键词或结构检索方式
SPD	信号肽	收录信号肽的专业数据库，提供多种检索方式	仅适用于信号肽主题的检索
IEDB	免疫表位	免疫表位专业数据库，收录线性和非线性免疫表位、免疫检测、MHC 等位基因等多种信息	仅适用于免疫相关主题的检索
APD	抗菌肽	抗菌肽专业数据库，检索方式多样	仅适用于抗菌肽主题的检索
STN	通用，长序列和短序列均可检索	功能强大，资源全面，提供短序列精确、家族等检索方式，还提供相应检索算符	检索价格昂贵，检索方式复杂，需要接受相应培训

3.2.4 综合性学术信息资源检索平台

(1) Web of Science 概述

Web of Science 是由美国科技信息所（Institute for Scientific Information, ISI）基于 WEB 开发的产品，收录全球范围内的自然科学、工程技术、生物医学等研究领域的超过 8700 多种核心学术期刊以及大量书籍、会议论文和专利文献。在 Web of Science 所提供的多种检索数据库中，Web of Science 核心合集和 Derwent Innovations Index（德温特专利索引）是最重要的两个数据库。其中，Web of Science 核心合集可检索科学、社会科学、艺术和人文科学领域的世界一流学术性期刊、书籍和会议录，并浏览完整的引文网络；Derwent Innovations Index 则收录全球重要的 50 个专利文献发布机构所公开的专利文献信息，对专利文献信息进行加工，尤其是对专利文献的标题和摘要进行改写，使得检索更加有效。Web of Science 的网址是 www.isiknowledge.com，如图 3-2-94 所示。

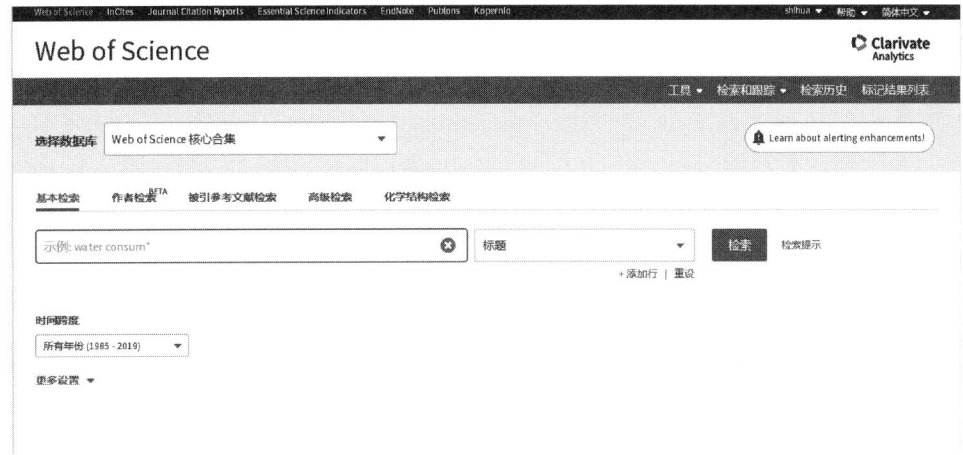

图 3-2-94 Web of Science 数据库界面

(2) Web of Science 检索方式

1) Web of Science 核心合集检索方式

Web of Science 核心合集数据库所提供的检索方式有基本检索、作者检索、被引用参考文献检索、高级检索和结构式检索。

① 基本检索可提供主题、标题、作者、出版物名称、出版年等入口的检索。

② 作者检索不仅可提供简单的作者姓名检索，还可以 Web of Science Researcher ID 或者 ORC ID 进行检索。例如，当检索作者为 Ibrahim Khan 的期刊和书籍时，利用 Web of Science 的作者检索，在 Last name 搜索框中输入"Khan"，在 First name and middle initial（s）中输入"Ibrahim"进行检索，如图 3-2-95 所示。

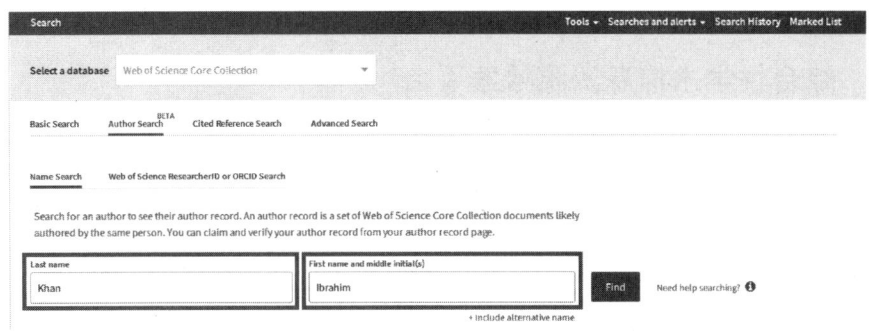

图 3-2-95 "Khan" "Ibrahin" 检索界面

获得以下检索结果，如图 3-2-96 所示。

图 3-2-96 "Khan" "Ibrahin" 检索结果界面

经浏览，位列第一的即为大家都感兴趣的作者 Ibrahim Khan，进一步点击作者名称，即可获得该作者所发表的重要期刊文献和书籍等，并可同时获得上述文献的引用次数，如图 3-2-97 所示。

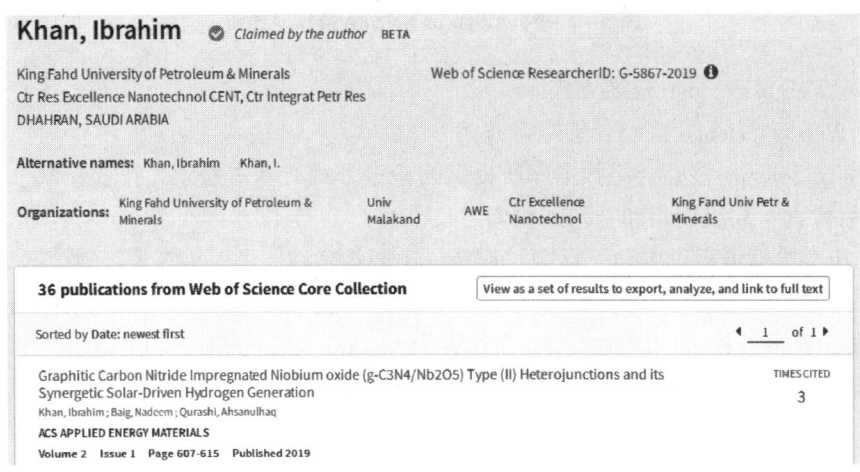

图 3-2-97 关于作者 Ibrahim Khan 的检索详细信息界面

③ 被引用参考文献检索可基于文献间的引用关系进行，对于文献追踪检索十分便利。可选的引用字段有作者、著作、DOI、年份、卷、期、页和标题，可在多个检索框中选择不同的引用字段进行联合检索，以下示出通过 DOI 字段进行被引用参考文献检索的实例，如图 3-2-98 所示。

图 3-2-98　通过 DOI 字段检索界面

点击"检索"后可以得到以下检索结果，如图 3-2-99 所示。

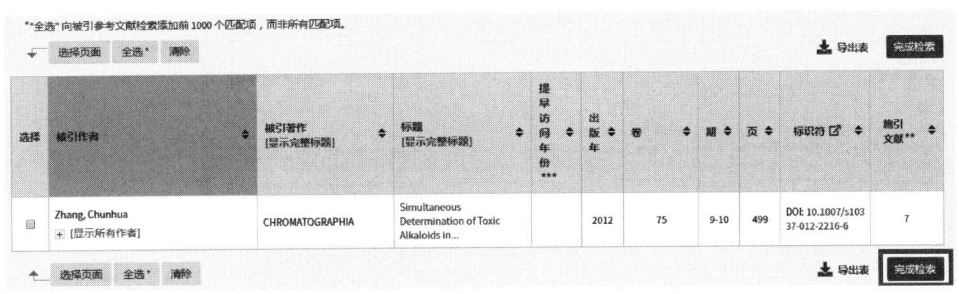

图 3-2-99　文献引用关系检索结果界面

检索结果显示该文献被 7 篇文献施引，进一步勾选该文献并点击"完成检索"，或者直接点击右侧的"7"，即可获得该 7 篇文献的相关信息，以下示出其中的一部分，如图 3-2-100 所示。

进一步点击其中某篇文献的标题，则可以获得该篇文献的摘要、关键词等信息，同时还可获得该文献的引文网络。通过引文网络，可以进一步获得该文献的引文信息，如图 3-2-101 所示。

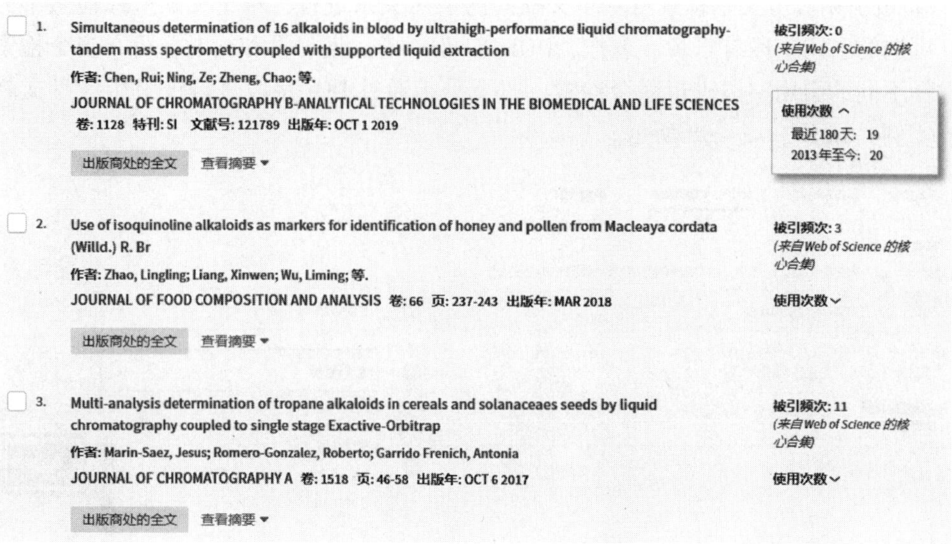

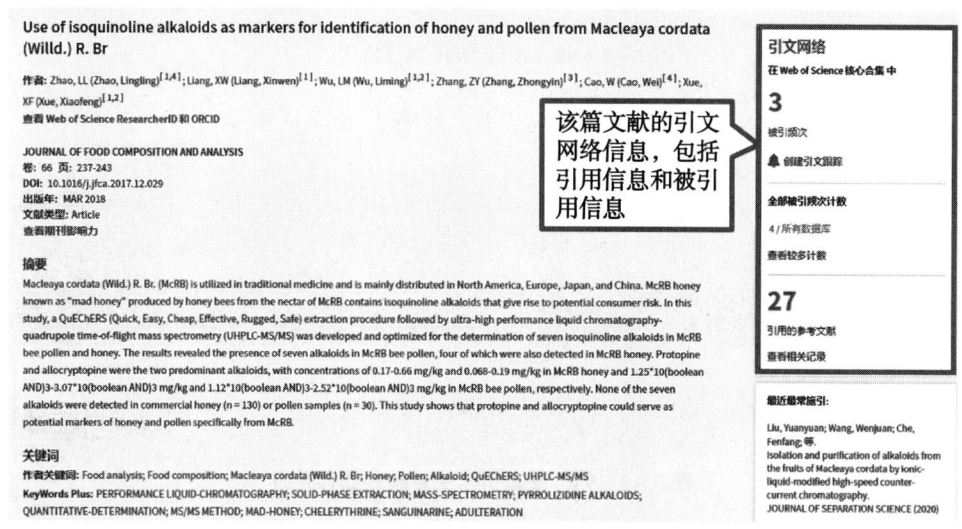

图 3-2-100　某文献施引结果界面

图 3-2-101　某文献引文信息界面

④ 高级检索支持使用字段标识、布尔运算符、括号和检索结果集来创建检索式。

⑤ 结构式检索既可检索化合物，亦可用于化合物制备方法的检索。除可绘制检索结构式外，还可进一步限定化合物的生物活性或分子量，或者限定制备方法的时间、温度等参数数据。例如，可在 Web of Science 核心合集数据库的结构式检索界面中绘制反应，如图 3-2-102 所示。

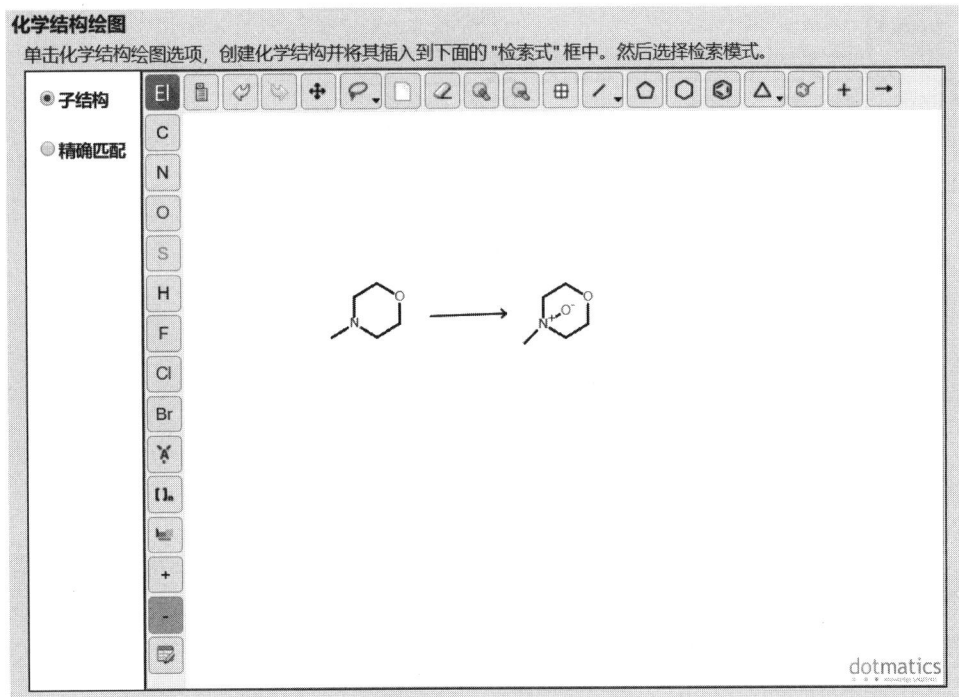

图 3-2-102　Web of Science 结构式检索界面

同时，可根据需要限定该反应的催化剂为钨酸盐，如图 3-2-103 所示。

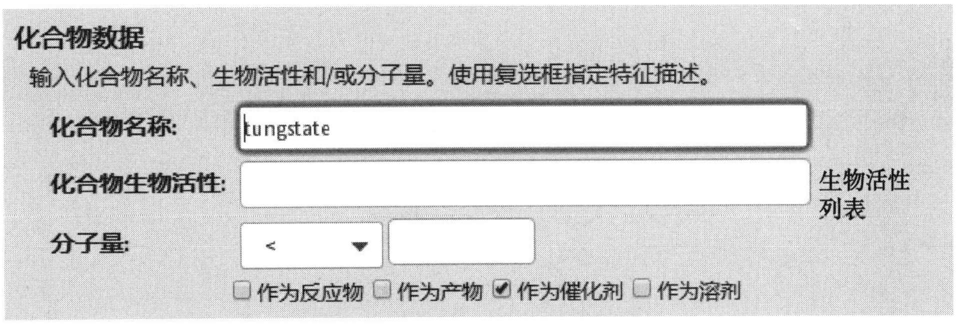

图 3-2-103　催化剂限定界面

2) Derwent Innovations Index 检索方式

Derwent Innovations Index 提供基本检索、被引用专利检索、高级检索和化合物检索。检索流程如图 3-2-104 所示界面。

① 基本检索提供主题、标题、发明人、专利权人、专利号等检索入口。

② 被引用专利检索可通过输入专利号、专利权人、发明人和/或入藏号进行检索，各字段支持与布尔逻辑运算符 AND 相组配。

③ 高级检索可使用字段标识、布尔运算符、括号和检索结果集来创建检索式。

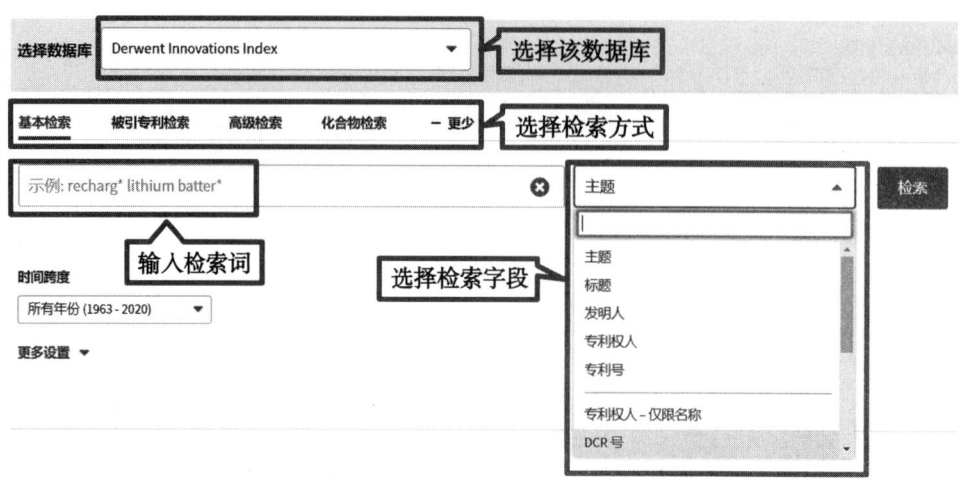

图 3-2-104　Derwent Innovations Index 检索流程界面

④ 对于医药化学领域而言，化合物检索是一项较为常用的检索功能，其支持结构式检索，并可通过化合物名称、物质说明、结构说明、分子式和分子量等信息作进一步限定。例如，可在 Derwent Innovations Index 中检索涉及以下化合物的相关专利文献，如图 3-2-105 所示。

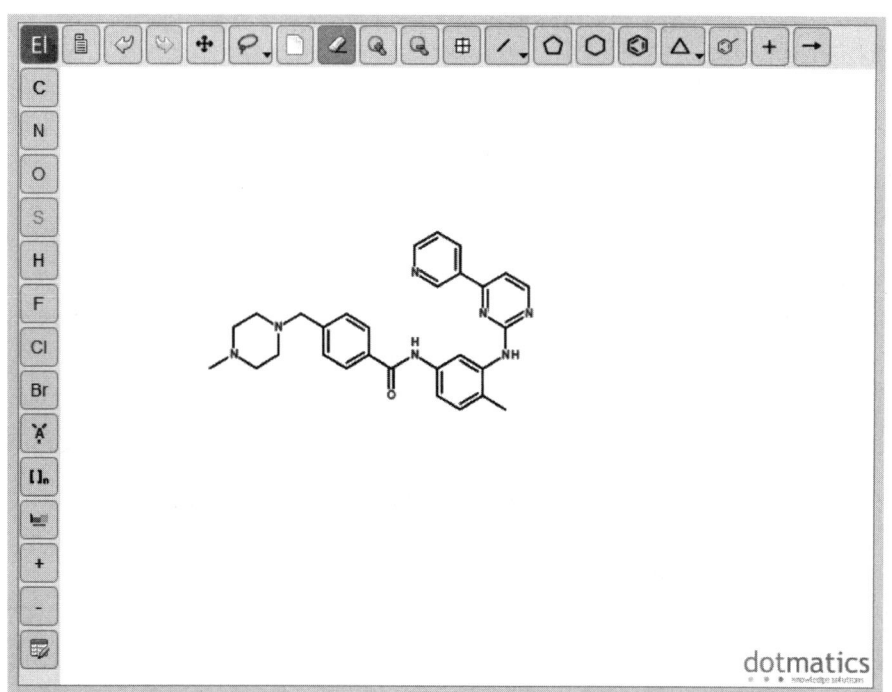

图 3-2-105　Derwent Innovations Index 化合物检索界面

获得以下记录，如图 3-2-106 所示。

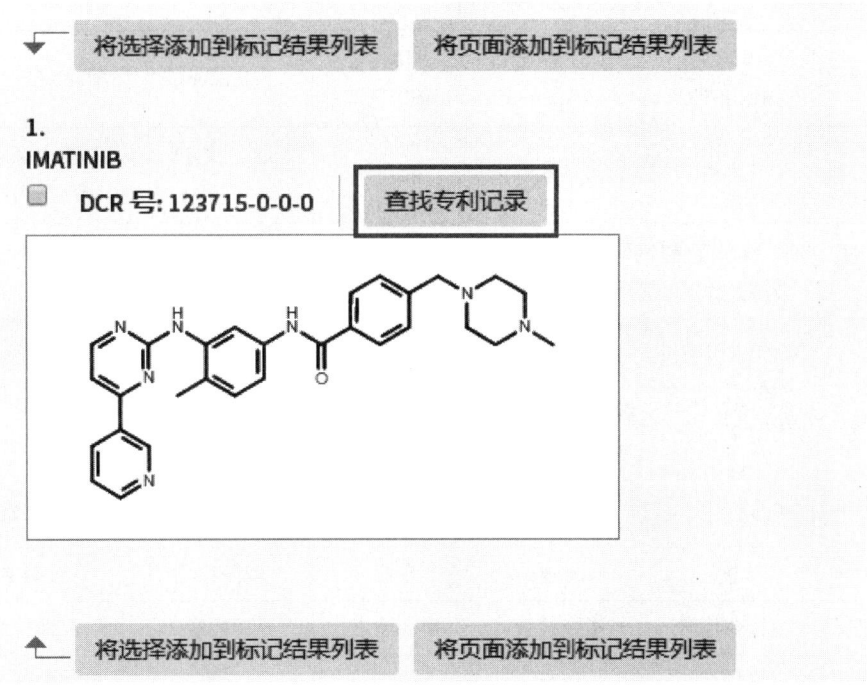

图 3-2-106 Derwent Innovations Index 化合物检索结果界面

点击"查找专利记录",共获得 1953 篇相关专利文献,如图 3-2-107 所示。

图 3-2-107 Derwent Innovations Index "查找专利记录"界面

以上专利文献中均涉及目标化合物,通过点击相关文献标题,可进一步对专利文献所公开的内容进行详细了解。

表 3-2-10 总结了综合性学术信息资源检索平台的特点。

表 3-2-10 综合性资源检索平台比较

功能及费用	STN-REGISTRY	STN-CAplus	STN-CASREACT	Scifinder	Web of Science
信息类型	物质	文献	反应	物质、文献、反应	以文献为基础的物质、反应和引文信息
信息来源	期刊、专利、书籍、会议	期刊、专利、书籍、会议	期刊、专利、书籍、会议	期刊、专利、书籍、会议	期刊、专利、书籍、会议
字段	物质索引字段：CAS 登记号、化学名、分子式、物质结构式等	文献索引字段：摘要、作者、DOI、专利公开号等	反应索引字段：原料、产物、催化剂、反应结构式等	同 STN	文献索引字段：作者、摘要、DOI、PubMed ID 等；物质和反应字段：结构式及关键词
操作界面	专业	专业	专业	较简单	较简单
检索方式	指令检索	指令检索	指令检索	界面检索	界面检索
费用	较高	较高	较高	非常高	较低

3.3 行政监管数据资源

医药化学领域中药品、食品的安全是公共安全的重要组成部分，涉及公众利益，在商业化销售前需要通过行政监管机构注册申请。以下将通过介绍一些收录了药品和食品监管信息的国内外数据资源分别介绍中国和美国的药品、食品行政监管数据资源。

3.3.1 药品监管信息

3.3.1.1 中国国家药品监督管理局

药品是维护生命健康的必需品，属于一种特殊商品。药品上市销售前必须进行药品注册，即对拟上市销售的药品的安全性、有效性、质量可控性等进行系统评价，从而决定是否同意其上市。而药品的安全问题不仅是上市前需要评估的，而且在药品的生产、流通和使用等环节均需要持续关注。

药品注册和安全监管通常由国家政府部门依法进行管理，并对部分信息进行公开。在中国，国家药品监督管理局负责药品安全监督、药品标准、药品注册、药品质量、药品上市后风险等的管理，在其官方网站（http://www.nmpa.gov.cn，参见图图 3-3-1）上可以查询到药品的注册和安全监管信息。

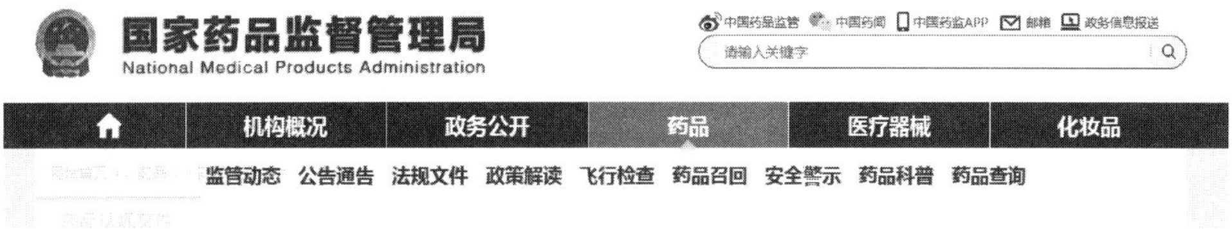

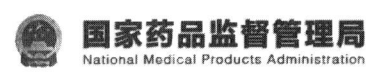

图3－3－1 国家药品监督管理局网站

“药品”子页面下的“公告通告”“法规文件”“药品召回”等会公开各种最新信息。

“药品查询”中可查询收录药品的抽检、注册、批准等信息，如图3－3－2所示。根据想要查询药品的类别，可以选择进入相应的数据库中进行检索。检索分为快速查询和高级查询两种检索方式。

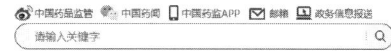

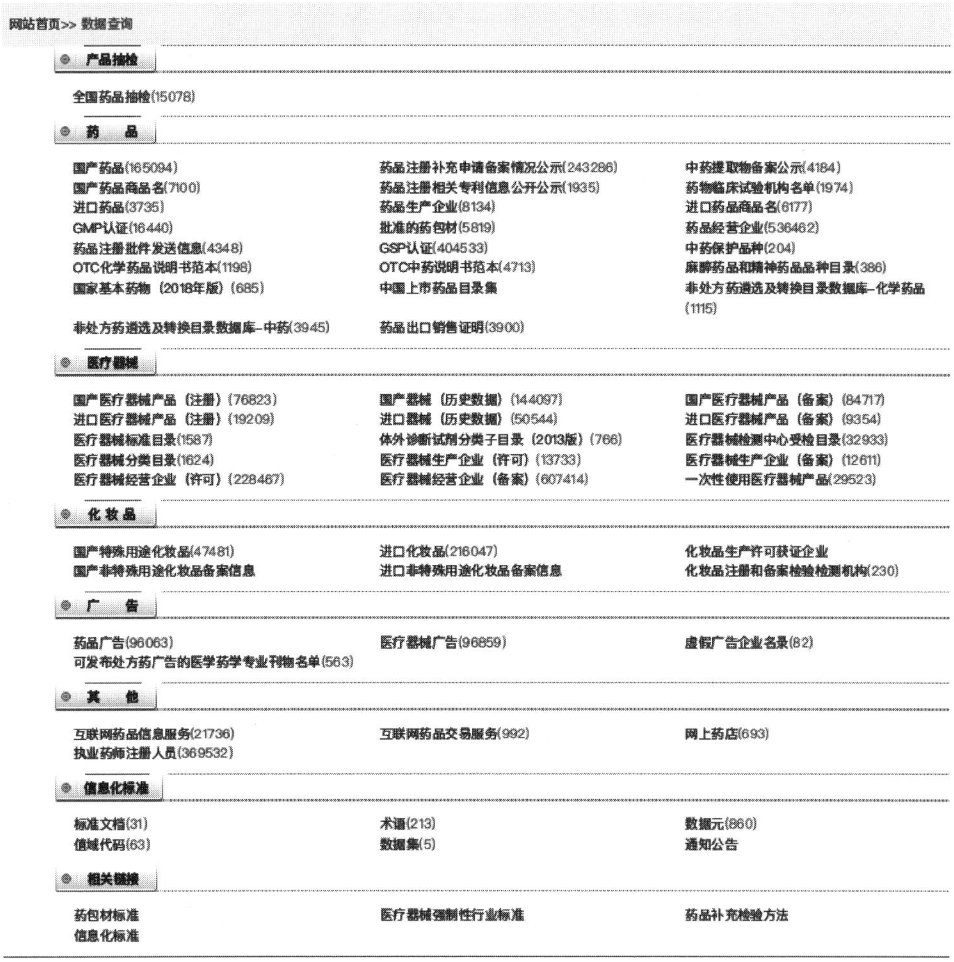
网站首页>> 数据查询

产品抽检

全国药品抽检(15078)

药　品

国产药品(165094)
国产药品商品名(7100)
进口药品(3735)
GMP认证(16440)
药品注册批件发送信息(4348)
OTC化学药品说明书范本(1198)
国家基本药物（2018年版）(685)
非处方药遴选及转换目录数据库-中药(3945)
药品注册补充申请备案情况公示(243286)
药品注册相关专利信息公开公示(1935)
药品生产企业(8134)
批准的药包材(5819)
GSP认证(404533)
OTC中药说明书范本(4713)
中国上市药品目录集
药品出口销售证明(3900)
中药提取物备案公示(4184)
药物临床试验机构名单(1974)
进口药品商品名(6177)
药品经营企业(536462)
中药保护品种(204)
麻醉药品和精神药品品种目录(386)
非处方药遴选及转换目录数据库-化学药品(1115)

医疗器械

国产医疗器械产品（注册）(76823)
进口医疗器械产品（注册）(19209)
医疗器械标准目录(1587)
医疗器械分类目录(1624)
医疗器械经营企业（许可）(228467)
国产器械（历史数据）(144097)
进口器械（历史数据）(50544)
体外诊断试剂分类子目录（2013版）(766)
医疗器械生产企业（许可）(13733)
医疗器械经营企业（备案）(607414)
国产医疗器械产品（备案）(84717)
进口医疗器械产品（备案）(9354)
医疗器械检测中心受检目录(32933)
医疗器械生产企业（备案）(12611)
一次性使用医疗器械产品(29523)

化 妆 品

国产特殊用途化妆品(47481)
国产非特殊用途化妆品备案信息
进口化妆品(216047)
进口非特殊用途化妆品备案信息
化妆品生产许可获证企业
化妆品注册和备案检验检测机构(230)

广　告

药品广告(96063)
可发布处方药广告的医学药学专业刊物名单(563)
医疗器械广告(96859)
虚假广告企业名录(82)

其　他

互联网药品信息服务(21736)
执业药师注册人员(369532)
互联网药品交易服务(992)
网上药店(693)

信息化标准

标准文档(31)
值域代码(63)
术语(213)
数据集(5)
数据元(860)
通知公告

相关链接

药包材标准
信息化标准
医疗器械强制性行业标准
药品补充检验方法

图3－3－2 “药品查询”界面

如图3-3-3所示，快速查询，以国产药品数据库为例，选择数据库后只需输入关键字，即可对所选数据库进行多字段的快速查询。在查询结果内容列表区域列出所有包含该关键字的数据，点击任意一条记录均可以查看其详细信息。

高级查询，即针对选择的数据库或数据库子分类，根据提示输入各项相应的查询信息，可更精确地查询到具体内容。以国产药品数据库为例，高级查询方式中可以根据批准文号、产品名称、英文名称、商品名、剂型等不同字段进行查询检索。在使用高级查询时，输入多项关键字，查询结果内容列表区域只将同时满足输入条件的数据列出。

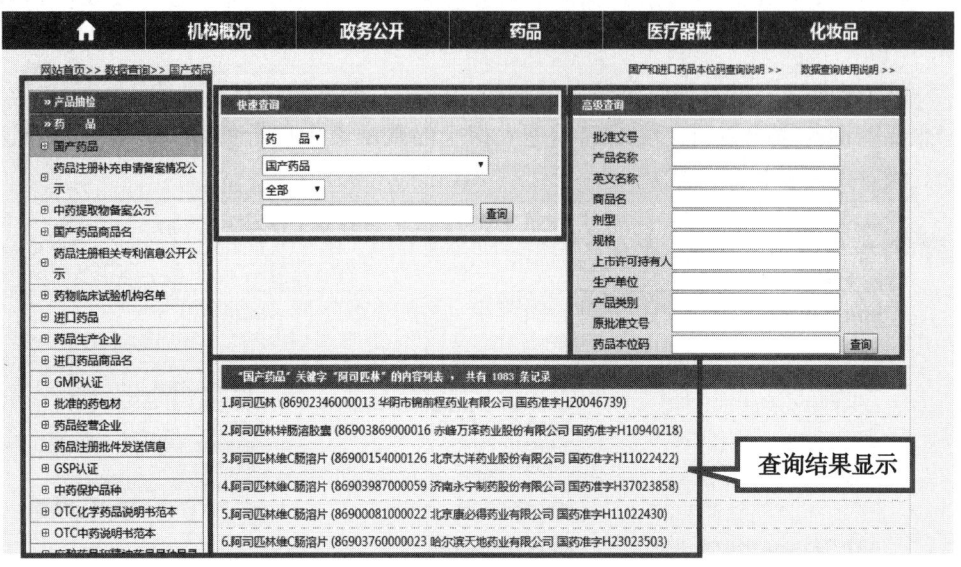

图3-3-3 "快速查询"与"高级查询"界面

3.3.1.2 药智数据

药品标准是根据药物自身的性质、来源与制备工艺、储存等各个环节制定的，用以检测其药品质量是否达到标准规定。各个国家和地区均会制定自己的药品标准，用以保证药物的质量。例如，中国的药品标准主要由《中国药典》、部（局）颁标准、注册标准及其他一些标准（如"卫生部中药成方制剂一至二十一册"）组成。

药品说明书是载明药品重要信息的法定文件，是选用药品的法定指南。药品说明书的内容包括药品的品名、规格、生产企业、药品批准文号、产品批号、有效期、主要成分、适应证或功能主治、用法、用量、禁忌、不良反应和注意事项。中药制剂说明书还包括主要药味（成分）性状、药理作用、贮藏等。药品说明书是了解药品的重要途径。

使用"药智数据"通常可以便捷地查询到药品标准信息以及药品说明书。"药智数据"（网址 https://db.yaozh.com），页面搜索方式简单，免费注册后即可使用大部分功能。通过输入药品的名称或批准文号等信息，可以搜索得到"药智数据"中收载的所有关于该药品的信息，其中就包括中国药品标准、国外药典标准、国内外药品说明书等信息。点击相应栏目即可显示具体条目，并可以查看或下载。检索示例如图3-3-4至图3-3-7所示。

图3-3-4 药智数据检索示例的步骤1

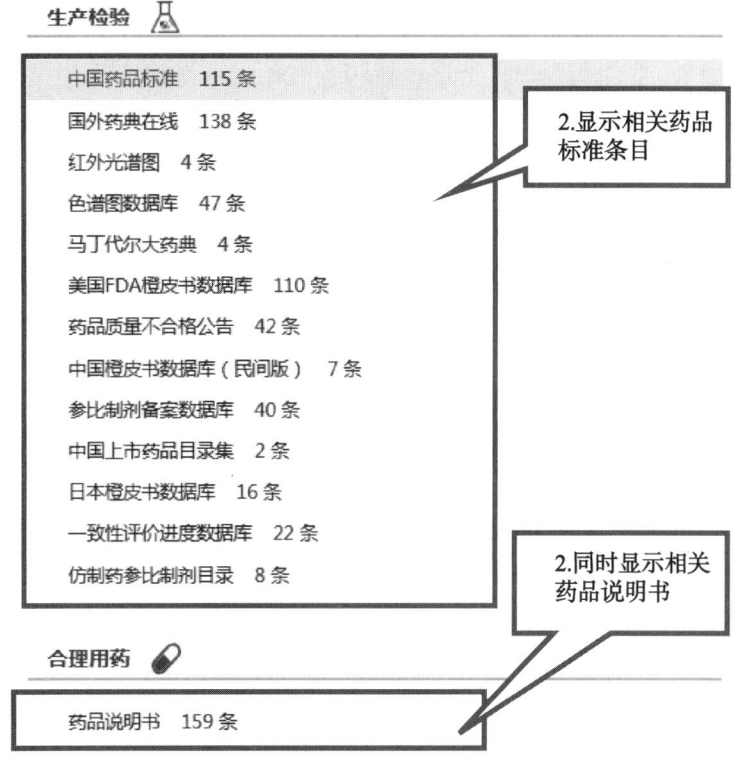

图3-3-5 药智数据检索示例的步骤2

图3-3-6 药智数据检索示例的步骤3界面1

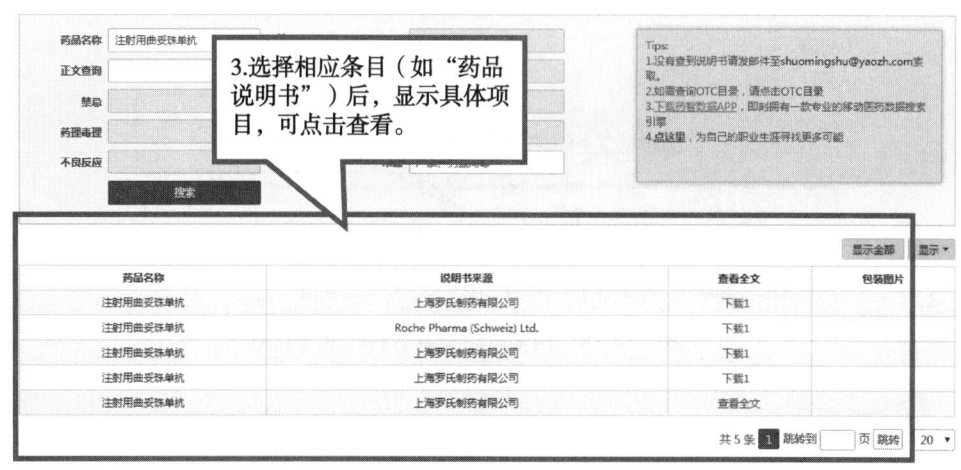

图3-3-7 药智数据检索示例的步骤3界面2

3.3.1.3 药物临床试验登记与信息公示平台

药物临床试验是指通过人体志愿者（也称为"受试者"）进行的生物学科学研究。根据试验目的的不同，受试者可能是患者或健康志愿者。药物临床试验用来研究药物的有效性、安全性和质量等问题，以考察其能否上市用于特定人群的临床试验。

药物临床试验登记与信息公示平台（以下简称"平台"）是基于国家药品监督管理局的药物临床试验批准数据，对获准在我国开展的所有药物临床试验实行登记与社会公示的信息平台。根据原国家食品药品监督管理总局2013年9月6日发布的第28号公告要求，临床试验方案的关键信息必须在第一例受试者入组前公示，并且在临床试验过程中若这些关键信息发生变化，需在平台作相应更新。

平台网站的首页、试验公示和查询页面以及所有二级等网页的右上角均设置初级查询框及查询帮助的链接，在高级查询页面中也同样设有查询帮助链接，如图3-3-8所示。

图3-3-8 药物临床试验登记与信息公示平台首页

初级查询是一种操作相对简单的查询功能，即在查询框中直接输入检索词进行查询。若输入多个检索词，以空格间隔即可，此时，各检索词间是并列关系，即查询到的每个试验需同时包含所有检索词，如图3-3-9所示。

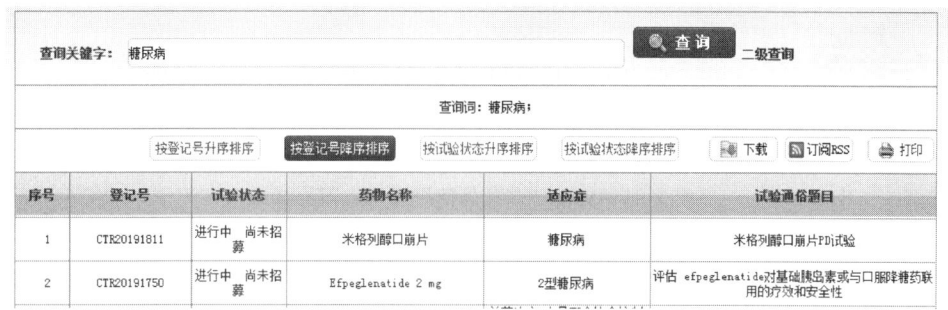

图 3-3-9　平台初级查询界面

输入一个或多个检索词后，点击"查询"按钮，即进入"查询结果列表"界面，该界面是所有公示试验的所有公示信息中包含该一个或多个检索词的全部试验列表。点击列表中某试验的任一项信息均可进入该试验的"详细公示信息"页面查看，同时还可查看"信息更新记录"。

高级查询通过定义查询字段以及将字段赋予内容，使查询结果更符合预期结果。在高级查询界面，设置"登记号""适应证""试验方案编号""药物名称""药物类型""申办者""伦理委员会""主要研究者""临床参加机构""试验状态"总计十类查询字段，用户可以在相应字段后的文本框内输入或选择查询条件，从而缩小查询结果范围，提高查询范围的精确性，如图 3-3-10 所示。

图 3-3-10　平台高级查询界面

3.3.2　食品安全监管信息

在我国，特殊食品都需要向国家市场监督管理总局（原国家食品药品监督管理总局，CFDA）注册申请，注册信息都可以在国家市场监督管理总局的特殊食品安全监督管理司的官方网站（http://www.samr.gov.cn/tssps/）中查询获得。

在该网站的"信息查询"栏中可以找到"特殊食品信息查询"，如图 3-3-11 所示。

图3-3-11 特殊食品信息查询入口界面

在检索页面输入待查食品名称,例如"龙虎牌人参蜂皇浆口服液",即可进行检索,如图3-3-12所示。进一步点击结果列表,即可查看详细信息,如图3-3-13所示,涉及的记录信息主要有:产品名称、批准文号、保健功能、功效成分/标志性成分含量、主要原料、批准日期等。比如"龙虎牌人参蜂皇浆口服液",该条信息中披露了该产品的主要成分为:人参、蜂王浆、蜂蜜、葡萄糖、维生素C、苯甲酸钠、山梨酸、纯化水,保健功能为:免疫调节、延缓衰老。

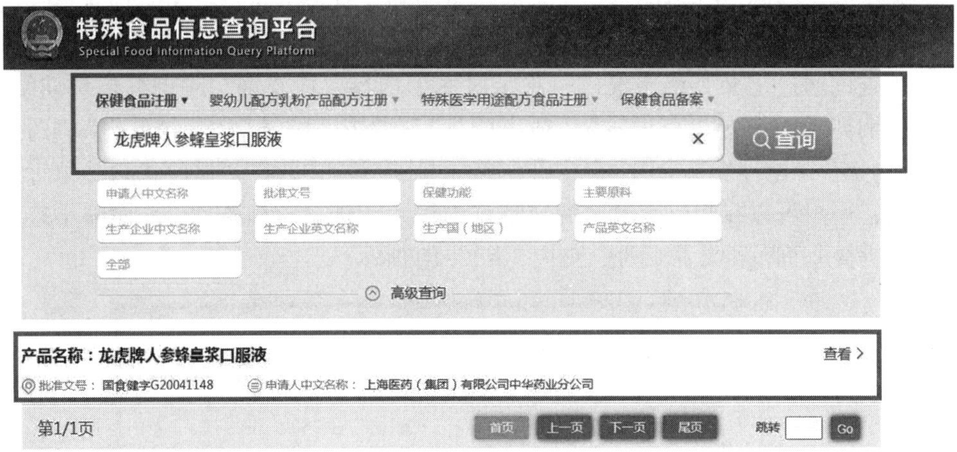

图3-3-12 特殊食品信息查询入口界面

图3-3-13 "龙虎牌人参蜂皇浆口服液"查询结果界面

前述是使用"产品名称"进行查询的示例，除此之外，还可以在"高级查询"部分输入检索条件，如图3-3-14所示，包括"申请人中文名称""批准文号""保健功能""主要原料""生产企业中文名称""生产企业英文名称""生产国（地区）""产品英文名称""全部"。

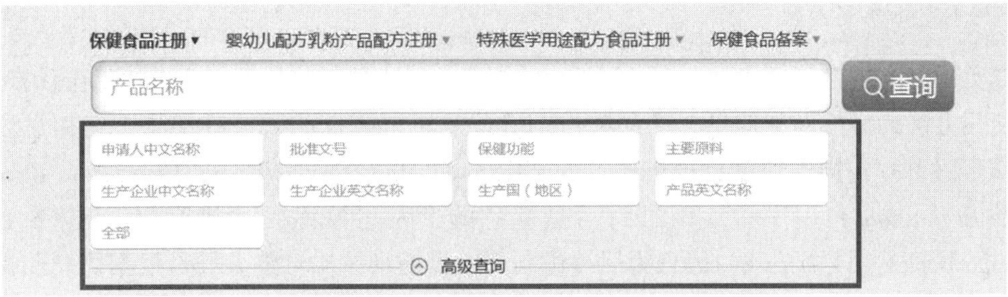

图3-3-14 特殊食品信息高级查询界面

例如，要检索以"蜂王浆"为有效成分的、提高免疫力的产品，则可以在高级查询界面中的"主要原料"中输入"蜂王浆"，在"保健功能"中输入"免疫"，如图3-3-15所示。

图3-3-15 "蜂王浆"高级查询结果页面

3.3.3 美国食品药品监督管理局"橙皮书"

（1）"橙皮书"概述

"橙皮书"制度是美国专利链接制度的重要组成部分。

小提示

专利链接制度或称药品专利链接(patent linkage),是指仿制药上市批准与创新药品专利期满相"链接",即仿制药注册申请应当考虑已上市药品的专利状况,从而避免可能的专利侵权。

美国专利链接制度主要包括两方面的内容:一是新药注册时公开覆盖新药的产品或使用方法的全部专利信息、药品独占期等信息。申请批准后,FDA 将上述信息公布于《经过治疗等同性评价批准的药品》(Approved Drug Products with Therapeutic Equivalence Evaluations)一书中,该书封面是橙色的,因此被称为"橙皮书"(U. S. FDA Orange Book)。该书记载的信息为后续仿制药申请提供参比对象。二是根据仿制药提交简略新药申请时的声明情况的不同,FDA 决定采用不同的后续审批程序。

"橙皮书"由四部分组成:① 已批准的通过治疗等效性评价的处方药;② 因未收录于现行 OTC 药品目录而必须通过新药申请(AND)或者简略新药申请(ANDA)才能上市销售的那些已批准的非处方药(OTC);③ 由生物制品评价和研究中心管理的药物;④ 因出口或军事用途而未上市销售过的、已撤市的、在停止销售后撤回批准的(不是因为安全性和有效性问题)已批准药品的累计名单。

"橙皮书"的电子版在 FDA 网站上免费发布,网址为 http://www.fda.gov/orangebook。

(2)"橙皮书"检索方式

按照上述网址进入橙皮书官网后,会出现如下 5 个检索入口(参见图 3-3-16),分别是:① 按照药品商品名、活性成分或申请号检索;② 按照申请人(公司)检索;③ 按照制剂形式检索;④ 按照给药途径检索;⑤ 按照专利号检索。另外,还可以查看新增专利和已删除的专利。

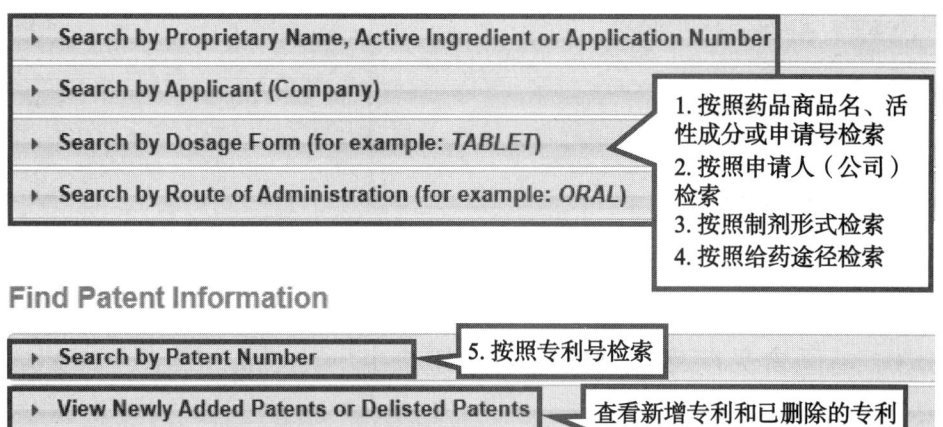

图 3-3-16 "橙皮书"官网检索入口界面

选择想要的检索方式，以申请人（公司）检索为例，既可以直接输入公司名称，也可以从下拉菜单中选择，如图 3 – 3 – 17 所示。

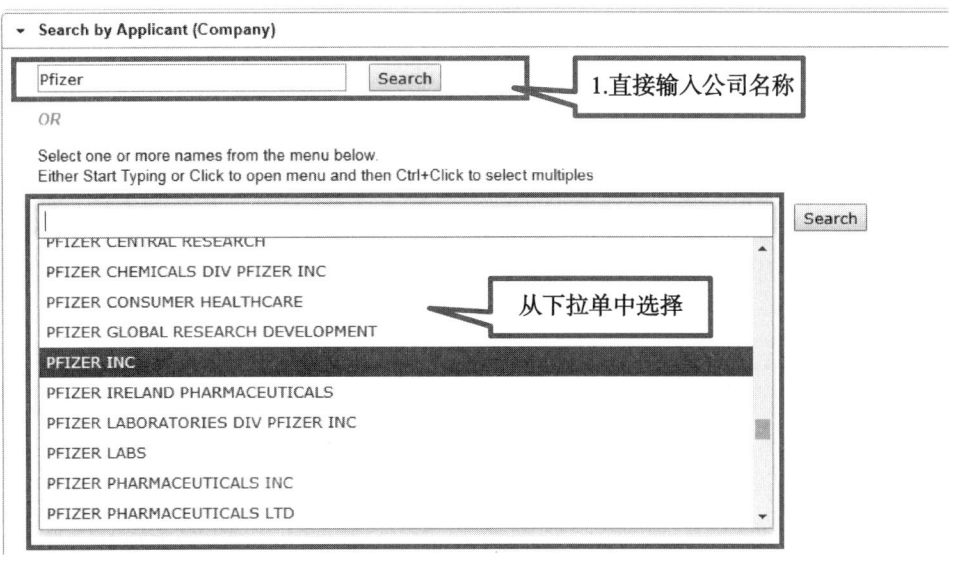

图 3 – 3 – 17　申请人（公司）检索入口界面

在结果页面中，通过点击"Appl No（申请号）"链接进入相应产品介绍页面，通过点击"Patent and Exclusivity Information"即可查询到该产品相关的专利，如图 3 – 3 – 18 至图 3 – 3 – 20 所示。

图 3 – 3 – 18　检索结果界面 1

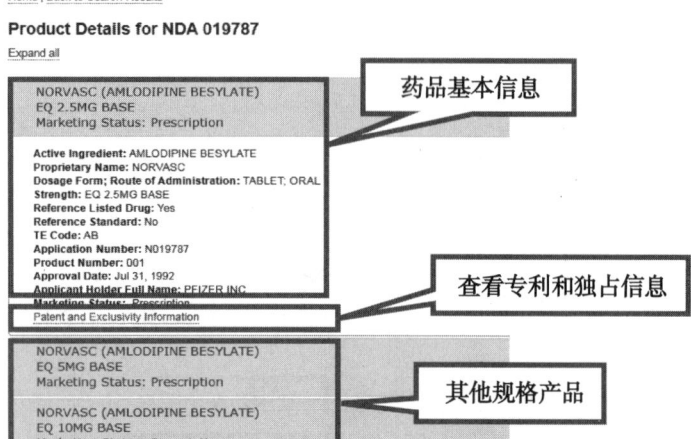

图 3-3-19 检索结果界面 2

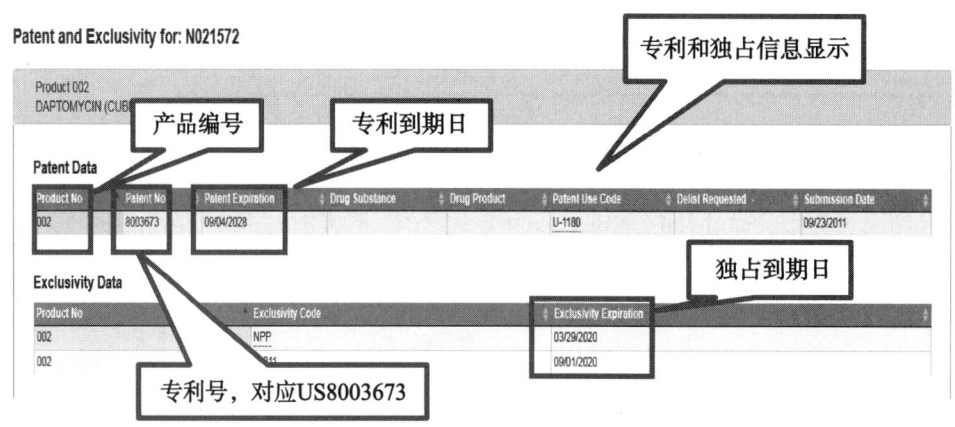

图 3-3-20 检索结果界面 3

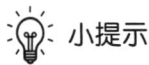 小提示

独占也称排他（exclusivity），是 FDA 在药品批准后授予的独家销售权利，因此也可称为独占权。

独占权可以与专利权同时运行，相互独立，独占期不算在专利期内。

独占期的长短取决于独占的类型，如孤儿药独占期 7 年，新化学实体独占期 5 年等。

第4章 检索实践

前文介绍了医药化学领域的文献基础知识、分类体系基础知识、检索基础理论，为进行富有逻辑和层次的检索构筑了坚实的知识基础；介绍了医药化学领域的专利检索系统、非专利检索系统以及专业检索数据库，为专业的检索策略提供了宽广的演武之地。但是面对大量涌现的、类型日新月异的医药化学领域检索需求，还需要在不同的应用场景下灵活选用检索数据库、充分表达检索要素、熟练应用分类号和各种算符，以及沉稳地调整检索策略。这些步骤的集合就是一种检索方式。

常用的检索方式包括查新检索、主题检索、无效检索、行政法律信息检索等。本章将结合案例介绍这些检索方式，读者面对医药化学领域大部分的检索任务都可以选择本章其中一种检索方式进行实践，并可取得较好的检索结果。

4.1 查新检索

查新检索是评估待查新技术方案新颖性的工作。查新检索与需求相关，从查新目的来看，包括立项、成果鉴定、论文发表、专利预审等检索；从查新范围来看，包括国内查新、国外查新以及国内外查新检索；从查新要求来看，包括查专利文献、学术期刊、技术标准以及工具书等检索。尽管查新的目的、范围、要求各异，但都依赖于高质量的检索工作。

查新检索的一般步骤如下：确定检索主题→提取检索要素→尝试性检索→对检索要素进行扩展→在数据库中检索→修正或优化检索结果。

> **案例1**
> 查新检索主题：
> 一种共聚物，由氯乙烯、丙烯酸酯、丁烯二酸酯三种单体在含水体系中通过引发剂聚合而成，其中丁烯二酸酯的结构式如式1所示：
>
> [式1]
> $R_1O-CO-CH=CH-CO-OR_2$
>
> 其中，R_1、R_2 为 1~7 个碳的烷基或烯烃基。
> 前述共聚物的制备方法为悬浮聚合法。

4.1.1 确定检索主题

该案例中查新检索针对两个方案：① 由氯乙烯、丙烯酸酯、丁烯二酸酯形成的共聚物；② 共聚物的制备方法为悬浮聚合。

4.1.2 选择数据库

查新检索的目的是获取与待查新点密切相关的文献，一方面要尽可能找到所有与待查新点相关的文献，另一方面还应确保检索结果与待查新点密切相关。

商业数据库虽然文献涵盖范围广、文献覆盖量大、检索入口丰富、检索功能全面，但检索的费用较高，而免费数据库则存在文献收录范围有限、检索入口单一等缺陷。例如，美国专利商标局、日本特许厅、欧洲专利局等官方网站都免费提供了数据检索入口，但检索人员需要在相应官方网站逐一检索，而德温特等商业数据库则一并涵盖世界上主要专利局的文献资源。

在进行查新检索时，应该以查新需求为导向，以查新成本为考量，选择最可能出现目标文献的数据库。常用查新数据库如表 4-1-1 所示。

表 4-1-1 常用查新数据库

文献类型	主要数据库	备注
中国专利	PSS 检索系统、Patentics 数据库、IncoPat 数据库	
中国学术论文	CNKI 知识资源总库、万方数据资源系统、维普数据库	CNKI 知识资源总库与万方数据资源系统的部分数据存在互补
中国图书信息	超星读秀、CNKI 工具书检索引擎	
中国科技成果	国家科技成果网	
中国生物医药学术论文	中国生物医学文摘、中国生物医学期刊文献和会议文献数据库	
外国专利	德温特数据库、欧洲专利局、美国专利商标局、日本特许厅、韩国知识产权局、WIPO 官方网站	根据待查新主题技术在不同国家和地区发展关注程度，重点考虑相关国家和地区的专利检索
外文学术论文	Web of Science、ScienceDirect、Springer、EI Compendex、INSPEC、Wiley	Web of Science 涵盖 ScienceDirect、Springer 的大部分文献资源，但各个分库的检索有时也是必要的
化学结构式检索	STN、PubChem、ChemSpider	

4.1.3 检索过程

4.1.3.1 提取检索要素

查新检索本质上是将"待查新技术方案"转化为数据库可以识别的"语言",然后在相应数据库中使用该"语言"进行检索从而获取目标文献的过程。其中,"数据库可识别的语言"一般被称为检索要素。

在开始检索前,可以基于对待查新技术方案的初步理解来提炼检索人员认为必要的检索要素,并将它们列在检索要素表中。阅读待查新的技术方案,发现技术方案1中包含"共聚物""氯乙烯""丙烯酸酯""丁烯二酸酯""水""引发剂""聚合"7个可能的检索要素,其中水是反应介质且不会进入共聚物中,因此可以不将水作为检索要素;类似地,针对技术方案2,"悬浮聚合"是检索要素。总之,在开始检索前,检索人员可以基于对检索主题的初步理解来提炼认为合适的检索要素,并将它们列在检索要素表中。

4.1.3.2 尝试性检索

尝试性检索的目的是获取与待查新主题更多相关信息,并对检索要素进行简单验证。

(1) PSS 检索系统中尝试检索

在初步确定检索要素后可以进行简单的尝试性检索。以该案在 PSS 检索系统的检索为例,检索人员可以在常规检索任务栏中输入"共聚物 and 氯乙烯 and 丙烯酸酯 and 丁烯二酸酯 and 引发剂 and 聚合"后运行检索,如图 4-1-1 所示。

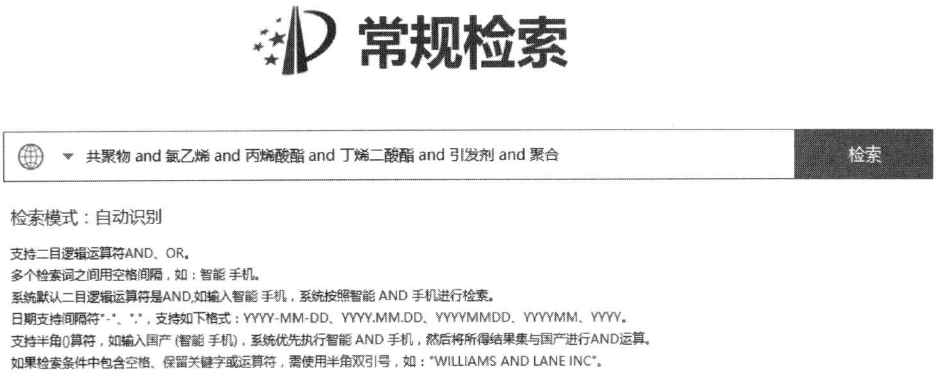

图 4-1-1 PSS 系统尝试性检索界面

运行检索后没有发现命中记录,在常规检索任务栏中分别输入"共聚物""氯乙烯""丁烯二酸酯""引发剂""聚合",运行检索后发现命中文献量分别为 261 211 条、111 430 条、0 条、111 648 条、773 946 条。"丁烯二酸酯"是组成共聚物的必要单体之一,但直接使用该术语进行检索的文献量为0。这表明丁烯二酸酯是影响检索的关键要素,可能存在比丁烯二酸酯更加规范的通用术语。

(2) 超星读秀中尝试检索

在查新检索时,难以解读查新主题中的部分术语是很常见的情形,检索人员不太可能对医药化学领域的全部技术主题都有了解。

超星读秀是深入了解现有技术的重要途径,其收录的信息多源自教科书、工具书,因此较为基础和权威。例如,想了解氯乙烯悬浮聚合相关的知识,可以在超星读秀的检索任务栏选择"知识"字段,然后输入"氯乙烯""悬浮聚合"后运行中文检索,具体操作界面如图4-1-2所示。检索人员根据需要点击相关条目的链接即可。

图4-1-2 超星读秀数据库尝试性检索界面

(3) 追踪检索

追踪检索容易被忽略。追踪检索涉及的文献量通常较小但相关度较高,通过阅读较少文献即可厘清申请人对技术改进的脉络,甚至获取有效的文献。追踪检索包括对申请人、发明人、发明团队、论文作者、论文引文、专利引证文献的追踪等。

就该案例而言,检索人员与委托方沟通后得知研发团队为吴某、成某、樊某、徐某、焦某。检索人员可以尝试在中文非专利数据库中进行追踪检索。以CNIKI数据库为例,检索人员可登录CNKI后选择"作者发文"入口进行跨库检索,在进行追踪检索时,一般选择如图4-1-3所示的数据库。

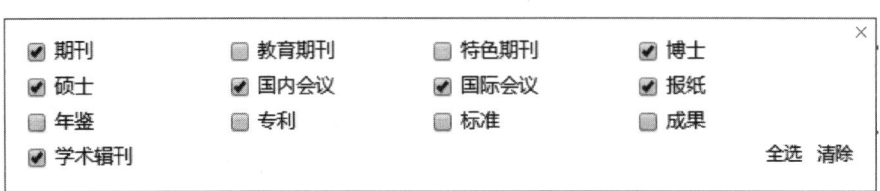

图4-1-3 CNKI追踪检索数据库选择

检索人员可同时输入作者和作者单位进行检索，具体操作如图4-1-4所示。

图4-1-4 CNKI数据库对作者和作者单位进行追踪检索界面

检索后发现命中30条检索结果。尽管阅读这些文献后没有发现研发团队人员的论文公开待查新检索技术方案的情况，但是这种检索方式可以保证待查新检索技术方案在申请专利时不会出现因为缺乏新颖性不能获得授权的问题。

对于以申请人为线索进行追踪检索，医药化学领域的大中型创新主体都有成熟专利申请策略，拥有包括由基础专利、外围专利等构成的缜密的专利保护体系。外围专利作为围绕基本专利所作出的改进型专利，与基础专利原理相同或相近，但申请角度不同，甚至是基于竞争者基础专利进行的研究或改进。通过追踪检索可以快速获取与该申请紧密相关的文献，进而准确、快速掌握现有技术，获取目标文献。

4.1.3.3 检索要素表达

检索要素是待查新案件中起关键性的特征，确定好检索要素后，需要对其进行表达和扩展。检索要素的表达是将检索要素"翻译"成检索系统能够识别的语言。例如，在该案中针对丁烯二酸酯，如果在CNKI数据库中检索，此时只能使用丁烯二酸乙酯、丁烯二酸丙酯等关键词检索；而在STN数据库中，则可以直接使用结构式检索聚合反应。

检索要素的扩展是将各种与检索要素相关的表达方式进行拓展，以保证检索的全面性。常见的扩展方式包括关键词扩展和分类号扩展。

（1）关键词扩展

关键词检索是检索中最常用、最便捷的检索方式。然而由于语言表达的多样性、数据库标引的差异性等因素，关键词的扩展较为复杂。通常可以从以下角度进行扩展：

① 同义词、近义词、别名、俗称、缩略语、不同语言等，这些扩展虽然表达不同，但实质相同或类似，例如"氯乙烯""乙烯基氯""VCM""Vinyl chloride""chloroethylene"均指向同一化合物。

② 上位和下位概念：对检索要素进行上位扩展主要是适应标题、摘要等概括性较强的检索字段中检索的需要，对检索要素进行下位扩展主要是适应在期刊、图书全文、专利文献说明书或者权利要求书等信息量大、收录内容多的检索字段中检索的需要。由尝试性检索可知丁烯二酸酯可能不是规范术语，且对检索结果影响较大，那该如何扩展呢？

丁烯二酸酯是丁烯二酸与醇的酯化产物，丁烯二酸是 IUPAC 命名法中省略"顺式"和"反式"的简称，属于上位概念，在与聚合物相关的专利文献中使用并不多，而顺丁烯二酸（亦称马来酸）、反丁烯二酸（亦称富马酸、延胡索酸等）才是该领域的常见术语，因此可以尝试采用丁烯二酸酯的下位概念进行扩展。PSS 系统提供了"nW""nD"等邻近算符，其中"nW"表示先后间隔 n 个字符，"nD"不区分前后相邻 n 个字符。以"nW"邻近算符为例，顺式丁烯二酸酯可以扩展为"顺丁烯二 2w 酯""马来酸二 2w 酯""丁烯二 2w 酸酯"等；反式丁烯二酸酯可以扩展为"富马酸二 2w 酯""反丁烯二 2w 酯""福马酸二 2w 酯"等。

类似地，丙烯酸酯可以扩展为"丙烯酸甲酯""丙烯酸乙酯""甲基丙烯酸甲酯""甲基丙烯酸乙酯""丙烯酸 3w 酯""甲基丙烯酸 3w 酯"等。

③ 词形变化：在使用英语表达时，应当考虑到不同的词形变化，包括单数与复数、名词与动词、时态等的变化引起的词形变化。若这些词形的变化不引起词义根本性变化，应当划入扩展范围，例如"polymer"可扩展为"copolymer""polymerization""polymerized"等。

④ 化学物质登记号（CAS 登记号）：CAS 登记号是医药化学领域常用的一种特定代码，具有很高的匹配度，例如"75-01-4"为"氯乙烯"的 CAS 登记号。

（2）分类号扩展

分类号是专利文献分类和检索工具，为方便检索，将同类的技术主题归在同一分类位置。相比于关键词检索，使用分类号检索不仅可以使检索人员脱离不同语言、不同专业术语的表达习惯等限制，还能克服化学结构式、反应装置、反应机理、技术领域等有时难以用关键词表达的缺陷。常见的分类号扩展包括 IPC 分类号扩展、CPC 分类号扩展、FI/FT 分类号扩展等。

IPC 分类号扩展是最常见的扩展方式，检索人员可以查询 IPC 分类表书籍或者电子表、国家知识产权局网站（http://epub.cnipa.gov.cn/index.action）等。IPC 分类表对均聚物的详细划分为检索提供了便利，检索人员可以采用"顺藤摸瓜"的策略，根据待检索主题去查询其对应的 IPC 分类号，然后根据 IPC 分类号来进行检索。具体到该案，检索人员可以在国家知识产权局中国专利公布公告子网站（http://epub.cnipa.gov.cn/ipc.jsp）进行查询，具体界面如图 4-1-5 所示。

图 4-1-5　IPC 分类号查询界面

输入"氯乙烯"查询后，经筛选可知，C08F 214/06 是有关氯乙烯共聚物的分类号。

对于 CPC 分类号，检索人员可以在 PSS 系统"热门工具"中"CPC 分类号查询"中获取相关信息。具体到该案，检索人员可以在"中文含义"任务量中输入"丙烯酸"后点击"查询"即可获取与之相关分类号信息，具体操作如图 4-1-6 所示。

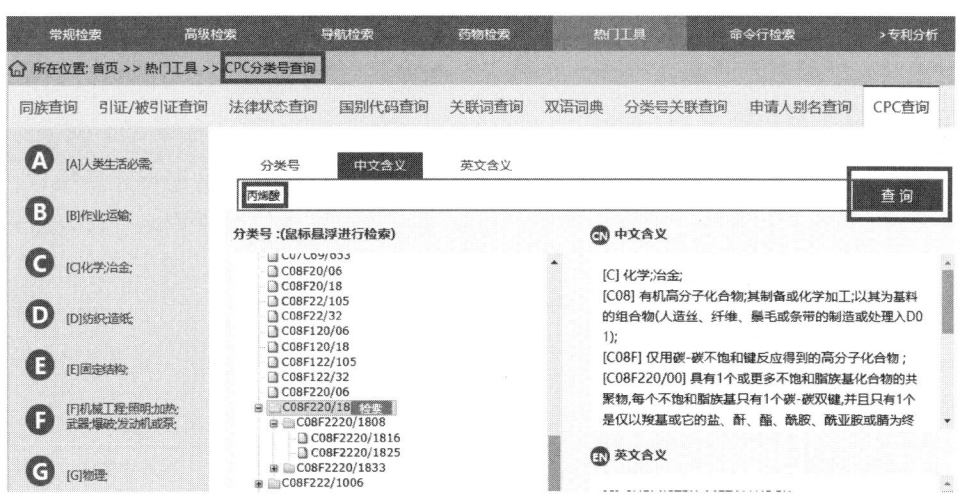

图 4-1-6　CPC 分类号查询界面

4.1.3.4　检索要素的调整

通过对检索要素尝试性检索以及对术语的深入了解，可以对检索要素表进行调整和完善，具体如表 4-1-2 所示。

表 4-1-2 调整后的查新检索要素表

检索要素		检索要素 A 氯乙烯	检索要素 B 丙烯酸酯	检索要素 C 丁烯二酸酯	检索要素 D 聚合	检索要素 E 悬浮
分类号	IPC	C08F 214/06	C08F 220/10 C08F 220/12 C08F 220/14 C08F 220/16	C08F 222/14		
	CPC	C08F 214/06	C08F 2220/1808 C08F 2220/1816 C08F 2220/1825	C08F 222/14 C08F 2222/145		
	FI/FT	C08F 214/06	同 IPC	同 IPC		
关键词	中文	乙烯基氯	丙烯酸甲酯、 丙烯酸乙酯、 丙烯酸丁酯、 丙烯酸3w酯	顺丁烯二酸3w酯、 马来酸3w酯、 丁烯二3w酯、 富马酸3w酯、 福马酸3w酯	聚合、共聚、 引发	悬浮、分散、 聚乙烯醇、 纤维素
	英文	VCM、 Vinyl chloride、 chloroethylene	+ acrylate?	fumarate、 maleate、dialkyl maleate、 dialkyl fumarate	+ polymer +、 initiator?	suspension、 PVA、 Cellulose

4.1.3.5 块检索策略

对检索要素进行调整后就可以按照一定规则利用这些检索要素进行查新检索,检索要素通常被称为检索块,检索要素的利用规则通常被称为块检索策略。待查新检索的主题与检索块的分解关系如图 4-1-7 所示。

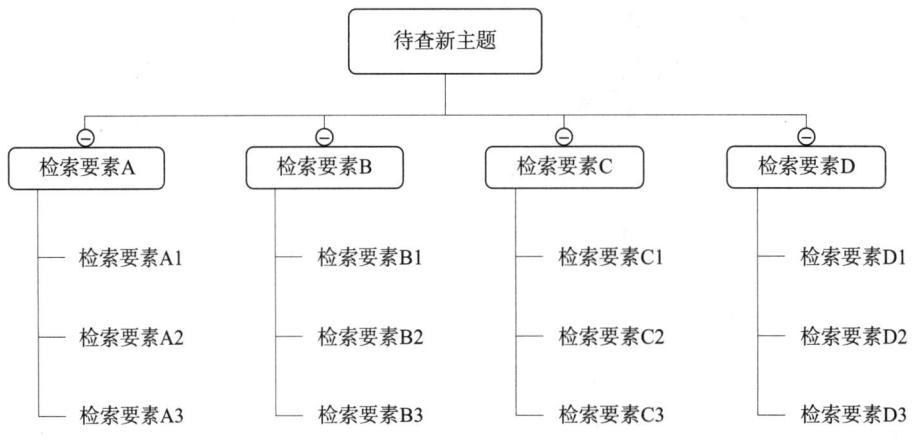

图 4-1-7 待查新主题与检索要素的分解关系

当检索块 A、检索块 B、检索块 C、检索块 D 同时被检索时，通常称为全要素检索，这种检索命中的结果最为精准。然而由于待检索文献撰写、数据库索引等方面的原因，待检索的字段可能并未包含某个检索要素，因此存在漏检的风险。

为避免漏检，检索人员可以尝试检索块之间的组合，例如检索块 A + 检索块 B + 检索块 C、检索块 A + 检索块 B + 检索块 D、检索块 B + 检索块 C + 检索块 D 等。这种检索块之间的组合不仅能获得影响新颖性的文献，而且还能获得影响创造性的相关文献。值得注意的是，这种省略要素的块检索可能会使命中文献量较大，此时还应考虑引入合适的检索要素来降低检索噪声。

此外，检索要素 A 还包括检索要素 A1、检索要素 A2、检索要素 A3，这些扩展的检索要素还能够与检索要素 B、检索要素 C、检索要素 D 及其扩展表达再次组合，例如（A1 OR A2 OR A3）AND（B1 OR B3）AND C2 AND D1 等。通过检索块之间渐进式组合，检索人员能够获得清晰明确的检索思路，从而获得可靠的检索结论。

4.1.3.6 PSS 系统检索

PSS 检索系统是国家知识产权局提供的综合性免费专利检索平台，提供了常规检索、高级检索、命令行检索三种模式，能够满足检索人员的多种需求。常规检索的检索字段和功能较为单一，可在尝试性检索时使用，可选字段如图 4-1-8 所示。

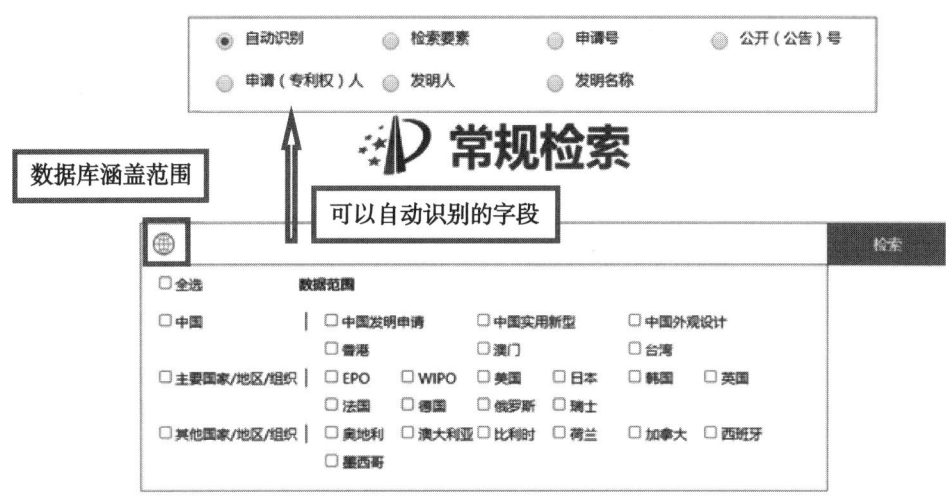

图 4-1-8 PSS 系统常规检索界面

在查新检索时，基于检索主题的复杂程度，推荐检索人员使用高级检索。检索人员除使用系统默认的高级检索字段外，还可以点击"配置"按钮后自由选择，PSS 高级检索的配置选项里包含如图 4-1-9 所示的字段。

对 PSS 系统有相关了解后，下面开始利用确定的检索要素间的组合进行查新检索操作。

图 4-1-9　PSS 系统高级检索字段界面

在该案中，待查新检索技术方案 1 的检索要素组合包括：①检索要素 A + 检索要素 B + 检索要素 C + 检索要素 D（无相关表达时省略）组合；②检索要素 A + 检索要素 B + 检索要素 C；③检索要素 A + 检索要素 B；④检索要素 A + 检索要素 C。

对于待查新检索的技术方案 2，在前述基础上加上检索要素 E 即可。

（1）使用 IPC 分类号检索

检索人员在使用 IPC 分类号检索时，由于检索要素 D 没有相关表达，因此只考虑组合②、组合③、组合④。

一是进行组合②检索时，检索人员可以在检索式编辑器输入检索式 1 "IPC 分类号 =（C08F 214/06） AND IPC 分类号 =（C08F 220/10 or C08F 220/12 or C08F 220/14 or C08F 220/16） AND IPC 分类号 =（C08F 222/14）"命令，运行检索后发现命中 11 条数据，逐一筛查后没有发现目标文献。

二是进行组合③检索时，检索人员可以在检索式编辑器输入检索式 2 "IPC 分类号 =（C08F 214/06） AND IPC 分类号 =（C08F 220/10 or C08F 220/12 or C08F 220/14 or C08F 220/16）"命令，运行检索后发现命中 637 条数据。

600 多条数据逐一阅读？工作量偏大，此时可以选取前 50 篇文献进行简单评估，评估后发现命中记录多为不含有丁烯二酸酯的检索噪声。文献量偏大并且检索噪声偏高，该怎么办呢？

此时可以考虑引入其他检索要素来降低文献数量和检索噪声，结合第 4.1.3.2 节的分析可知，丁烯二酸酯是影响检索结果的关键，因此可以考虑通过在权利要求字段引入与之相关的关键词来降低噪声，具体操作如图 4-1-10 所示。

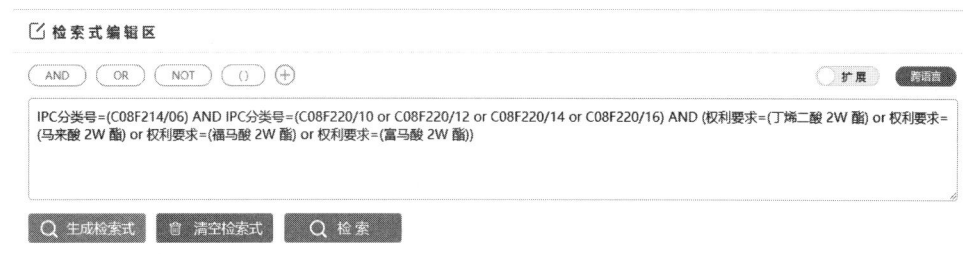

图 4-1-10 PSS 系统检索界面

运行检索后发现命中 5 条记录，逐一阅读后未发现目标文献。

三是进行组合④检索时，检索人员可以在检索式编辑器输入检索式 3 "IPC 分类号 = (C08F 214/06) AND IPC 分类号 = (C08F 222/14)" 命令，运行检索后以公开文献进行过滤发现命中 35 条数据，逐一阅读后发现 CN109575176A、CN109467633A、CN106604940A 等公开了待查新的技术方案 1 的方案。

（2）使用关键词检索

关键词只是检索要素的另一种表达方式，关键词检索与 IPC 分类号检索操作类似，不同之处在于检索人员还应考虑关键词在不同检索字段出现的可能性及表达方式。以中国专利文献为例，标题一般要求不超过 25 个字，摘要文字部分（包括标点符号）不得超过 300 个字，权利要求虽然比摘要更为详尽，但也力求简约明了。如果检索人员在标题字段用"富马酸二乙酯"等较为具体的检索要素进行检索，可能会使检索结果过少而漏检；如果在权利要求字段用"丙烯酸酯"等较为上位的检索要素进行检索，可能会使检索结果过多而难以筛选目标文献。

在该案中，检索人员以"VCM or (Vinyl w chloride)"来表达检索块 A，以"+ acrylate?"来表达检索块 B，以"(dialkyl w maleate) or (dialkyl w fumarate)"来表达检索块 C，以"copolymer+"来表达检索块 D，以检索块 A + 检索块 B + 检索块 C + 检索块 D 进行全要素检索，检索式 4 如下：

(VCM or (Vinyl w chloride)) AND (+ acrylate) AND ((dialkyl w maleate) OR (dialkyl w fumarate)) AND (+ copolymer)

PSS 系统各检索字段检索结果如表 4-1-3 所示。

表 4-1-3 PSS 系统各检索字段检索结果

检索式编号	检索字段	命中文献量/条	目标文献命中情况
1	标题	0	未命中
2	摘要	24	发现目标文献
3	权利要求	38	发现目标文献
4	说明书	734	发现目标文献

由检索字段、命中文献量、目标文献命中情况的对比可知，被使用的关键词表达应该与待检索字段标引特点相适应。

此外，检索式 4 的命中文献量高达 734 条，相对于其他检索式无疑是最全面的。该检索式虽然满足查新检索关于检索全面的要求，但筛选目标文献的效率不高，那如何在满足检索全面的同时兼顾检索效率呢？此时可以考虑引入新的检索要素来进一步降低检索噪声。由前面介绍可知，C08F 214/06 是表示氯乙烯共聚的分类号，丁烯二酸酯是影响检索结果的关键，因此可以考虑通过分类号或在权利要求字段引入与之相关的关键词来降低噪声，具体检索式如下：

说明书=（VCM or（Vinyl w chloride））AND 说明书=（+acrylate）AND 说明书=（(dialkyl w maleate) or (dialkyl w fumarate)）AND 说明书=（+copolymer）AND IPC 分类号=（C08F214/06）（命中 11 条记录，有目标文献）

说明书=（VCM or（Vinyl w chloride））AND 说明书=（+acrylate）AND 说明书=（(dialkyl w maleate) or (dialkyl w fumarate)）AND 说明书=（+copolymer）AND 权利要求=（(dialkyl w maleate) or (dialkyl w fumarate)）（命中 85 条记录，有多条目标文献）

由此可见，分类号等检索要素的引入可以在检索全面的基础上使检索结果更相关。

4.1.3.7 国内学术期刊论文数据库检索

CNKI 知识资源总库、万方数据资源系统是国内知名的文献检索平台，二者基本操作大体相同。然而由于数据来源及更新速度的差异，为保证检索的准确性和全面性，在进行 CNKI 系列数据的检索后，还应在万方数据知识服务平台进行相关检索。以下以 CNKI 数据库高级检索入口为例进行介绍。

CNKI 数据库的跨库检索提供高级检索的功能，通过"并且""或者""不含"等逻辑运算符实现对不同检索字段的运算，跨库高级检索的界面如图 4-1-11 所示。

图 4-1-11　CNKI 数据库高级检索界面

对 CNKI 知识资源总库的高级检索有相关了解后，检索人员可以结合前述章节介绍的块检索策略进行检索。例如，以"氯乙烯"表达检索块 A，以丙烯酸酯表达检索块 B，以"马来酸""富马酸"表达检索块 C，进行全要素检索的操作，如图 4-1-12 所示。

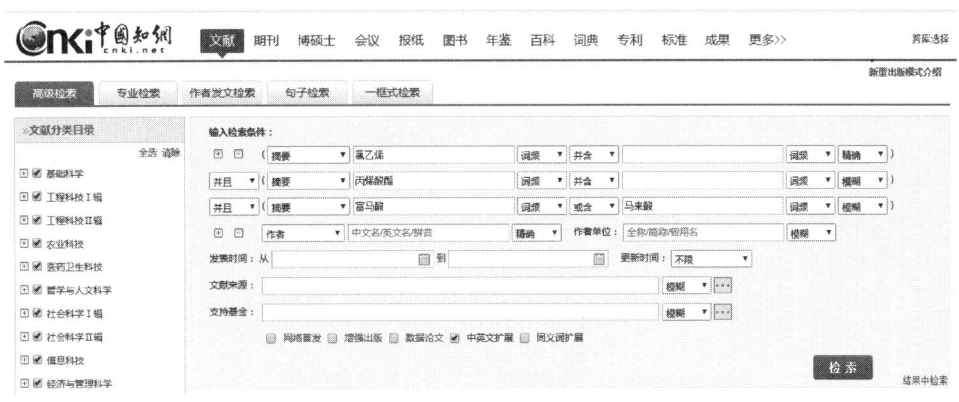

图 4-1-12 CNKI 数据库全要素检索界面

运行检索后发现命中 18 条记录，其中部分文献涉及氯乙烯与马来酸双辛酯共聚树脂。由于此次命中结果数量偏少，检索人员可以尝试将"马来酸""富马酸"在"全文"字段中检索，相关操作如图 4-1-13 所示。

图 4-1-13 CNKI 数据库"全文"字段检索界面

运行检索后发现命中 96 条记录，其中 1 篇期刊论文涉及氯乙烯-马来酸二乙酯共聚树脂及其应用，属于与待查新主题密切相关的文献。

尽管跨库检索可以实现不同分数据库的联合检索，但各个分库基于各自收录文献的特点，提供各具特色的检索字段，以硕士/博士论文数据库为例，其还提供导师、第一导师、学科专业名称等检索字段。这可以为课题组科研信息追踪、学科内学术文献检索提供快捷的检索入口。硕士/博士论文数据库检索界面如图 4-1-14 所示。

图 4-1-14　CNKI 硕博士论文数据库高级检索界面

4.1.3.8　STN 结构式检索

当待查新主题中化合物不具备特定的结构时，通常以结构式检索的方式进行。在选择数据库时，应当选用支持结构式检索的相应数据库，诸如第 4.1.2 节提及的 STN、PubChem、ChemSpider 等数据库。检索方式可采用精确/族（Family）结构检索、亚结构检索（Substructure Search），部分检索平台还可提供相似度检索（Similar Search），检索人员可根据实际检索情况使用适宜的检索方式。以下以 STN 数据库为例进行介绍。

（1）一般操作

STN 的 REGISTRY 数据库可以进行结构式精确检索，检索人员可以直接画出检索块 A、检索块 B、检索块 C 对应的化学结构进行检索，相关化学结构式的绘制界面如图 4-1-15 所示。

其中，"AK"表示任意碳链的取代基，检索人员也可以对"AK"的碳原子个数、不饱和度进行进一步定义。

点击"Upload"按钮，分别将三种化学结构分别上传 REGISTRY 数据库进行检索。

=>

Uploading structure

L1　　　STRUCTURE UPLOADED（上传待检索的结构式）

=> d query（显示上传结构式）

L1　　　　　　STR

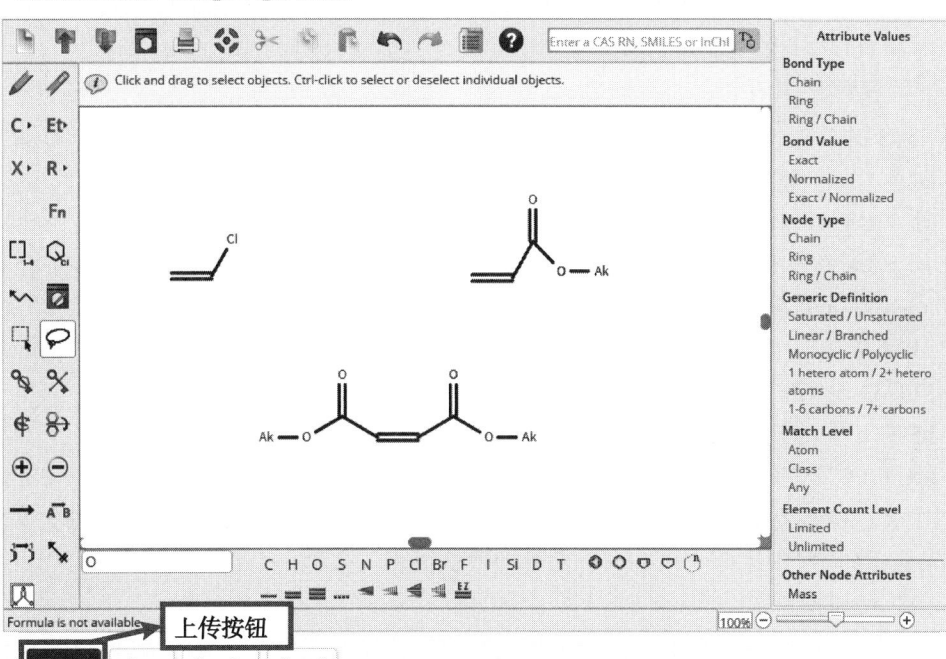

图 4-1-15 STN 化学结构式绘制界面

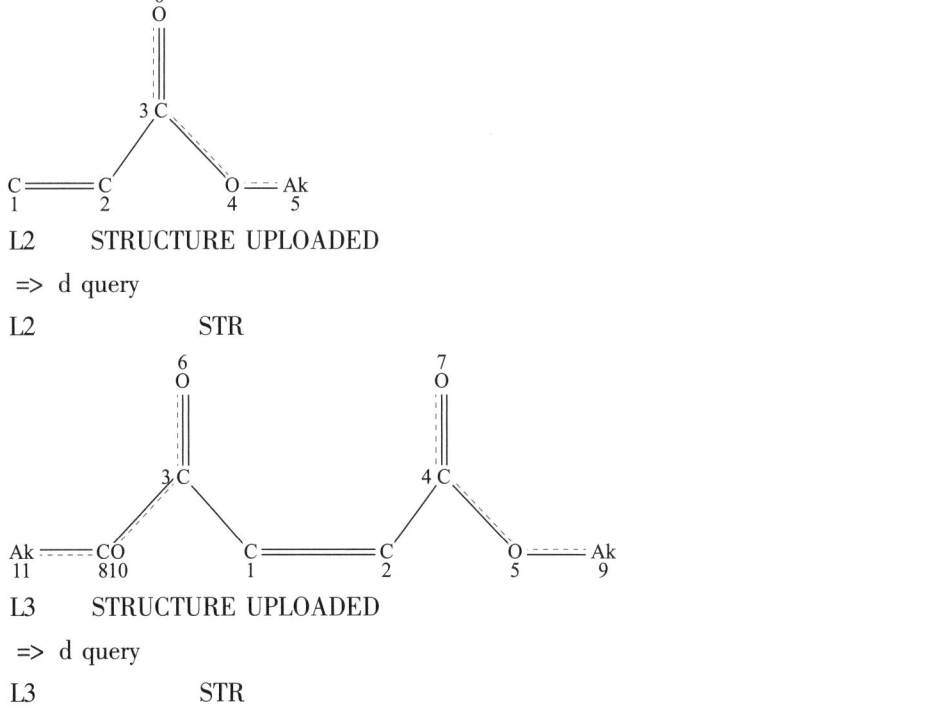

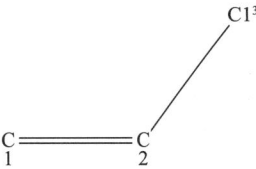

=> S L1 AND L2 and L3 SSS FUL（即检索要素 A ＋检索要素 B ＋检索要素 C 的组合）

L4   665   SEA SSS FUL L1 AND L2 AND L2

=> FIL CAPLUS（将上述结果集转入 CAplus 文献库进行检索）

=> S L4（命中 537 条记录）

=> S L4 and SUSPENSION（针对待查新技术方案 2）

535 L4

370939 SUSPENSION

L5   45 L4 AND SUSPENSION（命中 45 条记录）

CAplus 数据库信息显示有 537 篇文献涉及包含三种单体的聚合物，以"SUSPEN-SION"表达检索要素 E 实现对技术方案 2 的检索，运行检索后发现有 45 篇相关文献。在 CAplus 数据库中运行"Display"命令即可获得相关文献。

（2）变通操作

化学结构式检索的优势在于比关键词检索能够更简单、精确地获得目标文献。REGISTRY 数据库虽然功能强大，但收费较高，在 STN 数据库的各个分库中，通常 CAplus 数据库的平均检索费用要比 REGISTRY 数据库低得多。从节约成本的角度考虑，可以先在 REGISTRY 数据库检索复杂结构，然后将获得的结果集转到 CAplus 数据库通过关键词来进一步检索。在该案中，除丁烯二酸酯用关键词表达稍复杂外，氯乙烯是简单小分子化合物，有规范的化学名称和 CAS 登记号，丙烯酸酯的英文表达也较为简单，该案的检索过程还可以如下所示：

参照一般操作的介绍，画出丁烯二酸酯的结构通式，上传 REGISTRY 数据库：

L1   STRUCTURE UPLOADED

=> d query

L1   STR

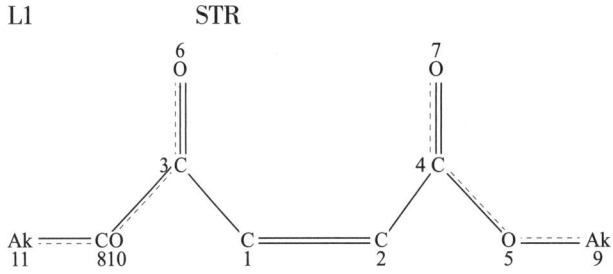

=> S L1 SSS FUL（对丁烯二酸酯的通式进行检索）

L2   27101 SEA SSS FUL L1（获得有关丁烯二酸酯的结果集）

=> FIL CAPLUS（进入 CAPLUS 数据库）

=> S Vinyl chloride AND？acrylate and L2（使用关键词进行检索）

L3   396 VINYL CHLORIDE AND？ACRYLATE AND L2（命中 396 条记录）

=> S L3 AND SUSPENSION（针对技术方案 2）
　　L4　　　　36 L3 AND SUSPENSION（命中 36 条记录）

通过此次检索可知，CAplus 数据库信息显示有 396 篇文献涉及待查新技术主题 1，有 36 篇文献涉及技术方案 2。

4.2　主题检索

　　主题检索是指在待查数据库范围内，针对特定技术主题进行检索，以便对特定技术主题的现状进行全面了解的过程。通过主题检索，可以获取某一技术领域相关技术文献的合集；在初步了解技术现状的基础上，亦可根据需求对更为详细的技术分支的发展情况抑或相关竞争对手的专利布局情况进行检索和分析。

> **案例 2**
> S 企业的检索需求：
> 全面获取胰岛素领域的技术现状、专利布局、竞争对手等信息。

　　S 企业的这一检索需求，实际上属于主题检索的范畴。

4.2.1　确定检索主题

　　针对某一项检索任务，确定检索主题是检索的第一步，应当首先明确检索的目的和需求，在此基础上进一步明确检索的主题和通过检索希望获得的文献类型，才能更有针对性地开展检索。由于该案例的检索主题十分明确，即重点在于关注和披露胰岛素的技术文献、前沿信息、可靠商讯等。

　　在明确检索主题的基础上，还需要进一步明确目标文献的类型。根据对胰岛素的一般认知，可以了解胰岛素是一种历史悠久、关注广泛的药物，可以预期相关的文献可能包括综述文献、相关书籍、专利文献，以及国内外科技期刊文献、会议论文乃至行业标准等。

4.2.2　选择数据库

　　主题检索既要求检索结果的全面性，即避免遗漏胰岛素的基础性、革新性文献，例如首次报道新一代胰岛素的文献；又要求检索结果的准确性，即检索结果是密切相关的，主题检索所获得的包含数百、数千篇文献的检索结果中的大部分文献的主题应为胰岛素。这样的检索结果不论是快速阅读还是细分筛选，效率和价值都相对较高。兼具全面性和准确性的主题检索有助于市场主体和创新主体作出正确决策。

　　基于主题检索的全面性要求，从获取更加全面的文献角度来看，检索时首选收录数据量大、涵盖文献类型较多的数据库，更易于建立一个全面丰富的结果集。同时，也应当考虑到各数据库间所收录数据是否存在重复的情况,以及某些必须获取的文献仅仅存在于一些"小众"的专业数据库的情况。

基于主题检索的准确性要求,从降低试错成本和循序渐进的角度来看,可以根据检索的深入程度选择不同的数据库。如果对主题完全不熟悉,可以采用百度百科、网络文库、工具书检索引擎等免费、易用的搜索引擎先行熟悉检索主题;后续检索阶段可选在 CNKI、PSS 检索系统、世界各国或地区的专利行政机构网站等。表 4-2-1 中列举了一些深入检索阶段可以采用的数据库。

表 4-2-1 主题检索数据库

数据库类型	专利数据库	非专利数据库
中文数据库	PSS 检索系统	CNKI、万方
外文数据库	欧洲专利局、美国专利商标局、日本特许厅、韩国知识产权局网站	Web of Science、ScienceDirect、Wiley、RSC、ACS

4.2.3 检索过程

(1) 提炼检索要素

在主题检索的初始阶段,由于没有太多的初始信息来供提炼多个检索要素,可以以关键词"胰岛素"作为检索要素进行尝试性检索。

(2) 尝试性检索

在初步确定了检索要素后,可以进行简单的尝试性检索,即通过最简单的关键词进行检索。

1) PSS 检索系统中的尝试性检索

在仅有"胰岛素"一个检索要素的情况下,以"胰岛素"(胰岛素 or insulin)为关键词,采用图 4-2-1 所示的检索式在 PSS 检索系统中进行常规检索,得到 127 730 件专利。通过浏览检索结果发现,这个简单检索式的准确性较差,但是简单浏览一下其中若干命中的文献,还是可以帮助了解文献情况,辅助调整检索的方式。

通过浏览部分检索结果,可以发现初步检索的结果中包含大量噪声,相当多的文献中没有将胰岛素为主要关注点,偶然几处提及胰岛素这一术语,例如一些人体给药的医疗设备等。

从某种意义上来讲,上述检索结果很大程度上实现了主题检索的全面性,因为提及"胰岛素"的中文文献都包含在检索结果中,但是这种检索结果不具有阅读的可能性,没有很大的研究改进价值。但是,这种情况提示检索人员可以进行降噪处理来实现主题检索结果的准确性。进行降噪的手段包括:一是利用合适的分类号进行限定;二是对关键词的出现方式进行限定,例如,限定关键词的出现频次大于 3 次,或者限定关键词在摘要中出现等,具体的操作将在本小节第四部分"PSS 系统全面检索"部分展现。

常规检索

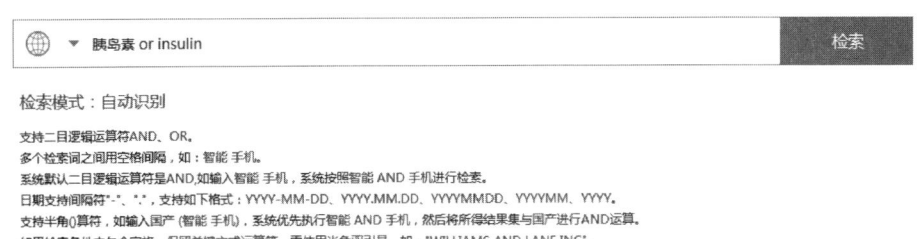

图 4-2-1　PSS 系统常规检索界面

2）CNKI 中的尝试性检索

CNKI 是常用的中文期刊文献数据库，该数据库中收录大量期刊杂志，其中不乏综述类文献，获取这种类型的文献是主题检索过程中必不可少的，因为一篇优秀的综述可提供大量供检索用的信息，并且给出获取具体文献的线索。例如，在 CNKI 中进行尝试性检索，如图 4-2-2 所示。

图 4-2-2　CNKI 尝试性检索界面

在 CNKI 中获取该领域的相关综述类文献，可以采用主题字段，配合"进展""综述"等关键词。由于综述类文献中记载大量该领域的技术术语，这也有助于进一步扩展检索关键词。

3）百度学术中的尝试性检索

百度学术是由百度推出的学术文献检索平台，该平台中涵盖各类学术期刊、会议论文，对国外文献也有大量收录。在百度学术中进行尝试性检索，可以初步获取部分该领域的学术综述文献，有利于快速了解检索主题、累积检索关键词，如图 4-2-3 所示。百度学术相对于百度通用搜索引擎，减少了大量推介广告或者论坛信息、公众号内容等，对于检索"胰岛素"这样商业成熟的主题有一定的效果。

虽然尝试性检索难以达到主题检索需要的全面性和准确性，但是检索结果可以起到一些提示性的作用，能够用于快速补充关键词和提示更多的分类号，预判检索中可能存在的问题，便于后续检索策略的初步制定。

图 4-2-3　百度学术尝试性检索

（3）表达检索要素

表达检索要素就是将提炼的检索要素表达为关键词或者分类号，以便在相关数据库的相应检索入口中实现检索。由于检索过程实际上就是在数据库的检索入口中进行关键词或者分类号检索，检索要素表达的质量直接影响检索结果的质量。

检索要素的表达应当考虑到两方面的因素，即表达是否全面和准确。

1）表达关键词

关键词方面应当尽量全面提供中英文表达方式。根据该项检索的检索要素"胰岛素"，结合尝试性检索所获得文献中的表达方式，例如检索人员从综述中读到第三代胰岛素叫作"甘精胰岛素，赖脯胰岛素，门冬胰岛素"等，对该检索要素进行中英文扩展，如表 4-2-2 所示。

表 4-2-2　检索要素"胰岛素"的表达

中文关键词	英文关键词
胰岛素、胰激素、因苏林、甘精胰岛素、赖脯胰岛素、门冬胰岛素、谷赖胰岛素、地特胰岛素、德谷胰岛素	insulin、glargine、glargin、lispro、aspart、glulisine、detemir、degludec

💡 小提示

> 在通常的标引规则下，使用关键词"胰岛素"应当能检索到"甘精胰岛素"等含有"胰岛素"表述的下位概念，但是考虑到有些数据库将"甘精胰岛素"作为一个整体进行标引，仅使用"胰岛素"这一关键词进行检索会有遗漏，因此建议加入上述下位概念。此外，英文表达的下位概念 glargine 等，则更有必要加入。

2）获取分类号

对于专利文献的检索，分类号是一种十分有效的降噪手段，因此，有必要确定该领域的分类号。通过浏览尝试性检索的结果可以发现，涉及胰岛素的专利文献的分类号较为集中，可以考虑进行分类号检索。

首选考虑 IPC 分类号。通过浏览初步检索结果可以发现，胰岛素相关专利文献在以下三个分类号较为集中：C07K 14/62、A61K 38/28、A61P 3/10。具体分析这三个分类号如表 4-2-3 所示。

表 4-2-3　检索要素的分类号表达

分类号	含义	分析
C07K 14/62	有机化学——肽——具有多于 20 个氨基酸的肽——来自动物；来自人类——激素——胰岛素	该分类号精确地指向胰岛素这一化学物质，可以较为充分地表达胰岛素这一关键检索要素。缺陷在于，该分类号是基于化学结构的分类，某些不以结构为特征的胰岛素相关专利可能没有这个分类号
A61K 38/28	医学或兽医学；卫生学——医用、牙科用或梳妆用的配制品——含肽的医药配制品——含有 20 个以上氨基酸的肽——来源于动物；来源于人类——激素——胰岛素	该分类号是含有胰岛素的医用配制品，涉及胰岛素药物制剂的专利，通常会具有该分类号。这个分类号较好地补充了化学结构分类号 C07K 14/62，两者结合可以较为全面地概况胰岛素相关专利
A61P 3/10	医学或兽医学；卫生学——化合物或药物制剂的特定治疗活性——治疗代谢疾病的药物——用于葡萄糖体内平衡的药物——治疗高血糖症的药物，例如抗糖尿病药	该分类号是表征药物治疗活性的分类号，治疗高血糖症的药物都会给予该分类号。然而分析发现，在该分类号下也包含除胰岛素之外的其他抗糖尿病药物，而有关胰岛素的一些专利则由于不直接涉及其治疗活性而不具有该分类号。综合考虑，该分类号不太适合用于该项目的检索

通过以上分析，确定可以用以下分类号精确表达"胰岛素"这一检索要素：C07K 14/62 OR A61K 38/28。

（4）PSS 系统全面检索

PSS 系统是国家知识产权局提供的官方检索平台，可以提供检索和分析功能。该检索项目中的中文专利检索选择 PSS 系统作为检索数据库。

1）检索式的初步确定——检全

对于一项检索，检索式的确定是保证检索全面性和准确性的核心要素，如何使一项检索既能够查得全又能够查得准，是确定检索式这一步骤中需要考量的主要因素。在保证检索全面性的基础上，进一步对检索式进行优化，从而实现检索的准确性，是一种较为常规的检索式构建思路。

在初步确定检索式这一阶段,通常应当全面考虑分类号和关键词,并对各种分类号和关键词进行"或"运算,以实现检索的全面性。基于上述考虑,初步确定如图4-2-4所示的检索式。

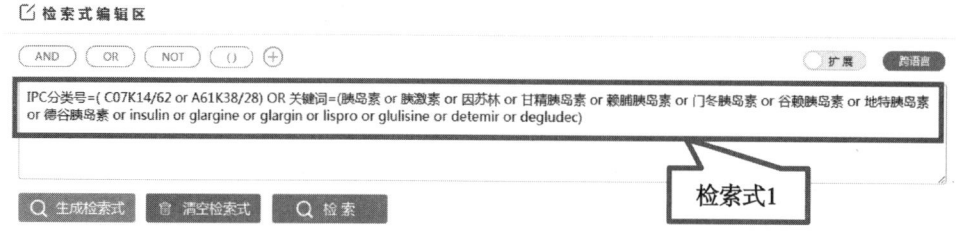

图4-2-4　PSS系统检索式界面

接下来,对这一检索式所获得的检索结果进行检索全面性和准确性的初步评估。

检索全面性的评估方法是挑选胰岛素产业知名企业(如赛诺菲)的专利申请构建测试库,查看测试文献出现在检索结果中的比例。经评估,上述检索结果满足检索全面性的需求。

检索准确性的评估方法是在检索结果中以公开时间为近一年的专利申请为样本,查看这些文献中属于目标文献的比例。经评估,上述检索结果中存在大量无关文献,主要表现在某些文献中仅是偶然提及胰岛素,但胰岛素并非这些文献的主要技术创新点。

2)检索式的调整优化——检准

进一步对检索结果进行分析,发现大多数目标专利文献均给出C07K 14/62或A61K 38/28的分类号,因此尝试直接采用分类号构建检索式,如图4-2-5所示。

图4-2-5　PSS系统分类号检索式界面

经评估,以上检索式满足检索全面性的要求,但是,虽然大多结果为目标文献,然而仍有相当数量的文献的创新点不在于胰岛素,甚至未提及胰岛素。因此,有必要通过关键词对检索式进行进一步限定。

由于目标文献应当是主要涉及胰岛素技术方面的专利文献,而该类文献中通常会有涉及胰岛素的关键词出现,尝试直接采用关键词对上述的检索式1进行进一步限定,形成如图4-2-6所示的检索式。

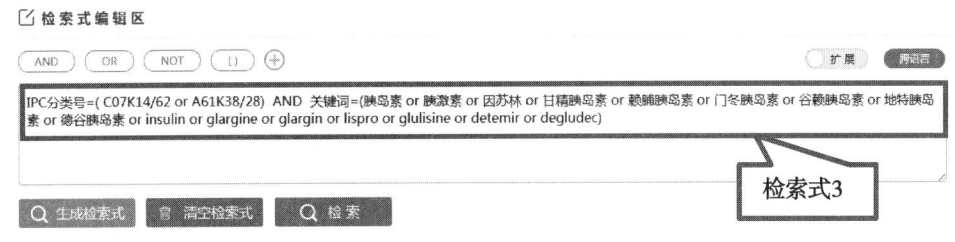

图4-2-6　PSS系统关键词检索式界面

浏览发现，该检索式的检索结果仍包含一定的噪声，主要是一些专利中的技术要点不在于胰岛素，但偶然提及胰岛素。这种情况应当如何进一步降噪呢？根据专利文献的特点，作为主要技术要点的关键词往往会出现在摘要中，或者在该专利文献中多次被提及。基于这种分析，考虑采用以下两种方式：一是限定关键词"胰岛素"出现于摘要中；二是限定关键词"胰岛素"出现频率至少为3次。这两种限定方法的检索式分别如图4-2-7和图4-2-8所示。

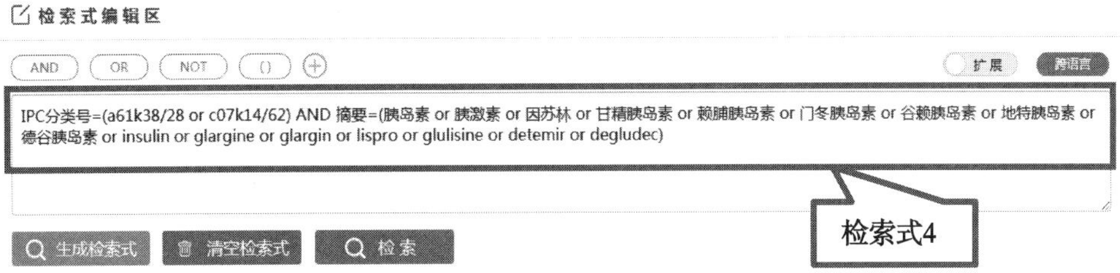

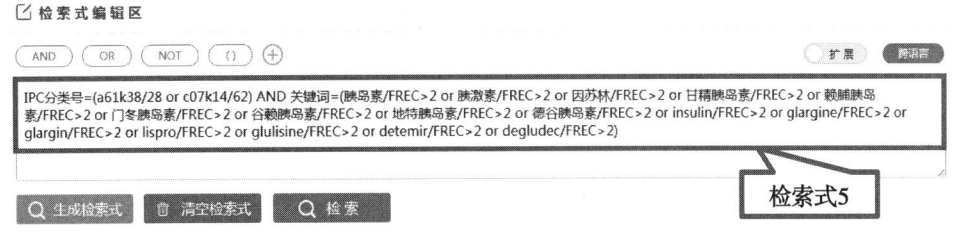

图4-2-7　PSS系统检索中关键词"胰岛素"出现在摘要中的界面

图4-2-8　PSS系统检索中关键词"胰岛素"至少出现3次的界面

以上两种降噪方法都能有效降低噪声，提高检索准确度。哪种降噪方法更准确，需要通过检索结果比较来加以验证和确定。

检索人员首先考察摘要限定检索式能检出而频率限定检索式不能检出的文献情况。为便于表达，仅使用关键词"胰岛素"，使用如图4-2-9所示的检索式。

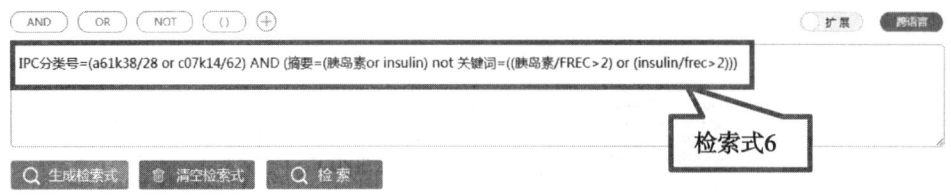

图 4-2-9　PSS 系统检索仅使用关键词"胰岛素"的检索式界面

浏览检索结果，发现大多文献的创新点与胰岛素紧密相关，属于目标文献。这表明频率限定有所遗漏，摘要限定补充了这部分遗漏。

然后再考察关键词字段的胰岛素出现频率大于 2 次，而摘要中未出现胰岛素的文献，使用如图 4-2-10 所示的检索式进行检索。

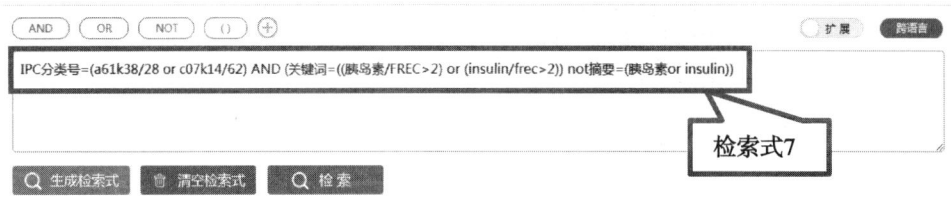

图 4-2-10　PSS 系统检索关键词"胰岛素"出现频率大于 2 次的检索式界面

浏览检索结果，发现大多文献也属于目标文献。这表明摘要限定也有所遗漏，可以认为摘要限定和频率限定相互补充，两者结合使用可以更好地实现主题检索的全面性。

3）检索式的最终确定

根据以上分析，综合应用摘要限定和频率限定，形成如图 4-2-11 所示的检索式。

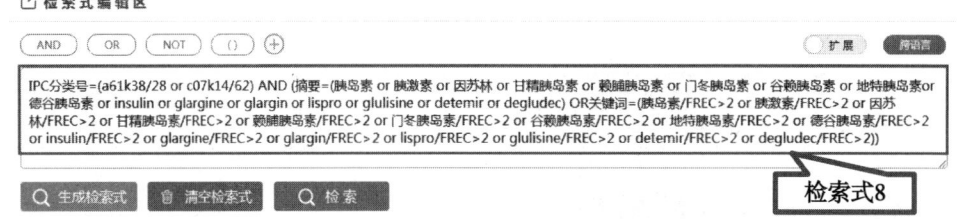

图 4-2-11　PSS 系统检索综合应用摘要限定和频率限定的检索式界面

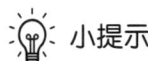 小提示

（1）在 PSS 系统中，如果要用频率算符"FREC"，需要写在每个需要用该算符限定的关键词后面。

（2）限定 FREC>2 的原因是，通常的检索中，如果一个关键词出现 3 次以上，就认为该文献与该主题密切相关的概率较高。这是一个经验值，不同的项目、不同的关键词，可能需要限定的频率不同。

(3)"NOT"算符虽然通常不用于最终的检索式中,但经常用于检索结果的分析。使用"NOT"算符研究检索式所遗漏文献的情况是检索结果浏览改进的常用手段。

4)检索结果的评估

检索结果的评估对调整检索策略、获得符合预期要求的检索结果集起着至关重要的作用。检索结果的评估应当贯穿于整个检索过程,评估结果是调整检索策略、能否中止检索的重要参考。具体而言,检索质量的评估主要包括查全率和查准率两个维度。

查全率的评估方法是挑选已知的胰岛素领域重点申请人例如诺和诺德、赛诺菲的胰岛素相关专利构建测试库,查看测试文献出现在检索结果中的比例。评估结果显示,查全率超过90%。

查准率的评估方法较为简单,挑选检索结果中的部分文献(例如100篇)进行浏览,查看属于目标文献的数量。评估结果显示,查准率超过90%。

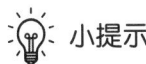 小提示

不同检索需求对检索结果查全率和查准率的要求不同,应根据项具体情况设定检索目标。查全率和查准率达到90%以上,能满足一般专利导航项目的要求。

(5)国外主要专利局网站检索

为全面了解胰岛素在国际上的发展现状,对国外专利文献进行检索是十分必要的。因此,有必要在国外主要专利局网站如美国专利商标局、欧洲专利局、日本特许厅和韩国知识产权局官网进行检索。以上专利局网站的检索与PSS系统的检索思路是一致的,此处不再赘述。由于语言差异,外文专利文献的检索尤其应当注意关键词的扩展,应当尽量多地查阅专业词典、技术专著、综述文献等,以更准确和全面地进行关键词的表达和扩展。

(6)外文非专利文献的检索

根据阅读分析上述检索结果,了解到国外在高生物利用度、长效胰岛素以及改进胰岛素制剂形式方面发展较为迅速,而外文书籍、期刊或者会议论文等外文非专利文献,尤其是综述类文献和技术专著往往对技术进展具有较好的总结和梳理。通过检索和阅读此类文献,能够更好地了解国外在高端胰岛素领域的发展现状。因此,有必要进行外文非专利文献的检索。外文非专利文献的检索,可以选择Web of Science等综合性数据库,也可以选择ScienceDirect、ACS等出版社数据库。在资源允许的情况下,应当尽可能地选择多种数据库进行检索。以下通过Web of Science数据库进行演示性检索。

1)尝试性检索

首先进行尝试性检索,在Web of Science的高级检索界面中采用布尔算符or构建如图4-2-12所示的检索式。

经检索,获得了430 543篇文献,检索结果如图4-2-13所示。

显然,这一检索结果超出可以浏览的范围,并显而易见地包含大量检索噪声。

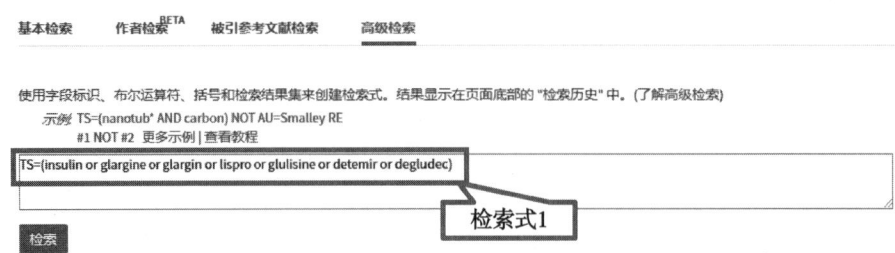

图4-2-12　Web of Science 高级检索界面

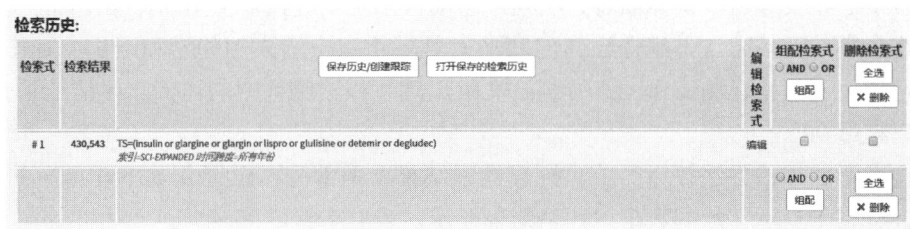

图4-2-13　Web of Science 尝试性检索结果界面

2) 检索式的进一步优化

考虑到多数主要与胰岛素技术相关的文献在标题中会出现有关胰岛素的表达,可以将关键词检索限定至标题,并且,Web of Science 还可以选择文献类型,根据需要,选择文件类型为 Review(综述)。调整后的检索式界面如图4-2-14 所示。

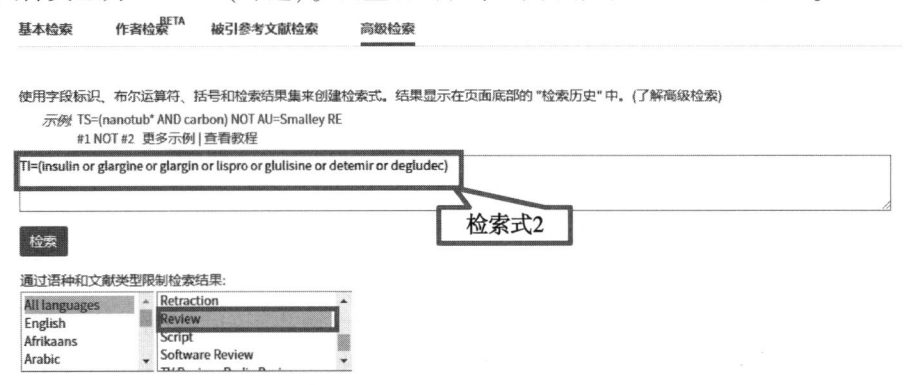

图4-2-14　Web of Science 检索式调整界面

经以上检索式的调整,可以获得5 583 篇相关文献,如图4-2-15 所示。

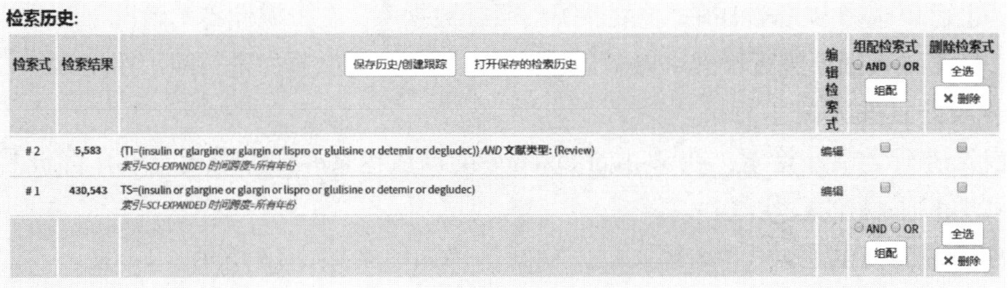

图4-2-15　Web of Science 检索式调整后的检索结果界面

3）检索结果的浏览

点击检索式 2 的检索结果 "5583"，进入如图 4 – 2 – 16 所示的浏览界面。

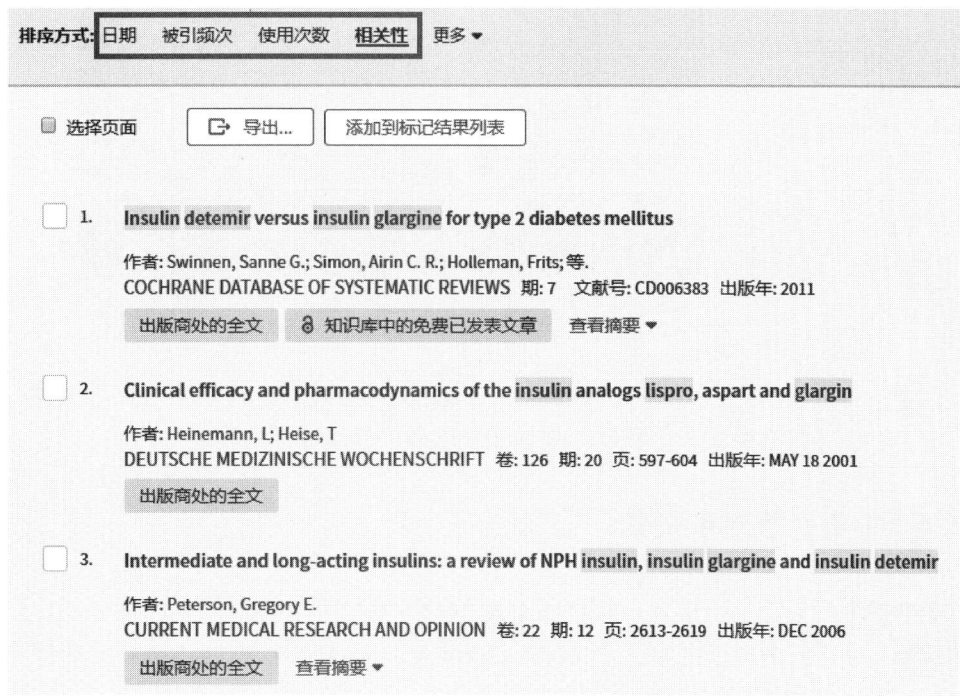

图 4 – 2 – 16　检索式 2 的检索结果界面

该浏览界面提供日期、被引频次、使用次数和相关性等多种排序方式，可根据需要选择排序方式，并根据排序方式进行浏览。

4）结果的分析

点击图 4 – 2 – 17 中界面右上角的"分析检索结果"，还可对该检索结果进行多种维度（包括 Web of Science 类别、出版年、文献类型等）的分析，具体分析界面如图 4 – 2 – 18 所示。

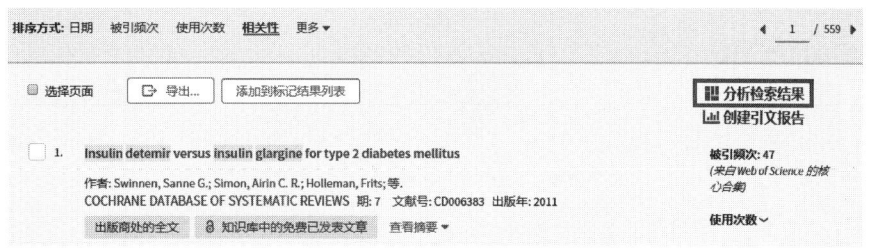

图 4 – 2 – 17　Web of Science "分析检索结果" 界面

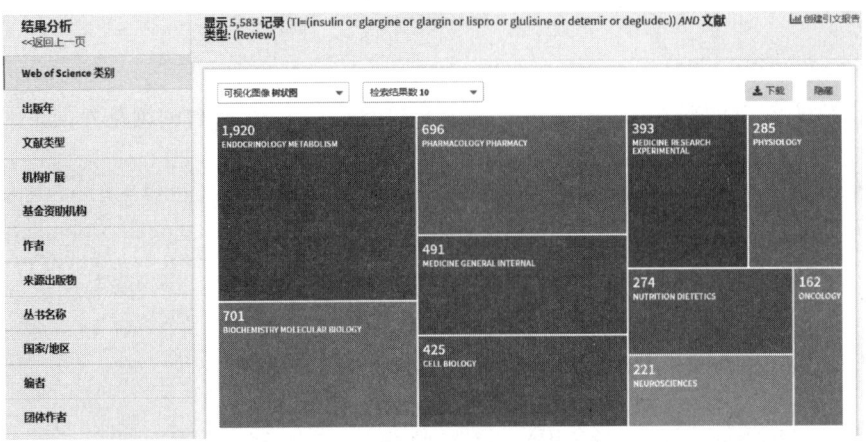

图 4-2-18 Web of Science 检索结果分析界面

其中，Web of Science 类别是 Web of Science 数据库根据文献公开内容对其进行的学科分类，该分析结果在一定程度上能够体现胰岛素领域近期的发展方向。

4.2.4 主要竞争对手检索

企业的专利风险主要来自该领域主要竞争对手的专利壁垒，因此明确自身定位及主要竞争对手的实力对于规避运营风险及研发创新具有重要意义。PSS 系统提供了专利分析的功能，其操作界面如图 4-2-19 所示。

图 4-2-19 PSS 系统的专利分析功能界面

由第 4.2.3 节可知检索式 8 是最终确定的检索式，可以将检索结果全部导入分析库，然后进行竞争对手分析。

4.2.4.1 申请人趋势分析

只需点击"申请人分析"菜单栏下"申请人趋势分析"超链接即可进行相关分析，PSS 系统默认 10 个申请人近 10 年的专利申请人情况，具体如图 4-2-20 所示。

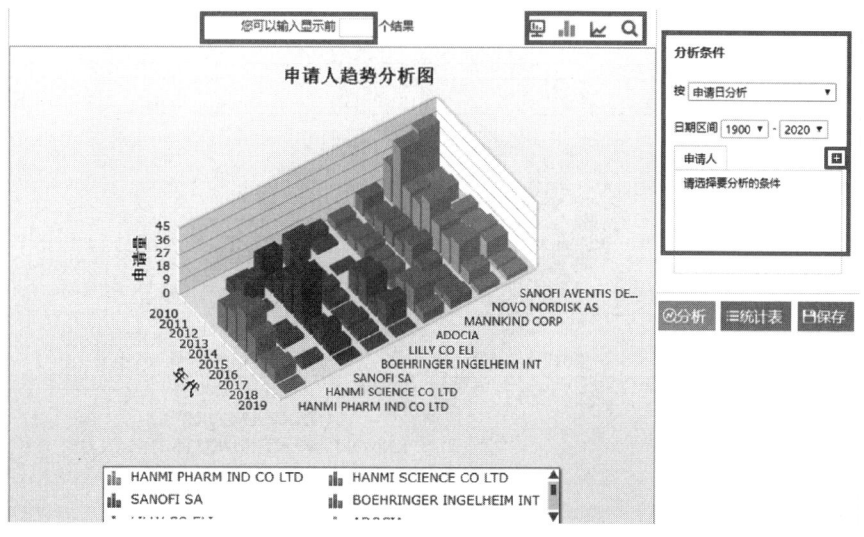

图 4-2-20　PPS 系统的专利分析功能界面

如果 PSS 系统默认的分析结果并非所需要的，是否可以根据实际需要对分析条件进行调整，例如如何显示 5 个申请人近 5 年的专利申请情况？此时，可以在分析结果界面输入"5"，然后点击分析条件对话框中"申请人"右侧的"+"，会出现如图 4-2-21 所示的对话框。

图 4-2-21　PSS 系统"申请人"分析界面

根据实际需要双击左侧"申请人"即可添加到右侧筛选条件中，如果想删除已选定的申请人，双击相应申请人即可。以分析前5个申请人为例，依次双击相应申请人后，点击分析即可获得"申请人趋势分析图"，如图4-2-22所示。

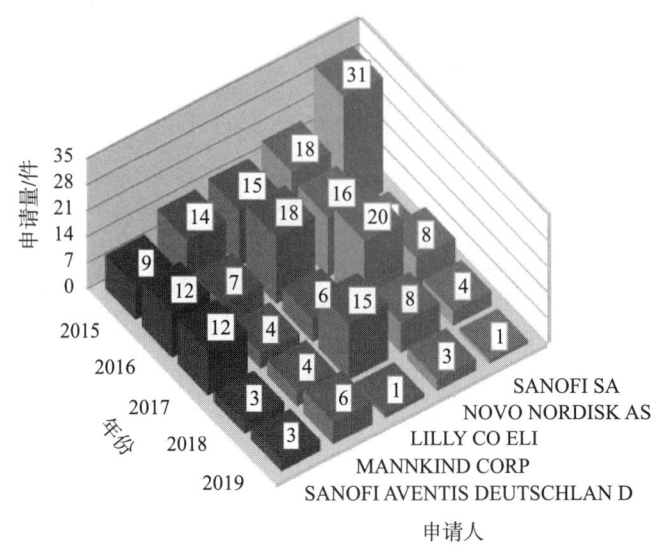

图4-2-22 PSS系统胰岛素领域申请人趋势分析图界面

从图4-2-22可知NOVO NORDISK AS、SANOFI AVENTIS DEUTSCHLAND、LILLY CO ELI、MANNKIND CORP、SANOFI SA 5家公司从2015~2019年的专利申请数量分布情况。在上述公司中，SANOFI SA在2015年的专利申请量最高达31件，远高于同期的另外4位申请人，但之后专利申请量急剧减少，除2017年有8件专利外，其他年份几乎为0；相比之下，NOVO NORDISK AS、SANOFI AVENTIS DEUTSCHLAND、LILLY CO ELI、MANNKIND CORP 4家公司的专利申请量则较为平稳。需要说明的是，2018年和2019年的专利申请目前有一部分尚未公开，统计出的数据量较实际的申请量会偏小，因此可仅作为参考。

4.2.4.2 申请人技术分析图

采用第4.2.4.1节类似的操作，可以获得申请人技术分析图。以第4.2.4.1节涉及的5个申请人为分析对象，可先点击"申请人"超链接，再点击后侧的"+"后选择相应申请人；然后点击"技术领域"超链接，再点击后侧的"+"后选择相应"部分类号""大类分类号"或"小类分类号"。图4-2-23是PSS系统胰岛素领域申请人技术分析图。

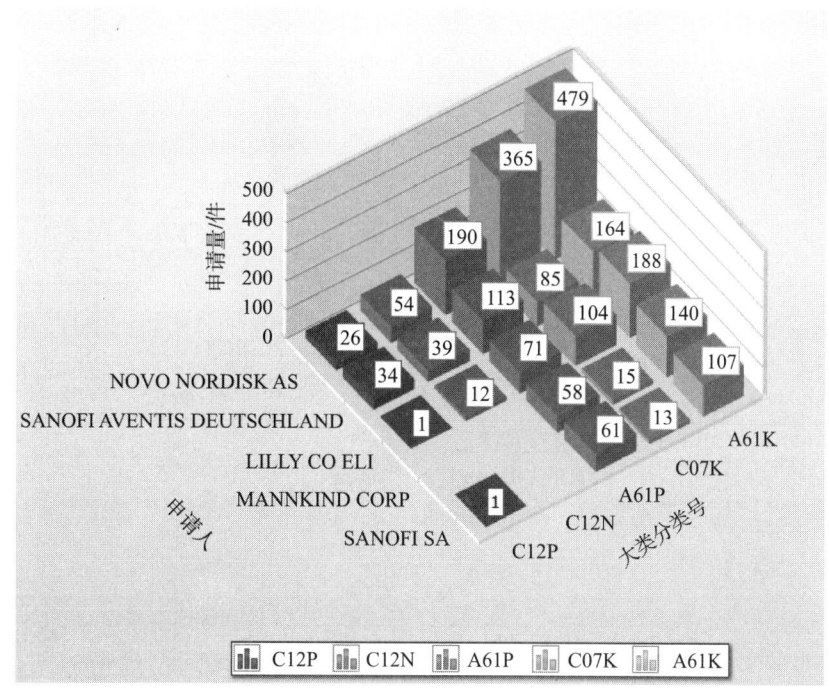

图 4-2-23　PSS 系统胰岛素领域申请人技术分析图界面

从图 4-2-23 中可以看出，NOVO NORDISK AS、SANOFI AVENTIS DEUTSCHLAND、LILLY CO ELI、MANNKIND CORP、SANOFI SA 5 家公司的专利申请主要集中在 A61K、C07K、A61P 大类下，其中 A61K 分类号下的专利分布最多。此外，NOVO NORDISK AS 在 A61K、C07K、A61P、C12N 分类号下的专利数量均居于首位，且远高于其他申请人，这表明其具有较高的技术积累，属于行业领导者。

4.2.4.3　申请人区域分析

采用第 4.2.4.1 节类似的操作，选择申请人、国别作为分析条件可以生成如图 4-2-24 所示申请人区域分布图。

由图 4-2-24 可知，美国、丹麦、德国在胰岛素领域的专利储备量较高，分别为 561 件、345 件、199 件。大量专利储备不仅表明上述国家在胰岛素领域的创新研发实力，也预示中国企业相关产品进入上述国家时专利侵权风险较高。在主要申请人中，NOVO NORDISK AS 在丹麦的专利拥有量达 561 件，比其他公司的专利总和还多，这表明 NOVO NORDISK AS 是当之无愧的行业领导者。

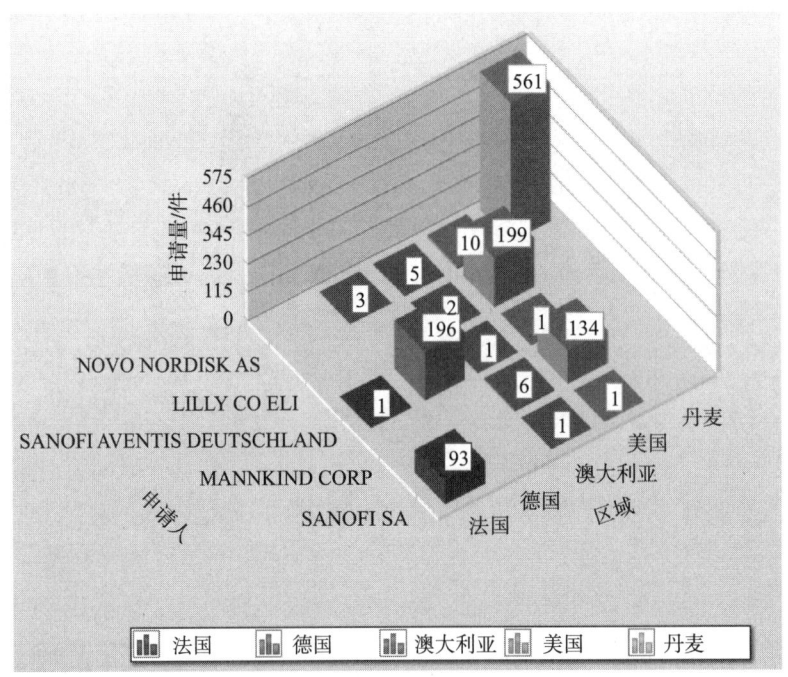

图 4-2-24　PSS 系统胰岛素领域申请人区域分析图界面

4.3　行政和法律信息检索

医药化学产业具有人力物力投入大、开发周期长、商业价值高、知识产权易被侵害的特点，同时属于政府监管严格、政策导向明显的行业，生产研发受到法律法规的严格约制，市场准入门槛普遍较高。

因此，在生产研发中除了需要获取技术信息、商业信息，还需要通过检索获取以下信息：

① 与确权相关的信息：包括重磅药物是否获得专利权、专利权的期限、专利权是否被挑战、是否经过行政诉讼、裁判结果如何。

② 与市场准入相关的信息：上市药品是否经过监管部门的审批、完成必要的临床试验并满足信息公开的要求，上市农药是否取得农药登记，某些品种的农药在特定时期是否被通告为禁用农药。

③ 与规则相关的信息：药品医疗器械领域审评、审批制度改革的方向如何，产品标准需要符合的国家标准、地方标准以及行业标准是什么，"同情用药"需要满足的前提条件是什么。

为了便于分类阐明其检索方式，将上述信息划分为以下两种类型。

① 行政信息——行政机关在履行行政管理职能过程中制作或者获取的，以一定形式记录、保存的信息。

② 法律信息——立法、司法机关受权制定、发布的规范性文件以及裁判文书、指导案例等。

4.3.1 行政信息检索

行政机关借助行政信息的接收、传递、加工、处理来控制和管理行政事务,以实现行政管理的职能。行政管理活动中产生的文件、报表、档案等是行政信息的载体,可从中检索和利用行政信息。

本小节通过介绍若干案例,厘清上述信息的检索思路,为提供一份全面可靠的检索结果,提出一种较为有效的检索思路。

行政信息检索的主要步骤——确定检索主题、判断行政信息所处于的数据库、获取关键词、在数据库的特定检索入口进行检索获得结果、归集检索获得的行政信息。

> **案例 3**
>
> 检索需求:
>
> 阿德福韦酯是美国吉利德科学公司原研上市的重磅药物,其安全性和有效性均优于之前的抗乙肝病毒一线药物。
>
> 正大药业的"名正"和天津药物研究院的"代丁"均为我国自主研发的阿德福韦酯药品,双方长期存在权利纠纷。正大药业就天津药物研究院拥有的阿德福韦酯晶型发明专利,向专利行政部门提出无效宣告请求。专利行政部门经审查作出第13804号无效宣告请求审查决定,维持天津药物研究院拥有的阿德福韦酯晶型专利有效,决定作出后,双方达成和解。
>
> 希望通过检索,获取以上专利无效宣告信息以及与阿德福韦酯相关的专利、法律信息,以便对开发阿德福韦酯仿制药的可行性进行评估。

仿制药企业在制订研发计划和推动产品上市时,出于评估项目的知识产权侵权、产品入市风险的需要,很可能对上述侵权纠纷相关的行政信息抱有兴趣,由此引发了围绕上述主题的行政信息检索。

(1) 确定检索主题

根据需求,行政信息检索的主题可以分为具体的和全面的两类。

具体的行政信息检索主题是指有明确而有限的检索对象。例如,要求获取上文提及的"名正"与"代丁"在国家药品监督管理局的注册信息,或者要求查阅第13804号无效宣告请求审查决定的具体内容,得到上述信息,即完成检索。

全面的行政信息检索主题要求检索到较多的信息,单从上述检索需求的表面来看,提及数家公司的字号、多个药品的化学名或商品名称,围绕每一项内容都进行检索,得到的信息量会较大。全面的行政信息检索主题在一定程度上是开放的,例如检索到美国吉利德科学公司原研专利后,该专利也可能存在复审或者无效等行政信息,读者如有兴趣可以随时扩大检索范围,将上述信息纳入检索主题。

全面的行政信息检索是否达到检索终点取决于现有检索结果是否满足了解信息的需要。对于该案例,作为检索的起点,暂且选取以下检索主题。

【1】第 13804 号无效宣告请求审查决定详细内容;
【2】吉利德科学公司就"阿德福韦酯"申请的专利是否仍处于有效期;
【3】"名正"与"代丁"在中国药品监督管理部门的登记信息。

(2) 选择数据库

行政机关自身是行政信息的制作发布方,因此检索时应优先考虑行政机关提供的检索数据库,也可以参考一些开放信息平台或者汇编行政信息的商业数据库,但是开放信息平台的可靠性相对较低,商业数据库检索成本相对较高。

对于行政机关提供的检索数据库,一般在相应行政机关的官方网页上可以获取。图 4-3-1 分别是国家药品监督管理局和国家知识产权局网站首页上部分行政信息的查询链接,点击即可使用相应数据库。

图 4-3-1　行政信息链接示例

对于开放信息平台和商业数据库,可以通过各类搜索引擎检索。例如,收录农药登记信息的商业数据库,可以在百度搜索引擎中输入"农药登记",在行政机关的官方链接后面,可以获取一些商业数据库的网址。

行政机构的数量较多、职权繁复,暂无单一的数据库对上述信息进行归并整理。如行政信息提供方不同,则需要在多个不同的数据库中进行检索。一些常见的行政信息数据库如表 4-3-1 所示。

表 4-3-1　常见的行政信息数据库

职能部门	具体机构	行政信息数据库	数据库收录内容
国家市场监督管理总局	国家标准化管理委员会	国家标准全文公开系统	强制性国家标准和地方性国家标准
国家药品监督管理局		产品抽检、药品、医疗器械、化妆品、广告数据库	药品、医疗器械、化妆品相关登记备案信息,药典

续表

职能部门	具体机构	行政信息数据库	数据库收录内容
布达佩斯条约国际保藏中心	中国典型培养物保藏中心（武汉） 中国普通微生物菌种保藏管理中心 广东省微生物菌种保藏中心		菌种保藏信息查询与资源服务
国家林业和草原局植物新品种保护办公室			植物品种权查询
农村农业部	农业农村部农药检定所	农药登记数据库	农药登记数据、认证实验单位、田间实验审批、农业残留限量
国家市场监督管理总局		食品安全国家标准数据检索平台	食品安全国家标准
美国食品药品监督管理局（FDA）			美国药品、食品登记信息及标准信息，橙皮书，专利链接信息查询

不同的行政信息数据库提供的检索入口数量种类差异较大，是由所提供信息的复杂程度决定的。一般都采用关键词作为检索入口，提供全文或者摘要信息的检索，有些数据库提供关键词以外的特色入口，例如批准文号、受理号、许可证编号或者生产单位等，增加了从不同角度检索到行政信息的途径。

有些行政信息数据库会提供精确检索和模糊检索的功能区分：精确检索获得的结果数较少，相关度高，但是关键词准确程度和输入格式的要求较高；模糊检索可能带来一些噪声，但是遗漏的可能性较小。

根据此次检索主题所对应的部门职能和所提供的数据库情况，选择 PSS 系统、中国及多国专利信息查询系统、国家药品监督管理局的药品查询系统以及国家知识产权局子网站复审和无效审理部提供的无效审理决定查询系统进行检索。

（3）获取关键词

根据相应数据库的检索入口，获取药品监督管理部门登记信息的关键词是药品的化学名或者商品名；查询第 13804 号无效宣告请求审查决定的关键词可以是审查决定的编号，也可以是涉案专利的申请号或者公开、公告号，上述信息已经获取。

检索吉利德科学公司就"阿德福韦酯"申请的专利是否仍处于有效期缺少有效的关键词，因为在 PSS 系统或者中国及多国专利信息查询系统中，查询"阿德福韦酯"

原研专利所采用关键词可以是其申请号或者公开号，或者是发明名称，但是已知信息中没有这些内容。

需要结合查新检索等检索方式，获取关键词如申请号或者公开号，或者是发明名称。检索思路为尝试性检索获取"阿德福韦酯"的基本信息，进而采用 PSS 系统或者智能检索工具进行检索，检索过程可以兼顾 CNKI、百度学术等数据库，步骤简述如下。

在 Chemicalbook 和 PubChem 中获得"阿德福韦酯"的 CAS 物质登记号、化学结构、化学命名、理化性质以及合成信息等。例如，在 PubChem 物质检索框中输入"Adefovir"，可以得到相关技术信息，如图 4-3-2 所示。

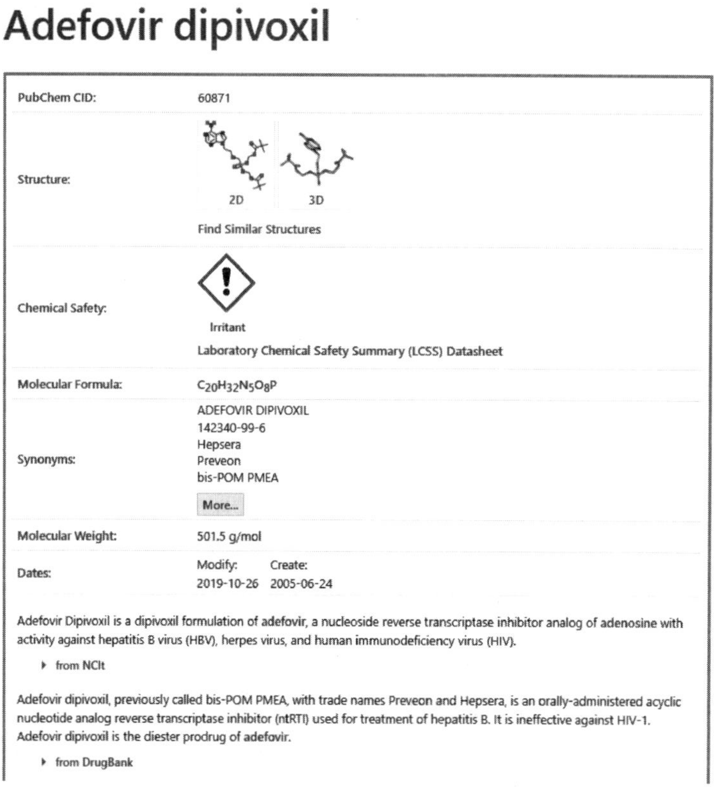

图 4-3-2　PubChem 提供的"Adefovir"相关技术信息界面

此外，如图 4-3-3 所示，PubChem 还链接了"阿德福韦酯"在 FDA 的橙皮书中收录的部分信息，并且提示了部分重要专利的公开号等信息。

在 PSS 系统中以摘要＝(阿德福韦酯 OR Adefovir) 为检索式进行检索，获得文献 379 条，以申请日去重得到 257 条结果，即获得涉及"阿德福韦酯"的检索结果集，部分结果如图 4-3-4 所示。

7.2 FDA Orange Book

4 items　View More Details　　　　Download

Trade Name	Marketing Status	Application Number	Applicant
ADEFOVIR DIPIVOXIL	Prescription	A205459	APOTEX INC
ADEFOVIR DIPIVOXIL	Prescription	A202051	SIGMAPHARM LABORATORIES LLC
HEPSERA	Prescription	N021449	GILEAD SCIENCES INC
HEPSERA	Prescription	N021449	GILEAD SCIENCES INC

13 Patents

US5663159
CA2298057
CA2051239
US6451340

▾ from DrugBank

Source: DrugBank
Record Name: Adefovir dipivoxil
URL: http://www.drugbank.ca/drugs/DB00718
Description: The DrugBank database is a unique bioinformatics and cheminformatics resource that combines detailed drug (i.e. chemical, pharmacological and pharmaceutical) data with comprehensive drug target (i.e. sequence, structure, and pathway) information.

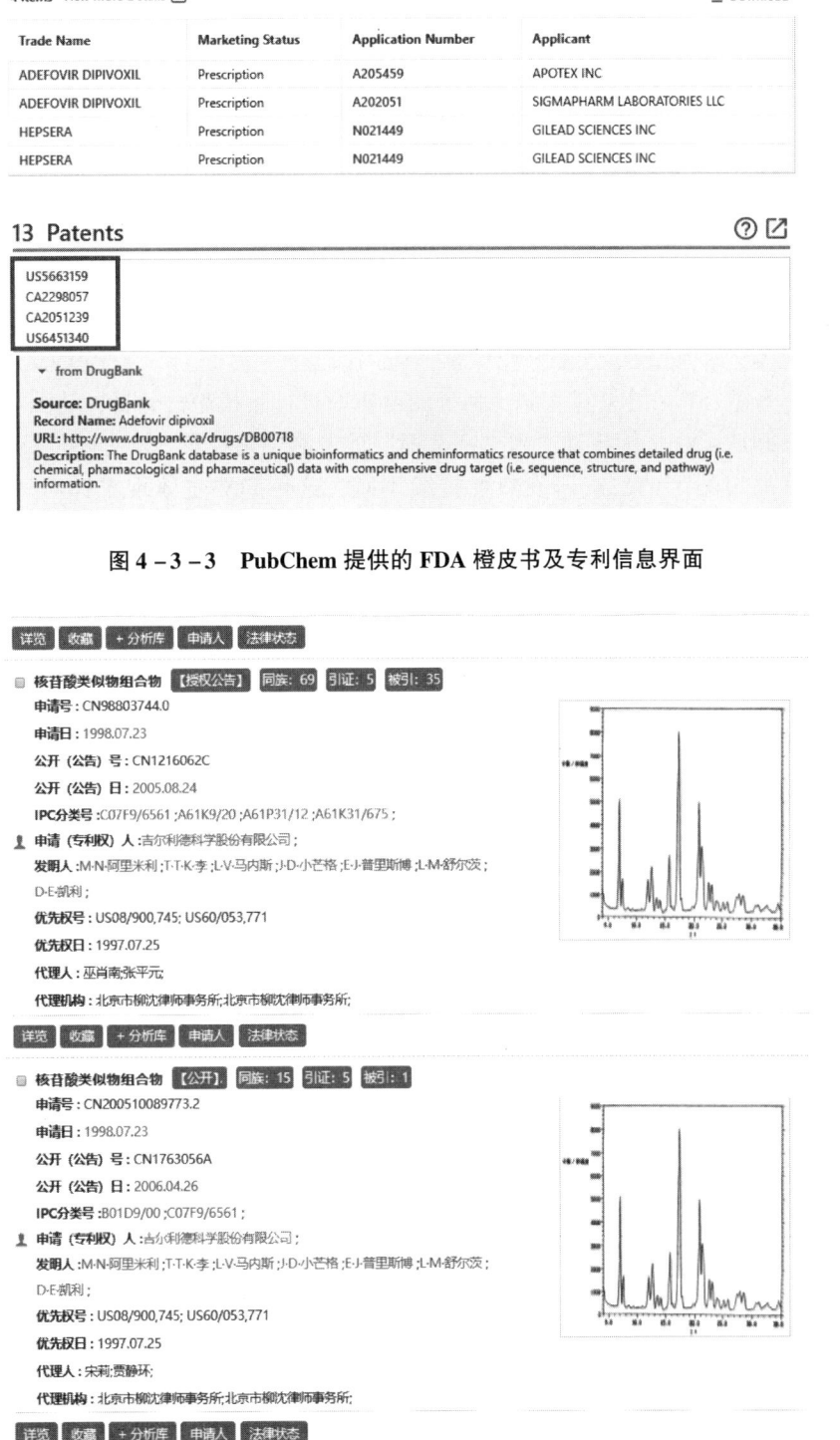

图 4-3-3　PubChem 提供的 FDA 橙皮书及专利信息界面

详览　收藏　+分析库　申请人　法律状态

核苷酸类似物组合物　【授权公告】　同族：69　引证：5　被引：35

申请号： CN98803744.0
申请日： 1998.07.23
公开（公告）号： CN1216062C
公开（公告）日： 2005.08.24
IPC分类号： C07F9/6561；A61K9/20；A61P31/12；A61K31/675；
申请（专利权）人： 吉尔利德科学股份有限公司；
发明人： M·N·阿里米利；T·T·K·李；L·V·马内斯；J·D·小芒格；E·J·普里斯博；L·M·舒尔茨；D·E·凯利；
优先权号： US08/900,745; US60/053,771
优先权日： 1997.07.25
代理人： 巫肖南;张平元;
代理机构： 北京市柳沈律师事务所;北京市柳沈律师事务所;

详览　收藏　+分析库　申请人　法律状态

核苷酸类似物组合物　【公开】　同族：15　引证：5　被引：1

申请号： CN200510089773.2
申请日： 1998.07.23
公开（公告）号： CN1763056A
公开（公告）日： 2006.04.26
IPC分类号： B01D9/00；C07F9/6561；
申请（专利权）人： 吉尔利德科学股份有限公司；
发明人： M·N·阿里米利；T·T·K·李；L·V·马内斯；J·D·小芒格；E·J·普里斯博；L·M·舒尔茨；D·E·凯利；
优先权号： US08/900,745; US60/053,771
优先权日： 1997.07.25
代理人： 宋莉;贾静环;
代理机构： 北京市柳沈律师事务所;北京市柳沈律师事务所;

详览　收藏　+分析库　申请人　法律状态

图 4-3-4　PSS 系统中“阿德福韦酯”检索结果界面

对上述 257 条结果逐一阅读，可知涉及"阿德福韦酯"的早期专利均由美国吉利德科学公司申请，该公司在 1998 年 7 月 23 日向中国国家知识产权局提交 5 件涉及"阿德福韦酯"的专利申请。至此，获得检索"阿德福韦酯"原研专利所需的关键词，即专利的申请号和公开号。

检索过程中，发现当事人天津药物研究院也是该领域的主要申请人，拥有 4 件涉及"阿德福韦酯"的专利申请。通过阅读技术内容，判断 CN1435420A 即为第 13804 号无效宣告请求审查决定所针对的专利。

由于 CN1435420A 的实质审查过程、授权范围以及是否存在实施许可属于无效宣告请求审查决定未披露的信息，考虑扩大检索范围，将上述信息纳入检索主题【4】。

【4】CN1435420A 实质审查过程、授权范围以及是否存在实施许可。

此外，上述 257 条结果转入 PSS 系统的分析库进行年代趋势分析，从图 4-3-5 中可以发现，2002~2019 年涉及"阿德福韦酯"的专利申请数量基本处于持续高位状态，可见"阿德福韦酯"的二次研发热度持续不减，这种趋势也体现了针对"阿德福韦酯"进行行政信息检索的必要性。

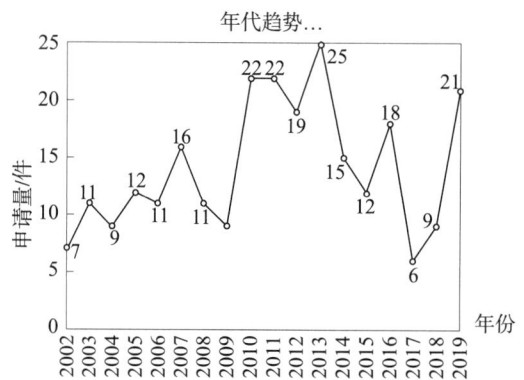

图 4-3-5　PSS 系统中"阿德福韦酯"年代趋势分析

（4）检索过程

首先，针对检索主题【1】，查询第 13804 号无效宣告请求审查决定，登录国家知识产权局子网站复审和无效审理部网站（http://reexam-app.cnipa.gov.cn/reexam_out1110/searchIndex.jsp），在页面上找到"口审公告及决定查询"链接，检索获得相关无效决定，点击进入口审公告及决定查询，进入如图 4-3-6 所示的检索界面。

在已知第 13804 号无效宣告请求审查决定的前提下，在对应的检索字段"决定号"中输入"13804"或者输入发明名称进行检索，即可获得相关决定的链接。并且该界面提供决定的下载和文字复制功能，如图 4-3-7 所示。

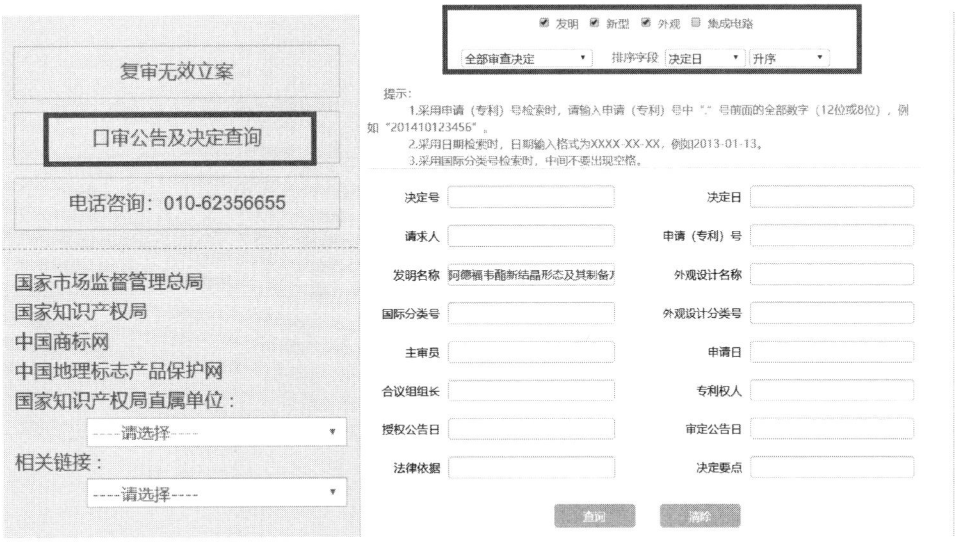

图4-3-6　专利无效口审公告及决定查询界面

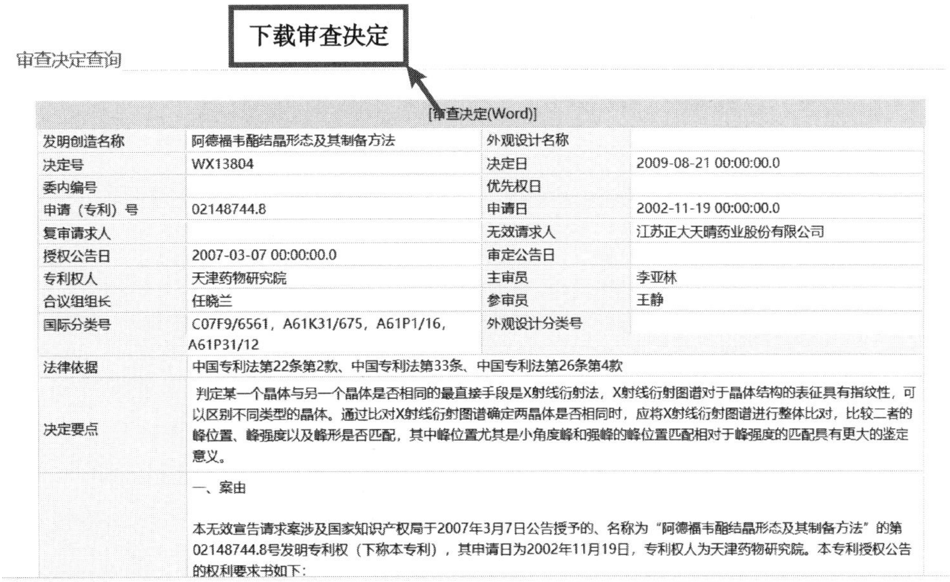

发明创造名称	阿德福韦酯结晶形态及其制备方法	外观设计名称	
决定号	WX13804	决定日	2009-08-21 00:00:00.0
委内编号		优先权日	
申请（专利）号	02148744.8	申请日	2002-11-19 00:00:00.0
复审请求人		无效请求人	江苏正大天晴药业股份有限公司
授权公告日	2007-03-07 00:00:00.0	审定公告日	
专利权人	天津药物研究院	主审员	李亚林
合议组组长	任晓兰	参审员	王静
国际分类号	C07F9/6561，A61K31/675，A61P1/16，A61P31/12	外观设计分类号	
法律依据	中国专利法第22条第2款、中国专利法第33条、中国专利法第26条第4款		
决定要点	判定某一个晶体与另一个晶体是否相同的最直接手段是X射线衍射法，X射线衍射图谱对于晶体结构的表征具有指纹性，可以区别不同类型的晶体。通过比对X射线衍射图谱确定两晶体是否相同时，应将X射线衍射图谱进行整体比对，比较二者的峰位置、峰强度以及峰形是否匹配，其中峰位置尤其是小角度峰和强峰的峰位置匹配相对于峰强度的匹配具有更大的鉴定意义。		
	一、案由 本无效宣告请求案涉及国家知识产权局于2007年3月7日公告授予的、名称为"阿德福韦酯结晶形态及其制备方法"的第02148744.8号发明专利权（下称本专利），其申请日为2002年11月19日，专利权人为天津药物研究院。本专利授权公告的权利要求书如下：		

图4-3-7　专利无效口审公告及决定查询结果界面

点击上述决定后进入决定细节页面，获取该无效决定采用的证据和评述内容，完成相关检索。

在PSS系统中检索CN1435420A得到结果后，点击进入后，在图4-3-8所示的界面可以获得以下法律信息，即该专利申请日、授权日、专利权人以及专利实施许可合同的备案日、无效宣告请求日等法律信息，点击选择不同的文本如公开文本、公告文本，可以看到其授权权利要求以及授权文本著录项目页提及的对比文件等审查信息，进而得到检索主题【4】。

图4-3-8 PSS系统中CN 1435420A的专利申请和审查信息界面

如需要进一步查询审查过程，例如实质审查员对专利申请具体的审查过程、申请人在实质审查过程中对申请文件进行的修改，可以从PSS系统跳转或者直接登录到中国及多国专利信息查询系统中。该系统提供如图4-3-9所示的申请号、专利号、发明名称或者申请人为入口的检索服务，可以查询获得如图4-3-10所示的申请过程中的申请信息、审查信息、费用信息、发文信息以及同族案件信息等五大类信息。

图4-3-9 中国及多国专利信息查询系统查询入口界面

申请信息	审查信息	费用信息	发文信息	公布公告	同族案件信息

应缴费信息

费用种类	应缴金额	缴费截止日	费用状态
发明专利第18年年费	8000	2019-12-19	未缴费
发明专利第19年年费	8000	2020-12-21	未缴费
发明专利第20年年费	8000	2021-12-20	未缴费

已缴费信息

缴费种类	缴费金额	缴费日期	缴费人姓名	收据号
发明专利第18年年费	8000	2019-01-25	天津药物研究院有限公司	83017446
发明专利第17年年费	8000	2018-03-20	天津药物研究院有限公司	67354152
发明专利第16年年费	8000	2017-03-13	天津药物研究院有限公司	58834714

图4-3-10　CN 1435420A的专利费用信息查询界面

采用上述检索过程即可获得涉案专利的著录项目、审查过程中采用的对比文件等法律信息；采用智能检索数据库进行检索，借助这些数据库的人工标引，也可以获得类似的信息。

下面针对检索主题【2】，同样采用中国及多国专利信息查询系统，查询吉利德科学公司就“阿德福韦酯”申请的专利在中国是否仍处于有效期，对美国吉利德科学公司以“阿德福韦酯”为主题申请的5件专利分别查看其法律状态，如图4-3-11所示，进而可知这些专利申请均获得了授权并且专利权在2018年8月17日到期终止。

法律状态

申请号	法律状态公告日	法律状态含义
CN200510089773	20060426	公开
CN200510089773	20060614	实质审查的生效
CN200510089773	20130116	授权
CN200510089773	20160907	专利权人的姓名或者名称、地址的变更
CN200510089773	20180817	专利权的终止

图4-3-11　“阿德福韦酯”专利申请的法律状态界面

下面检索“名正”与“代丁”在药品监督管理部门的登记信息，即检索主题【3】。

从字面含义上来看，“名正”与“代丁”可能是药品的商品名，或者是有效成分的化学名或者俗称，而国家药品监督管理局提供的药品检索系统下有如表4-3-2所示的超过22种检索子系统。从数据库的名称来看，有些数据库的专业性很强且数据库收录的信息可能有所重叠，那么获取登记信息稳妥的方式是采用“名正”与“代丁”在全部数据库的关键词字段中尝试。

表4-3-2 国家药品监督管理局药品检索子系统名称

国产药品	药品注册补充申请备案情况公示	中药提取物备案公示	国产药品商品名	药品注册相关专利信息公开公示
药物临床试验机构名单	进口药品	药品生产企业	进口药品商品名	GMP认证
批准的药包材	药品经营企业	药品注册批件发送信息	GSP认证	中药保护品种
OTC化学药品说明书范本	OTC中药说明书范本	麻醉药品和精神药品品种目录	药品出口销售证明	国家基本药物（2018年版）
非处方药遴选及转换目录数据库-化学药品	非处方药遴选及转换目录数据库-中药			

通过检索，在多个数据库中得到登记信息，例如在国产药品数据库和国产药品商品名数据库中就分别查询到"代丁"和"名正"的登记信息如批准文号、批准日期、规格、剂型等。图4-3-12为在国产药品商品名数据库中检索得到的信息。

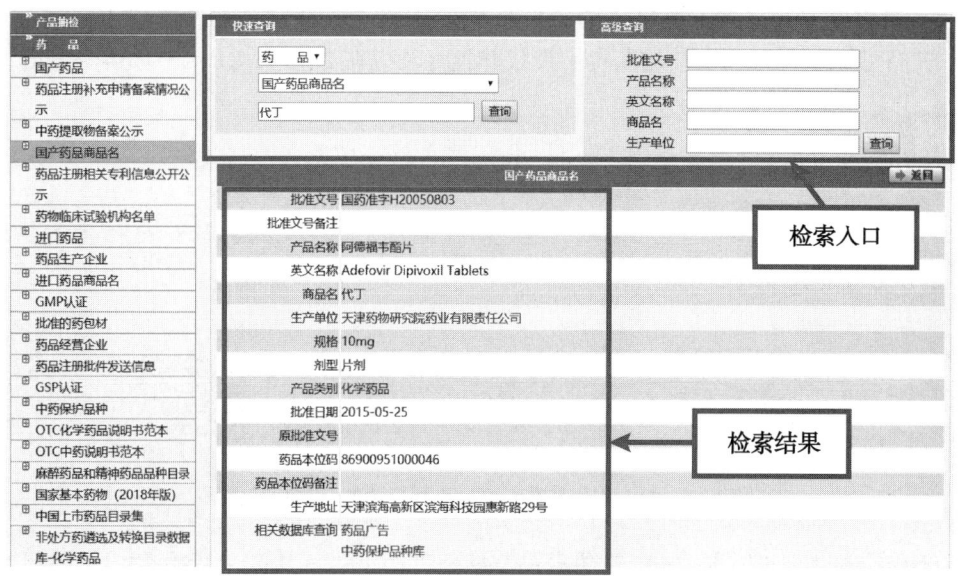

图4-3-12 国产药品商品名数据库检索界面

如果在关键词扩展的阶段，借助百度学术、CNKI或者网络文库等数据库确定"代丁"是国产药物的商品名，就可以更快地选择"国产药品"和"国产药品商品名"数据库进行检索。

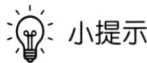 小提示

当数据库较多时,可以根据其名称和检索入口排除一些不太可能检索得到结果的数据库,例如"药物临床试验机构名单"数据库或者"批准的药包材"数据库。

将此次检索所使用的数据和检索步骤进行总结,如表4-3-3所示。

表4-3-3 行政信息检索数据库和步骤

检索对象	检索数据库	检索项目
技术背景知识	PubChem、STN、CNKI;FDA橙皮书、药品注册信息	药物的化学结构、理化性质、临床研究状况
专利相关技术信息布局状况	PSS检索系统、Patentics	企业专利申请数量、专利申请授权数量和类型分布、企业或行业申请趋势、技术发展脉络、技术主题分类、是否具有系列申请、同族分布状况、竞争对手的专利申请分析等
专利法律信息	PSS检索系统、Patentics、国家知识产权局网站、中国及多国专利案卷查询系统、智能检索工具	专利权的类型和期限、专利权归属、专利权的许可状况类型、官费年费的缴纳状况、专利权是否存在复审无效情形、其他国家地区的专利审查状况、审查过程中举证和法律适用情形等
专利无效及诉讼信息	中国裁判文书网、北大法宝、中国知识产权裁判文书网、国家知识产权局复审无效决定查询系统	专利复审无效决定、专利诉讼裁判结果,无效/诉讼请求是否得到专利复审无效审理部门和法院支持、相关裁判的审理标准和法律依据等

4.3.2 法律信息检索

法律信息包括立法、司法机关受权制定、发布的规范性文件、裁判文书、指导案例,以及一些与法律和政策修订相关的文件。

法律信息检索的主要步骤——确定检索主题、判断法律信息所处的数据库、获取关键词、在数据库的特定检索入口进行检索获得结果、归集检索获得的法律信息。

收录法律信息的数据库相对于行政信息较为集中,北大法宝和中国裁判文书网分别提供法律法规等规范性文件和向社会公众发布的裁判文书的检索功能。

案例4

检索主题：

北京万生药业有限责任公司与原国家知识产权局专利复审委员会、第三人第一三共株式会社发明专利权无效行政纠纷案，是2018年最高人民法院公报的13件知识产权案例之一。现需查询该案审判过程的相关文件信息。

裁判文书的发布方式主要有三种：法院依法向当事人送达；符合公开条件的裁判文书根据信息公开的要求在各级人民法院的网站上或者中国裁判文书网上公开；利害关系人依法向有关部门申请获得部分未公开的裁判文书。

在仅仅知晓诉讼参与方为北京万生药业有限责任公司、第一三共株式会社以及原国家知识产权局专利复审委员会等信息，且该案经过再审，可选择中国裁判文书网以及北大法宝数据库进行检索。

登录中国裁判文书网，该网站提供高级检索，具体字段包括案件名称、案由、法院名称、案件等级等。采用的是精确检索方式，检索时要保证检索关键词内容准确，且格式正确，其高级检索界面如图4-3-13所示。

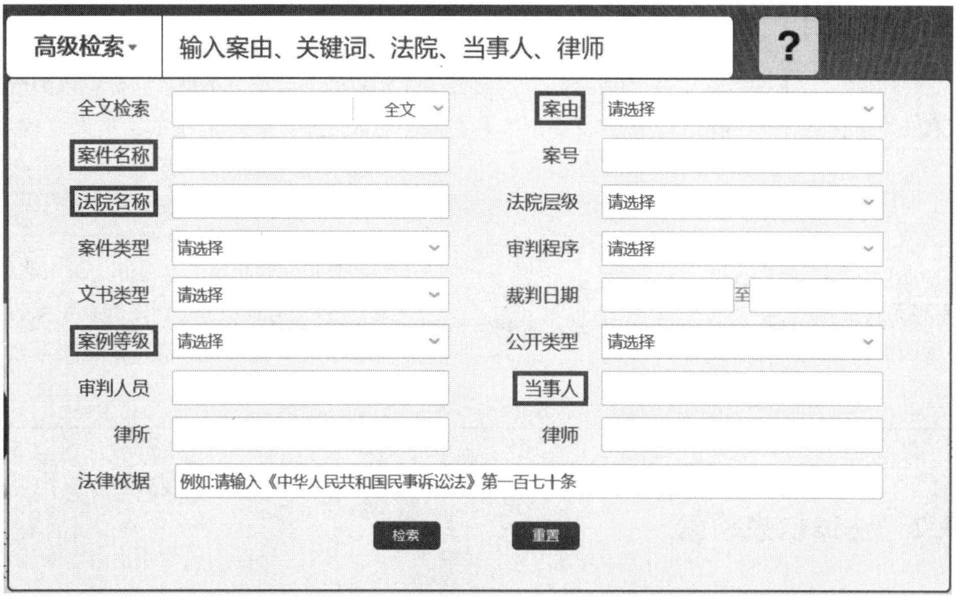

图4-3-13 中国裁判文书网高级检索界面

在此次检索中，已知的信息是当事人，因此，选择"当事人"检索字段输入"北京万生药业"或者"第一三共株式会社"，均可以检索得到结果和获取再审裁判文书。

对于指导案例或者公报案例，也可以登录北大法宝。在页面选择"司法案例"选项卡，在标题字段使用上述诉讼参与人信息如"第一三共株式会社"进行精确检索，运行检索后命中相关的公报案例，其检索界面如图4-3-14所示。

第4章 检索实践

图4-3-14 北大法宝司法案例检索界面

点击进入该公报案例,也可以看到所需的裁判摘要和行政判决书全文,如图4-3-15所示。

【案由】	行政 > 行政管理范围 > 行政作为 > 专利		
	行政 > 行政行为种类 > 行政裁决		
【案件字号】	(2016)最高法行再41号	【审理法官】	秦元明 李嵘 马秀荣
【文书类型】	判决书	【审结日期】	2017.12.20
【审理法院】	最高人民法院	【审理程序】	再审
【代理律师/律所】	陈文平,北京市金杜律师事务所; 毛珊,北京市金杜律师事务所		
【权责关键词】	基本原则 第三人 证明 改判 提审		
【来源】	《最高人民法院公报》 2018年第6期(总第260期)第18-29页		

图4-3-15 公报案例信息界面

判决书一般会在案由部分说明该案的当事人、诉讼历程、专利诉讼所针对的案件专利号或者申请号等。

再审申请人国家知识产权局专利复审委员会(以下简称专利复审委员会)因与被申请人北京万生药业有限责任公司(以下简称万生公司)、一二审第三人第一三共株式会社发明专利权无效行政纠纷一案,不服中华人民共和国北京市高级人民法院(以下简称北京市高级人民法院)(2012)高行终字第833号行政判决,向本院申请再审。

第一三共株式会社系名称为"用于治疗或预防高血压症的药物组合物的制备方法"、专利号为 ZL97126347.7 的发明专利（以下简称本专利）的权利人。2010 年 4 月 23 日，万生公司针对本专利权向专利复审委员会提出无效宣告请求。2011 年 4 月 1 日，专利复审委员会作出第 16266 号无效宣告请求审查决定（以下简称第 16266 号决定），维持本专利权全部有效。万生公司不服第 16266 号决定，向北京市第一中级人民法院提起行政诉讼。

根据上述判决书内容，可以获得供进一步检索的线索：①（2012）高行终字第 833 号行政判决（法律信息）；②第 16266 号无效宣告请求审查决定（行政信息）；③诉讼代理人的专利代理人资格证号、代理的专利申请数量（行政信息）；④专利号为 ZL97126347.7 的发明专利的审查过程（行政信息）。

具体的检索过程不再赘述，仅给出检索数据库供读者参考，如表 4-3-4 所示。

表 4-3-4 其他法律信息检索

类型	内容	可获得法律信息	拟检索数据库
司法裁判文书	（2012）高行终字第 833 号行政判决	行政判决理由	中国裁判文书网
复审无效决定	第 16266 号无效宣告请求审查决定	复审无效决定理由	国家知识产权局复审和无效审理部网站
涉案专利	专利号为 ZL97126347.7 的发明专利	涉案专利具体内容	PSS 检索系统
涉案当事人	万生公司	案件权利人、利益相关方	PSS 检索系统

💡 小提示

> 行政和法律信息一般有其受权发布机关，其标准文本或者说具有法律效力的文本也是受权发布机关发布的文本，因此检索时要充分考虑数据库的权威性。部分商业数据库汇编了一些行政和法律信息，而且对数据进行深加工和提供额外的检索功能，检索时更加便利，但是在采用时，仍要对重要信息作相应的核实。
>
> 行政和法律信息存在"时时新，日日新"的情形，行政机关和司法机关会定期更新相关的信息，例如，定期发布裁判文书、增加数据库的查询字段，对重要的信息需要保持关注及时更新。

医药化学领域的法律信息检索是颇具特色的检索工作，视具体情况和需要，其检索步骤和检索内容甚至不限于本小节介绍的步骤和内容。

在检索过程中只有不断发掘拓展，才能形成更加全面准确的判断，为开发规划、市场拓展、商业并购等项目决策提供客观依据。这些细致的工作既是培育知识产权优势型、具有国际竞争力的医药化学产业的保障基础，也是相关创新主体成长的护身符与导航仪。

4.4 专利无效检索

专利无效程序是任何单位或个人就已授权专利向国家知识产权局专利局复审和无效审理部提出的请求宣告该专利权无效的程序。《专利法实施细则》中对无效宣告的理由作出了明确规定。

 知识拓展——《专利法》及其实施细则关于无效宣告理由的规定

《专利法实施细则》第六十五条第二款规定：

前款所称无效宣告请求的理由，是指被授予专利的发明创造不符合《专利法》第二条，第二十条第一款，第二十二条，第二十三条，第二十六条第三款、第四款，第二十七条第二款，第三十三条或者该细则第二十条第二款，第四十三条第一款的规定，或者属于《专利法》第五条、第二十五条的规定，或者依照《专利法》第九条规定不能取得专利权。

《专利法》第二十二条第二款和第三款规定：

新颖性，是指该发明或者实用新型不属于现有技术；也没有任何单位或者个人就同样的发明或者实用新型在申请日以前向国务院专利行政部门提出过申请，并记载在申请日以后公布的专利申请文件或者公告的专利文件中。

创造性，是指与现有技术相比，该发明具有突出的实质性特点和显著的进步，该实用新型具有实质性特点和进步。

不符合《专利法》第二十二条所规定的新颖性或创造性是专利无效宣告请求的理由。对于无效宣告请求人而言，通过检索获取破坏目标专利新颖性或创造性的现有技术证据，是实现专利权无效的重要环节。专利无效检索是针对已授权的专利权利要求中保护的技术方案进行检索，以为专利无效程序提供证据的过程。

专利无效检索与查新检索和主题检索都是获取现有技术的过程，但基于专利无效检索的目的，专利无效检索又有其自身特点。

首先，专利无效检索针对的技术方案是已经通过专利审查程序获得专利权的技术方案，检索主题是明确的。在实质审查程序中，审查员已经针对该技术方案进行检索，审查文档中提供检索报告、审查意见通知书等过程文件，其中包含丰富的信息。这些信息一方面可以辅助对检索主题的理解，另一方面也为无效检索过程提供了一定的证据和进一步追踪检索的线索，充分利用审查过程文件，能够提高无效检索的效率。

其次，无效检索的检索标的已经经过专利审查程序获得授权，这意味着审查阶段所检索到的证据并未最终影响其新颖性或创造性。无效检索中想要进一步检索到影响目标专利权利要求新颖性或创造性的证据，显然难度更大。为提高检索命中率，无效检索必须全面而深入。

"全面"是指数据库选择和检索要素的表达更加全面。在选择数据库时,除必须在一些主流数据库中进行检索外,为了保证检索结果全面,也要充分考虑诸如 STN 等商业数据库的使用。在表达检索要素时,尤其应当注意那些在检索中易被忽略的关键词表达,例如,甲胺可能会被错误地表达为甲氨或者甲铵。

"深入"是指一方面要对目标专利理解更加深入,充分把握其发明实质和技术发展的脉络;另一方面是指检索的程度更加深入,通过不断调整检索策略,全方位、多角度地了解现有技术、挖掘有效证据,同时,充分利用追踪检索的手段获取有价值的证据或线索。另外,"深入"还体现在收集证据多样性上,应当通过检索收集多种不同形式和内容的证据,从而为专利无效程序提供更多有力的证据组合方式。

案例 5

阿帕替尼:

某公司拟通过检索评估对 ZL201510398190.1 号专利权提出无效宣告请求的可行性,该专利的独立权利要求 1 如下:

N-[4-(1-氰基环戊基)苯基]-2-(4-吡啶甲基)氨基-3-吡啶甲酰胺甲磺酸盐 A 晶型,其特征在于,其 XRPD 图谱在 $2\theta = 5.34$、10.341、14.438、15.841、17.32、18.301、18.68、19.005、19.577、20.26、21.161、21.859、22.379、23.04、23.5、24.177、24.959、25.881、26.641、27.18、28.3、28.999、29.501、31.96、32.258、33.999、36.798、37.38、41.297 处具有衍射峰,其中 2θ 值的误差范围为 ±0.2,含水量为 2.5%~4.5%。

经初步了解,该专利的专利权人为上海宣创生物科技有限公司,该专利保护阿帕替尼甲磺酸盐的晶体。阿帕替尼是恒瑞医药自主研发的抗肿瘤药,2014 年 12 月 13 日获得原国家食品药品监督管理总局正式批准在中国上市,用于治疗晚期胃癌,其分子结构如图 4-4-1 所示。

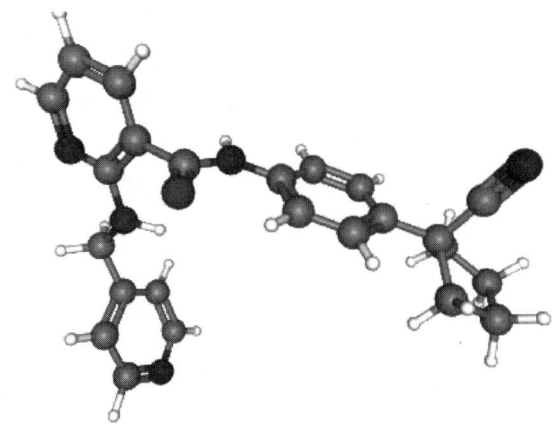

图 4-4-1 阿帕替尼分子结构

4.4.1 确定检索主题

无效检索其针对的是已授权专利中的权利要求所记载的技术方案。在本案例中，检索主题即为权利要求 1 中的技术方案。

4.4.2 选择数据库

为了全面挖掘现有技术，提高无效的成功率，针对检索主题本身进行全方位检索也是必需的。在数据库选择方面，应当覆盖专利数据库和非专利数据库；在地域选择方面，根据绝对新颖性的现有技术标准，既应当检索国内的相关文献，也应当检索国外相关文献。具体而言，专利数据库可以选用 PSS 系统、欧洲专利局网站，非专利数据库可以选用 CNKI、万方、Web of Science，以及 ScienceDirect、Wiley、英国皇家化学学会（RSC）、美国化学会（ACS）等出版社网站。

除以上常规数据库以外，由于阿帕替尼是一种小分子化合物，在检索时还应当特别考虑适用于小分子有机化合物检索的特殊数据库，包括 STN、PubChem、ChemSpider 等，这类数据库可以实现化合物代码检索和结构式检索，对于涉及阿帕替尼的文献检索在不计成本的前提下非常有效。

选用数据库时，还应当考虑检索特定数据库的金钱成本和时间成本等现实因素，表 4-4-1 展示了部分常用的无效检索数据库及其特点。

表 4-4-1 无效检索数据库及其特点

数据库	PSS 系统、欧洲专利局网站	PubChem、ChemSpider、Chemical Book	CNKI、万方	Web of Science、ScienceDirect、Wiley、RSC、ACS	STN
价格	免费	免费	☆	☆☆	☆☆☆
特点	全球主要专利文献，多库检索	可获取小分子化合物基本信息	中文期刊数据库	外文期刊、书籍数据库	覆盖专利与非专利文献；提供 CAS 登记号及结构式检索方式；中文期刊收录不全

注：☆的数量表示检索费用的高低，☆较低，☆☆☆较高。

4.4.3 检索过程

（1）审查过程文档查询

在开始系统检索之前，查询并获取目标专利的审查过程文档对深入理解目标专利以及获取重要现有技术证据都是大有裨益的。具体查询过程请参见本章第4.3节,在此不再赘述。

(2) 专利权人、原研企业和领域内重要申请人检索

很多领域的专利申请往往具有技术延续性,申请人可能会在某一产品或技术的不同开发阶段提出一系列专利申请。由于技术上存在密切关联性,在先公开的专利申请可能成为影响目标专利的重要证据。

药物原研企业在药物开发的不同阶段申请不同主题的专利,这些专利文献对于技术发展脉络的梳理十分有益,而且某些专利文献往往能够直接作为无效证据使用。

同一领域内的重要申请人尤其是竞争对手,出于专利攻防需要,所申请的专利技术往往存在一定关联性。

针对专利权人、原研企业和领域内重要申请人的检索可以在PSS系统高级检索的"申请(专利权)人"检索入口中实现。此次检索中,检索专利权人"宣创生物"、阿帕替尼的原研企业"恒瑞医药"。

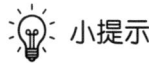
小提示

> 申请(专利权)人的检索应当考虑到母公司、子公司、分公司及其合资公司等可能的扩展表达。例如,采用"恒瑞医药"进行检索可以同时检索得到"江苏恒瑞医药股份有限公司""江苏恒瑞医药集团有限公司"和"上海恒瑞医药有限公司"等多家关联公司。
>
> 领域内的重要申请人可以通过阅读综述文献或行业报告、检索竞争对手等方法获取。

(3) 提炼检索要素

提炼检索要素是一个将检索主题进行分析和拆解的过程,这一过程需要将检索主题拆解为数项可以实施检索的要素,即检索要素。

首先,在表4-4-2中对检索主题进行初步的文字分解。

表4-4-2 检索主题文字分解

编号	内容
A	N-[4-(1-氰基环戊基)苯基]-2-(4-吡啶甲基)氨基-3-吡啶甲酰胺甲磺酸盐
B	A晶型,其特征在于,其XRPD图谱在2θ=5.34、10.341、14.438、15.841、17.32、18.301、18.68、19.005、19.577、20.26、21.161、21.859、22.379、23.04、23.5、24.177、24.959、25.881、26.641、27.18、28.3、28.999、29.501、31.96、32.258、33.999、36.798、37.38、41.297处具有衍射峰,其中2θ值的误差范围为±0.2
C	含水量为2.5%~4.5%

222

其次，对分解后的文字内容进行分析和提炼：

A 部分涉及阿帕替尼甲磺酸盐这一基础技术要素，是此次检索的基础性检索要素。

B 部分可以进一步分解为两个层面：第一层面为"晶型"，第二层面则为"特定的晶型"。从检索的角度来看，"晶型"这一层面所体现的技术要素可以通过多种表达形式实现检索，而由于不同文献对于晶型的表现形式存在差异，"特定的晶型"这一层面的技术要素则比较难以实现有效的检索。基于这一认识，B 部分可以提炼出的另一重要检索要素是"晶型"。

C 部分涉及产品中的含水量，产品中的含水量通常与其干燥程度相关，但有些情况下，产品中所含有的特定含量的结晶水对于产品性能会产生明显影响。基于目标专利中所公开的内容，尚无法判断这一技术要素对于产品本身性能的重要程度。考虑到文献中往往不会刻意描述产品的含水量，将含水量作为检索要素可能会遗漏大量相关文献，因此，暂不考虑将含水量作为检索要素。

在上述分析的基础上，初步确定此次无效检索的检索要素表，如表 4-4-3 所示。

表 4-4-3 检索要素表

编号	检索要素
1	阿帕替尼甲磺酸盐
2	晶型

（4）尝试性检索

在确定检索要素后，可以先进行尝试性检索，即采用最简单直接的关键词进行检索。尝试性检索的目的并非全面获取现有技术，而是通过尝试性检索初步了解现有技术状况，同时为后续检索累积所需的关键词。

尝试性检索可选在非专利数据库 CNKI 和专利数据库 PSS 系统中进行。考虑到便捷性，CNKI 中可以选择"主题"这一组合检索入口，PSS 系统则可以选用常规检索方式。

另外，作为一种小分子化合物，阿帕替尼甲磺酸盐可在 Chemical Book 和 PubChem 中进行尝试性检索，表 4-4-4 展示了两个数据库的检索方式和检索获得的有价值的信息。

表 4-4-4 Chemical Book 和 PubChem 常用检索方式及获得的信息

数据库	Chemical Book	PubChem
检索方式	检索"阿帕替尼"	检索"APATINIB"

续表

数据库	Chemical Book	PubChem
有价值的信息	物质代码： CS-1160、YN968D1； 英文通用名： APATINIB； CAS 号： 811803-05-1、 1218779-75-9	英文化学名： 3-pyridinecarboxamide, N-(4-(1-cyanocyclopentyl) phenyl)-2-((4-pyridinylmethyl) amino)-； N-[4-(1-cyanocyclopentyl) phenyl]-2-[(4-pyridinylmethyl) amino] nicotinamide； N-(4-(1-cyanocyclopentyl) phenyl)-2-((pyridin-4-ylmethyl) amino) nicotinamide； N-(4-(1-cyanocyclopentyl) phenyl)-2-((pyridin-4-ylmethyl) amino) pyridine-3-carboxamide； N-[4-(1-cyanocyclopentyl) phenyl]-2-[(4-pyridinylmethyl) amino]-3-pyridinecarboxamide 英文通用名： Rivoceranib

（5）表达检索要素

检索要素是一种检索概念，只有表达为可供具体检索的形式，才能在数据库中实现检索。一般而言，检索要素可以在两种形式上实现表达，分别为分类号和关键词。其中，分类号可根据专利分类规则，通过查询分类表而确定。

对于关键词，则需要尽可能地对检索要素进行多种形式和语言的表达和扩展而获得。对于阿帕替尼甲磺酸盐这一小分子药物化合物，尤其应当考虑到其化学名、通用名、商品名、CAS 登记号以及开发代码等独有的关键词表达形式。根据尝试性检索获得的信息，也可以进一步扩展关键词的表达形式。

对于分类号，可根据目标专利中给出的分类号进行适当扩展，亦可通过查询分类表，或者通过尝试性检索中获得的专利文献分类信息获得。

表 4-4-5 展示了此次检索初步采用的检索要素表达。

表 4-4-5　检索要素表达

检索要素	分类号	关键词	结构式
阿帕替尼甲磺酸盐	C07D 213/82； A61P 35/00； A61K 31/444； C07D 213； A61P 35； A61K 31	通用名：阿帕替尼、甲磺酸、甲烷磺酸、APATINIB、Rivoceranib； 商品名：艾坦； 化学名：氰、腈、环戊、吡啶、酰胺、酰氨、烟酰胺、烟酰氨、苯、+cyano+、+cyclopentyl+、+pyridin+、+amid+、+nicotinamid+、mesylate； 代码：CS-1160、CS1160、YN968D1； CAS 登记号：811803-05-1、1218779-75-9	（结构式图）

续表

检索要素	分类号	关键词	结构式
晶型		晶型、晶形、晶体、单晶、晶、XRPD、X-ray、衍射、Crystal+	

💡 小提示

（1）由于有机小分子化合物的结构复杂性及命名规则的不统一，其化学名往往存在多种表现形式。为避免漏检，在对化学名进行拆解和表达时，应避免出现大段文字表达，可以根据化合物的化学结构中所包含的结构片段，选用一些确定性更高的表达形式。例如，针对阿帕替尼中所含有的"吡啶甲酰胺"结构，考虑到在某些文献中可能会表达为"吡啶-3-甲酰胺"或"吡啶基甲酰胺基"等形式，直接采用"吡啶甲酰胺"这一表达将会遗漏大量相关文献，可以考虑将其表达为"吡啶"和"酰胺"两个确定性更高的形式。

（2）检索要素的全面表达并非一蹴而就，随着检索的深入，可能会获得一些新的分类号和关键词，也有可能会发现某些表达形式不适于检索（包括极易产生噪声或者导致漏检等）。此时，应当对检索要素的表达作出增补或者删减。

（6）PSS系统全面检索

阿帕替尼是由中国的医药企业开发的药物，PSS系统的全面检索尤为重要。

1）检索式的初步构建

在着手构建检索式时，一般是将同一检索要素中的包括关键词和分类号在内的不同表达形式进行逻辑"OR"运算，而后再将所获得的不同检索要素的表达进行逻辑"AND"运算，形成类似于以下的检索式：

（A1 OR A2 OR A3 OR ……）AND（B1 OR B2 OR B3 OR ……）AND（C1 OR C2 OR C3 OR ……）AND ……

在关键词表达中，阿帕替尼的化学名表达是一个难点。前期已经根据其结构抽取部分结构片段的关键词表达，如何利用这些结构片段关键词构建检索式，实现对阿帕替尼甲磺酸盐这一检索要素全面而准确的检索，是在完整构建检索式前需要首先考虑的问题。诸如"氰""腈""环戊""吡啶""酰胺""酰氨""烟酰胺"和"苯"的表达在大量涉及有机化合物的专利文献中常有出现，可以预见，直接采用逻辑"AND"运算将会产生大量的检索噪声。

针对以上情况，可以考虑使用同在算符"S""P"或者位置算符"W""D"对关键词出现时的相邻关系进行限定，进而实现检索去噪。由于在表示阿帕替尼这一化合物时上述结构关键词必然出现在同句中，首先尝试对上述结构关键词进行"S"运算，其操作如图4-4-2所示。

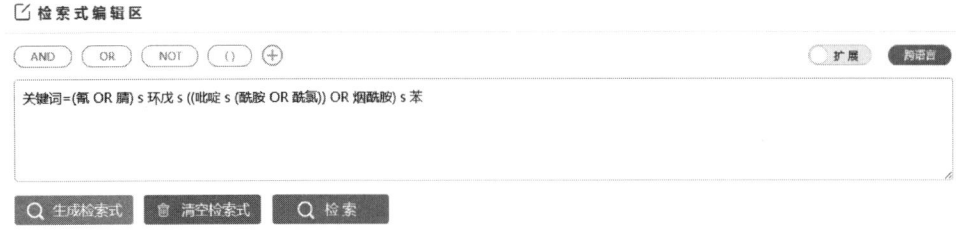

图 4-4-2　PSS 系统检索 "S" 运算界面

这一检索式共获得 1 104 条数据。对检索结果进行初步浏览，发现大多数为无关文献，原因在于大量文献中上述的结构关键词出现在同句中，但所表达的物质并非阿帕替尼，而是其他化合物，或者上述结构关键词出现在不同化合物中。

为了进一步降低检索噪声，有必要根据阿帕替尼的化学结构对其结构关键词表达采用位置算符进行进一步限定。如图 4-4-3 所示的分析，可以发现其中存在两个特异性较高的结构片段，即"氰基环戊基"和"吡啶甲酰胺"：

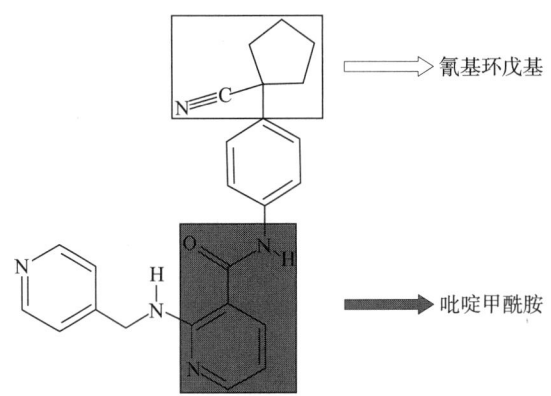

图 4-4-3　阿帕替尼中两个特异性结构片段

由于以上两个结构片段具有较强的特异性，对其进行更为精准的表达将会产生明显的降噪效果。对于"氰基环戊基"这一结构片段，预期可能存在的表达形式有"氰基环戊基""环戊基氰基""环戊腈""环戊烷甲腈"等，因此，考虑采用"(氰 OR 腈) 5D 环戊"表达。对于"吡啶甲酰胺"这一结构片段，预期可能存在的表达形式有"吡啶甲酰胺""烟酰胺""吡啶-3-甲酰胺""吡啶甲酰氨""烟酰氨""吡啶-3-甲酰氨"等，因此，考虑采用"(吡啶 5D 酰胺) OR 烟酰胺"表达。

在上述分析的基础上，对阿帕替尼的检索式作出如图 4-4-4 所示的调整。

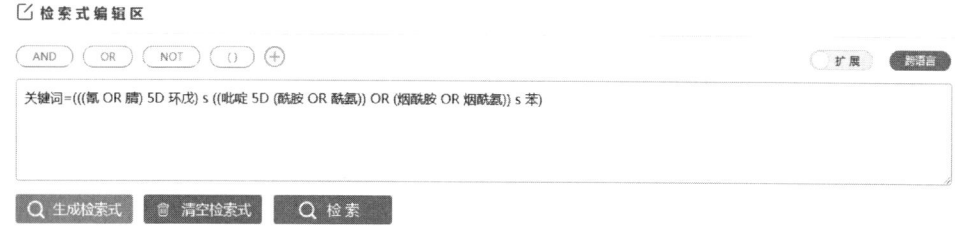

图 4-4-4　PSS 系统检索阿帕替尼化学名调整界面

这一检索式获得 36 条数据，浏览检索结果，显示大部分命中文献符合检索预期。基于上述中文化学名表达的有效性，拟英文化学名采用类似的表达方式。

对于分类号，C07D 213/82 和 A61K 31/444 均是关于杂环化合物的结构分类号。这一分类号下，必然包含大量有关其他化合物的文献，由于此次无效检索主题涉及的是一种特定的小分子化合物，且经过初步检索确定该化合物在申请日前已经被大量文献所报道，因此，没有对该化合物进行结构扩展检索的必要。为了减少噪声，提高检索精准度，决定在此次检索中不采用以上两个分类号及其扩展表达。而 A61P 35/00 是有关抗肿瘤药物的分类号，分类含义同样十分宽泛，且在仅涉及目标化合物制备的专利文献中，往往不会给出这一分类号。因此，此次不采用分类号进行检索。

在检索要素表的基础上，结合上述分析，利用布尔算符，初步构建如图 4-4-5 所示的检索式。

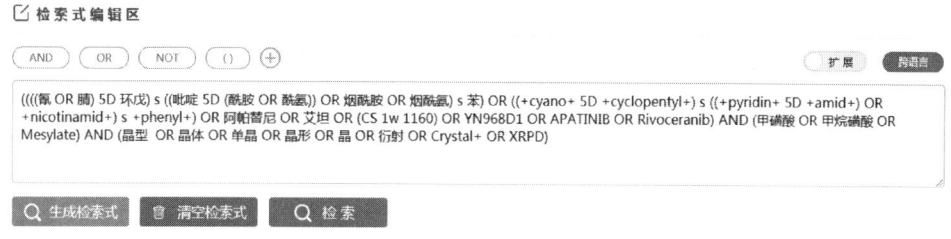

图 4-4-5　PSS 系统利用布尔算符构建检索式界面

通过这一检索式获得 36 条数据，对该检索结果进行浏览，其中所包含多数文献与检索主题相关。但浏览发现，这一检索结果中并未涵盖目标专利在审查阶段中涉及的两篇对比文件 CN102579454B 和 CN101676267B。

分析以上两篇文献的内容，其均公开了阿帕替尼甲磺酸盐，而且未明确公开所述阿帕替尼甲磺酸盐的晶型和含水量。但是，根据《专利审查指南 2010》中对包含性能、参数特征的产品权利要求的新颖性判断标准，初步判断这两篇文献可以用于推定目标权利要求 1 不具备新颖性。

知识拓展——无效检索是一种渗透法律思维的检索

无效检索的目的是获取在无效宣告程序中所需的证据。这决定了无效检索中必须时刻考虑目标文献在无效宣告程序中的证据意义,即目标文献在无效宣告程序中是否能够以及何种程度上影响目标权利要求的新颖性和创造性,这要求检索人员对《专利法》《专利实施细则》和《专利审查指南2010》有充分了解。

《专利审查指南2010》第二部分第三章第3.2.5节中规定,对于包含性能、参数特征的产品权利要求,如果所属技术领域的技术人员根据该性能、参数无法将要求保护的产品与对比文件的产品区分开,则可推定要求保护的产品与对比文件产品相同,因此申请的权利要求不具备新颖性,除非申请人能够根据申请文件或现有技术证明权利要求中包含性能、参数特征的产品与对比文件产品在结构和/或组成上不同。例如,专利申请的权利要求为用X衍射数据等多种参数表征的一种结晶形态的化合物A,对比文件公开的也是结晶形态的化合物A,如果根据对比文件公开的内容,难以将两者的结晶形态区分开,则可推定要求保护的产品与对比文件产品相同,该申请的权利要求相对于对比文件而言不具备新颖性,除非申请人能够根据申请文件或现有技术证明,申请的权利要求所限定的产品与对比文件公开的产品在结晶形态上的确不同。

2)检索式的调整

重新审视此前的检索式,一方面,由于限定"晶型"这一检索要素,必然排除那些实际上已经涉及阿帕替尼甲磺酸盐的制备,但并未研究并公开其晶型的文献,而事实上,这部分文献可推定目标专利权利要求1不具备新颖性。另一方面,可以预见,在部分专利文献中,用于推定权利要求1的产品不具备新颖性的关键段落会出现在说明书的实施例中,而在关键词检索所涵盖的标题、摘要和权利要求中并未涉及,因此,有必要将检索字段扩展到说明书。基于上述考虑,对检索式作出调整,构建如图4-4-6所示的检索式。

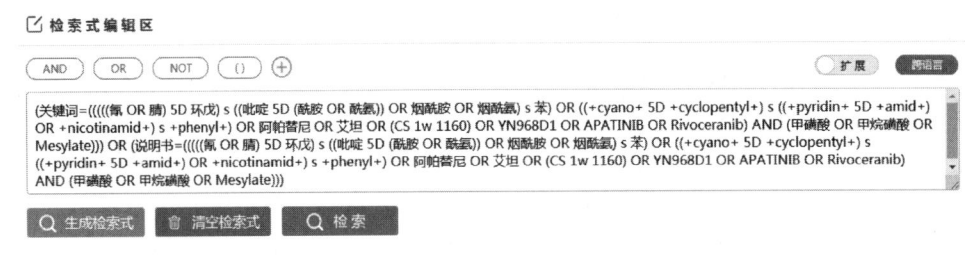

图4-4-6 PSS系统将检索字段扩展到说明书的检索式界面

虽然这一检索式更大程度地避免了漏检的发生,但由于将检索字段扩展到说明书,也不可避免地增大了检索的噪声,检索总结果数达到1240项。对所命中的检索结果进行初步浏览,发现大量文献并非涉及阿帕替尼甲磺酸盐的制备,而只是在说明书中提及阿帕替尼可用于联合用药。针对这些无关文献,拟采用频率算符FREC将"阿帕替尼"或"APATINIB"出现的频率限定为两次以上，即为图4-4-7所示的检索式。

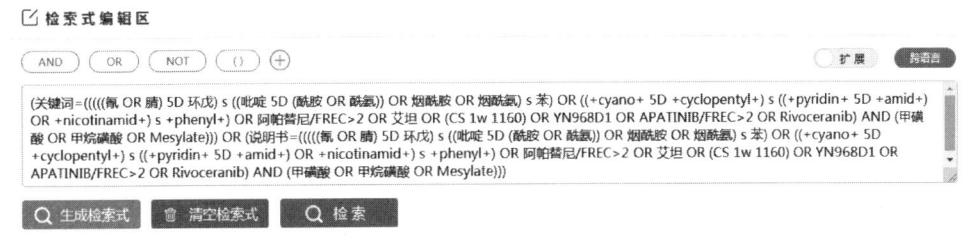

图4-4-7 PSS系统调整算符频率的检索式界面

上述检索式将检索结果限定至470项。为进一步将检索结果限定至可以浏览的程度，在此基础上对申请日作出如图4-4-8所示的限定。

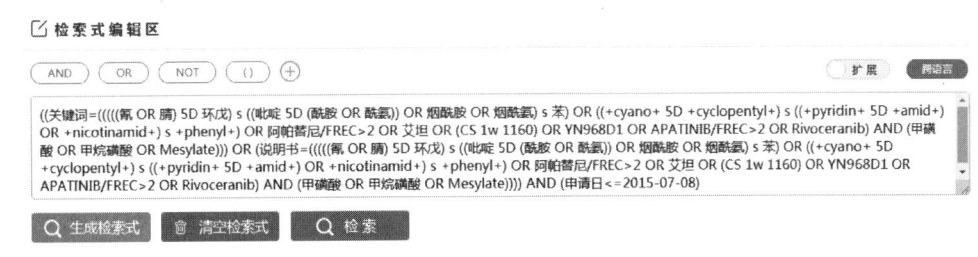

图4-4-8 PSS系统对申请日作出限定的检索式界面

该检索式获得179项检索结果，对此结果集进行详览和筛选。

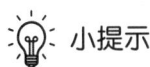 小提示

> 在无效检索中，由于目标专利的申请日是确定的，必要时可限定文献的公开日或申请日，以降低浏览工作量。但是，应当注意，使用时间限定条件必须十分小心，错误的时间限制会直接导致关键证据的漏检。在此次检索中，限定了目标文献的申请日不晚于目标专利的申请日，保证了检索结果集中涵盖现有技术文献和抵触申请文献。

3）思考与拓展

通过以上检索，获得了一些涉及阿帕替尼甲磺酸盐制备方法的现有技术，可用于推定目标专利权利要求1不具备新颖性。但是，假设以上检索未能获得此类现有技术，又应当如何对检索策略作出调整呢？

无效检索的目的是获取破坏目标专利权利要求新颖性或创造性的对比文件，在全要素检索未能获得相关文献的情况下，应当考虑通过删减检索要素，进一步扩大检索范围，以期获取能够破坏目标专利权利要求创造性的现有技术。

在这一过程中，如图4-4-9所示，检索要素应当是逐步删减的，而且应当遵循一定的删减顺序，首先删减的应当是那些对于创造性判断影响较为轻微的要素。对于

此次检索而言,假设未能获取可用于推定目标专利权利要求 1 不具备新颖性的现有技术,则可以考虑按照以下次序逐步减少检索要素,扩大检索范围。

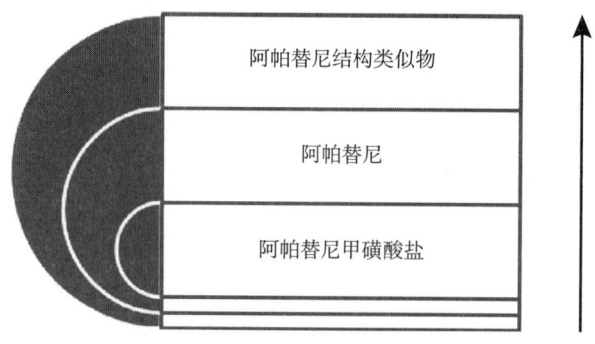

图 4-4-9　检索要素删减次序

图 4-4-10 展示了一些可能的阿帕替尼结构类似物检索方向。

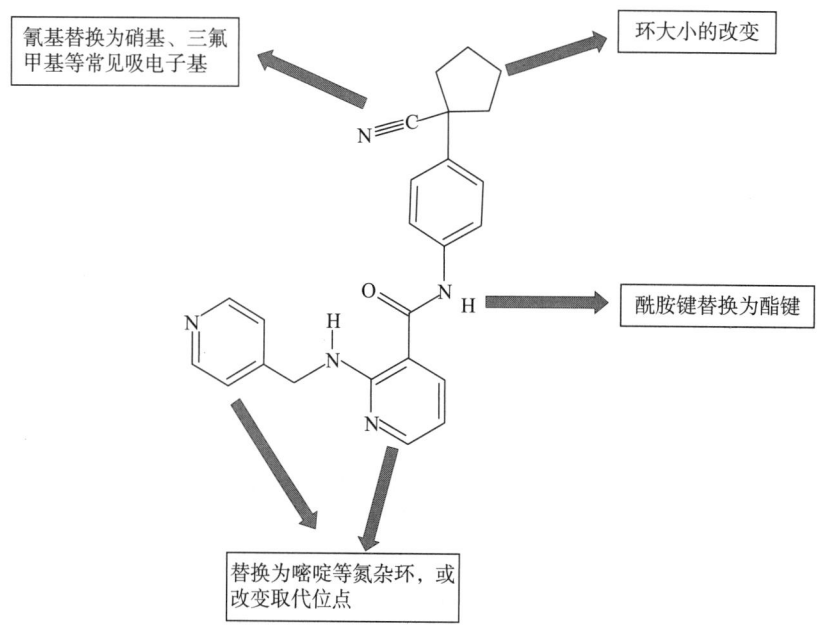

图 4-4-10　阿帕替尼结构类似物检索方向

（7）其他主要专利和非专利数据库的检索

在其他数据库的检索采用与以上 PSS 系统类似的检索思路,均是利用关键词或分类号在适宜的检索入口中进行检索,并根据检索结果不断对检索策略作出调整,此处不再一一赘述。表 4-4-6 列出了一些主要数据库的示例性检索信息。

表 4-4-6 数据库示例性检索信息

数据库	检索式	检索提示
CNKI	(1) 主题 = 甲磺酸阿帕替尼 OR 阿帕替尼甲磺酸盐 (2) 主题 = 艾坦 AND（癌 OR 肿瘤） (3) 全文 =（氰 OR 腈）AND 环戊 AND 吡啶 AND（酰胺 OR 酰氨） (4) 全文 =（氰 OR 腈）AND 环戊 AND（烟酰胺 OR 烟酰氨）	(1) "艾坦"这一关键词在检索中产生了较大噪声，检索中采用"癌"或"肿瘤"对其检索结果进行去噪。 (2) 将化学名表达的检索范围扩大到全文，是基于期刊文献的撰写习惯
Web of Science	主题 = Apatinib OR Rivoceranib OR CS-1160 OR CS1160 OR YN968D1	
STN-CAplus	S 1218779-75-9/PREP	"/PREP"这一命令可将检索结果限制到涉及阿帕替尼甲磺酸盐制备的文献，排除了大量与目标专利相关度较低的、仅涉及阿帕替尼甲磺酸盐药理活性研究的文献
EPO	申请人检索： ia all "XUANCHUANG BIOTECHNOLOGY" OR ia all "HENGRUI MEDICINE" 化学名检索： (1) nftxt =（"cyano" prox/distance <= 10 "cyclopentyl"）AND nftxt =（"pyridin" prox/distance <= 10 "amid"）AND nftxt = "phenyl"; (2) nftxt =（"cyano" prox/distance <= 10 "cyclopentyl"）AND nftxt = "nicotinamid" AND nftxt = "phenyl" 通用名及代码检索： nftxt any "APATINIB" OR nftxt any "Rivoceranib" OR nftxt any "CS-1160" OR nftxt any "CS1160" OR nftxt any "YN968D1"	(1) EPO 检索支持临近算符运算，既可通过表格检索设定，也可采用命令符"prox/distance <="实现。 (2) 实际检索中发现在申请人检索入口中检索"XUANCHUANG BIOTECHNOLOGY"并未获得目标专利，原因是 EPO 将目标专利的申请人错误标引为"SHANGHAI YICHUANG BIOTECHNOLOGY CO TLD"，推测其将中文汉字"宣"误认为"宜"而致。这提示在外国专利局网站检索中国申请人时，应特别注意中国申请人的外文表达形式，在正式检索前，可先进行数项中文专利的验证性检索

虽然本节展示了部分数据库的检索过程，但是无效检索并不局限于以上数据库。只有在深刻掌握专利无效的要求和特点的基础上，合理提炼和表达检索要素，采用灵活而适当的检索策略在不同数据库中进行全面而深入的检索，才能在浩如烟海的文献中得到所需的无效证据。

第 5 章 检索进阶

化学和医药、生物主题本质上均属于化学领域。在针对该领域的主题进行检索时,既需要结合化学领域的特点灵活使用第 2 章所介绍的通用检索策略,也需要结合领域特点利用特定检索资源采取特色检索策略。只有按照检索主题的特点采取适当的检索策略,才能获得全面的检索结果和事半功倍的效果。本章拟选择有代表性的 8 类主题分别介绍各自的检索策略的应用。

5.1 小分子化合物检索

5.1.1 具有明确结构化合物的检索

> **案例 6**
> 技术人员设计一条合成路线合成化合物 A,合成路线中需要使用反应原料 2-氨基苯硼酸。希望通过检索:① 确定该化合物 A 是否是新的化合物,该化合物有什么功能;② 是否存在和它结构、功能相似的化合物;③ 这条合成路线是否是已知的,所用原料是否可以通过购买获得,以及购买途径。
>
> 化合物A

针对如化合物 A 这类具体的化合物,可先考虑在 PubChem、ChemSpider 等免费数据库中进行尝试性检索。如果在上述数据库中未检索到,则继续在 STN 或 Scifinder 数据库中进行检索。同时,还应当注意在 CNKI 中文期刊数据库中进行补充检索。

由于并不清楚化合物 A 的编号,可以化合物名称或者结构式作为入口在 PubChem 中进行检索。但是该化合物结构较为复杂,化学名称的表达十分困难且容易出错,怎么办?

为了解决这个问题，采用 InChI、SMILE 或者结构式作为检索入口进行精确检索。

(1) 获取 InChI 和 SMILES

化合物的 InChI 和 SMILES 可通过免费在线工具获取，其网址为 http://www.cheminfo.org/Chemistry/Cheminformatics/Generate_InChI/index.html，示例如图 5-1-1 所示。

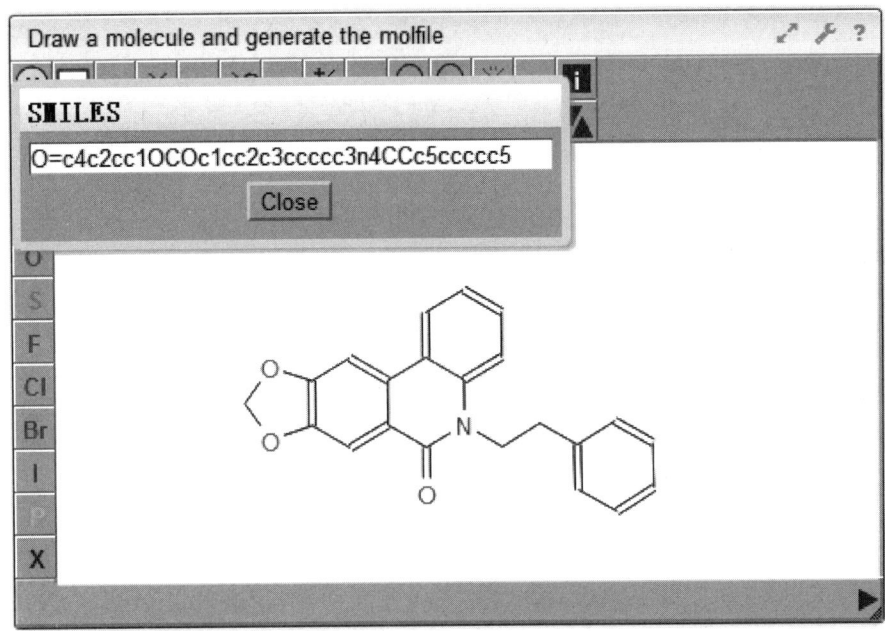

图 5-1-1　化合物 A 的 InChI 和 SMILES 结构式界面

画出其结构式后，生成的 InChI、InChI Key 如图 5-1-2 所示。

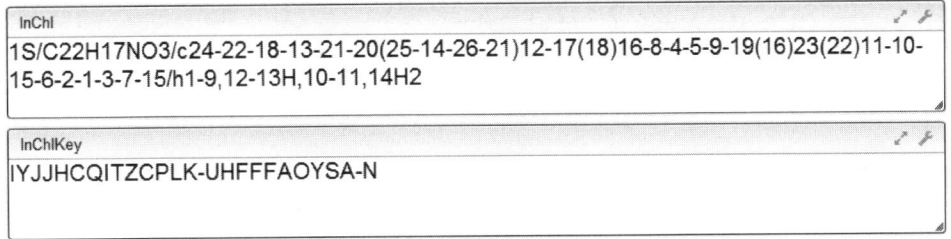

图 5-1-2　化合物 A 的 InChI 和 SMILES 获取结果界面

(2) PubChem 检索化合物 A

将获取的 InChI 输入 PubChem 检索框，进行检索，如图 5-1-3 所示。

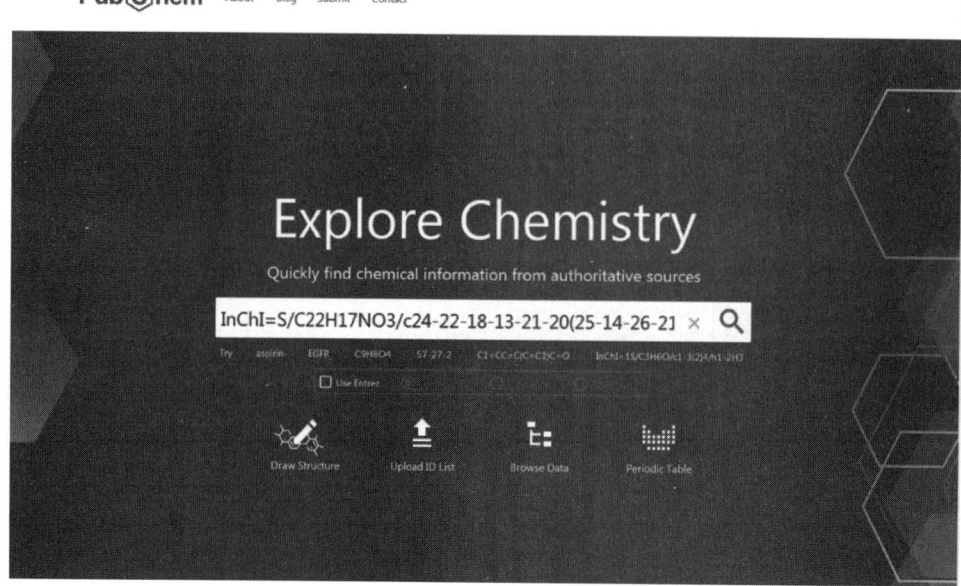

图 5-1-3　PubChem 化合物精确检索界面

经检索，命中 PubChem CID 为 71452576 的化合物，如图 5-1-4 所示。

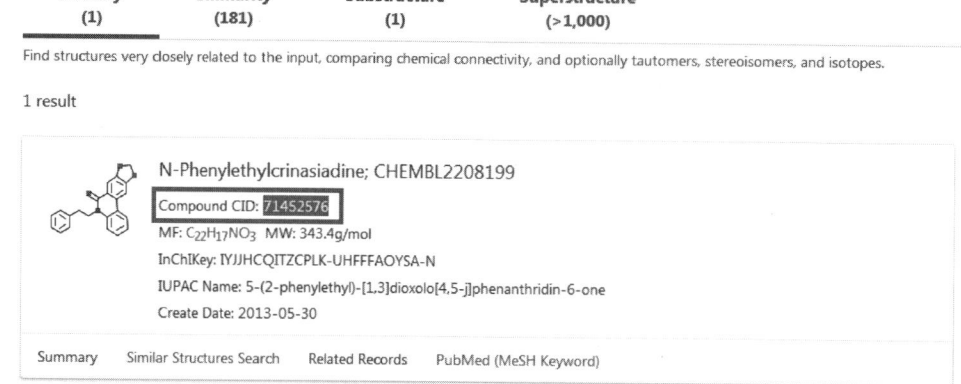

图 5-1-4　PubChem 数据库 CID 为 71452576 的化合物检索结果界面

该化合物即为要检索的化合物 A。点击该化合物，PubChem 提供了有关该化合物的大量信息，包括结构、名称与识别、理化性质、图谱信息、类似化合物、文献信息、生物活性数据和信息来源。其中，文献信息（第 6 项 Literature）显示"Reactions of Arynes Involving Transition – Metal Catalysis"和"Facile Synthesis of Phenanthridinone Alkaloids via Suzuki – Miyaura Cross – coupling"记载了该化合物，如图 5-1-5 所示。生物活性信息（第 7 项 Biological Test Results）则显示该化合物针对 K562、HL60 和 HepG2 等多种癌细胞具有抑制作用，如图 5-1-6 所示。

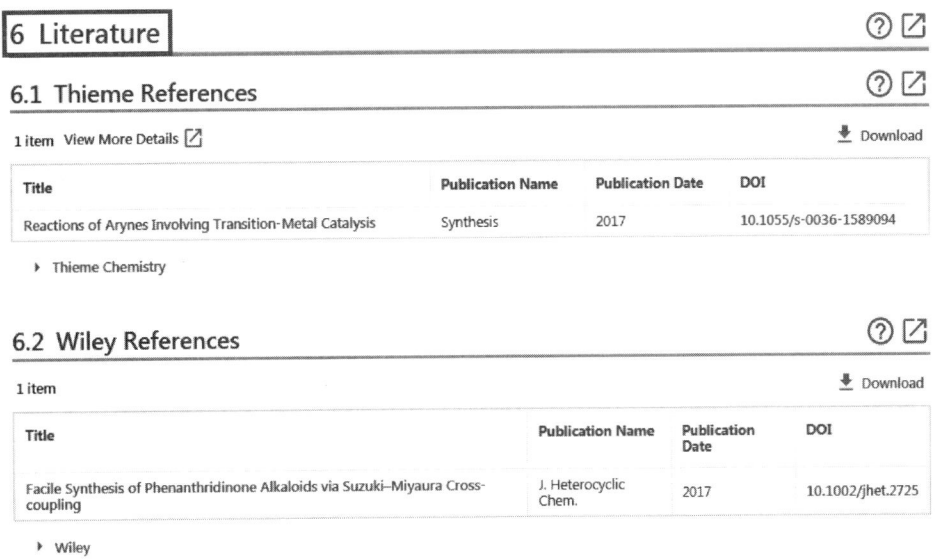

图 5-1-5　PubChem 化合物 A 的文献信息界面

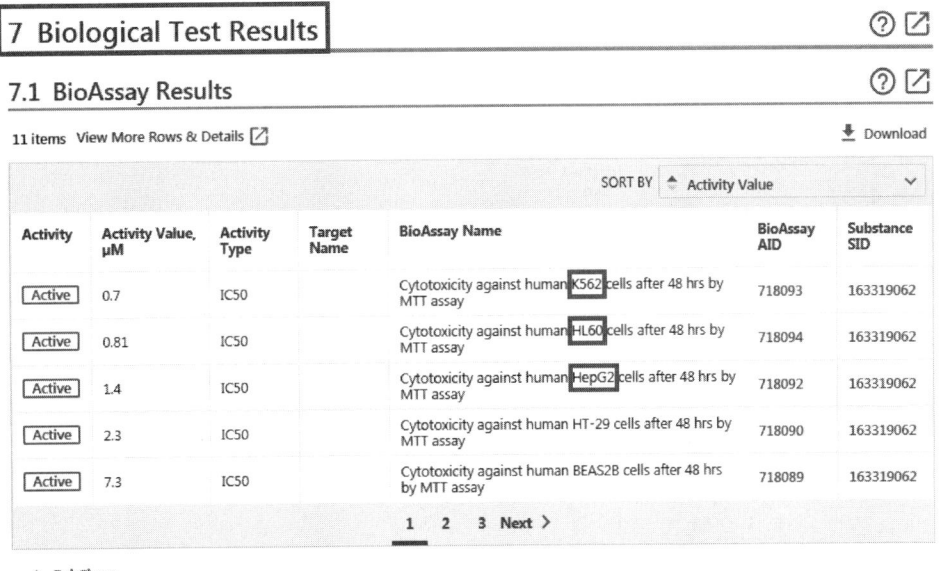

图 5-1-6　PubChem 化合物 A 的生物活性信息界面

通过上述检索可以知道，化合物 A 并不是一种新化合物，且其抗肿瘤的功能也已经记载在文献中。不仅如此，与化合物 A 类似的化合物也已经有所记载。但是上述文献中没有记载该化合物的合成路线，于是继续进行检索。

（3）ChemSpider 检索化合物 A

在 ChemSpider 数据库中通过化合物 A 的 SMILES 进行检索，如图 5-1-7 所示。

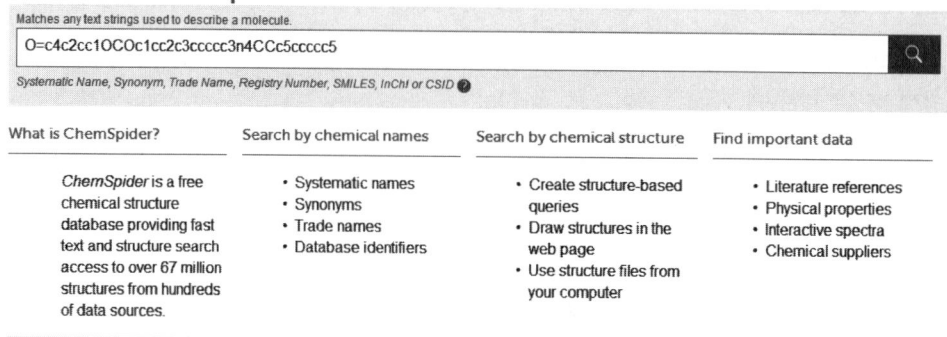

图 5-1-7 ChemSpider 数据库化合物 A 的 SMILES 检索界面

经检索，同样命中 ChemSpider ID 为 28650159 的化合物，其即为所关注的化合物 A，如图 5-1-8 所示。

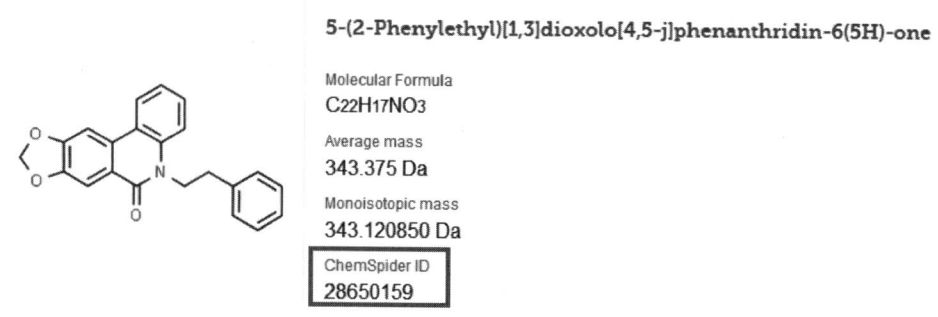

图 5-1-8 ChemSpider ID 为 28650159 的化合物检索结果界面

ChemSpider 也未能公开该化合物的合成路线。

在免费的数据库中未检索到合成路线，可进入付费数据库进行更全面的检索。

（4）STN 检索化合物 A

STN 的 REGISTRY 数据库并不支持直接采用 InChI 或 SMILES 检索，也不知道该化合物 A 的 CAS 登记号，因此在 STN 的 REGISTRY 数据库中进行结构式精确检索。

直接在 STN 提供的结构编辑器中绘制化合物 A 的结构，或者在结构编辑器中通过 InChI 或 SMILES 导入结构，如图 5-1-9 所示。

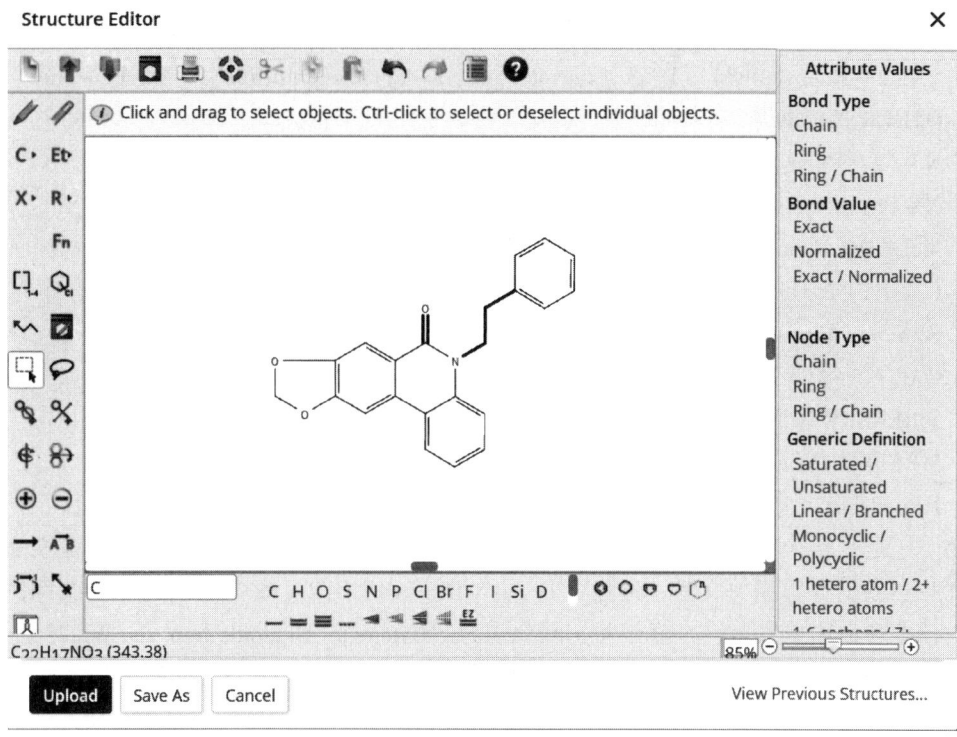

图 5-1-9 STN 化合物 A 的结构编辑界面

上传结构，在 REGISTRY 数据库中通过精确（EXACT）检索，命中 CAS 登记号为 1413256-21-9 的化合物，即为目标化合物 A：

L1   1 of 1
1413256-21-9
CAS Registry Number：
1413256-21-9 REGISTRY
Entered STN：10 Dec 2012
CAS Registry Number Locator：
STN Files：CA，CAPLUS，CASREACT，TOXCENTER

** PROPERTY DATA AVAILABLE IN THE 'PROP' FORMAT **
Chemical Name：
［1，3］Dioxolo［4，5-j］phenanthridin-6（5H）-one，5-（2-phenylethyl）-

（CA INDEX NAME）

OTHER CA INDEX NAMES：

5 -（2 - Phenylethyl）［1, 3］dioxolo［4, 5 - j］phenanthridin - 6（5H）- one

OTHER NAMES：

N -（2 - Phenylethyl）crinasiadine

N - Phenethylcrinasiadine

Molecular Formula：

C22 H17 N O3

Source of Registration：

CA

5 REFERENCES IN FILE CA（1907 TO DATE）

5 REFERENCES IN FILE CAPLUS（1907 TO DATE）

REGISTRY 数据库中的上述物质信息显示，CAplus 数据库中有 5 篇文献涉及该化合物。于是，转入 CAplus 数据库，获取相关文献，在 CAplus 数据库中运行检索命令"S L3"，获得 5 篇相关文献，通过"D 1 - 5 BIB ABS HIT"命令显示这 5 篇文献的题录、摘要和命中信息，该 5 篇相关文献分别为"Cytotoxic Alkaloids from the Whole Plants of Zephyranthes candida""Facile Synthesis of Phenanthridinone Alkaloids via Suzuki - Miyaura Cross - coupling""Collective Synthesis of Phenanthridinone through C - H Activation Involving a Pd - Catalyzed Aryne Multicomponent Reaction""Carbene - catalyzed Aerobic Oxidation of Iso Quinolinium Salts：Efficient Synthesis of Isoquinolinones"和 CN108948029 A。其中，第 2 篇文献为 PubChem 和 ChemSpider 中所提供的文献。另外，HIT 信息显示，这 5 篇文献中关于物质 1413256 - 21 - 9 的 CAS Role 均被标引为 P，意味着这 5 篇文献均涉及该化合物的制备。查询这 5 篇文献即可获知化合物 A 的制备方法以确定是否包括待检索的合成路径。

对于案例材料中提及的原料 2 - 氨基苯硼酸是否能够通过购买获得的问题，由于 2 - 氨基苯硼酸是一种结构简单的化工原料，可以尝试在 Chemical Book 中检索并获取其供应商。

（5）Chemical Book 检索 2 - 氨基苯硼酸

直接在 Chemical Book 中输入其中文名、英文名、CAS 登记号或者分子式进行检索，如图 5 - 1 - 10 所示。

图 5 - 1 - 10　Chemical Book 数据库中检索 2 - 氨基苯硼酸界面

命中化合物 2 - 氨基苯硼酸，如图 5 - 1 - 11 所示。Chemical Book 还给出该原料的国内供应商和国外供应商及其联系方式，可通过以上途径方便地购买到。

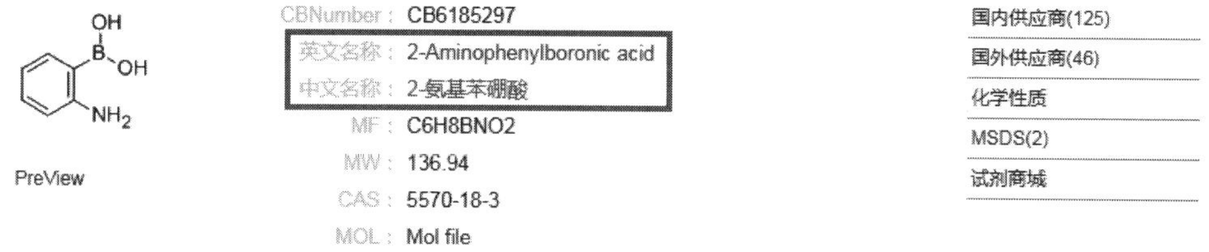

图 5-1-11　Chemical Book 数据库中化合物 2-氨基苯硼酸的检索结果界面

在以上检索过程中对 3 个数据库进行精确检索,共获得 6 篇相关文献,其中 PubMed 命中 2 篇,ChemSpider 命中 1 篇,STN 命中 5 篇。STN 的检索结果相对而言最为全面,尤其是专利文献 CN108948029A 仅在 STN 中被命中,PubChem 次之,ChemSpider 则仅命中了 1 篇文献。但其中 1 篇文献在 STN 检索中并未命中,显示了 STN 的化合物标引同样存在遗漏的可能性、对于需要全面获取文献信息的检索人员,PubChem 等数据库的补充检索必不可少。

5.1.2　通式结构化合物的检索

针对通式化合物的特点,可以采用亚结构检索。在着手检索之前,首先需要对待检索通式化合物进行分析,总结待检通式化合物中的共有结构,并以共有结构作为亚结构检索的检索片段。必要时,还需要在待检片段中绘制可变基团,以对检索结果作进一步限制。

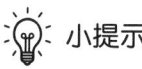 小提示

> 亚结构检索是结构式检索的一种。结构式检索通常包括精确检索、亚结构检索和相似检索三种方式。精确检索是指在检索时仅命中与所绘制结构式完全一致的化合物的检索;亚结构检索是指检索时命中包含所绘制结构片段的化合物的检索;相似检索是指检索与所绘制化合物相似的化合物的检索。

以下述化合物为例进行说明。

案例 7

一种结构如下的通式化合物:

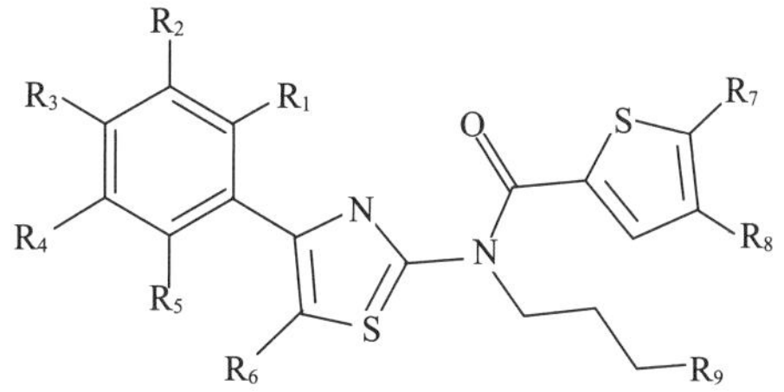

其中,$R_1 \sim R_8$ 分别选自氢、卤素、烷基、烷氧基、芳基、氨基、烷基氨基、硝基或羟基;R_9 选自 —N⟨⟩m、—N⟨⟩N—R_{10},R_{10} 选自氢、烷基、芳基、环烷基、烷氧羰基或酯基,m 为 0~4 的整数。

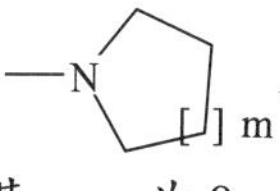

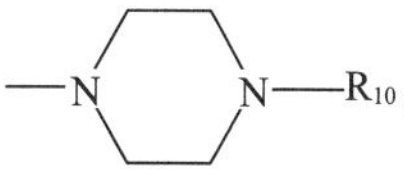

经分析，以上通式化合物中共有的骨架结构片段是

检索时，可先尝试以该骨架结构进行亚结构检索。

（1）选择 PubChem 进行检索

在 PubChem 中绘制骨架结构片段，如图 5-1-12 所示。

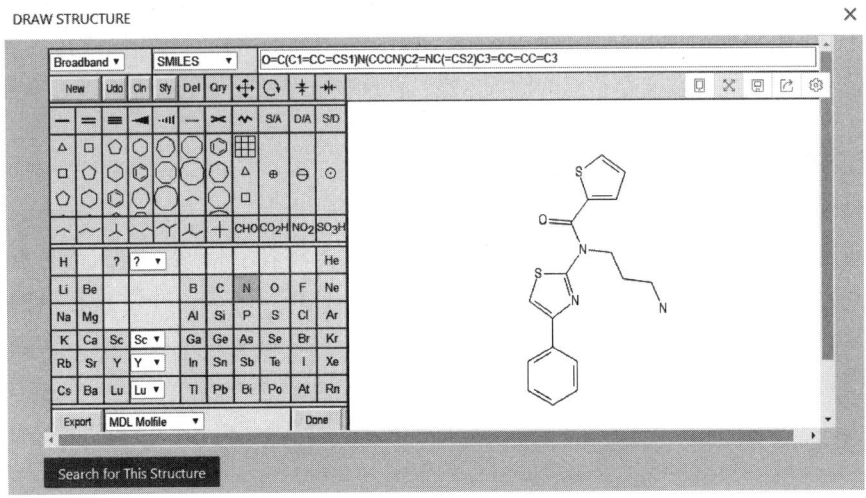

图 5-1-12　PubChem 骨架结构片段界面

检索得到 119 条 Substructrue 结果，如图 5-1-13 所示。

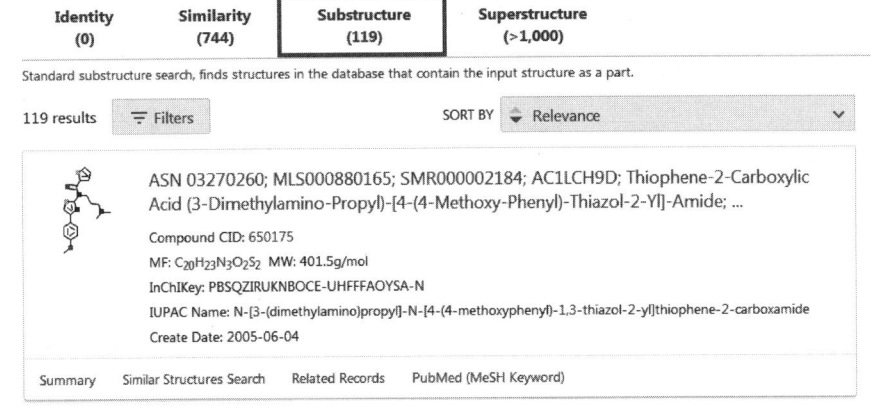

图 5-1-13　PubChem 亚结构检索结果界面

对所述的 119 条检索结果进行浏览，发现大量所命中的化合物实际并不属于目标通式化合物。

第5章 检索进阶

原因在于，通式化合物中的 R_9 选自 —N⟨⟩$_m$、—N⟨⟩N—R_{10}，均属含氮杂环，而检索结果中的大量化合物在对应于 R_9 位置的取代基并非环状基团，例如，所命中的 CID 650175 在对应于 R_9 位置的基团为二甲胺基，导致该化合物实质上并未落入目标通式化合物内。因此，有必要对检索结构式中的 R_9 基团作进一步限定。

由于 PubChem 的结构式检索并不支持将原子设定为环原子，也不支持基团重复数的设定，只能分别将以下 6 种结构分别进行亚结构检索。

经检索，命中如表 5-1-1 所示的化合物，均落入目标通式化合物的范围。

表 5-1-1 PubChem 亚结构检索命中化合物

化合物	来源	化合物	来源
CID：68407124	US7795290B2 US7410988B2	CID：68407293	US7795290B2 US7410988B2

续表

化合物	来源	化合物	来源
CID：68407544	US7795290B2 US7410988B2	CID：68407952	US7795290B2 US7410988B2
CID：11583350	US7795290B2 US7410988B2	CID：68406155	US7795290B2 US7410988B2
		CID：68407630	US7795290B2 US7410988B2

续表

化合物	来源	化合物	来源
CID：68406035	US7795290B2 US7410988B2	CID：68407617	US7795290B2 US7410988B2
CID：68408283	US7795290B2 US7410988B2	CID：11553034	US7795290B2 US7410988B2
CID：68407287	US7795290B2 US7410988B2	CID：68407452	US7795290B2 US7410988B2

以上14种化合物均来自两篇专利文献US7795290B2和US7410988B2。除了这13种化合

物，是否还存在符合通式的其他化合物呢？为此继续在 ChemSpider 和 STN 中进行检索。

（2）ChemSpider 检索

在 ChemSpider 的结构式检索界面绘制如图 5-1-14 所示的结构片段，进行检索。

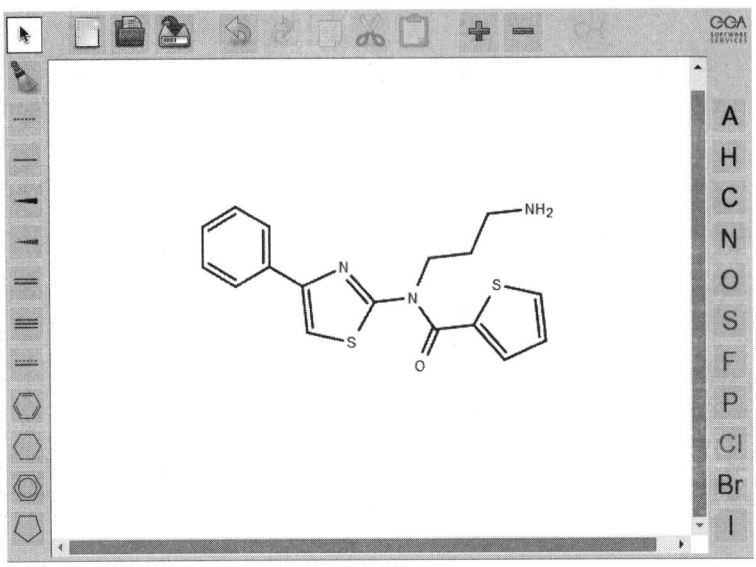

图 5-1-14　ChemSpider 结构片段绘制

检索命中 36 个化合物，由于该结果集已经属于可以浏览的范畴，直接对 36 种化合物进行逐个筛选，得到表 5-1-2 中两个落入目标通式化合物范围的化合物，这两个化合物均已在 PubChem 中被命中。

表 5-1-2　ChemSpider 命中化合物

化合物	来源	化合物	来源
ChemSpiderID：9727812	Thomson Pharma：02093223	ChemSpider ID：9758115	Thomson Pharma：02093225

(3) STN 检索

为了进一步全面检索，继续在 STN 数据库中进行检索。类似地，采用亚结构检索，在 STN 中绘制检索结构式。相比于 PubChem，STN 的结构式检索可以提供更多的结构定义方式。例如，目标通式化合物中的 R_9 选自——N⟨⟩$_m$、——N⟨⟩N——R_{10}，其中与母结构相连的 N 原子均为环氮原子，在 PubChem 中，并不支持环原子的定义，因此，检索人员需要绘制 9 种结构式，分别进行检索，效率较低；而在 STN 中，则可以进行以上定义，直接在该 N 原子上右击，选择 "Node Type"，进一步选择其中的 "Ring"，点击 "Apply"，即完成环氮原子的定义，如图 5-1-15 所示。

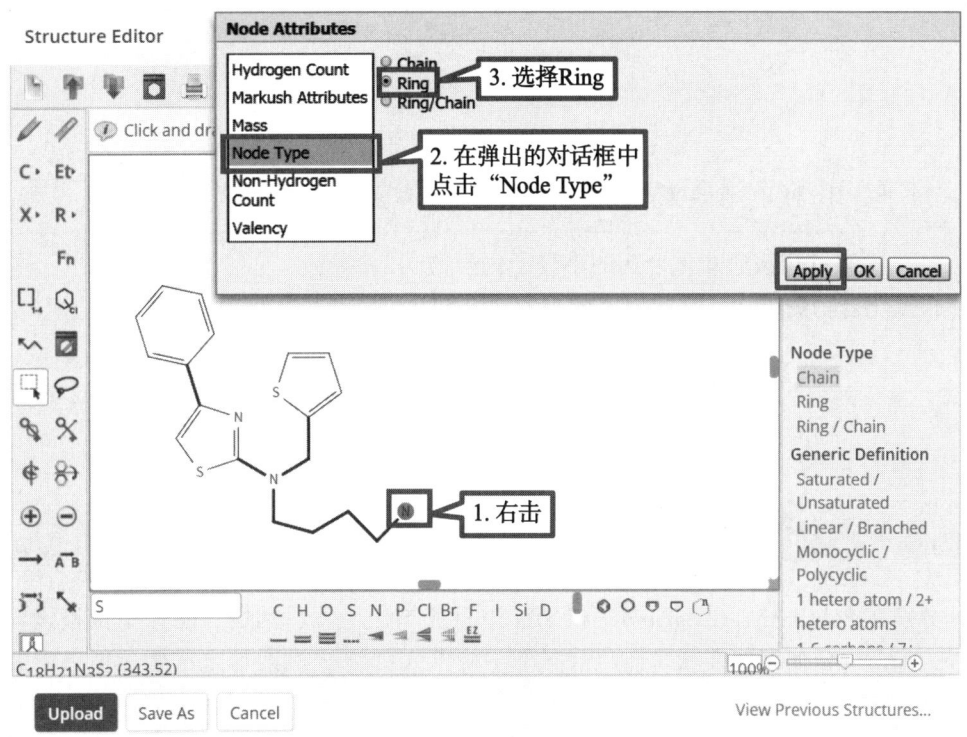

图 5-1-15　STN 环氮原子结构式界面

上传结构式，在 REGISTRY 数据库中进行亚结构检索 (Substructrure Search)：
=> S L1 SSS FUL
经检索，命中 14 个落入通式化合物范围的化合物。为进一步获取相关文献，将相应物质集转入 CAplus：
FILE CAPLUS
=> S L1
获得 1 篇相关文献，即 US7410988B2，其同族专利文献为 US7795290B2。
由此，基本可以确定符合前述通式结构的已知化合物共 14 种。在此类检索中,既可以利用 STN 进行检索,也可以用 PubChem 检索。但是,STN 的检索更便捷高效。

该案例是典型的通式检索情况,还有另一种情况也需要进行通式检索,即在已知某个化合物结构的情况下,检索与之结构类似的化合物。

案例 8

一种光致变色化合物

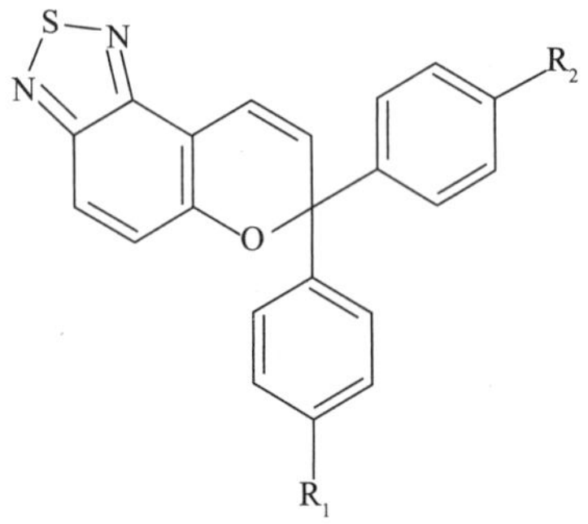

[结构式图：含噻二唑并色烯骨架,两个对位取代苯基,取代基为 R_1 和 R_2]

其中,R_1 和 R_2 选自氢、烷基、烷氧基、烷硫基或者烷氨基。

---

(1) 检索符合该通式化合物的小分子化合物

根据化合物的结构,确定以下的检索亚结构:

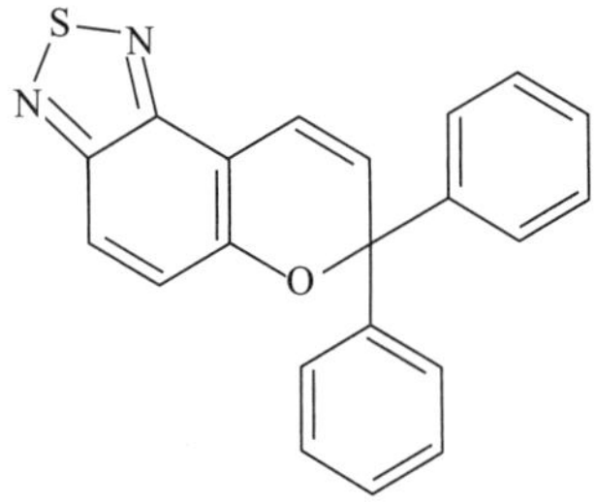

[结构式图：两个苯基均无取代基的对应母体结构]

分别在 PubChem、ChemSpider 和 STN 进行亚结构检索,然而,除命中待检索对象之外,未命中任何其他文献。在此情况下,检索人员尝试检索与之结构相似、用途相同的化合物。

(2) 检索与之结构类似的化合物

首先,仅知道该化合物是光致变色化合物,但不知其作用机制,这使得检索人员在预设检索范围及构建检索式时缺乏信息基础。此时,检索人员可以在原亚结构检索式的基础上,分别尝试进一步省略其中的噻二唑基和两个苯取代基,形成如图 5-1-16 所示的两种亚结构检索式(图中被圈中的部分)。

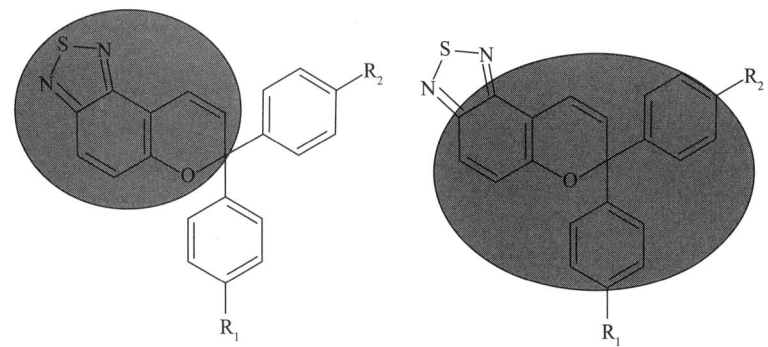

图 5-1-16 两种设想的亚结构检索式

采用以上两种亚结构检索式分别在 STN 中进行检索，结果命中期刊文献 1❶，其公开了光致变色性能化合物的作用机制，具体为：无色的闭环化合物 CF 在紫外光的作用下发生可逆的开环反应，形成带有颜色的开环化合物 OF（包括 TC 和 TT）。该化合物因具有准平面结构，能够产生电子共轭离域而产生颜色，开环化合物则可在室温或可见光的作用下再次发生环合反应，形成无色物质，如图 5-1-17 所示。

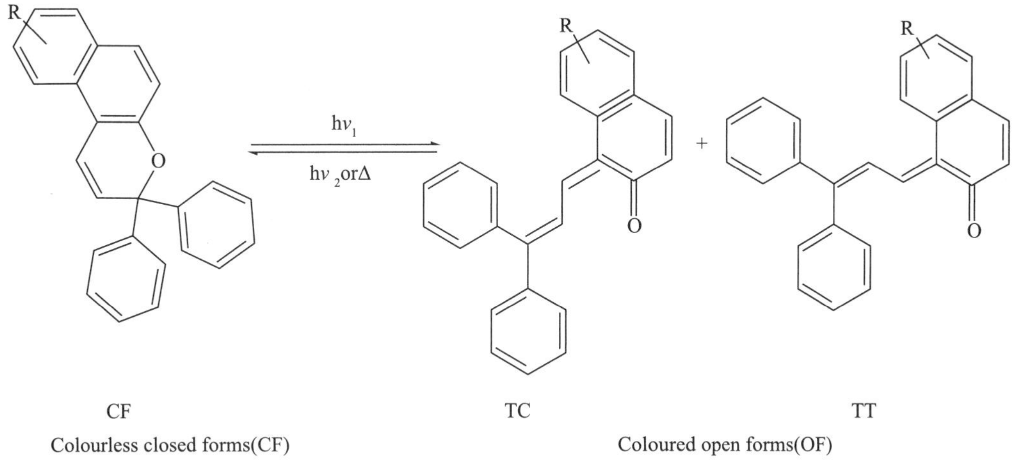

图 5-1-17 化合物的变色反应机理

5.1.3 小分子化合物合成路线检索

当反应原料和产物都有明确结构时，可以采用 CAS 登记号检索化合物合成方法。

---

❶ OLIVEIRA M M, SALVADOR MA, STEPHANIE D, et al. Remarkable thermally stable open forms of photochromic new N-substituted benzopyranocarbazoles [J]. Journal of Photochemistry and Photobiology A Chemistry, 2008, 198 (2-3): 242-249.

案例 9

如何检索 7-乙基-10-羟基喜树碱与盐酸 4-哌啶基哌啶甲酰氯反应制备伊立替康的相关技术文献?

由于待检索主题涉及一种具体化合物的制备方法,且所采用的原料均为具体化合物,尝试采用 CASREACT 数据库的 CAS 登记号检索。

首先,通过 Chemical Book 的关键词检索,获得原料和产物的 CAS 登记号:

7-乙基-10-羟基喜树碱:86639-52-3

盐酸 4-哌啶基哌啶甲酰氯:143254-82-4

伊立替康:97682-44-5

盐酸伊立替康:100286-90-6

接下来在 CASREACT 数据库中以特定角色检索上述 CAS 登记号:

=> s 86639-52-3/RCT
L1   122 86639-52-3/RCT
=> s 143254-82-4/rct
L2   9 143254-82-4/RCT
=> s l1 (1) l2
L6   8 L1 (L) L2

对以上 8 篇相关文献进行筛选,从中得到文献 CN101337966A 和 EP2189461A1,而它们均公开了采用 7-乙基-10-羟基喜树碱与盐酸 4-哌啶基哌啶甲酰氯反应制备伊利替康的方法。

前述部分介绍了化合物合成制备方法中常用的 CAS 登记号检索、官能团检索和结构式检索,表 5-1-3 对以上三种检索方式进行总结。

表 5-1-3 三种化合物合成制备方法检索方式对比

检索方式	数据库	适用情形
CAS 登记号检索	CAplus CASREACT	具体化合物的合成方法
官能团检索	CASREACT	关注于官能团转化
结构式检索	CASREACT Web of Science Organic Synthesis	亚结构检索

案例 10

研发人员设计出用 2-氨基吡啶类化合物与二溴甲烷反应制备所需的二吡啶并六氢三嗪类化合物的合成路线,想通过检索确认该反应路线的可行性,并结合文献对该反应的反应条件作初步设定。

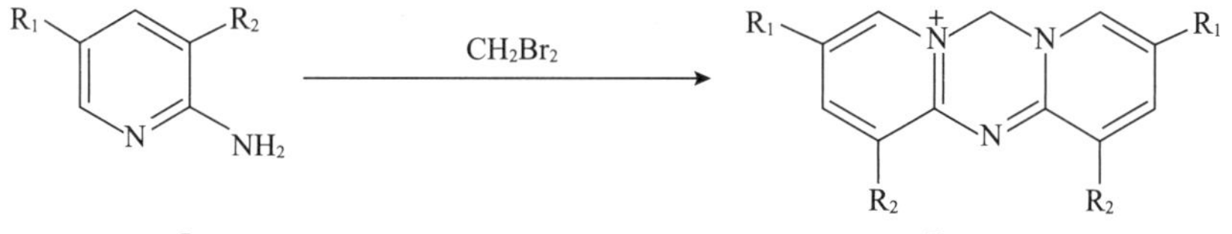

该申请涉及通式化合物的制备方法,反应原料和底物的化学结构均不固定,因此,CAS 登记号检索无法进行。此时可利用 CASREACT 的结构式检索,通过绘制结构,可以仅保留反应底物和原料的固定片段,进而实现此类反应的亚结构检索。

根据反应的主要位点,在绘图软件中绘制如图 5-1-18 所示的结构式,并上传至 CASREACT 数据库进行亚结构检索。

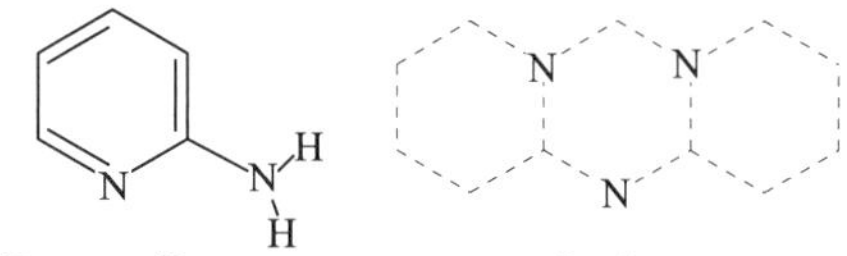

图 5-1-18　CASREACT 反应检索结构式绘制

经检索,得到 4 篇相关文献,其中均记载了采用 2-氨基吡啶化合物与二碘甲烷反应,制备二吡啶并六氢三嗪化合物,与设计的方法较为类似。

5.2　化学工艺检索

无论是小分子产品合成、食品加工技术还是高分子物质聚合,都可能涉及复杂的制备工艺。化学制备工艺是一个复杂的体系,可能涉及大量装置部件、连接关系、步骤顺序、产品原料、中间产物等。这些对检索带来诸多困难,主要体现为:① 检索干扰多——长方法技术方案由于步骤多、特征细,检索干扰多,挖掘可检索要素难;② 目标文件筛选难——很多操作步骤都是通用的方法操作,因此,检索结果噪声大,筛选目标文件难度高。

在对化学工艺进行检索时相对于其他主题的检索尤其要注意:① 充分了解背景技术;② 分析确定可检索的关键要素及扩展;③ 选定数据库检索,并根据检索结果调整检索策略。

案例 11

一种制糖澄清工艺,该工艺包括如下步骤:

(1) 加灰:往甘蔗混合汁中加入石灰乳,将甘蔗混合汁的 pH 调节至 7.5~7.8,得到加灰甘蔗汁;

(2) 粗滤:利用孔径为 50.0~150.0μm 的卧螺式离心机对加灰甘蔗汁进行过滤,得到粗滤甘蔗汁;

(3) 第一次加热:将粗滤甘蔗汁加热至 55~65℃,得到第一次加热甘蔗汁;

(4) 硫熏:利用硫熏装置对第一次加热甘蔗汁进行硫熏,得到硫熏强度为 4~6mL 的硫熏甘蔗汁;

(5) 第二次加热:将硫熏甘蔗汁加热至 80~90℃,得到第二次加热甘蔗汁;

(6) 陶瓷膜超滤澄清:将第二次加热甘蔗汁泵送至陶瓷膜超滤工作罐,以膜孔径为 0.05~0.10μm 的多级陶瓷膜超滤系统对第二次加热甘蔗汁进行超滤澄清,得到澄清甘蔗汁和膜浓缩液;

(7) 蒸发、结晶:澄清甘蔗汁经蒸发浓缩和煮糖结晶后,即可得到白砂糖;

(8) 膜浓缩液回收:利用板框压滤机对膜浓缩液进行过滤,并将过滤液与粗滤甘蔗汁混合,重复步骤 (3)~(7)。

工艺流程如图 5-2-1 所示。

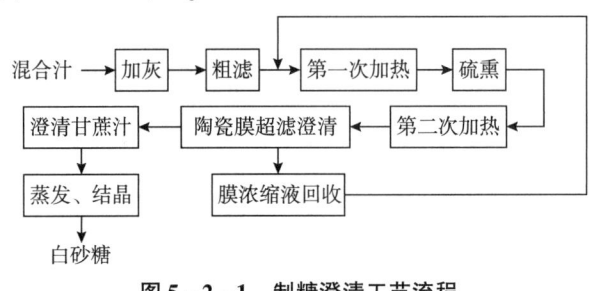

图 5-2-1 制糖澄清工艺流程

该方案主要涉及如何将甘蔗汁精炼成白砂糖,属于制糖技术领域;该工艺有近十个操作步骤,包括过滤、加热、蒸发等食品领域常规操作步骤。

为了克服传统的亚硫酸法制糖(硫熏步骤)澄清工艺效果较差,所得成品糖含硫量高、品质低的缺陷,该方案利用亚硫酸法对糖汁澄清以降低糖汁色值后,再利用膜超滤技术进一步提高糖汁的纯度并降低其浊度。

可见,硫熏和超滤为获得该技术方案相应效果的关键步骤,"硫熏"和"超滤"肯定是较为关键检索要素。此外,该技术方案的技术领域为制糖领域,所采用的原料为甘蔗汁,获得的产品为白砂糖,这些均为检索需要考虑的要素。其检索过程如下。

5.2.1 背景知识的检索

由于制糖是一种历史悠久的技术,该技术已经经历手工业、机械化两个发展阶段,先用读秀、百度等资源进行相关背景知识的检索，了解制糖的基本工艺。

具体地，进入读秀数据库，尝试将技术领域、关键步骤作为检索词检索，查阅制糖领域熟知的、已记载在工具书中的工艺方法。在检索框中输入检索词"制糖 硫熏"，具体操作如图 5-2-2 所示。

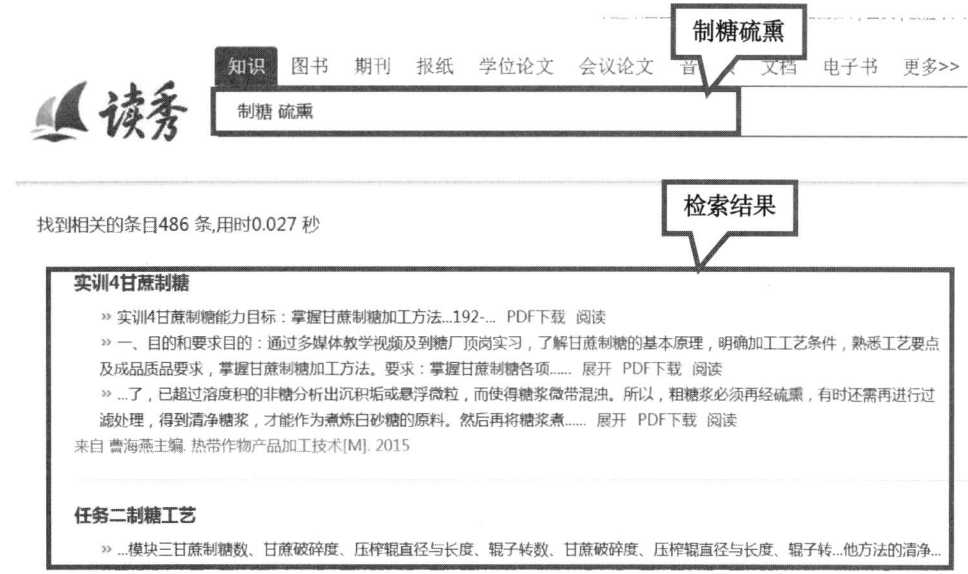

图 5-2-2 读秀数据库中关于"制糖 硫熏"的检索操作界面

通过浏览检索结果，获得"亚硫酸法制糖工艺"这一相关技术内容，公开内容如图 5-2-3 所示。

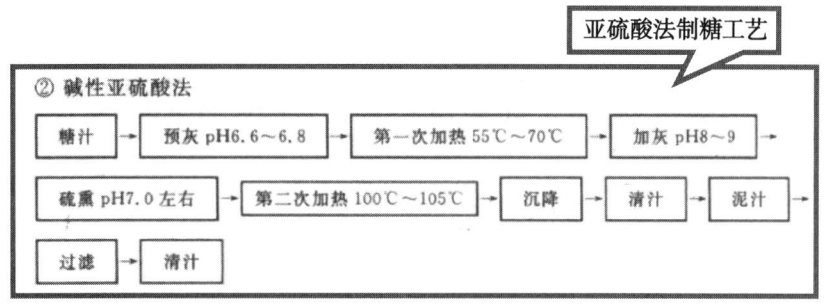

图 5-2-3 亚硫酸法制糖工艺流程

由此可以确定加灰、加热、硫熏等均为亚硫酸法制糖工艺中的常规步骤，不作为检索重点。

随后，再在检索框中输入"制糖 硫熏 超滤"，进一步了解背景技术，具体操作如图 5-2-4 所示。

该检索式的结果量少，浏览该检索结果，可发现用超滤澄清甘蔗汁这一原料，但是没有硫熏和超滤两者联合使用制糖的工艺。

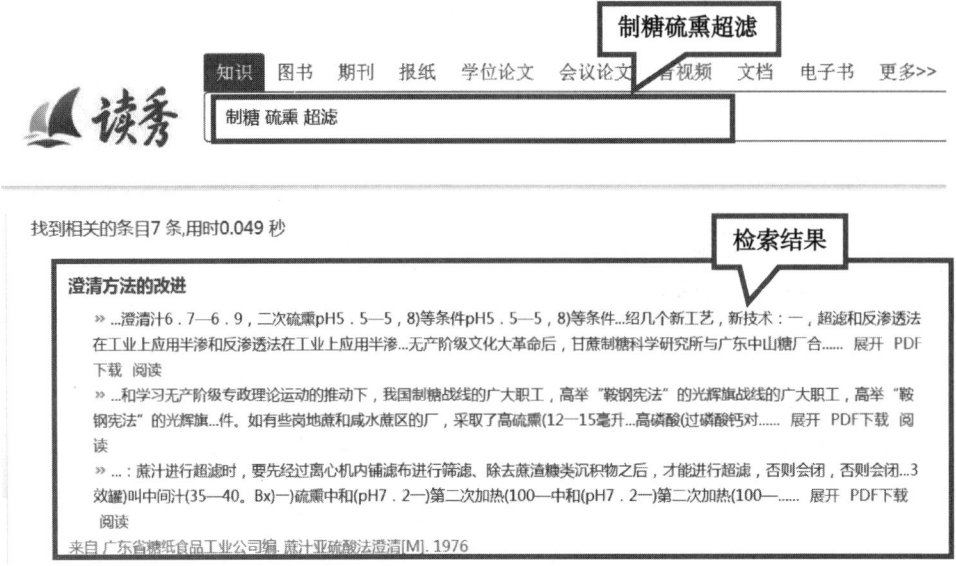

图 5-2-4 读秀数据库中关于"制糖 硫熏 超滤"的检索操作界面

5.2.2 确定检索要素并扩展

通过前述背景知识的检索，确认其关键操作步骤为：制糖时，用硫熏法和超滤法以先后顺序对甘蔗汁进行澄清处理。因此，提取检索词为：技术领域"制糖"和关键操作"硫熏""超滤"。经背景知识检索，获取"硫熏"和"超滤"这两个检索词的同位或者上位的表达方式，对于"制糖"技术领域则可以从使用的原料、制备的产品等角度表达。具体表达见表 5-2-1。

表 5-2-1 检索要素的扩展表达

表达形式	检索要素		
	技术领域	关键操作步骤	
	制糖	硫熏	超滤
扩展	甘蔗汁（原料）；白砂糖、蔗糖（产品）	亚硫酸、二氧化硫、SO_2、硫	膜过滤（上位词）

5.2.3 检索及调整

（1）简单检索

进入 PSS 系统，该检索系统中有"常规检索"和"高级检索"模块。首先用"常规检索"模块进行简单试探性检索，如图 5-2-5 所示。

图 5-2-5 PSS 系统中常规检索模块的检索界面

浏览检索结果,未获取相似技术方案。

(2) 全面检索

进入高级检索模块,该模块中可以对检索式进行编辑。

首先,构建检索块,将上表中的扩展词采用"or"连接:

检索块 1:制糖 or 甘蔗汁 or 白砂糖 or 蔗糖;

检索块 2:亚硫酸 or 二氧化硫 or SO_2 or 硫熏;

检索块 3:超滤 or 膜过滤。

然后,将它们组合构建检索式,即将检索块 1、检索块 2、检索块 3 合并检索。检索入口选择相对准确全面的"关键词",检索式具体表达如下:

关键词 = (制糖 or 甘蔗汁 or 白砂糖 or 蔗糖) and 关键词 = (亚硫酸 or 二氧化硫 or SO_2 or 硫熏) and 关键词 = (超滤 or 膜过滤)

具体操作界面如图 5-2-6 所示,

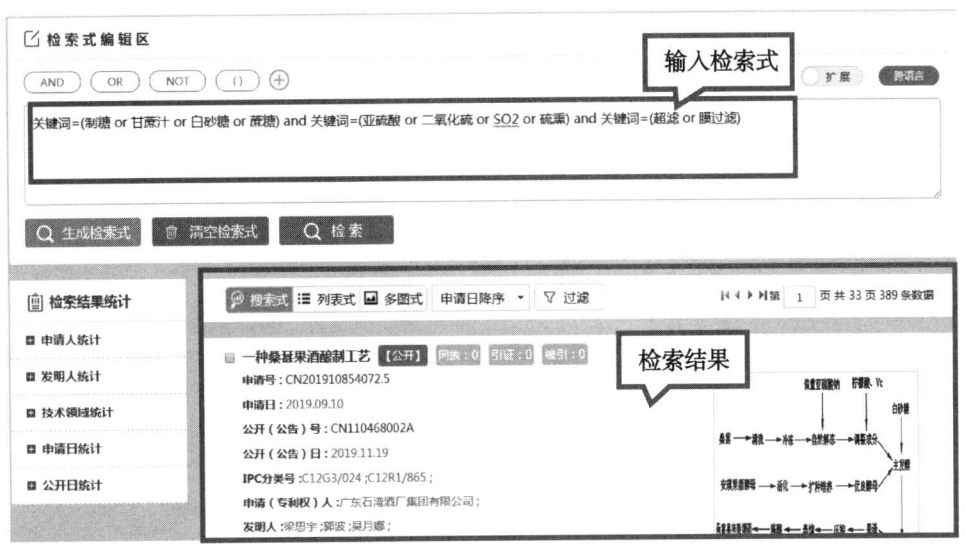

图 5-2-6 PSS 系统高级检索操作界面

获得的检索结果有 389 条,检索结果量过大,可见该检索式检索噪声大,检索结果可读性差。

分析原因，可能是"白砂糖""甘蔗汁"的表达使得检索结果中出现类似以白砂糖或甘蔗汁作为原料制成饮料等其他产品的方案。而如果仅用"制糖"，又会因过于单一的表达而漏掉一些相关技术文献。

降噪：在检索过程中，检索要素的另外一种较为准确的表达方式为采用对应的 IPC 分类号表达，因此，可尝试用 IPC 分类号替代具体检索词，以限定"制糖"领域。

IPC 分类号可以利用 PSS 检索系统中高级检索界面中的"IPC 分类号"获取，点击该问号按钮可直接查询 IPC 分类号，具体操作界面如图 5-2-7 所示。

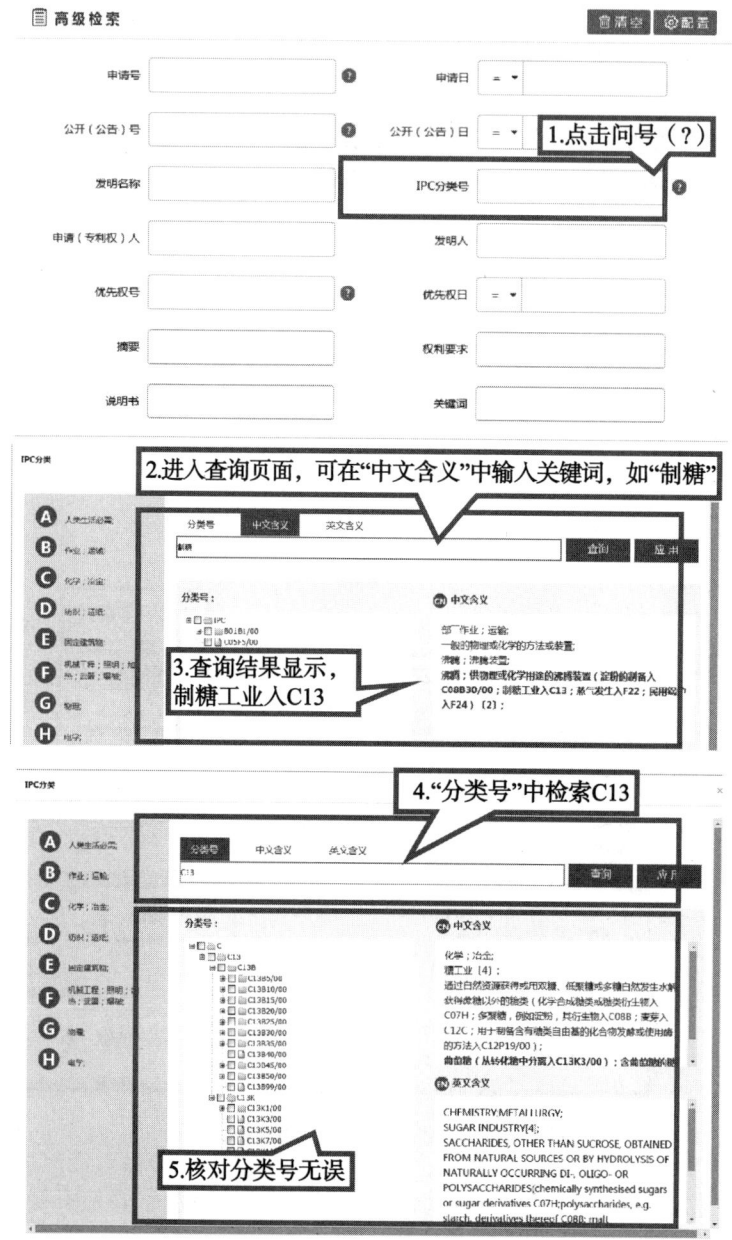

图 5-2-7 PSS 系统的高级检索界面获取 IPC 分类号操作界面

针对制糖领域，C13 这一大类分类号表示为制糖工业，而在 C13 分类号下，有多个细分分类号与该案的制糖工艺相关。因此，在无法确定最合适分类号的情况下，可以采用分类号"C13"替代检索块 1 中的"制糖 or 甘蔗汁 or 白砂糖 or 蔗糖"。

调整后的检索要素表如表 5-2-2 所示。

表 5-2-2 检索要素的调整表达

表达形式	检索要素		
	技术领域	关键操作步骤	
	制糖	硫熏	超滤
扩展	C13（IPC 分类号）	亚硫酸、二氧化硫、SO_2、硫	膜过滤（上位词）

调整后的检索式如下：IPC 分类号 =（C13） and 关键词 =（亚硫酸 or 二氧化硫 or SO_2 or 硫熏） and 关键词 =（超滤 or 膜过滤），相关检索操作方法如图 5-2-8 所示。

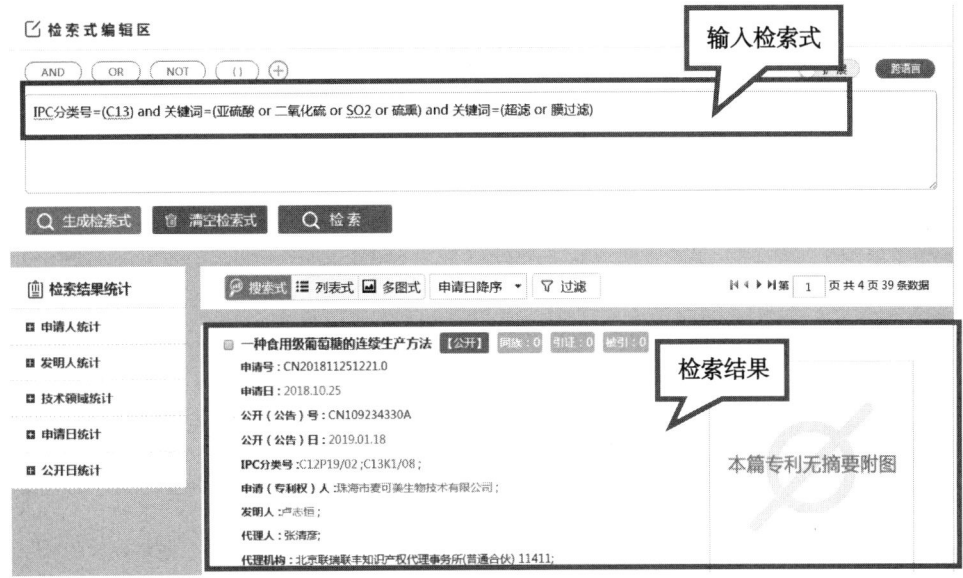

图 5-2-8 PSS 系统中调整后的检索操作界面

共 39 条检索结果，浏览检索结果，但并未获取相似技术方案。

（3）检索范围调整

考虑到加工工艺更多地会记载在专利文献的说明书中，且描述得往往更加详细，当在关键词中进行检索未能获得目标文件时，可考虑在说明书范围内进行检索。编辑检索式如下：

IPC 分类号 =（C13） and 说明书 =（亚硫酸 or 二氧化硫 or SO_2 or 硫熏） and 关键词 =（超滤 or 膜过滤）

具体操作方法如图 5-2-9 所示。

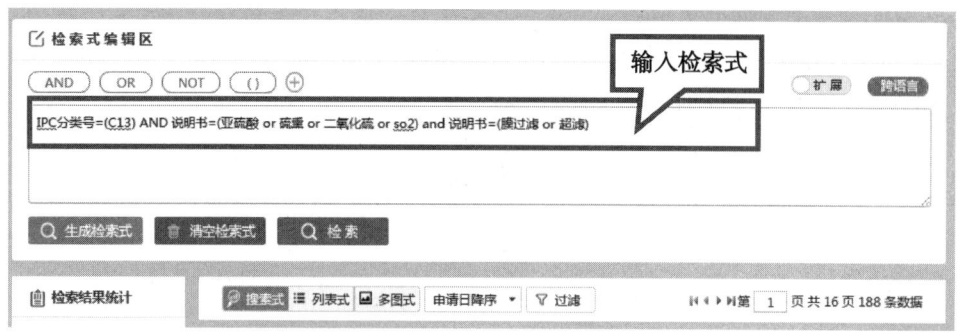

图 5-2-9　PSS 系统中检索策略再调整后的检索界面

虽然 188 条检索结果也在可读范围内，但是为了检索得又快又准，可以先考虑省略"膜过滤"这一上位扩展。当"超滤"与其他检索要素的组合不能获得相似方案时，再将"膜过滤"作为检索词以获得其他膜过滤方式与硫熏法结合的技术方案，即先使用准确表达，再进行扩展。

再次调整后的检索式为：

IPC 分类号 =（C13） and 说明书 =（亚硫酸 or 二氧化硫 or SO_2 or 硫熏） and 说明书 =（超滤）

具体操作如图 5-2-10 所示。

图 5-2-10　PSS 系统中最优检索操作界面

最后获得 125 条检索结果，阅读后可获得与待检索主题类似的方案，具体如下：

甜菜渗浸或甘蔗压榨（1）出的汁，经亚硫酸法或碳酸法或石灰法或混合汁磷酸上浮法，再经沉淀池或浮清器和真空吸滤机或压滤机初过滤（2）。经初过滤（2）后的清汁（3），进行超滤膜装置（4）过滤，经超滤膜装置（4）过滤出来的纯清汁（5）→蒸发（6）→煮糖（7）→分蜜（8）→成品糖（9）。经膜装置（4）过滤后截留含杂质多的浓缩液（10）回到初过滤（2）处理。

简言之，该文献中记载一种制糖工艺：将甘蔗汁经亚硫酸法处理后，再经膜超滤过滤，获得的清汁蒸发、煮糖等。

💡 小提示

（1）在检索工艺方法技术方案时，找出关键操作步骤，在确定的技术领域内检索是常规的思路；
（2）合适的 IPC 分类号可以锁定检索领域，是帮助检索者高效、准确地获取目标文件的有效途径；
（3）检索策略要灵活调整，目标内容可能隐藏在文献的全文中。

案例 12

一种在气相状态下采用分子筛吸附方法提纯制备丁烯的方法，所用的设备由原料进口管、加氢反应器、分子筛吸附塔、正己烷贮罐、上分馏塔、异丁烯精馏塔、正己烷净化塔、下分馏塔、正丁烯精馏塔、成品丁烯出口管连接组成，原料主要含有正丁烯、异丁烯，还有正己烷等杂质气体的混合物，相关流程如图 5-2-11 所示。

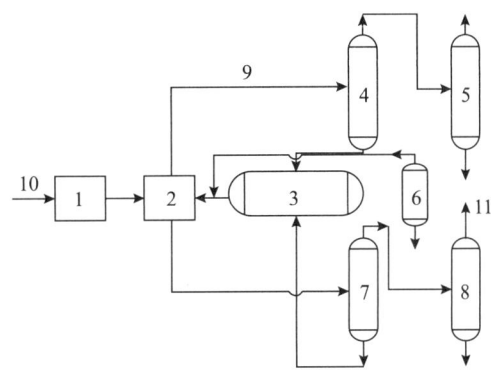

图 5-2-11 分子筛吸附方法提纯制备丁烯的技术流程

注：1 为加氢反应器，2 为分子筛吸附塔，3 为正己烷贮罐，4 为上分馏塔，5 为异丁烯精馏塔，6 为正己烷净化塔，7 为下分馏塔，8 为正丁烯精馏塔，9 为连接管线，10 为原料进口管，11 为成品丁烯出口管

上述检索主题在化学工艺的检索中较为常见，特点是：

① 采用的技术手段（如设备以及设备的连接关系）比较多，理解技术方案有一定困难；

② 所用术语的专业性强，例如"分子筛吸附塔""净化塔"等是从事相关行业的技术人员使用的专有名词，具有一定的技术含义；

③ 方案中的设备和连接关系在检索时需要有主次之分，因为将全部特征都作为关键词，检索结果容易被过度限定。

根据该项技术的说明，主要构思是从正丁烯、异丁烯和正己烷的混合物中分别将正丁烯和异丁烯分离出来，主要步骤是在分子筛吸附塔 2 中采用"分子筛"选择吸附脱除正丁烯，剩余的混合物中未被吸附的异丁烯进入异丁烯精馏塔 5 精制，被吸附的正丁烯脱吸附后进入正丁烯精馏塔 8 中精制。

基于上述确定的主要构思，从中提炼出关键词："正丁烯""异丁烯"和"分子筛吸附"后选择不同的数据库进行检索，选择超星读秀数据库，在"知识"检索入口中输入"分子筛吸附正丁烯异丁烯"，相关操作如图 5-2-12 所示，得到 39 条检索结果。

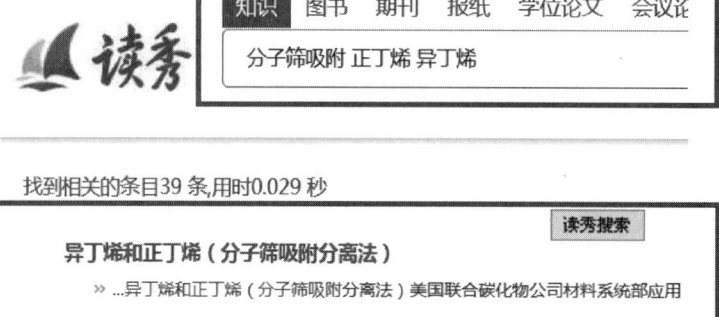

图 5-2-12　超星读秀的检索操作界面

其中第一篇命中结果相关内容如图 5-2-13 所示。

异丁烯和正丁烯（分子筛吸附分离法）
——美国联合碳化物公司材料系统部

应用：从混合丁烯分离高纯度（99% + ）正丁烯和异丁烯的方法。

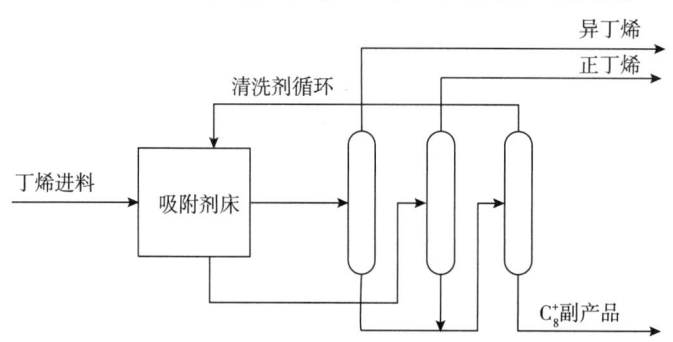

方法说明：该法具有固定吸附剂床，以高选择性的一种专门制备的分子筛来分离正丁烯与异丁烯。

图 5-2-13　超星读秀的知识字段所命中的文献

这篇文献《国外石油化工流程图解》第 116~117 页记载了采用分子筛吸附剂分离异丁烯和正丁烯，且设备中使用两座精馏塔分别进一步精制异丁烯和正丁烯。

由于书籍中记载的往往是成熟的技术，用分子筛吸附分离异丁烯和正丁烯属于该领域中成熟的方法，不过，该方法与该检索主题并不相同。因此，进一步检索更多的数据库获取更加详细的技术内容，首先考虑在 PSS 系统检索。

在对相关专业术语及分类号不太熟悉的情况下，可通过 PSS 系统"热门工具"下的"关联词查询"获取相关的关键词,如图 5-2-14 所示。在 PSS 系统中,选择"热门工具"选项卡,点击"关联词查询",在"基本词"输入框中输入"分子筛吸附",页面右下角扩展区会显示关键词的同义词、近义词、族首词,IPC8 分类表中相关分类号以及英文含义等,相关操作界面如图 5-2-14 所示。在此次扩展中,可以得到关键词"沸石吸附剂"以及英文含义"molecular sieve adsorbent"等。

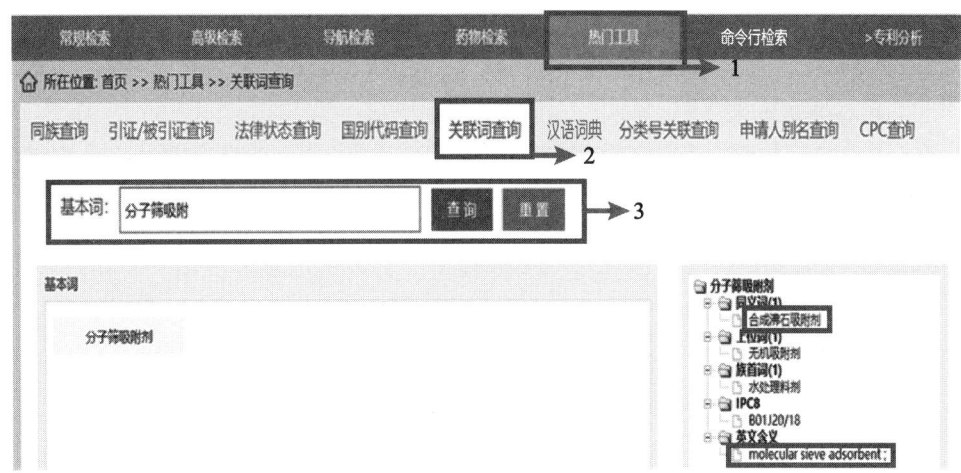

图 5-2-14　PSS 系统"热门工具"操作界面

在 PSS 系统中采用关键词"分子筛""吸附""异丁烯""正丁烯",以及对应的英文表达"molecular sieve""adsorb+""butylene""isobutylene",在摘要字段中进行如下检索:

摘要=(分子筛 OR 沸石) AND 吸附 AND 异丁烯 AND 正丁烯

使用中文关键词检索,得到 11 篇结果,其中 CN104030874A 公开了利用分子筛吸附选择性分离正丁烯和异丁烯,公开了检索主题的主要构思。

考虑到专利数据库的一大检索优势是分类号的应用,CN104030874A 的著录项目页提供了分类员给出的 IPC 分类号 C07C 11/08 和 C07C 7/13,查询上述分类号的中文含义发现其较为准确地反映检索主题的主要构思。

> C07C 11/08
> 化学;
> 冶金;
> 有机化学;
> 无环或碳环化合物;
> 无环不饱合烃;
> . 烯烃;
> . . 含4个碳原子的。

> C07C 7/13
> 化学；
> 冶金；
> 有机化学；
> 无环或碳环化合物；
> 烃的纯化、分离或稳定化；添加剂的使用；
> . 吸附，即借助于固体提纯或分离烃，如用离子交换剂；
> .. 用分子筛技术。

C07C 11/08 可以表达"正丁烯，异丁烯"，而 C07C 7/13 可以表达"分子筛吸附"，用上述较为准确的分类号进行"AND"运算，检索式如下：IPC 分类号 =（C07C11/08 and C07C7/13），获得 143 篇结果，属于可浏览的范围。经初步筛选发现，检索结果相关度较高并且检索到美国、日本等外国专利文献。

此外，注意到《国外石油化工流程图解》一书中提及该项技术是由美国联合碳化物公司（Union Carbide Coporation）原研的，该公司可能为此项技术的重要申请人，因此，在 PSS 系统中采用申请人作为检索入口，结合"molecular sieve""adsorb +""butylene"等关键词进行检索。

在 PSS 系统中检索如下：

L1 摘要 = molecular sieve AND butylenes AND isobutylene

L2 申请人 = Union Carbide Coporation

L3 L1 AND L2

得到结果 US3721064A，其部分著录项目信息如图 5 – 2 – 15 所示。可以看出，其 IPC 分类号为 B01D 53/04 和 C07C 9/02，均是难以扩展到的分类号。

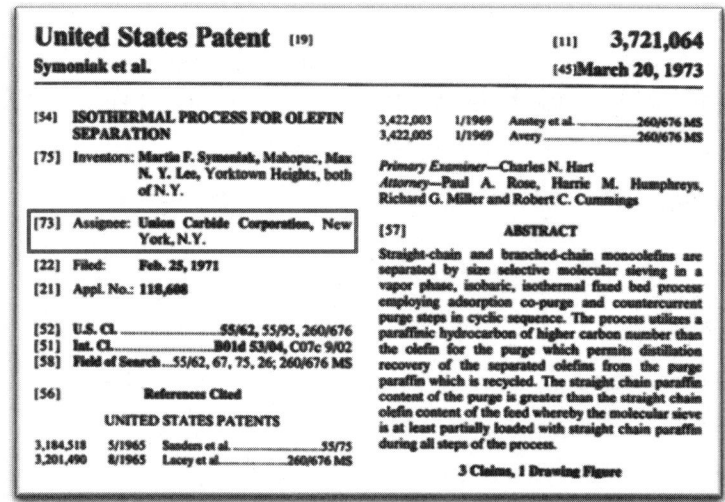

图 5 – 2 – 15 US3721064A 的部分著录项目信息界面

US3721064A 公开了一种等温分离烯烃的装置对正丁烯和异丁烯分离技术，其中公开的内容比工具书更加详细，是较为可靠的第一手资料。

5.3 高分子化合物检索

与小分子化合物的检索相比，高分子化合物的检索有其特点，这与高分子化合物自身的复杂性、高分子组合物组成的多样性、高分子撰写方式的灵活性相关。

（1）高分子结构多样，以加成聚合物为例，它既可能是聚合度不同的多种均聚物，也可能是通过与其他单体共聚，从而改善高分子化合物的性能。

（2）高分子有许多自定义的各种参数表征，导致高分子表征的多样性。

（3）基于各种性能要求，高分子组合物中通常包含十几种甚至更多种类的改性助剂。

（4）当多种高分子共混改性时，所添加的物质与高分子之间以及不同高分子之间就存在不同的结构形态。

基于高分子的上述特点，检索人员有时难以像小分子化合物那样确定检索的切入点，尤其是对采用参数来间接表征的高分子产品权利要求，在检索时往往难以把握核心技术点，进而对检索无从下手。

针对高分子的以上特点，笔者按照不同的高分子类型对其检索策略作了梳理，如图5-3-1所示。

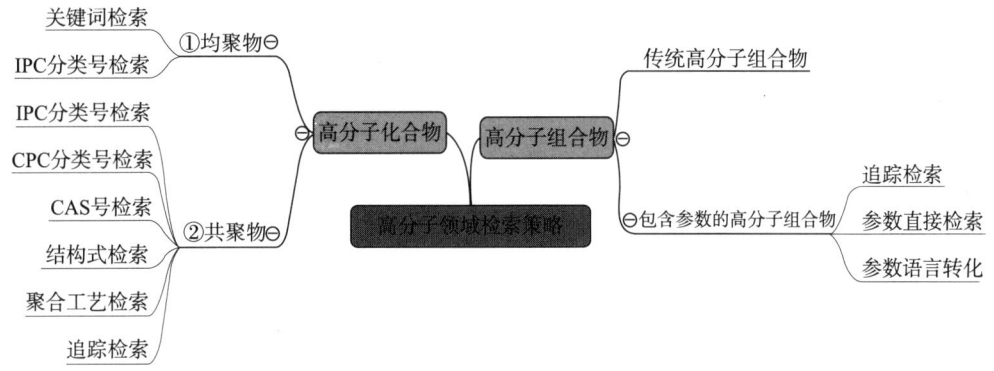

图5-3-1 高分子领域典型检索策略

本节以图5-3-1所示的架构对均聚物、共聚物的相关检索策略进行说明。

5.3.1 均聚物检索

在进行均聚物检索时，"单体"和"聚合方法"是进行检索的核心要素。此外，聚合过程中涉及的悬浮剂、润滑剂、引发剂、稳定剂也可能是重要的检索要素。以下通过氯乙烯聚合物制备的案例对均聚物的检索策略进行说明。

实例 13

一种氯乙烯聚合物,其制备方法为:

将 100 重量份的氯乙烯单体加入装有 0.01~10 重量份分散剂的反应器中,并在 30~70℃ 的温度下进行悬浮聚合,在聚合过程中加入含氧酸盐,所述含氧酸盐为二月桂酸二丁基锡。

这是一种氯乙烯聚合物的制备方法,其制备过程中包括两个重要因素即悬浮聚合和含氧酸盐为二月桂酸二丁基锡。由此确定检索要素为氯乙烯、悬浮聚合、二月桂酸二丁基锡。

首先,在 CNKI 中进行检索。聚氯乙烯的常见英文名为 Polyvinyl Chloride,简称 PVC;二月桂酸二丁基锡的常见英文名为 Dibutyltin Dilaurate,简称 DBTL。在 CNKI 数据库中,首先选择跨库检索的数据库类型,然后在高级检索界面的相应检索字段输入检索词进行尝试性检索,具体操作如图 5-3-2 所示。

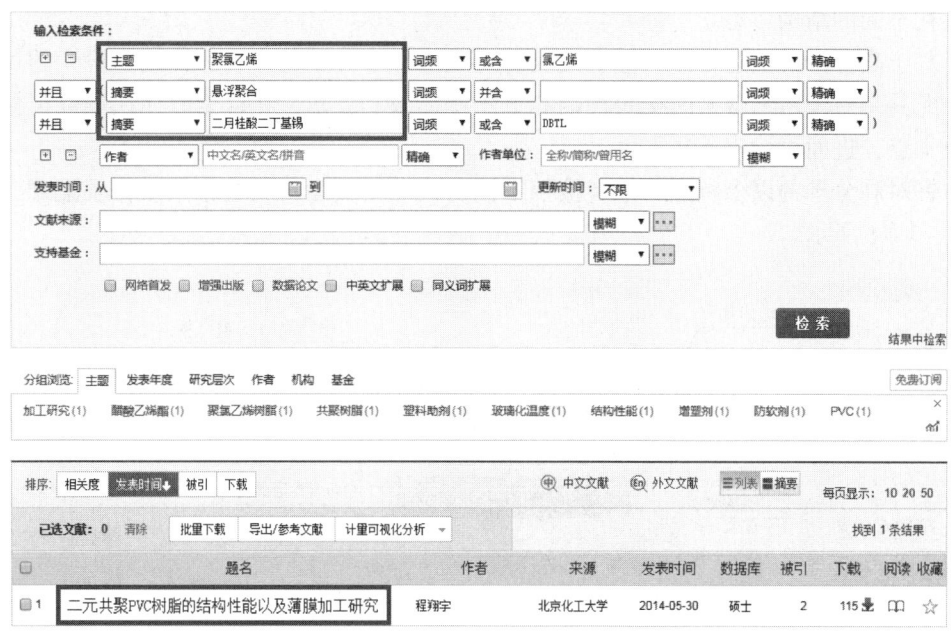

图 5-3-2 CNKI 高级检索界面尝试性检索操作界面

对获得的检索结果进行核实后发现,北京化工大学的硕士学位论文"二元共聚 PVC 树脂的结构性能以及薄膜加工研究"公开了氯乙烯-醋酸乙烯酯共聚物树脂受热时热稳定性较差、易分解,在加工过程中使用热稳定剂 DBTL,这与目标文献是不同的。不过,进一步研究检索过程后发现,上述检索过程在摘要字段中输入"二月桂酸二丁基锡"及其表达,但是这种热稳定剂属于 PVC 领域的常规助剂,在摘要这种概括性较强的字段中可能不会出现该术语,因此存在漏检目标文献的风险。基于此,对检索策略进行调整,将"二月桂酸二丁基锡"的检索范围限定为全文,具体操作如

图 5-3-3 所示。

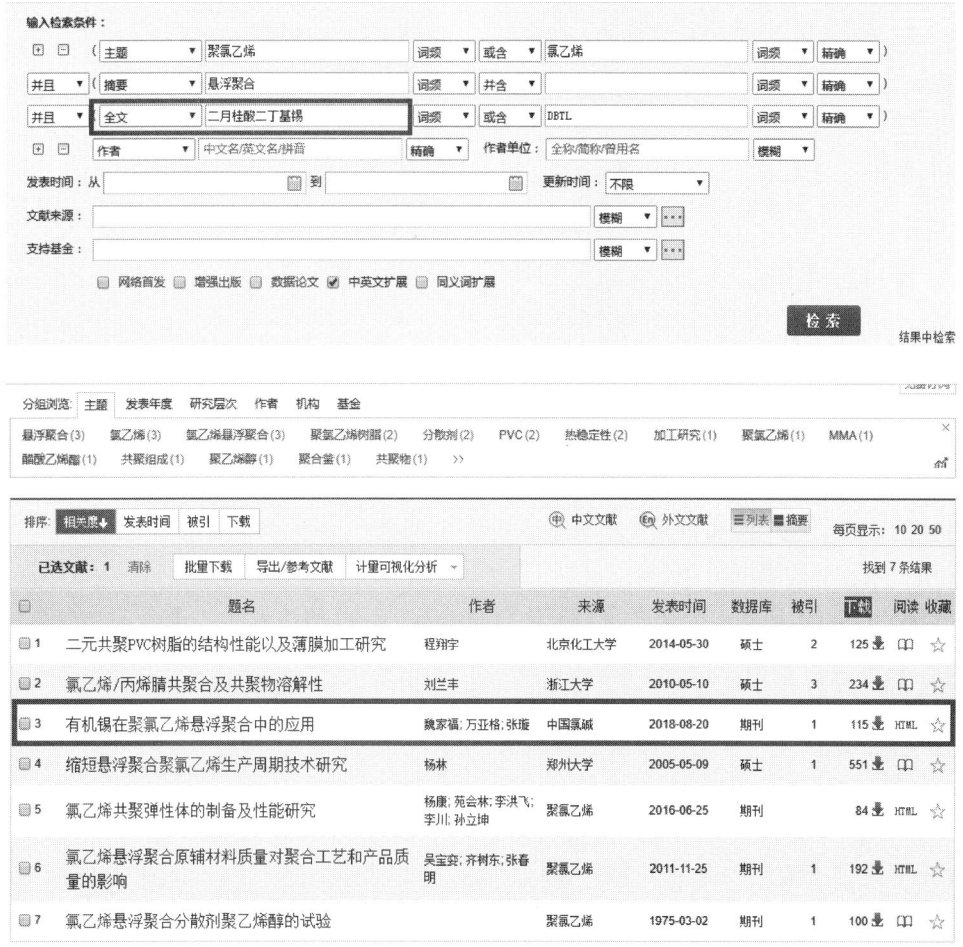

图 5-3-3　CNKI 高级检索界面策略调整后的检索操作界面

对获得的 7 篇文献逐一核实后,发现"有机锡在聚氯乙烯悬浮聚合中的应用"公开了待检索的主题。

小提示

在 CNKI 数据库进行主题检索时,应根据检索词、初步检索的文献数量来调整相应的检索字段,一般主题、标题字段中包含的是较为上位、核心的关键词;当初步检索的文献量较小时,可以将具体下位的检索词放在"摘要"字段,甚至"全文"字段进行检索,以免漏检。

接着,在 PSS 数据库进行专利检索。为了获取准确的分类号,在国家知识产权局中国专利公布公告子网站(http://epub.cnipa.gov.cn/ipc.jsp)进行查询,具体界面如图 5-3-4 所示。

图 5-3-4　中国专利公布公告子网站分类号查询界面

在检索对话框中输入"氯乙烯"后运行检索即可获得包含"氯乙烯"的各个 IPC 分类号的检索主题。经查询可知，IPC 分类体系未给出聚合过程中添加助剂的分类号，但给出了氯乙烯均聚的分类号：

C08F 114/00 具有 1 个或更多的不饱和脂族基化合物的均聚物，每个不饱和脂族基只有 1 个碳-碳双键，并且至少有 1 个是以卤素为终端〔2〕

C08F 114/02 ·含氯单体〔2〕

C08F 114/04 ··含两个碳原子的单体〔2〕

C08F 114/06 ···氯乙烯〔2〕

在 PSS 检索系统中，在 IPC 分类号对话框中输入"C08F 114/06"、权利要求对话框输入"二月桂酸二丁基锡"或"DBTL"后运行检索。运行后，选择"公开文献"进行过滤，命中 5 条记录，检索结果如图 5-3-5 所示。

图 5-3-5　PSS 系统"公开文献"检索结果界面

对获得的 5 条记录逐一阅读后可以发现，CN108192001A、CN104356265A 公开了在氯乙烯悬浮聚合过程中加入二月桂酸二辛基锡，属于目标文献。

也可以直接输入以下检索命令获得同样的结果：

IPC 分类号 =（C08F 114/06） AND 权利要求 =（二月桂酸二丁基锡 or DBTL）

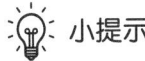 小提示

> 利用 IPC 分类号来检索均聚物就如同按图索骥，是较为高效的检索手段，但检索人员应该首先了解检索主题对应的 IPC 分类号。目前中国国家知识产权局、欧洲专利局均提供各个版本的 IPC 分类表。检索人员可以进行查询。
>
> CPC 分类号在 IPC 分类号的基础上进行进一步的细分，也可以用于均聚物的检索，但只有在对共聚物进行检索时，其高效、精准的特点才能发挥得淋漓尽致。

5.3.2 共聚物检索

5.3.2.1 利用分类号检索

共聚物的检索与均聚物检索类似，特色在于利用分类号可以对共聚物进行高效的检索。

案例 14

一种共聚物，包含：

单体 A：均聚物溶解度参数为 $7\sim9$ $(cal/cm^3)^{1/2}$ 的由以下式表示的第一单体的聚合单元，

$$\begin{array}{c}Q\\|\\=\!\!-\!\!-\!\!-O\!\!-\!\!B\\|\\O\end{array}$$

其中，Q 为氢或具有 1~4 个碳原子的烷基，并且 B 为具有 12 个或更多个碳原子的烷基。

单体 B：（甲基）丙烯酰胺。

单体 C：（甲基）丙烯酸的烷基酯，所述烷基包括甲基、乙基、丙基、丁基、异丙基。

该案例中的共聚物涉及三种单体，经查询分类表，单体 A 对应的 CPC 分类号为 C08F 2220/1891、C08F 2220/1883，单体 B 对应的 CPC 分类号为 C08F 220/56、C08F 220/58，单体 C 对应的 CPC 分类号为 C08F 2220/1808、C08F 2220/1816、C08F 2220/1825。

在 PSS 检索系统的高级检索入口中，在 C–SETS 字段输入"（C08F 2220/1891 or C08F 2220/1883） and （C08F 220/56） and （C08F 2220/1808 or C08F 2220/1816 or C08F 2220/1825）"，也可以在检索式编辑区输入以下命令：

C–SETS =（（C08F 2220/1891 or C08F 2220/1883） and （C08F 220/56） and

（C08F 2220/1808 or C08F 2220/1816 or C08F 2220/1825））

运行检索并将文献类型限定为“公开文献”后发现命中 132 篇文献，部分检索结果如图 5－3－6 所示。

申请号	申请日	公开(公告)号	公开(公告)日	发明名称	申请(专利权)人	操作
CN201710154134.2	2017.03.15	CN107056979A	2017.08.18	一种丙烯酸类三元共聚...	上海优卡化工科...	
CN201710144764.1	2017.03.13	CN106928403A	2017.07.07	一种含N-乙烯基乙酰胺...	浙江鑫甬生物化工股...	
CN201710068574.6	2017.02.08	CN106833448A	2017.06.13	一种锂离子电池正极水...	北京蓝海黑石科技有...	
CN201710050451.X	2017.01.23	CN106832106A	2017.06.13	一种水性聚丙烯酸酯乳...	杭州传化精细化工有...	
CN201710058676.X	2017.01.23	CN106867231A	2017.06.20	一种原位增容制备TPU...	美瑞新材料股份有限...	
CN201611266250.5	2016.12.31	CN106632790A	2017.05.10	一种新鲜水泥用封闭底...	上海巴德富实业有限...	
CN201611266351.2	2016.12.31	CN106632791A	2017.05.10	一种抗新鲜水泥泛碱底...	上海巴德富实业有限...	

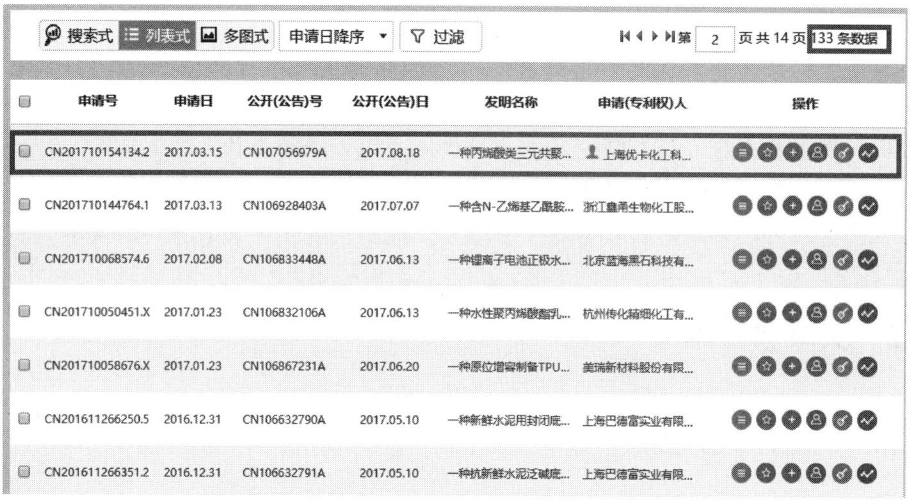

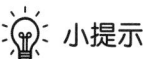

图 5－3－6　PSS 系统高级检索入口检索结果界面

对于命中的 132 篇文献，逐一阅读后发现多篇目标文献，例如 CN107056979A 等。

小提示

CPC 分类号在原有 IPC 分类号的基础上进一步细化，可以有效替代烦琐的关键词选取和扩展，特别是中文关键词的选取和扩展。此外，CPC 分类体系中特有的“2000”系列分类号涉及用途、性能、结构等方面信息，可进一步提高检索效率。

5.3.2.2　利用 CAS 号检索

对于比较复杂的共聚物，或者用关键词、分类号难以准确检索的共聚物，可尝试用在 CA 系列数据库中通过单体或共聚物的 CAS 号来检索。

案例 15

一种甲基丙烯酸甲酯与 N－乙烯基吡咯烷酮的共聚物，其特征在于，包括：（1）将甲基丙烯酸甲酯（MMA）、N－乙烯基吡咯烷酮单体（NVP）与引发剂混合；于 50～80℃聚合反应 10～20 小时，获得聚（甲基丙烯酸甲酯－co－N－乙烯基吡咯烷酮）共聚物（MMA－NVP 共聚物）。

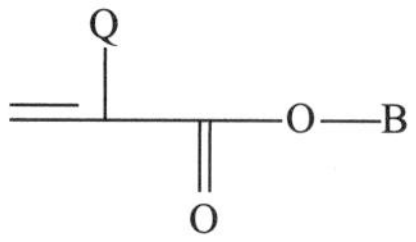

> 其中，Q为氢或具有1~4个碳原子的烷基，并且B为具有12个或更多个碳原子的烷基。
> (2)（甲基）丙烯酰胺。
> (3)（甲基）丙烯酸的烷基酯，所述烷基包括甲基、乙基、丙基、丁基、异丙基。

在 Chemical Book（网址：https://www.chemicalbook.com/ProductIndex.aspx）、化学物质索引数据库（网址：https://www.drugfuture.com/chemdata/）等网站免费查询，也可以直接在 STN 数据库中查询，甲基丙烯酸甲酯、N-乙烯基吡咯烷酮的 CAS 登记号分别为 80-62-6、88-12-0；聚（甲基丙烯酸甲酯-co-N-乙烯基吡咯烷酮）属于已知共聚物，其 CAS 登记号为 25655-01-0，以原料和产物的 CAS 登记号在 CAplus 数据库中进行检索。

=> S 25655-01-0/RN AND 80-62-6/RN AND 88-12-0/RN

L2   36 25655-01-0/RN AND 80-62-6/RN AND 88-12-0/RN（获得36篇文献）

对检索结果逐一阅读

D L2 1-36

L2 ANSWER 1 OF 36 CAPLUS COPYRIGHT 2019 ACS on STN

Full Text

AN 2015：1569685 CAPLUS

DN 163：490191

TI Formation and decomposition of molecular complexes of N-vinylpyrrolidone, methyl methacrylate, and maleic anhydride

AU Zaitseva, V. V.; Tyurina, T. G.; Zaitsev, S. Yu.

CS Litvinenko Institute of Physical Organic Chemistry, National Academy of Sciences of Ukraine, Donetsk, 83114, Ukraine

SO Russian Journal of Organic Chemistry（2015），51（8），1071-1082
    CODEN：RJOCEQ；ISSN：1070-4280

DOI 10.1134/S1070428015080035

PB Pleiades Publishing, Ltd.

DT Journal；(online computer file)

LA English

OS CASREACT 163：490191

OSC.G 2 THERE ARE 2 CAPLUS RECORDS THAT CITE THIS RECORD (2 CITINGS)

RE.CNT 20 THERE ARE 20 CITED REFERENCES AVAILABLE FOR THIS RECORD ALL CITATIONS AVAILABLE IN THE RE FORMAT

......

……

通过以上检索，获得 36 篇公开了以甲基丙烯酸甲酯、N-乙烯基吡咯烷酮单体进行共聚制备聚（甲基丙烯酸甲酯-co-N-乙烯基吡咯烷酮）的相关文献，并获知相关文献的公开号、公开日、申请号、申请日、期刊名、卷/期/页、出版社、DOI 等相关信息。经筛选，有多篇文献公开了与待检索主题相同的方法，例如 Iodinated P（MMA-NVP）: An Efficient Matrix for Disinfection of Water（Journal of Applied Polymer Science，第 76 卷第 7 期）。

5.3.2.3 利用结构式检索

高分子领域的结构式检索，与小分子化合物结构检索策略大体相同，主要关注聚合物结构、反应单体等。通常情况下，高分子聚合物结构的发明点在其主链聚合单元上，因此，结构式检索时通常只要表达其主链结构即可；对于部分功能型聚合物，改进功能的获得主要依赖单体中侧链的改进。因此在进行结构式检索时，应注重功能型官能团的表达；对于不定官能基、不定位的取代等基团，如果不是核心改进点，一般不作为检索重点。

案例 16

一种含萘 [1, 2-c; 5, 6-c] 二 [1, 2, 5] 噻二唑的聚合物半导体材料，所述有机半导体材料结构式为：

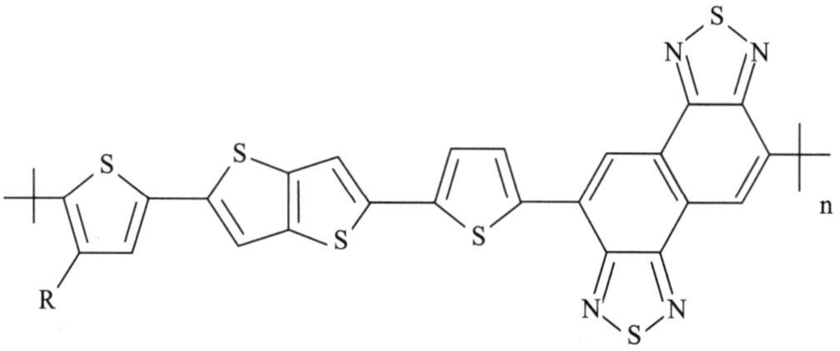

其中，R 为氢或 $C_1 \sim C_{36}$ 的烷基、$C_1 \sim C_{36}$ 的烷氧基、$C_1 \sim C_{36}$ 的烷硫基或 $CH_3O(CH_2O)_x$（$x = 1 \sim 36$）的醚链；n 为所述有机半导体材料的聚合度，为 $30 \sim 300$ 的自然数。

该案涉及的聚合物合成途径包括两种共聚方式：① 将萘 [1, 2-c; 5, 6-c] 二 [1, 2, 5] 噻二唑单体 [记作单体（1）] 与 2, 5-双噻吩-并噻吩单体 [记作单体（2）] 进行共聚；② 将 4, 7-双噻吩-萘 [1, 2-c; 5, 6-c] 二 [1, 2, 5] 噻二唑单体 [记作单体（3）] 与并噻吩单体 [记作单体（4）] 进行共聚。因此，尝试画两种不同共聚路径涉及单体的核心骨架，在 STN 数据库中进行结构式检索。

(1) 在 REGISTRY 数据库的检索界面中绘制如下待检索结构：

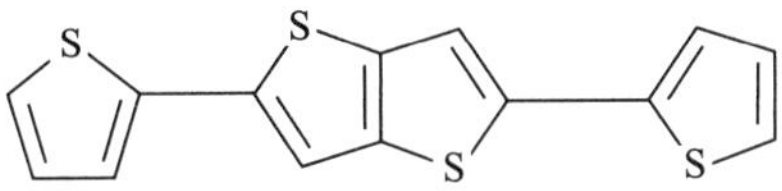

单体（1） 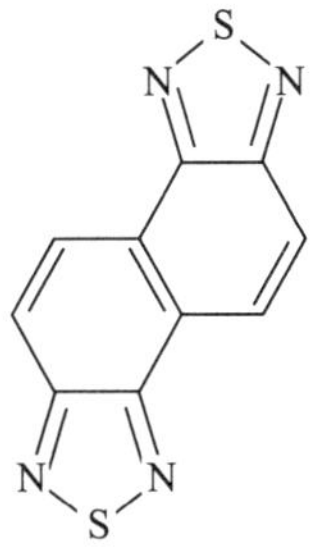   单体（2）

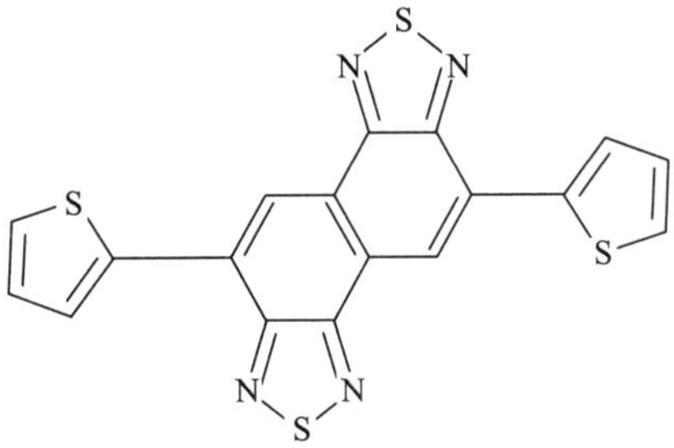

单体（3） 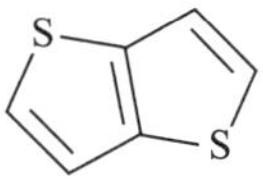   单体（4）

(2) 上传 REGISTRY 数据库进行检索：

=>

Uploading structure

L1   STRUCTURE UPLOADED（上传待检索的结构式）

=> d query（显示上传结构式）

L1   STR

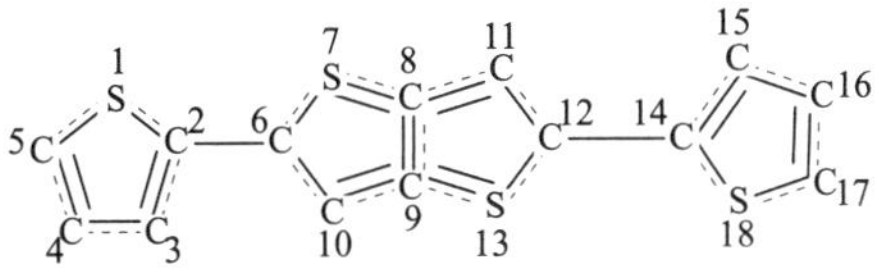

L2   STRUCTURE UPLOADED

=> d query

L2   STR

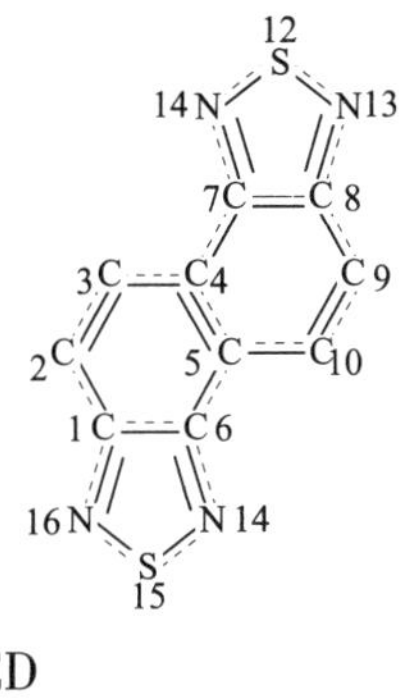

L3   STRUCTURE UPLOADED

=> d query

L3   STR

[结构图]

L4   STRUCTURE UPLOADED
=> d query
L4   STR

[结构图]

=> S L1 AND L2 sss ful
L5   19 SEA SSS SAM L1 AND L2（第一种共聚方式）
=> S L3 AND L4 sss ful
L6   15 SEA SSS SAM L1 AND L2（第二种共聚方式）
=>FIL CAPLUS（将上述结果集转入 CAplus 文献库进行检索）
=> S L5（15 篇相关文献）
=> S L6（11 篇相关文献）
=> S L5 OR L6（21 篇相关文献）

对获得的 21 篇文献逐一阅读，发现其中 CN103703583A 记载的高分子化合物与目标化合物结构相同。

 小提示

> 聚合物的常规结构单元片段、反应单体等均可作为检索要素，如果检索噪声过大、检索结果太多，可考虑将聚合物的结构单元整体、包含特殊官能团的反应单体作为检索要素。此外，尽管 STN 数据库收录信息较广泛，但对于一些小语种文献以及我国的硕博论文、会议论文等文献的收录较少，因此也不能过分依赖其检索结果。

5.4 组合物检索

在进行组合物检索时，除了考虑组成成分、含量，还需要考虑组成成分之间的关系，典型例子就是药物制剂。

药物制剂强调剂型、药物活性成分与辅料的组合关系以及各辅料之间的组合关系，

其中的活性成分一般比较明确固定，在表达该要素时，从不同的名称、结构式、分子式、CAS号等方面进行常规扩展即可。必要时，还可以扩展到上位概念或下位概念。例如，"质子泵抑制剂"可下位扩展为"奥美拉唑""兰索拉唑"等，"槲皮素"可上位扩展至"黄酮类"，有时也可以考虑扩展至结构或组成类似的成分。

制剂形式的分类多样化，同一制剂形式可能在不同的分类体系中具有不同的名称。例如，混悬液是按照分散体系分类后的名称，而按照形态分类，也称为液体制剂；按照给药途径，可称为口服制剂或外用制剂等。某些制剂的改进之处可能在于内部结构或功能上的变化。因此，在表达该制剂形式时，应该从多方面、多角度入手。

如果药物制剂的某一辅料比较重要，涉及核心要点，就必须将其作为检索要求之一进行针对性检索。在表达辅料时，可以采用辅料的类型名称如"分散剂"，也可采用辅料所能达到的效果如"分散"，还可以采用具体的辅料如聚乙二醇。需要注意的是，在表达具体的辅料时，要了解辅料的各种表达方式，例如，聚乙二醇常见的表达方式包括PEG、Macrogol、聚乙烯二醇、聚氧乙烯二醇等。

药物制剂类检索首选的检索思路就是将前述三大要素组合，即活性成分 + 制剂形式 + 辅料。未检索到合适文献时，可以舍弃其中某一要素继续尝试，即活性成分 + 制剂形式（思路1），或活性成分 + 辅料（思路2），或制剂形式 + 辅料（包括结构/作用，思路3。）其中，思路1较为常用，主要是考虑到辅料的扩展较为困难，使用思路1可以兼顾全面性和准确性；当然若某一辅料是关键点，使用思路2或3，也是非常有必要的。另外，当检索主题中不涉及活性成分，而在于某一类普适性制剂形式时，则会使用思路3。

> **案例17**
> 检索主题：
> 一种盐酸马尼地平的固体分散体，使用聚维酮类和聚乙二醇类组合作为固体分散体的载体。

构成该检索主题的三大要素清晰，分别为活性成分（盐酸马尼地平）、制剂形式（固体分散体）、辅料（聚维酮类、聚乙二醇类）。

首先，选择PSS检索系统进行检索。检索时，需要对上述三大检索要素进行适当扩展，初次检索具有一定的试探作用，因此先扩展最为常见的表达即可，具体如下：

① "盐酸马尼地平"为马尼地平的盐酸盐形式，一般可直接扩展为"马尼地平"。
② 固体分散体已经是其最常见的表达，可暂不进行过多扩展。
③ 聚维酮类可以扩展为聚维酮、聚乙烯吡咯烷酮、PVP等最常见表达。
④ 聚乙二醇类可以扩展为聚乙二醇、PEG、聚乙烯二醇、聚氧乙烯二醇等最常见表达。

将上述检索要求组合，使用"与"（"and"）的逻辑关系，选择PSS检索系统中的高级检索，并在"关键词"字段进行检索，完整的检索式如下：

（关键词＝马尼地平）and（关键词＝固体分散体）and（关键词＝聚维酮 or 聚乙

烯吡咯烷酮 or PVP) and (关键词=聚乙二醇 or PEG or 聚乙烯二醇 or 聚氧乙烯二醇) 获得1篇检索结果，如图5-4-1、图5-4-2所示。

图 5-4-1　PSS 检索页面

图 5-4-2　PSS 检索结果界面

详细阅读上述检索得到的文献后可以发现，虽然提及在制备盐酸马尼地平固体分散体时，可使用聚维酮类、聚乙二醇类、泊洛沙姆类、聚氧乙烯硬脂酸酯类、羟丙甲纤维素等载体材料，但是几类材料之间为"或"的关系，所记载的实施例要么使用聚维酮类，要么使用聚乙二醇类，并未同时使用二者。

接下来，尝试在CNKI中进行检索，选择"高级检索"方式，通过"主题"字段检索。

在"主题"输入"马尼地平""固体分散体"，两者之间的关系选择"并含"，仅获得5篇文献，可以直接阅读，如图5-4-3所示。

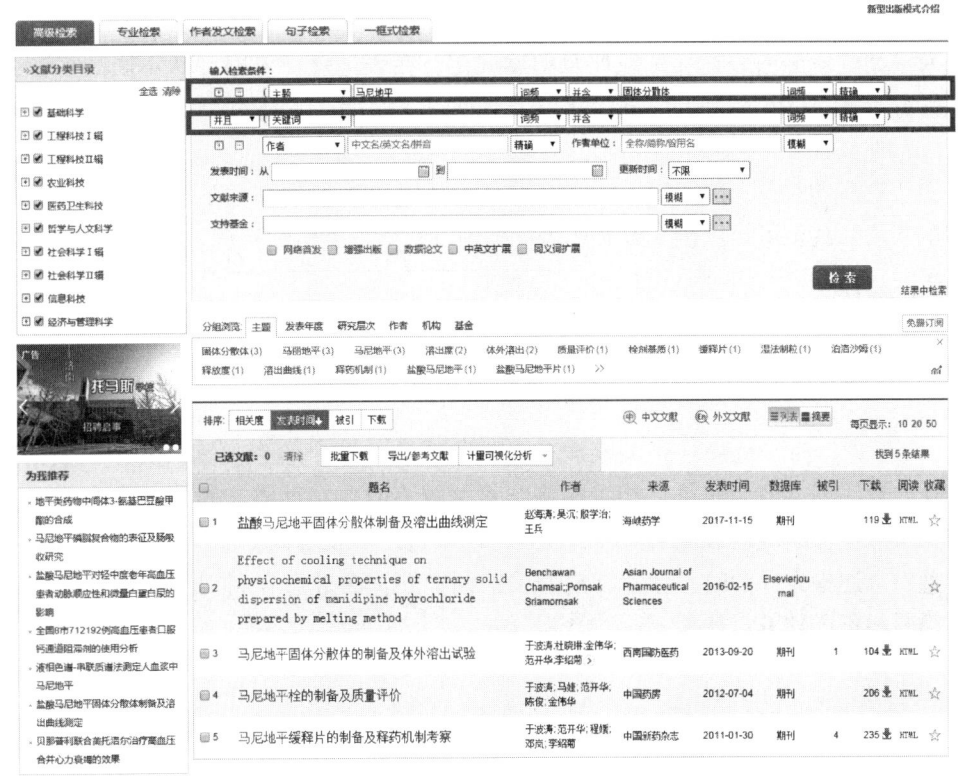

图 5-4-3　CNKI 检索界面

阅读后发现，这5篇文献中均没有公开同时使用聚维酮类和聚乙二醇类两种辅料。
在其他数据库中的检索思路以及关键词扩展思路、检索式构建思路与上述基本相同，均未检索到与待检索主题相同的文献，在此不再一一赘述。

小提示

(1) 药物制剂的检索，一般选定活性成分、制剂形式、辅料作为检索要素；
(2) 常见辅料的扩展，可以首选最常用的表达，以免带来不必要的噪声。

5.5 用途检索

医药化学领域的用途涵盖化学产品的化工用途、食品用途、治疗用途等。本节以治疗用途为例说明医药化学用途的检索特点。

涉及治疗用途的检索，检索要素主要为活性成分以及涉及的疾病。因此，检索这类主题时使用的基本策略为将这两种检索要素以"与"的逻辑方式进行检索。用途检索的难点在于活性成分和疾病的表达和概括形式多样，尤其是疾病，上下位概念、作用机理等复杂多变。

对于活性成分的表达，一般比较明确固定，在表达该要素时，从不同的名称、结构式、分子式、CAS 号等方面进行常规表达即可。必要时，还可以扩展到类似结构或组成的活性成分。

对于疾病的表达，除了用不同病名之外，还可以扩展到其上下位概念的疾病或者类似的疾病，甚至可扩展至其致病或治疗机理以及机理类似的疾病。

> **案例 18**
> 检索主题：
> 黄藤素在制备治疗免疫性疾病药物中的用途。

"黄藤素"和"免疫性相关疾病"是较为明确的两个检索要素，其中"黄藤素"的表达比较明确，但"免疫性相关疾病"概括较多的疾病种类，例如过敏性疾病、类风湿性关节炎、系统性红斑狼疮等，涵盖范围十分广阔，难以全面扩展。

面对上述检索问题时，除了常规的关键词扩展，在进行专利文献检索时还可以使用分类号检索，如 IPC 分类。

💡 **小提示**

> 涉及治疗用途的检索时，最常用的两类 IPC 分类号为：
> A61K 31：含有机有效成分的医药配制品；
> A61P：化合物或药物制剂的治疗活性。

通过国家知识产权 PSS 专利检索系统，可以查询到分类号含义，如图 5-5-1 和图 5-5-2 所示。

在此次检索中，"黄藤素"是一明确具体的化合物，A61K 31 则囊括所有有机成分，即便是更具体的如 A61K 31/375（含杂环化合物有机有效成分的医药配制品），也囊括所有杂环化合物。若使用必将造成极大噪声，故对"黄藤素"的检索无须使用分类号，进行常规扩展即可。

但是对于"免疫性相关疾病"，经查询，IPC 分类号 A61P 37/00 代表具备治疗免疫或过敏性疾病的药物，其下属细分还包括 A61P 37/02（免疫调节剂）、A61P 37/04

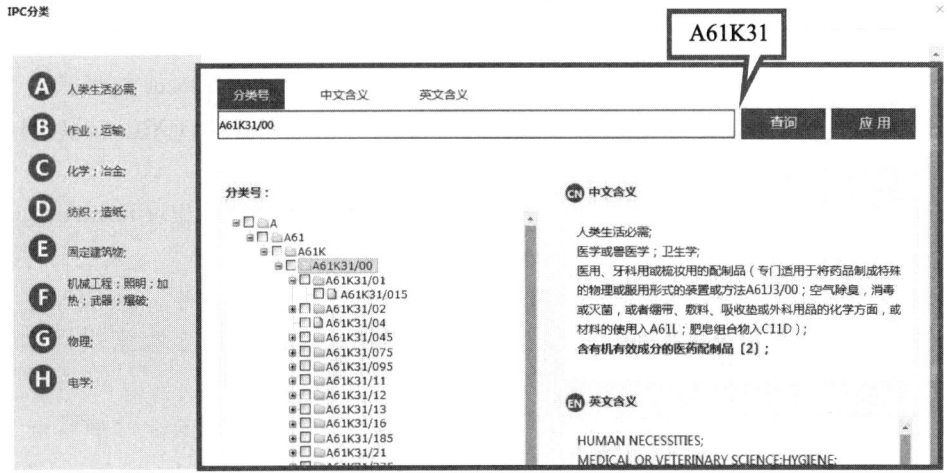

图 5-5-1 PSS 系统分类号查询界面一

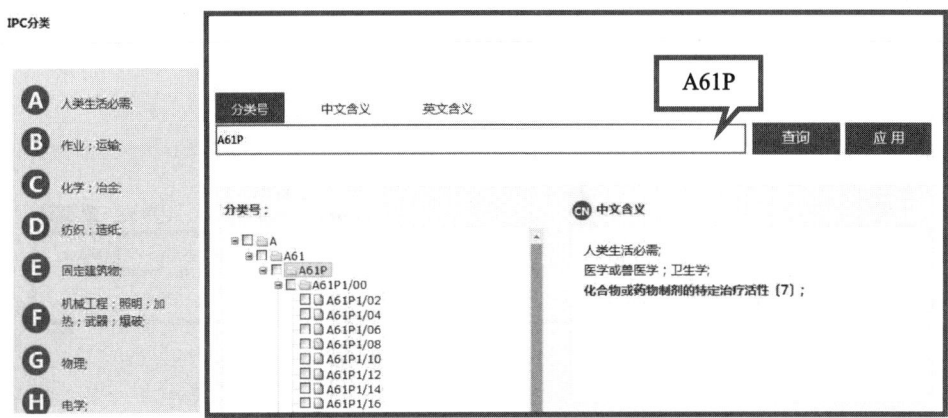

图 5-5-2 PSS 系统分类号查询界面二

(免疫兴奋剂)、A61P 37/06（免疫抑制剂，例如用于移植排斥的药物）、A61P 37/08（抗过敏剂）。使用这些分类号可以覆盖免疫性相关疾病，可以使检索结果更加全面。结合常见的关键词扩展，初步确定的检索要素表如表 5-5-1 所示。

表 5-5-1 检索要素表

检索要素	黄藤素	免疫性相关疾病
分类号表达		A61P 37
关键词表达	黄藤素、巴马丁、巴马汀、大黄藤素、非洲防己碱、棕榈碱、掌叶防己碱、Palmatine、BRN 1555498、Berbericinine、Palmatin、UNII - G50C034217	免疫、过敏、类风湿性关节炎、系统性红斑狼疮、Immunity、Allergy、Rheumatoid Arthritis、Systemic Lupus Erythematosus

首先,选择 PSS 系统进行检索,进入"高级检索"页面,构建检索块,将表 5-5-1 中的扩展词采用"or"连接,带有空格的关键词需要使用英文引号,具体如下:

检索块 1:黄藤素 or 巴马丁 or 巴马汀 or 大黄藤素 or 非洲防己碱 or 棕榈碱 or 掌叶防己碱 or Palmatine or "BRN 1555498" or Berbericinine or Palmatin or UNII – G50C034217

检索块 2-1:A61P 37

检索块 2-2:免疫 or 过敏 or 类风湿性关节炎 or 系统性红斑狼疮 or Immunity or Allergy or "Rheumatoid Arthritis" or "Systemic Lupus Erythematosus"

然后,将它们组合构建检索式,即将检索块 1、检索块 2 合并检索,检索块 2-1 和 2-2 为"或"的关系链接。检索入口选择"关键词"以及"IPC",检索式具体表达如下:

关键词 =(黄藤素 or 巴马丁 or 巴马汀 or 大黄藤素 or 非洲防己碱 or 棕榈碱 or 掌叶防己碱 or Palmatine or "BRN 1555498" or Berbericinine or Palmatin or UNII – G50C034217) and (IPC 分类号 =(A61P37) or 关键词 =(免疫 or 过敏 or 类风湿性关节炎 or 系统性红斑狼疮 or Immunity or Allergy or "Rheumatoid Arthritis" or "Systemic Lupus Erythematosus"))

点击"检索"后,获得 62 条检索结果,点击详览阅读,如图 5-5-3 所示。

图 5-5-3　PSS 系统 62 条检索结果界面

与检索主题相关的结果较多,例如有 3 篇文献均公开了黄藤素能够提高大/小鼠免疫功能,还有 1 篇文献公开了黄藤素能够治疗红斑痤疮或红脸病,其中红斑痤疮与免疫相关。

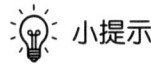 小提示

(1) 治疗用途的检索，一般选定活性成分和所涉及的疾病作为检索要素；
(2) 针对检索要素扩展困难的问题，可适当选择使用分类号。

5.6 设备检索

医药化学领域的设备包括：① 具体产品的加工设备，例如茶叶加工设备中的杀青机、揉捻机；② 通用设备，例如食品杀菌设备、干燥设备、原料清洗设备；③ 加工生产线，例如油脂生产线。

医药化学设备技术方案检索的难点在于：① 检索重点难把握——设备技术方案既涉及应用领域又涉及通用机械领域，属于交叉领域，检索人员往往在技术方案的理解上存在困难，导致难以抓准检索重点；② 检索要素难表达——面对机械设备的检索要素，如何保证表达的准确性和全面性。

针对以上的难点，在检索时应注意：

(1) 充分了解背景技术

读秀等数据库中对设备应用领域的基本工艺以及基本的制造设备都有记载，因此在具体检索之前，可以在读秀中进行初步检索，了解该技术领域的背景技术。

(2) 分析确定可检索的检索要素及扩展

在检索设备技术方案时，设备的种类、设备生产的化学产品应当作为重要的检索要素之一，因为同样类型的设备，如果所应用的产品种类不同，会导致设备结构不同。以"杀菌设备"为例，杀菌设备的种类较多，应用领域较广。如果是罐头食品的杀菌，由于罐头食品与其他食品的杀菌工艺存在差异，罐头食品杀菌时需要排气步骤，导致其杀菌设备与常规的不同，因此，在检索此类技术主题时，需要将"罐头"作为基本检索词进行检索，才能更快更准地检索相关技术文献。

设备的关键部件以及部件之间的相对位置关系，关系到设备运转，也是同样重要的关键检索要素。

在表达检索要素时，可以直接选取该检索主题中所用的技术术语，还可以对检索词进行上下位词、类似词的充分表达，或者从技术效果、技术原理、操作方式等角度侧面扩展检索要素，或者找出适合的分类号。该分类号可以是生产的食品种类，也可以是设备种类。

案例 19

检索主题：

一种啤酒酿造机，其特征在于：包括基座（1），所述基座上设有控制面板（6），所述基座（1）上方设有蒸煮筒（2），所述蒸煮筒（2）的下部设有用于出麦芽汁的阀门（7），所述蒸煮筒（2）的顶部设有盖子（4）；所述蒸煮筒（2）内的底部设有加热盘管（5），所述蒸煮筒（2）的中心设有连接杆（9），所述蒸煮筒（2）内设有麦芽筒（3）；

所述麦芽筒（3）内的下部和上部分别设有一个金属筛板（8）、（11），所述金属筛板（8）、（11）套在连接杆（9）上，所述连接杆（9）上设有液位计；

所述麦芽筒（3）上方设有固定麦芽筒的压紧架（12），所述压紧架（12）套在连接杆上（9）；

还包括发酵容器和用于冷却蒸煮筒（2）内液体的冷却盘管。

啤酒酿造机的技术结构如图 5-6-1 所示。

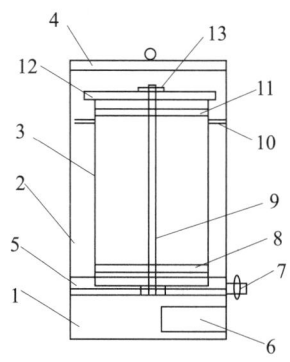

图 5-6-1 啤酒酿造机的技术结构

该方案是在蒸煮筒内部设置一个麦芽筒，该麦芽筒用于盛放粗磨麦芽，在糊化糖化时将其插入所述蒸煮筒中进行糊化糖化工艺，结束后，将其拉出，让麦芽汁从底部的筛板流出进入蒸煮筒以实现过滤澄清，然后可以直接在麦芽筒内进行煮沸麦汁工艺，不需要多个罐体，而实现糊化糖化、过滤、煮沸在同一筒内操作，达到结构简单、体积小、操作简单的目的。

可见，该设备的关键结构在于蒸煮筒内设有麦芽筒，从而形成套筒，且麦芽筒为活动设置，其他部件依附于所述蒸煮筒和麦芽筒。同时考虑到这一结构必然是应用到啤酒酿造这一技术领域的，"啤酒酿造"也需要作为关键检索要素。

首先，进入读秀数据库了解啤酒酿造的一般工艺操作以及常用设备，以理解技术方案中各设备设置的目的，如图 5-6-2 和图 5-6-3 所示。

浏览结果可知，一般的啤酒酿造流程：麦芽汁→糊化、糖化→过滤→麦汁煮沸及添加酒花→发酵→成熟→过滤包装。所用设备生产线如图 5-6-4 所示。

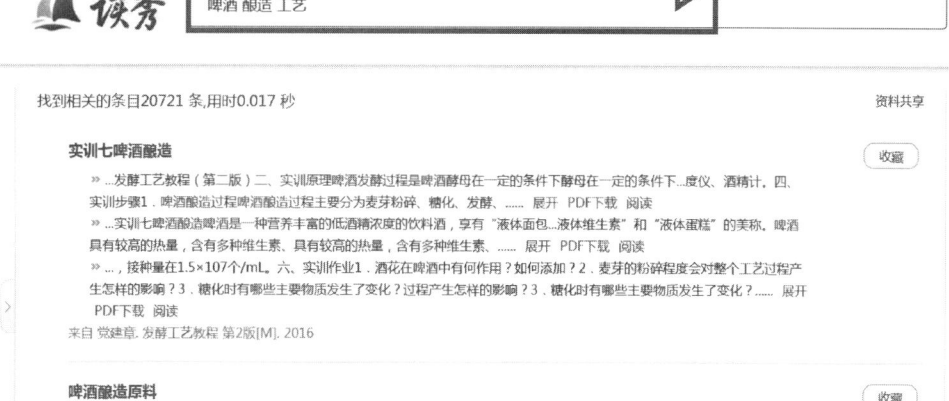

图 5-6-2 读秀"啤酒 酿造 工艺"检索界面

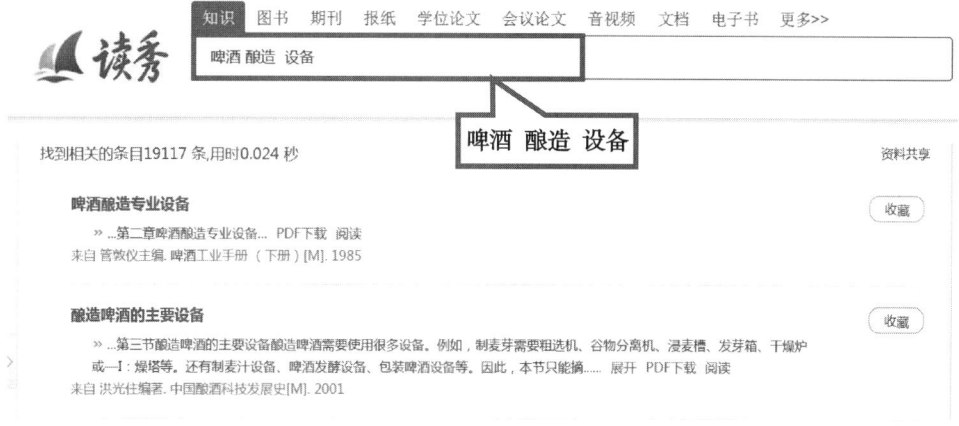

图 5-6-3 读秀"啤酒 酿造 设备"检索界面

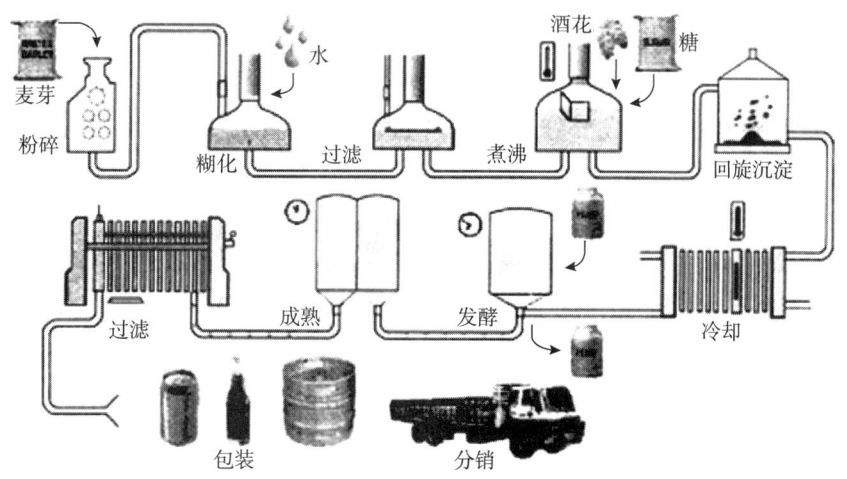

图 5-6-4 一般的啤酒酿造流程

可见，一般啤酒酿造中会采用单独的糊化糖化锅、煮沸锅，中间还有过滤设备。

经前述的准备工作，可以确定该设备中的关键结构在于在蒸煮筒内设有麦芽筒，从而形成套筒。因此，提取检索词为技术领域——啤酒酿造设备，设备种类——麦芽筒、蒸煮筒，关键构造——套筒。其中，设定技术领域一种准确可行的表达方式为采用对应的 IPC 分类号表达。按照案例 18 中的分类号查询方法，找到分类号 "C12C 13"，其具体释义为 "啤酒酿造中的酿造设备"，与该案技术领域契合，可以作为 "啤酒酿造设备" 这一检索词的替代，最终形成表 5-6-1。

表 5-6-1 "啤酒酿造中的酿造设备" 检索要素的表达

表达	检索要素			
	技术领域	设备种类		关键构造
	啤酒酿造设备	麦芽筒	蒸煮筒	套筒
扩展	C12C 13	糖化罐（筒、锅）、糊化罐（筒、锅）	煮汁罐（筒、锅）、煮沸罐（筒、锅）	内筒、内罐、套罐

（1）进入 PSS 系统的高级检索模式，如图 5-6-5 所示。首先构建检索块：

检索要素 1：C12C 13

检索要素 2：麦芽筒 or 麦芽罐 or 麦芽锅 or 糖化筒 or 糖化罐 or 糖化锅 or 糊化筒 or 糊化罐 or 糊化锅

检索要素 3：煮汁筒 or 煮汁罐 or 煮汁锅 or 煮沸筒 or 煮沸罐 or 煮沸锅 or 蒸煮筒 or 蒸煮锅 or 蒸煮罐

检索要素 4：内筒 or 套筒 or 套罐 or 内罐

然后在 "关键词" 入口以全要素块检索的方式构建检索式，即将检索块 1、检索块 2、检索块 3、检索块 4 并集检索。检索式具体表达如下：

IPC 分类号 =（C12C 13） and 说明书 =（麦芽筒 or 麦芽罐 or 麦芽锅 or 糖化筒 or 糖化罐 or 糖化锅 or 糊化筒 or 糊化罐 or 糊化锅） and 关键词 =（煮汁筒 or 煮汁罐 or 煮汁锅 or 煮沸筒 or 煮沸罐 or 煮沸锅 or 蒸煮筒 or 蒸煮锅 or 蒸煮罐） and 关键词 =（内筒 or 套筒 or 套罐 or 内罐）

但未获取相关文献。

（2）考虑到 "套筒" 是关键构造，为了避免因蒸煮筒、麦芽筒的表达形式不完全而漏掉目标文件，可以仅用 "技术领域 + 关键构造" 进行部分要素检索。即构建如下检索式：

IPC 分类号 =（C12C 13） and 关键词 =（内筒 or 套筒 or 套罐 or 内罐）

图 5-6-5　PSS 系统高级检索界面

通过阅读 25 篇结果发现，有类似的设备结构，但是，这些套筒都是不能移动和/或取出的，一般用作水浴加热提高热交换效果，与该检索主题不相关。

（3）再次调整检索词

考虑到要实现该设备的一体化，在操作过程中，麦芽筒（内筒）必须是可"移动"的，能够"插入"和"拉出"的，因此进一步从设备操作方式的角度来表达检索词为"可移动""插入""拉出""提起""提出"。调整后的检索要素如表 5-6-2 所示：

表 5-6-2　检索要素的调整表达

表达	检索要素		
	领域	设备种类	关键构造
	啤酒酿造设备	麦芽筒	蒸煮筒	套筒
扩展	C12C13	糖化罐（筒、锅）、糊化罐（筒、锅）	煮汁罐（筒、锅）、煮沸罐（筒、锅）	内筒、内罐、套罐
调整				可移动、插入、拉出、提起、提出

用新的表达在 PSS 系统的高级检索模式继续检索：

IPC 分类号 =（C12C 13） and 关键词 =（可移动 or 插入 or 拉出 or 提起 or 提出）

但阅读后仍未获得相关文件。

（4）转换检索库

相较于我国，欧美国家对啤酒酿造的研究更为成熟，因此，可以考虑在 EPO、USPTO 专利检索系统中进行检索。其中，"可移动""插入""拉出""提起""提出"所对应的英文检索词为"removable""insert""pull""lift"。

进入 EPO 检索系统中的高级检索,在"title or abstract"检索框中输入检索词"pull or lift or removable or insert",再在 IPC 检索框中输入分类号 C12C 13,然后提交检索,如图 5-6-6 所示。

图 5-6-6　EPO 高级检索系统

在 EPO 专利检索系统中,通过关键词和 IPC 分类号联合检索,获得十分相关的文件——WO0112773A2,其公开了一种啤酒酿造机,包括蒸煮筒(1),其顶部设有盖子(3),筒下部设有麦芽汁排放口(8),其底部设有加热器,所述蒸煮筒内设有麦芽筒(17),麦芽筒(17)的底部是一个底部筛网(21)。分离澄清罐可以被省去,含有底部筛网(21)的插入罐(17)用于阻隔啤酒花和磨碎固体颗粒,特别是麦芽残渣。之后插入罐(17)可以被提起后拿出,同样可以实现糖化、过滤、煮沸在同一筒内操作。其技术结构如图 5-6-7 所示。

可见,该文献中公开了在啤酒酿造设备中,在蒸煮筒内设有麦芽筒,麦芽

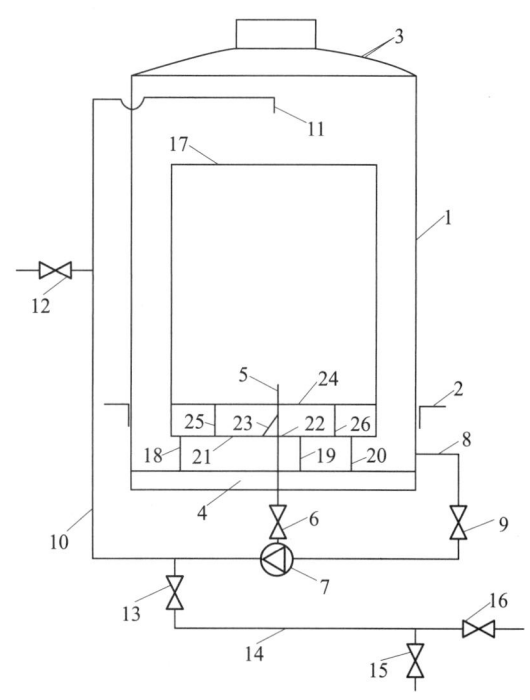

图 5-6-7　WO0112773A2 的技术结构

筒的底部是一个底部筛网,用于实现一体化操作,即检索主题中的技术领域、设备种类、关键构造都记载在该文献中,为密切相关的文献。

> **小提示**
>
> 在检索食品设备时,检索词的表达是关键点也是难点。除了从结构本身出发,还可以从操作方式的角度表达检索要素,快速获得具备相同结构和相同操作方法的相关技术内容。根据技术方案的涉及领域,尝试多种数据库可提高检索的精准度。

5.7 中药检索

中药的检索通常涉及中药方剂和中药的提取方法。

5.7.1 中药方剂

中药方剂是在中医治法治则的指导下,将各种药味按照"君臣佐使"配合组成中药组合物。按照组方来源的不同,可以分为基础方、加减方、自组方等。一般而言,中药组合物的检索要素可以较为直观地确定,即其中的原料药如板蓝根、乌鸡、鹿角胶等。检索式也易于构建,使用一般逻辑关系 and 或 or 即可。

中药异名、俗名众多,部分中药的命名及书写不规范,使得中药药名的全面扩展难度大。检索时,需充分利用 PSS 检索系统中的中药词典进行扩展,如图 5-7-1 所示。

图 5-7-1 PSS 系统中药词典界面

此外,如果待检索的中药组合物是在现有的方剂基础上加减获得的,或者由多个现有方剂组合而成,应将部分原料名称转化成方剂名称检索;当全检索要素未能检索到相关的文献时,可舍弃部分中药原料再检索,应考虑舍弃不重要的中药原料,例如使药、佐药或者含量明显偏少的药物;中药组合物目标治疗疾病作为检索要素,以提高准确性。

考虑到中药研究的地域性因素，检索的重点在于中文文献，因此首选在 PSS 药物检索系统、中国期刊数据库 CNKI、读秀中检索：PSS 药物检索系统涵盖中国专利文件，且可以进行方剂检索；CNKI 涵盖非专利（如期刊、会议论文、硕博论文）文献；读秀涵盖中文书籍文献。

> **案例 20**
> 检索主题：
> 一种治疗咳嗽的中药方子，该方子中含有 20g 甘草、30g 麻黄、50g 苦杏仁、100g 石膏、30g 芦根、15g 竹叶，共计 6 味药。

组成该中药组合物的原料药明晰，分别为甘草、麻黄、苦杏仁、石膏、芦根和竹叶，共 6 味药材；治疗病症为咳嗽，与上述 6 味药材一并作为检索要素。

首先以该组方作为检索目标，暂不考虑其所治疗的适应证。

① 进入 PSS 药物检索系统，选择"方剂检索"，依次输入甘草、麻黄、苦杏仁、石膏、芦根和竹叶 6 味药材，中药方剂中的数量以及至少包含的药味数根据实际情况进行选择，一般由精确到粗略、由多到少，如图 5-7-2 所示。

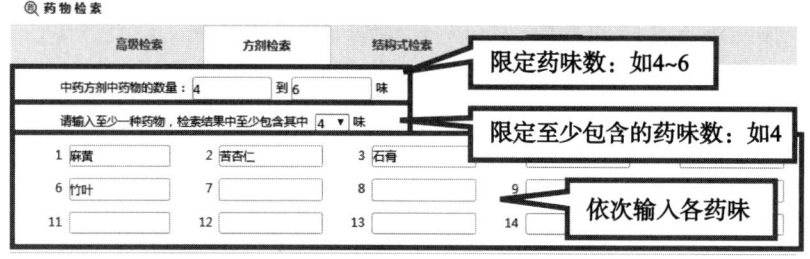

图 5-7-2　PSS 药物检索"方剂检索"界面

虽然在 PSS 药物检索系统中未获得十分相关的文献，但是能够发现包含甘草、麻黄、苦杏仁、石膏 4 味药物的中药组方甚多，如图 5-7-3 所示。有这么多的方剂都同时包含甘草、麻黄、苦杏仁、石膏，这些方剂会不会是源自包括上述味药的基础方呢？对于基础方的信息，可以考虑在期刊数据库或者书籍数据库中进行检索。

② 进入 CNKI，选择"句子检索"，输入甘草、麻黄、苦杏仁、石膏，浏览文献发现该四味药组成的方剂为著名的"麻杏石甘汤"，如图 5-7-4 所示。

由此推测，该方剂应该是"麻杏石甘汤"的加减方，因此可以将上述 4 味原料药看作一个整体，则该检索主题的中药组合物即由麻杏石甘汤与竹叶、芦根组成，考虑到中药复方可能为除"汤"之外的剂型如"麻杏石甘"合剂，省略剂型限定。

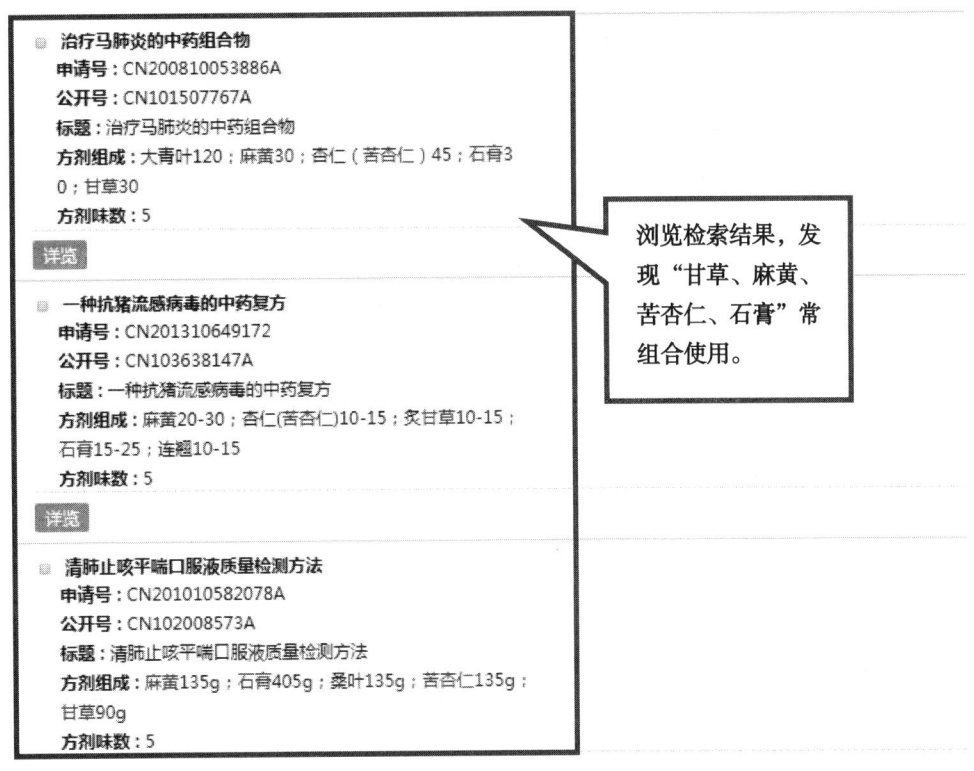

图 5-7-3　PSS 药物检索"方剂检索"结果界面

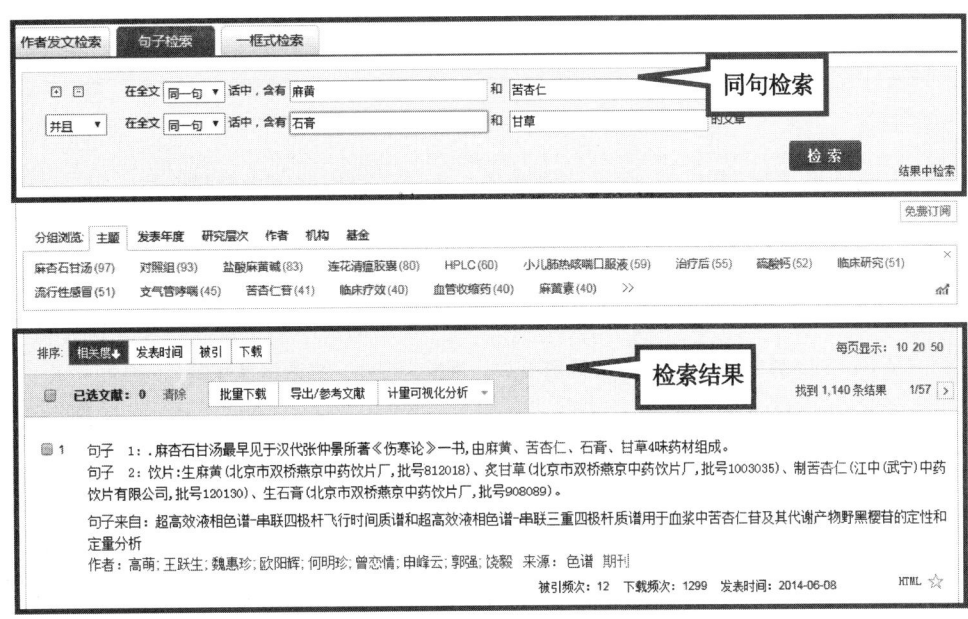

图 5-7-4　CNKI"句子检索"界面

经过上述调整之后，将中药原料关键词麻黄、苦杏仁、石膏、甘草以其组方"麻杏石甘"作为一个检索要素进行表达。使用麻杏石甘、芦根、竹叶在 CNKI 中同句中检索，第一条结果即记载了一种治疗外感病的方剂，为麻杏石甘汤加竹叶、芦根，与此次检索主题十分相关，如图 5-7-5 所示。

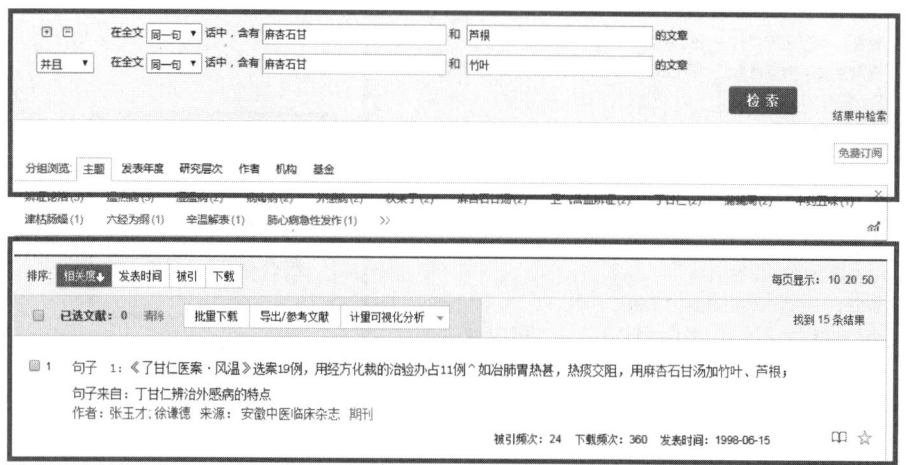

图 5-7-5　CNKI"麻杏石甘"组方检索结果界面

③ 进入读秀，同样使用麻杏石甘、芦根、竹叶进行检索，三者之间以空格分开，可获得一条检索结果，记载了麻杏石甘汤加鲜芦根、竹叶，治疗急性支气管炎者，具有清热宣肺，止咳化痰的作用，属更接近的文献记载，如图 5-7-6 所示。

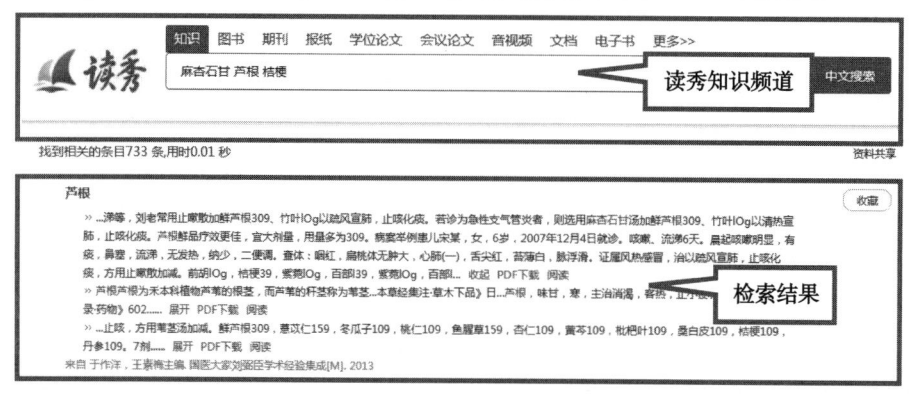

图 5-7-6　读秀"麻杏石甘、芦根、竹叶"检索结果界面

经过上述检索，获得一种治疗急性支气管炎的中药组合物，为麻杏石甘汤加鲜芦根、竹叶，具有清热宣肺，止咳化痰的作用。其与检索主题药味、治疗病症均相同，只是药味的具体用量和检索主题存在差异。

💡 小提示

（1）中药方剂一般采用 PSS 药物检索系统、CNKI 和读秀进行检索，三者互补性强，其他数据库如万方、百度等可以作为补充；

（2）根据检索情况，适时调整检索要素，辨别组合物中隐藏的经典组合，如该案例中的"麻杏石甘"。

5.7.2 中药提取

中药提取一般包括提取、分离和纯化等步骤,最终获得单一化合物或多种化合物组成的混合物。由于提取方法包括方法步骤、所用溶剂、方法参数等技术特征,且所得产物复杂,不同步骤之间承接关系多,要有效地提取、表达检索要素需要对技术领域和检索主题的重点有充分的了解。因此,对中药提取物和提取方法的检索通常会从中文学术期刊资源中入手,对技术主题作一定的了解后再深入检索。

就数据库而言,首先,在中国期刊数据库 CNKI、读秀中检索;其次使用 PSS 药物检索系统(中外文);最后,还可以考虑使用 PubMed 等覆盖外文库的检索,必要时还应该使用日文和韩文进行检索。

在检索策略上,可以首先考虑以"中药材 + 提取分离方法 + 最终提取物"进行检索。若未获得合适的文献,再扩展为"中药材 + 提取分离方法"以及"中药材 + 最终提取物"两种思路分别检索,扩大检索范围。

> **案例 21**
> 检索主题:
> 一种从大豆中提取大豆异黄酮苷的方法,包括以下步骤:
> (1) 将大豆用乙醇溶液提取,得到提取液 A;
> (2) 提取液 A 浓缩后过 AB – 8 树脂柱,用醇水洗脱,得洗脱液 B;
> (3) 洗脱液 B 浓缩,真空干燥,即得;
> 所述大豆异黄酮苷包括大豆苷、黄豆黄素苷、染料木苷三种具体化合物。

经分析,该待检索的主题中,原料药为大豆;最终产物为大豆异黄酮苷,其中包含大豆苷、黄豆黄素苷、染料木苷三种具体成分;提取方法中涉及的关键点提炼为乙醇、AB – 8 树脂。

其中,大豆异黄酮苷这一概念囊括大豆苷、黄豆黄素苷、染料木苷,它们之间是并列关系,应当采用"或"(OR)而非"与"(AND)计算。

检索主题中的提取、浓缩、洗脱、干燥等内容不必纳入检索过程,这是因为只要包含乙醇和 AB – 8 树脂柱这两个关键词的方案通常都会包含上述步骤,可以说乙醇和 AB – 8 树脂已经在一定程度上隐含这些固定操作,因此可不必作为检索要素使用。

中药的提取和纯化在期刊文献和专利文献都有大量记载,首先选择 CNKI 进行检索。选择"高级检索"中的主题入口,使用中药提取的三大基本要素组合检索,即"中药材 + 提取分离方法 + 最终提取物"。在主题中依次输入"大豆""异黄酮苷""乙醇""AB – 8 树脂",它们之间的关系为"并且"和"并含"的关系,检索结果为 0。将"异黄酮苷"替换为具体概念"大豆苷""黄豆黄素苷""染料木苷",仍然未获得检索结果,如图 5 – 7 – 7 所示。

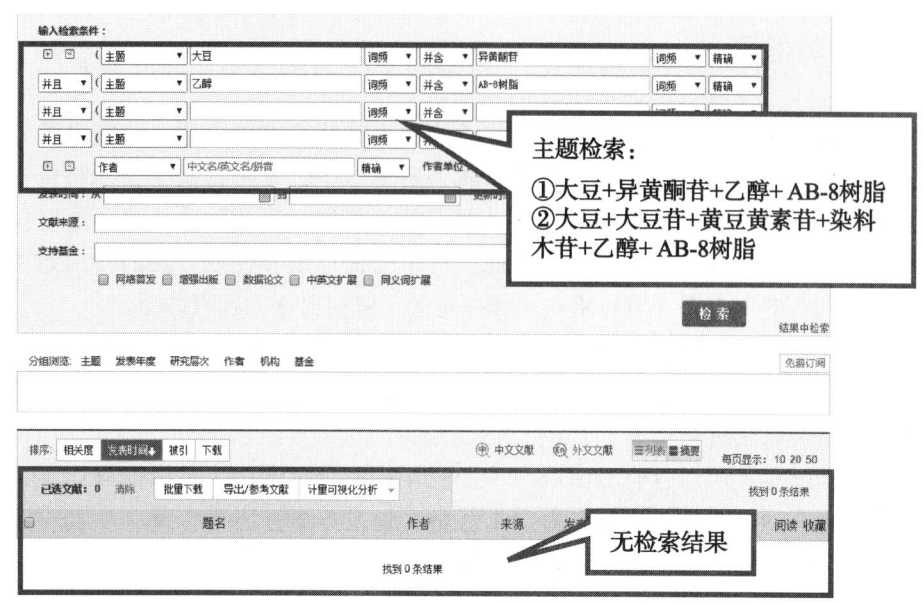

图 5-7-7　CNKI 中药提取三大基本要素组合检索界面

为扩大检索范围，省去部分检索要素，首先省去"最终提取物"这一检索要素，按照"中药材+提取分离方法"的思路进行检索，输入"大豆""乙醇""AB-8 树脂"，可获得如下 3 篇检索结果，如图 5-7-8 所示。

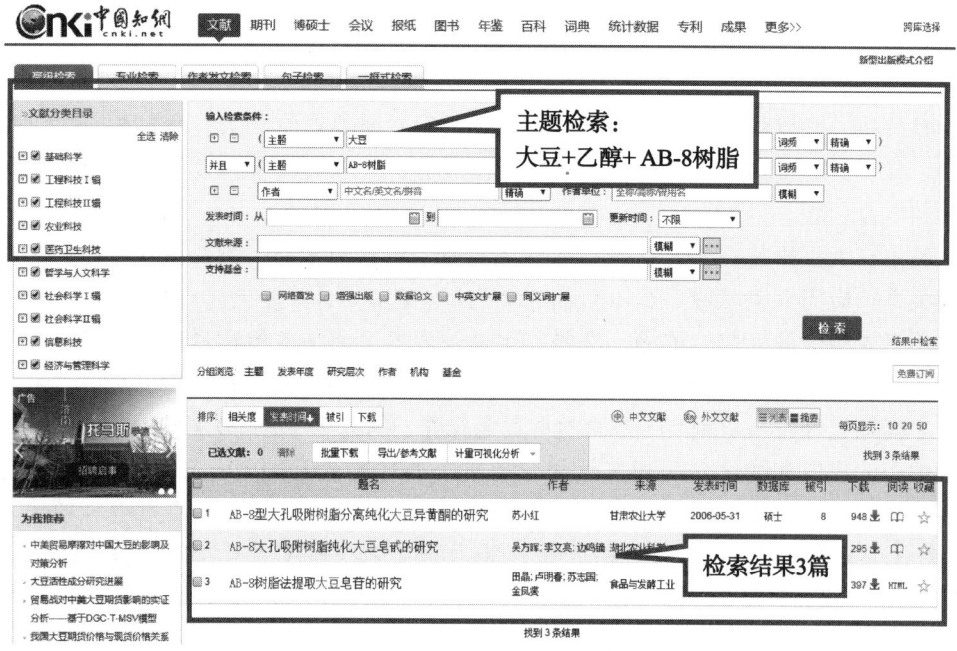

图 5-7-8　CNKI "大豆+乙醇+AB-8 树脂"检索结果界面

文献1：《AB-8型大孔吸附树脂分离纯化大豆异黄酮的研究》，主要涉及从大豆中富集提取大豆异黄酮；

文献2：《AB-8大孔吸附树脂纯化大豆皂甙的研究》，主要涉及利用AB-8大孔吸附树脂对大豆皂甙稠膏进行的纯化实验；

文献3：《AB-8树脂法提取大豆皂苷的研究》，主要涉及AB-8大孔吸附树脂提取和纯化脱脂大豆中大豆皂苷的方法。

对比发现，这3篇文献与检索主题还存在一些差异，再尝试省去"提取分离方法"这一检索要素，按照"中药材+最终提取物"的思路进行检索。当输入"大豆""异黄酮苷"时，检索结果过多，约80篇，主要原因可能是异黄酮苷是大豆中的常见成分。继续尝试将"异黄酮苷"替换为具体概念，即使用"大豆""大豆苷""黄豆黄素苷""染料木苷"时，检索结果为2篇，如图5-7-9所示。

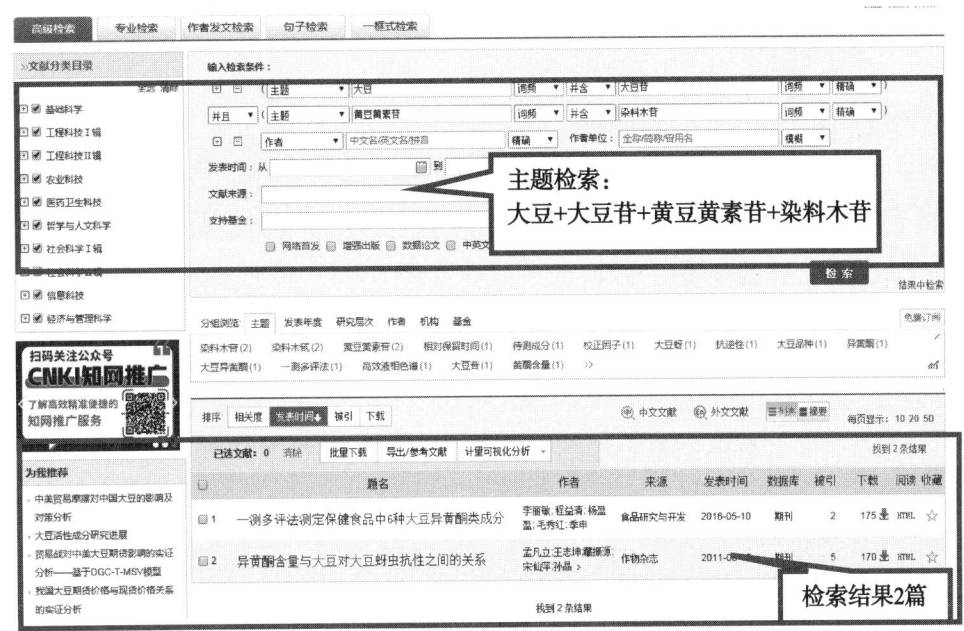

图5-7-9 CNKI"大豆+大豆苷+黄豆黄素苷+染料木苷"检索结果界面

文献1：《一测多评法测定保健食品中6种大豆异黄酮类成分》，主要涉及同时测定保健食品中6种大豆异黄酮类成分含量的方法。

文献2：《异黄酮含量与大豆对大豆蚜虫抗性之间的关系》，主要涉及测定抗感大豆品种蚜虫取食处理叶片和茎的异黄酮含量。

经过上述扩大检索范围检索后，共获得5篇对比文件，阅读后发现硕士学位《AB-8型大孔吸附树脂分离纯化大豆异黄酮的研究》记载的内容与该检索主题最为相关，尽管其未记载提取物中含有黄豆黄素苷，但其在背景技术中提到黄豆黄素苷也是大豆中的常见成分，已可以考虑完成检索。详细阅读后发现，该文献记载与检索主题基本相同。

5.8 生物序列检索

涉及生物遗传信息的主题范围较为广泛，包括 ATGC 组成的基因序列或 20 种常见氨基酸（如甘氨酸、丙氨酸等）组成的蛋白质序列，可根据序列的长度分为长序列、短序列、分子标记等。生物序列撰写的特殊性导致其检索策略与其他领域的检索策略有较大的差异，检索过程中需要使用生物序列作为检索关键词，将待检索的生物序列提交至相关数据库与目标序列进行比对，并按照一定算法计算出序列相互之间的同源性或同一性，从而检索到相关文献。

本节将分别介绍较为常用的长序列、短序列的检索策略。

5.8.1 长序列检索

通常将基因序列大于 50 碱基对（base pair，bp）或蛋白序列大于 20 氨基酸（amino acid，aa）的序列称为长序列，典型的长序列表达形式包括基因序列、抗体序列、酶序列等。涉及长序列检索的生物数据库包括 Genbank、EMBL、Uniprot 等。

5.8.1.1 普通的基因或蛋白检索

案例 22

检索主题：

一种从柯氏柠檬酸杆菌中通过分子克隆手段获得的蛋白质，其氨基酸序列如下：

MRKRIVIQSAMLSSDSLSHHKEWRMSSITTTDNKAFLNELTRLVGHSHLLTDPAKT
ARYRKGFRSGQGEALAVVFPGSLLELWRVLNACVNADKIILMQAANTGLTEGSTPNGND
YDREIVIISTLRLDKLHVLSKGEQVLAYPGTTLYSLEKALKPFGREPHSVIGSSCIGASVIGGI
CNNSGGSLVQRGPAYTEMSLFARIDEQGKLQLVNHLGIELGQTPEQILSTLDDERIKDED
VRHDGRHAHDYDYVTRVRDIEADTPARYNADPDRLFESSGCAGKLAVFAVRLDTFEAEKN
QQVFYIGTNQPDVLTEIRRHILAKFDNLPVAGEYMHRDIYDIAEKYGKDTFLMIDKLGTDK
MPFFFTLKGRTDAMLEKVKIFRPHFTDRAMQKFGHLFPNHLPPRMKSWRDKYEHHLLLK
MAGDGVAEAQSWLTEFFKTAEGDFFACTPEEGSKAFLHRFAAAGAAIRYQAVHADEVED
ILALDIALRRNDTEWYEHLPPEIDSQLVHKLYYGHFMCYVFHQDYIVKKGVDAHALKEQ
MLELLRQRGAQYPAEHNVGHLYKAPETLARFYRENDPTNSMNPGIGKTSKLKFWKEAA
SDETH

核苷酸序列如下：

atgagaaagc gtattgtcat acaaagcgct atgcttagtt ccgatagttt gtcccaccac aaggagtgga gaatgtcttc cattacaacg acagataata aagcctttct taatgagctc acccgtctgg tgggtcattc gcacctgctc accgatcctg caaaaccgc ccgctaccgc aaggggttcc gttccggtca gggcgaagcg ctggccgtgg tcttcccgg ctcgctgctg gaattgtggc gcgtactgaa cgcctgcgta aacgccgata aaatcattct gatgcaggcc gccataccg gcctgactga aggttccacg ccgaacggca acgattacga tcgcgaaatt gtcatcatca gcacgctacg cctcgacaag ctgcacgtcc tcagtaaagg cgaacaggtg ctggcatacc caggcaccac gctgtactca ctggaaaaag cgcttaaacc ttttggtcgc gaaccgcact cggttatcgg ttcctcctgt atcggcgcgt cagttattgg cggcatttgc aataactccg gcgggtcgct ggtacaacgc ggcccggcgt ataccgaaat gtcgctgttc gcgcgcattg atgaacaggg caaattacag ctggtgaacc atctgggcat cgaactgggc cagacccgg aacagatcct cagcacactc gatgatgaac gcatcaaaga tgaagatgtg cgccacgatg gccgccacgc ccacgattac gattacgtga ctcgcgtcag ggacattgag gccgataccc ctgcccgcta taacgctgac ccggatcgcc tgttcgaatc ctccggctgc gcgggtaagc tggcggtgtt cgccgtgcgg ctggacactt tcgaggcgga aaaaaaccag caggtctttt acatcggcac caatcagccc gacgtgctga ccgagattcg tcgtcatatc ctggcgaagt tcgacaacct gccggttgcc ggtgaatata tgcaccgcga tatttacgac atcgcggaga aatatggcaa agatacgttc ctgatgatcg acaagctcgg caccgacaaa atgccgttct tctttacgct caaaggccgt accgacgcga tgctggaaaa ggtaaaaatc ttccgcccgc atttcactga ccgcgcgatg cagaagttcg gccatttatt ccctaaccat ctgccgccgc gcatgaaaag ctggcgcgac aaatatgagc atcatctgct gttaaaaatg gcgggagacg gggtggcgga agcacaaagc tggctgaccg agttttttcaa aaccgccgag ggcgatttct ttgcctgtac cccggaggaa ggcagcaaag cgttcctgca ccgttttgcc gcggcaggcg cggcgatccg ttatcaggcg gtgcatgccg atgaggtgga ggatattctc gcactggata tcgccttacg gcgtaacgac accgaatggt atgagcatct gccgccggaa attgacagcc agctggtgca taaactctat tacggtcatt tcatgtgcta tgtcttccat caggattaca tcgtgaagaa aggcgtcgat gcccatgcgc tgaaagagca aatgctggaa ctgctgcgcc agcgcggcgc gcaatatccg gcagagcata acgttggtca tttgtacaaa gcgccggaga cgctggcgcg tttttatcgt gaaaatgacc ccaccaacag catgaatccg ggtattggta aaacaagtaa gctgaaattc tggaaagaag cggcgtccga cgagacgcat tga

该蛋白质的氨基酸序列长度为600aa，核苷酸序列为1803bp，为典型的生物长序列。确定检索关键词为具体生物序列，检索数据库涉及GenBank及PSS检索系统。

（1）GenBank数据库中蛋白序列的检索

登录BLAST检索界面，选择Web BLAST中的"Protein BLAST"首先进行上述氧化酶的蛋白序列检索，将完整的蛋白质序列复制到"Enter Query Sequence"的粘贴区域，"Choose Search Set"检索参数设置中将Database分别选择为"nr"（非冗余数据库）或"pataa"（专利蛋白序列数据库），其他参数无特殊检索需求默认即可，最后点击"BLAST"即可进行蛋白质序列的检索。

如图 5-8-1 所示的 Protein BLAST 检索界面，首先选择 nr 数据库进行检索，点击"BLAST"提交检索。

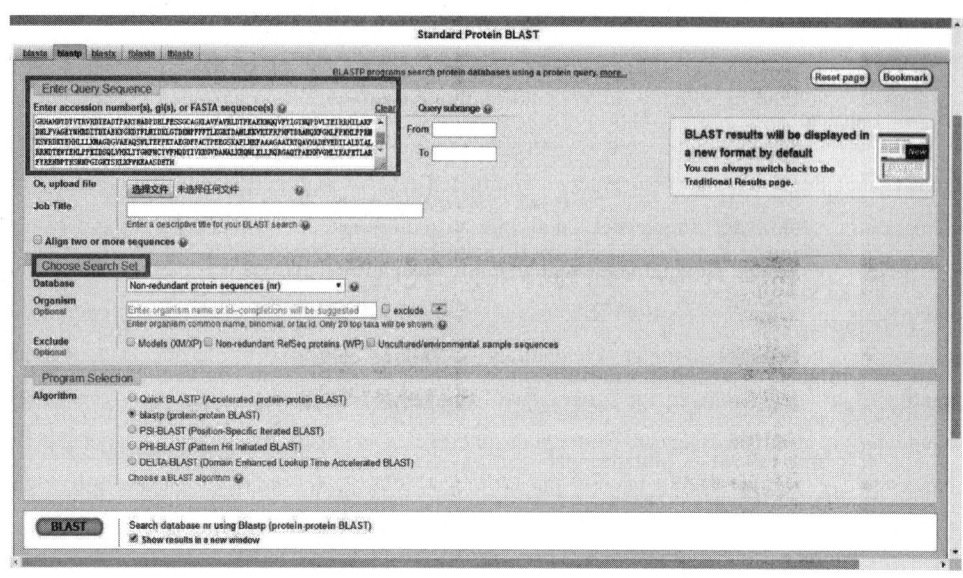

图 5-8-1　GenBank Protein BLAST 检索界面

获得的检索结果如图 5-8-2 所示，检索结果页面自动跳出，在检索结果中"E 值"表示匹配的可能性，越接近 0 代表完全匹配（一般小于 $10e^{-5}$ 比较可信），"Query Cover"表示序列覆盖度，"Ident"表示序列间的同源性。根据上述参数及比对结果，确定 GenBank 数据库中 ABV11815.1 与待检索的蛋白质序列完全相同。

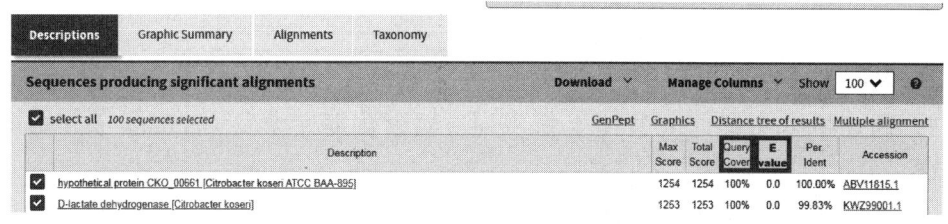

图 5-8-2　蛋白检索结果界面

进一步，点击检索结果界面中"Alignments"可以查看该序列的详细比对信息，如图 5-8-3 所示。

```
Score              Expect  Method                        Identities       Positives        Gaps
1254 bits(3244)    0.0     Compositional matrix adjust.  600/600(100%)    600/600(100%)    0/600(0%)

Query   1    MRKRIVIQSAMLSSDSLSHHKEWRMSSITTTDNKAFLNELTRLVGHSHLLTDPAKTARYR     60
             MRKRIVIQSAMLSSDSLSHHKEWRMSSITTTDNKAFLNELTRLVGHSHLLTDPAKTARYR
Sbjct   1    MRKRIVIQSAMLSSDSLSHHKEWRMSSITTTDNKAFLNELTRLVGHSHLLTDPAKTARYR     60

Query   61   KGFRSGQGEALAVVFPGSLLELWRVLNACVNADKIILMQAANTGLTEGSTPNGNDYDREI    120
             KGFRSGQGEALAVVFPGSLLELWRVLNACVNADKIILMQAANTGLTEGSTPNGNDYDREI
Sbjct   61   KGFRSGQGEALAVVFPGSLLELWRVLNACVNADKIILMQAANTGLTEGSTPNGNDYDREI    120

Query   121  VIISTLRLDKLHVLSKGEQVLAYPGTTLYSLEKALKPFGREPHSVIGSSCIGASVIGGIC    180
             VIISTLRLDKLHVLSKGEQVLAYPGTTLYSLEKALKPFGREPHSVIGSSCIGASVIGGIC
Sbjct   121  VIISTLRLDKLHVLSKGEQVLAYPGTTLYSLEKALKPFGREPHSVIGSSCIGASVIGGIC    180

Query   181  NNSGGSLVQRGPAYTEMSLFARIDEQGKLQLVNHLGIELGQTPEQILSTLDDERIKDEDV    240
             NNSGGSLVQRGPAYTEMSLFARIDEQGKLQLVNHLGIELGQTPEQILSTLDDERIKDEDV
Sbjct   181  NNSGGSLVQRGPAYTEMSLFARIDEQGKLQLVNHLGIELGQTPEQILSTLDDERIKDEDV    240

Query   241  RHDGRHAHDYDYVTRVRDIEADTPARYNADPDRLFESSGCAGKLAVFAVRLDTFEAEKNQ    300
             RHDGRHAHDYDYVTRVRDIEADTPARYNADPDRLFESSGCAGKLAVFAVRLDTFEAEKNQ
Sbjct   241  RHDGRHAHDYDYVTRVRDIEADTPARYNADPDRLFESSGCAGKLAVFAVRLDTFEAEKNQ    300

Query   301  QVFYIGTNQPDVLTEIRRHILAKFDNLPVAGEYMHRDIYDIAEKYGKDTFLMIDKLGTDK    360
             QVFYIGTNQPDVLTEIRRHILAKFDNLPVAGEYMHRDIYDIAEKYGKDTFLMIDKLGTDK
Sbjct   301  QVFYIGTNQPDVLTEIRRHILAKFDNLPVAGEYMHRDIYDIAEKYGKDTFLMIDKLGTDK    360

Query   361  MPFFFTLKGRTDAMLEKVKIFRPHFTDRAMQKFGHLFPNHLFPPRMKSWRDKYEHHLLLKM    420
             MPFFFTLKGRTDAMLEKVKIFRPHFTDRAMQKFGHLFPNHLFPPRMKSWRDKYEHHLLLKM
Sbjct   361  MPFFFTLKGRTDAMLEKVKIFRPHFTDRAMQKFGHLFPNHLFPPRMKSWRDKYEHHLLLKM    420

Query   421  AGDGVAEAQSWLTEFFKTAEGDFFACTPEEGSKAFLHRFAAAGAAIRYQAVHADEVEDIL    480
             AGDGVAEAQSWLTEFFKTAEGDFFACTPEEGSKAFLHRFAAAGAAIRYQAVHADEVEDIL
Sbjct   421  AGDGVAEAQSWLTEFFKTAEGDFFACTPEEGSKAFLHRFAAAGAAIRYQAVHADEVEDIL    480

Query   481  ALDIALRRNDTEWYEHLPPEIDSQLVHKLYYGHFMCYVFHQDYIVKKGVDAHALKEQMLE    540
             ALDIALRRNDTEWYEHLPPEIDSQLVHKLYYGHFMCYVFHQDYIVKKGVDAHALKEQMLE
Sbjct   481  ALDIALRRNDTEWYEHLPPEIDSQLVHKLYYGHFMCYVFHQDYIVKKGVDAHALKEQMLE    540

Query   541  LLRQRGAQYPAEHNVGHLYKAPETLARFYRENDPTNSMNPGIGKTSKLKFWKEAASDETH    600
             LLRQRGAQYPAEHNVGHLYKAPETLARFYRENDPTNSMNPGIGKTSKLKFWKEAASDETH
Sbjct   541  LLRQRGAQYPAEHNVGHLYKAPETLARFYRENDPTNSMNPGIGKTSKLKFWKEAASDETH    600
```

图 5-8-3 检索序列的详细比对示意

其中，Score 是打分矩阵计算出来的数值，由搜索算法决定，值越大说明匹配程度越大；Expect 是输入序列被随机搜索出来的概率，越小越好；Gaps 表示多出或缺失的碱基数。

最后，打开"ABV11815.1"的页面，该条记载了蛋白质来源于柯氏柠檬酸杆菌 ATCC BAA-895、2014 年 1 月 31 日收录、蛋白的 32-595 功能区为 D-乳酸脱氢酶及参考文献等。以下为页面的详细信息：

hypothetical protein CKO_00661 [Citrobacter koseri ATCC BAA-895]
GenBank：ABV11815.1
Identical Proteins FASTA Graphics
LOCUS   ABV11815   600 aa   linear   BCT 31-JAN-2014
DEFINITION hypothetical protein CKO_00661 [Citrobacter koseri ATCC BAA-895].
ACCESSION   ABV11815
VERSION   ABV11815.1
DBLINK   BioProject：PRJNA12716
            BioSample：SAMN02603912

```
DBSOURCE     accession CP000822.1
KEYWORDS    .
SOURCE       Citrobacter koseri ATCC BAA-895
ORGANISM    Citrobacter koseri ATCC BAA-895
             Bacteria; Proteobacteria; Gammaproteobacteria; Enterobacterales;
             Enterobacteriaceae; Citrobacter.
REFERENCE    1   (residues 1 to 600)
AUTHORS     McClelland, M., Sanderson, E. K., Porwollik, S., Spieth, J.,
            Clifton, W. S., Latreille, P., Courtney, L., Wang, C., Pepin, K.,
            Bhonagiri, V., Nash, W., Johnson, M., Thiruvilangam, P. and Wilson, R.
CONSRTM     The Citrobacter koseri Genome Sequencing Project
TITLE       Direct Submission
JOURNAL     Submitted (29-AUG-2007) Genetics, Genome Sequencing Center, 4444
            Forest Park Parkway, St. Louis, MO 63108, USA
COMMENT     Method: conceptual translation.
FEATURES            Location/Qualifiers
     source          1..600
                     /organism = "Citrobacter koseri ATCC BAA-895"
                     /strain = "ATCC BAA-895"
                     /db_xref = "ATCC: BAA-895"
                     /db_xref = "taxon: 290338"
     Protein         1..600
                     /product = "hypothetical protein"
     Region          32..595
                     /region_name = "PRK11183"
                     /note = "D-lactate dehydrogenase; Provisional"
                     /db_xref = "CDD: 236872"
     Region          70..210
                     /region_name = "FAD_binding_4"
                     /note = "FAD binding domain; cl19922"
                     /db_xref = "CDD: 303082"
     Region          302..591
                     /region_name = "Lact-deh-memb"
                     /note = "D-lactate dehydrogenase, membrane binding;
                     pfam09330"
                     /db_xref = "CDD: 286420"
     CDS             1..600
```

/locus_tag = "CKO_00661"
/coded_by = "complement（CP000822.1：633494..635296）"
/inference = "protein motif：HMMPfam：IPR006094"
/inference = "protein motif：ScanRegExp：IPR003006"
/inference = "similar to AA sequence：INSD：AAN81120.1"
/note = "KEGG：eci：UTI89_C2407 2.1e-298 dld；D-lactate dehydrogenase K03777；
COG：COG0277 FAD/FMN-containing dehydrogenases；
Psort location：Cytoplasmic，score：8.96"
/transl_table = 11
/db_xref = "InterPro：IPR003006"
/db_xref = "InterPro：IPR006094"

ORIGIN
1 mrkriviqsa mlssdslshh kewrmssitt tdnkaflnel trlvghshll tdpaktaryr
61 kgfrsgqgea lavvfpgsll elwrvlnacv nadkiilmqa antgltegst pngndydrei
121 viistlrldk lhvlskgeqv laypgttllys lekalkpfgr ephsvigssc igasviggic
181 nnsggslvqr gpaytemslf arideqgklq lvnhlgielg qtpeqilstl dderikdedv
241 rhdgrhahdy dyvtrvrdie adtparynad pdrlfessgc agklavfavr ldtfeaeknq
301 qvfyigtnqp dvlteirrhi lakfdnlpva geymhrdiyd iaekygkdtf lmidklgtdk
361 mpffftlkgr tdamlekvki frphftdram qkfghlfpnh lpprmkswrd kyehhlllkm
421 agdgvaeaqs wlteffktae gdffactpee gskaflhrfa aagaairyqa vhadevedil
481 aldialrrnd tewyehlppe idsqlvhkly yghfmcyvfh qdyivkkgvd ahalkeqmle
541 llrqrgaqyp aehnvghlyk apetlarfyr endptnsmnp gigktsklkf wkeaasdeth

接着在 pataa 数据库中进行专利序列的检索，结果未检索到"Query Cover"与"Ident"均为100%的序列，最高同一性为87.78%。

（2）GenBank 数据库中基因序列的检索

选择 Web BLAST 中"Nucleotide BLAST"，将完整核苷酸序列复制到"Enter Query Sequence"的粘贴区域，"Choose Search Set"检索参数设置中分别将 Database 选择为"nr/nt"（非冗余核酸序列数据库）或"pat"（专利核酸序列数据库），其他参数无特殊检索需求默认即可，最后点击"BLAST"分别提交进行两次检索。

如图5-8-4所示的检索结果表明，最终检索获得"Query Cover"与"Ident"均为100%的 CP000822.1。进一步查看 Genbank 数据库中 CP000822.1 的详细信息，如图5-8-5所示，其为柯氏柠檬酸杆菌 ATCC BAA-895 完整基因组序列，其基因组635296-633494bp 与该氧化酶的1-1803位基因序列相同。即与检索的蛋白酶的核苷酸序列完全相同。

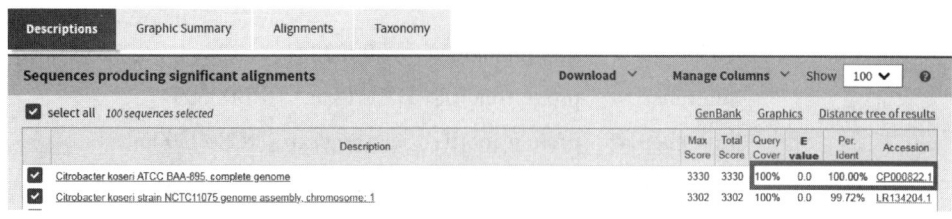

图 5-8-4 基因检索结果界面

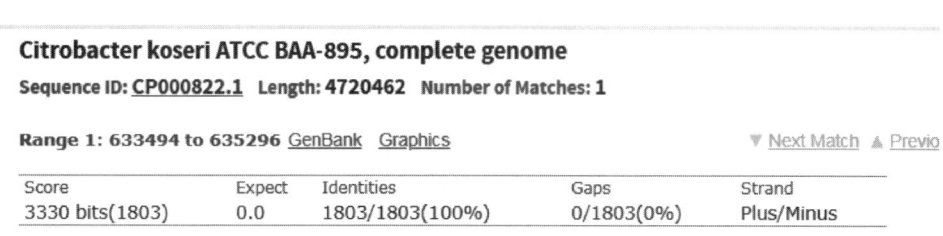

图 5-8-5 基因检索结果详细信息界面

(3) PSS 检索系统

GenBank 数据库中 pataa 数据库收录了美国专利商标局及 EMBL、DDBJ 提供的欧洲专利、日本专利涉及的生物序列，因此，还应当登录国家知识产权局 PSS 系统进行中国专利的检索。登录 PSS 系统，在常规检索的搜索框内输入关键词 "柯氏柠檬酸杆菌乳酸氧化酶"，返回结果 2 篇，中国专利 CN2017100065565 同样公开了来源于柯氏柠檬酸杆菌的乳酸氧化酶，利用大肠杆菌异源表达，获得该氧化酶可以氧化羟酸、羟酸酯。

在 GenBank 数据库检索获得相同蛋白质 ABV11815.1 及其相关功能，在 PSS 系统中检索到中国专利 CN2017100065565 公开了相同蛋白质及其相关功能。

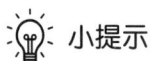 小提示

(1) 典型生物长序列技术方案的检索首先考虑采用 GenBank 数据库检索序列，该数据库具有全面性、权威性、便捷性。另外，EMBL、DDBL 数据库与 GenBank 数据实质共享，用户根据检索习惯选择使用任一数据库均可。

(2) 对于以三字母缩写形式表示的蛋白质序列，检索前采用 "序列处理在线处理工具包" 转换为单字母缩写形式表示的蛋白质序列后方可进行检索。同时，由于上述生物数据库中专利数据库（如 GenBank 的 pataa）收录文献的局限性，用户还需要采用关键词在 PSS 系统中进行补充检索，以免漏检部分中国专利。

5.8.1.2 有突变的基因或蛋白

某些生物序列是在已知基因或蛋白序列基础上进行突变而产生的。对于这类有突变的基因或蛋白，除了在 GenBank、EMBL 或 DDBJ 三大基因数据库进行检索，还可选择 UniProt 蛋白数据库进行检索。UniProt 蛋白数据库信息丰富、资源广，每个条目都有

详细的注释，包括结构域、功能位点、跨膜区域、二硫键位置、翻译后修饰、突变体等。对于该类技术方案中长序列的检索，可考虑 UniProt 蛋白数据库进行检索。

> **案例 23**
>
> 检索主题：
>
> 一种携带癌胚抗原相关细胞粘附分子 8（CEACAM8）突变抗原基因的重组腺相关病毒载体，该腺相关病毒中病毒包装识别位点内的全部基因被切除，插入 CEACAM8 抗原基因，定点突变（R78A 和 L129A），替换 CMV 启动子，突变位点为 78 由 CGA 突变为 GGA，129 位由 CTT 突变为 GAT，病毒包装识别位点为 Rep 和 Cap 致病基因，替换 CMV 启动子的是 p5 启动子、猴空泡病毒 40（SV40）早期启动子或 beta 肌动蛋白启动子；
>
> 所述未突变的抗原基因序列如下：
>
> atggggccca tctcagcccc ttcctgcaga tggcgcatcc cctggcaggg gctcctgctc acagcctcac ttttcacctt ctggaacccg cccaccactg ctcagctcac tattgaagct gtgccatcca atgctgcaga ggggaaggag gttcttctac tt-gtcacaa tctgccccag gaccctcgtg gctacaactg gtacaaaggg gaaacagtgg atgccaaccg tcgaattata ggatatgtaa tatcaaatca acagattacc ccagggcctg catacagcaa tcgagagaca atatacccca atgcatccct gct-gatgcgg aacgtcacca gaaatgacac aggatcctac accctacaag tcataaagct aaatcttatg agtgaagaag taactg-gcca gttcagcgta catccggaga ctcccaagcc ctccatctcc agcaacaact ccaaccccgt ggaggacaag gatgctgt-gg ccttcacctg tgaacctgag actcagaaca caacctacct gtggtgggta aatggtcaga gtctcccggt cagtcccagg ctgcagctgt ccaatggcaa caggaccctc actctactca gtgtcacaag gaatgacgta ggaccctatg aatgtgaaat aca-gaaccca gcgagtgcaa acttcagtga cccagtcacc ctgaatgtcc tctatggccc agatgccccc accatttccc cttca-gacac ctattaccat gcaggggtaa atctcaacct ctcctgccat gcggcctcta atccaccctc acagtattct tggtctgtca atggcacatt ccagcaatac acacaaaagc tctttatccc caacatcact acaaagaaca gcggatccta tgcctgccac ac-cactaact cagccactgg ccgcaacagg accacagtca ggatgatcac agtctctgat gctttagtac aaggaagttc tcctg-gcctc tcagctagag ccactgtcag catcatgatt ggagtactgg ccagggtggc tctgatatag

该突变的重组腺相关病毒载体关键在于对 CEACAM8 进行 R78A、L129A 双突变，突变抗原基因为 1050bp 的典型生物长序列，常规检索思路为在 GenBank 等数据库中进行检索。由于密码子的简并性（一个氨基酸有一个以上的三联体密码编码），若采用突变后的基因序列进行检索，可能导致检索不全面，例如不能检索到其他密码子编码相同的突变蛋白的技术方案，因此选择蛋白质序列进行检索。

（1）序列翻译

如图 5-8-6 展示的生物序列处理在线工具包网站（www.bio-soft.net/sms），在"DNA Analysis"中选择"翻译"将基因序列翻译成蛋白质序列，将该 1050 的长序列拷贝至粘贴区域中，点击"提交"，即得到翻译后的蛋白质序列。

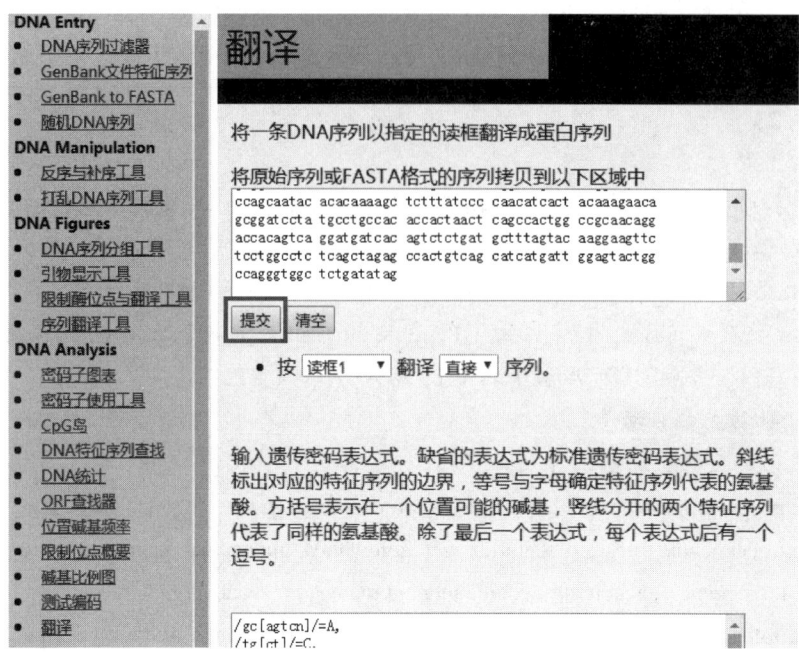

图 5-8-6　生物序列处理在线工具包界面

得到翻译后的蛋白序列如下：

MGPISAPSCRWRIPWQGLLLTASLFTFWNPPTTAQLTIEAVPSNAAEGKEVLLLVHNLPQ
DPRGYNWYKGETVDANRRIIGYVISNQQITPGPAYSNRETIYPNASLLMRNVTRNDTGSYTLQ
VIKLNLMSEEVTGQFSVHPETPKPSISSNNSNPVEDKDAVAFTCEPETQNTTYLWWVNGQSLP
VSPRLQLSNGNRTLTLLSVTRNDVGPYECEIQNPASANFSDPVTLNVLYGPDAPTISPSDTYYH
AGVNLNLSCHAASNPPSQYSWSVNGTFQQYTQKLFIPNITTKNSGSYACHTTNSATGRNRTTV
RMITVSDALVQGSSPGLSARATVSIMIGVLARVALI。

(2) GenBank/EMBL/DDBJ 中检索

将上述处理的蛋白质序列中第 78 位、第 129 位氨基酸替换为 A，采用 GenBank 数据库中"Protein BLAST"对突变蛋白序列进行检索（GenBank 相关检索步骤可参照案例 22），结果未检索到与该技术方案发生相同双突变的 CEACAM8 的重组腺相关病毒载体，仅能检索到原始未突变的 CEACAM8。EMBL 或 DDBJ 数据库中也未检索到相同技术方案。

(3) UniProt 中检索

在上述三大权威生物权威数据库中未检索到相关技术方案后，还应选择 UniProt 蛋白数据库进行补充检索。登录 UniProt（www.uniprot.org）数据库中的 BLAST 界面，转而采用该数据库继续对上述突变蛋白序列进行检索。将转换后的蛋白质序列复制到粘贴区域，如无其他检索需求，默认参数即可，最后提交"Run BLAST"提交检索。

参见如图 5-8-7 所示的检索结果，该数据库中编号 P31997 的序列与提交的序列显示 99.4% 同源性"Identity"，进一步，点击"P31997"查看 UniProt 数据库中收录的详细信息,如图 5 - 8 - 8 所示,该序列即为 CEACAM8。

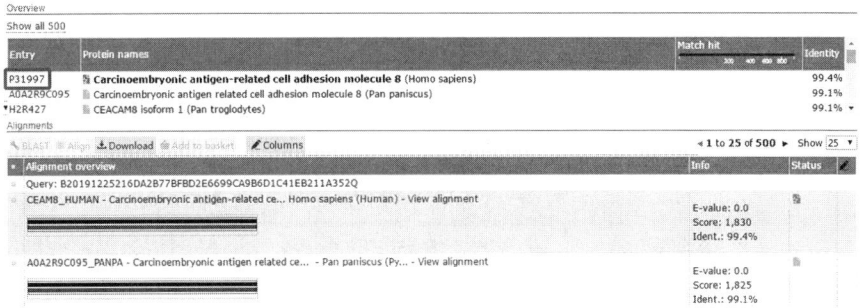

图 5 - 8 - 7 UniProt 数据库检索结果界面

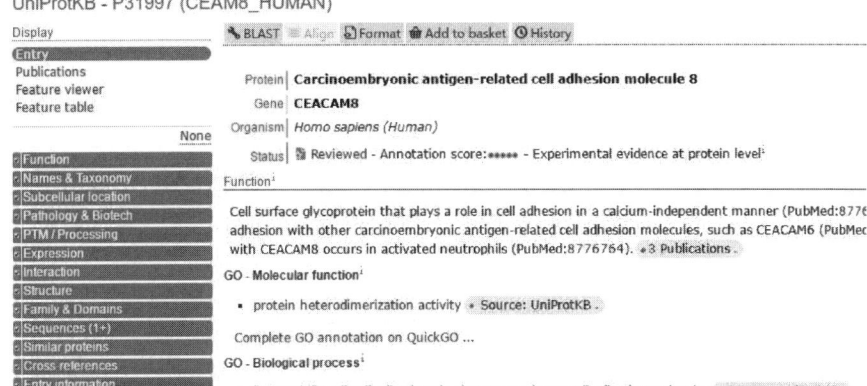

图 5 - 8 - 8 序列 CEACAM8 的详细信息界面

同时如图 5 - 8 - 9 所示,在 P31997 序列的突变信息"Pathology & Biotech"部分显示了 CEACAM8 的相关重要突变,包括第 78 位、第 129 位氨基酸突变信息。

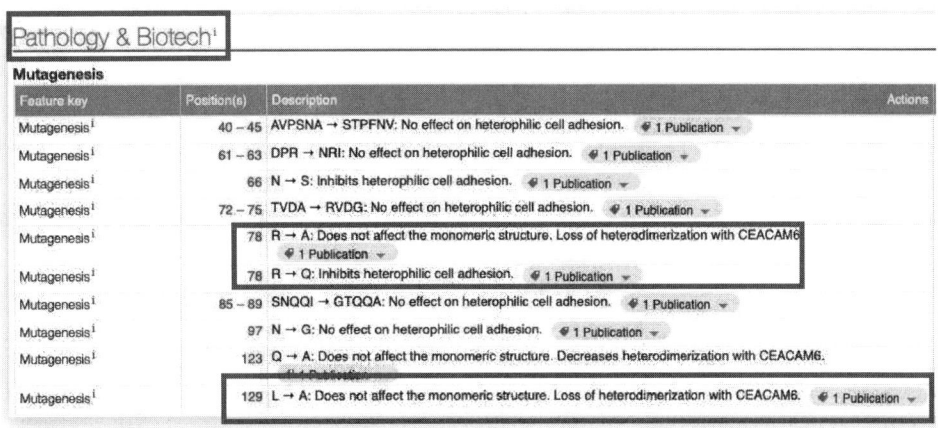

图 5 - 8 - 9 序列 Pathology &Biotech 的 CEACAM8 突变信息界面

最终，如图 5-8-10 所示序列的参考文献信息，根据"Description"中的"1 Publication"链接追踪获得相关文献（"Diverse oligomeric states of CEACAM IgV domains"，Bonsor D. A. et. al.，Proc. Natl. Acad. Sci. 2015），其中公开了上述双突变信息。

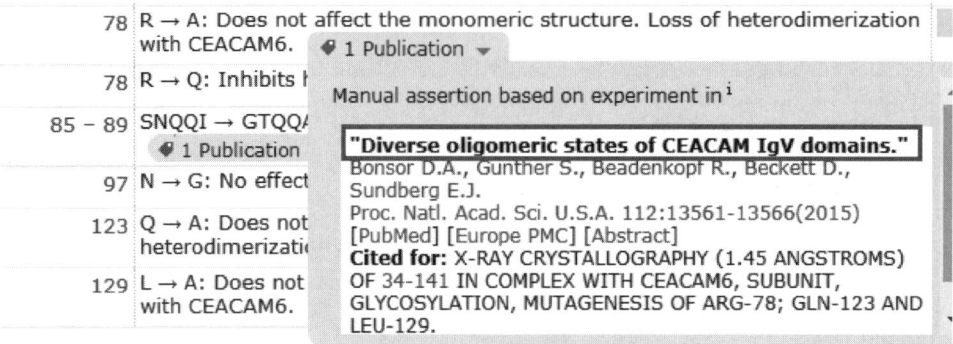

图 5-8-10　序列参考文献信息

（4）PSS 系统中检索

采用常规检索关键词"CEACAM8、R78A、L129A"并不能检索到相关的文献。

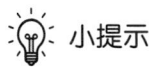 小提示

> 对于有突变的生物长序列，在 GenBank 等数据库中未检索到合适结果时，可登录 UniProt 数据库补充检索，其蛋白条目注释信息较为详细。可见，UniProt 数据库是有突变的蛋白长序列检索的有效补充，可以检索到常规检索思路不易检索到的相关文献。

5.8.1.3　抗体检索

抗体的结构通常采用重链或轻链的相应序列对其结构域进行表征。对于抗体类技术方案，需要将轻链、重链可变区或其互补决定区 CDR 的序列提交至 GenBank 数据库中进行检索。

> **案例 24**
>
> 检索主题：
>
> 以肌钙蛋白 I 为免疫原，利用单克隆抗体制备技术筛选获得一株特异性抗肌钙蛋白 I 的单克隆抗体。该抗体的重链可变区序列为：
>
> EVQLQQSGPDLVKPGASVRISCKASGYTFTDYNLHWVKQSHGKSLEWIGYIYPYNGIT GYNQKFKSKATLTVDSSSNTAYMDLRSLTSEDSAVYFCARDAYDYDYLTDWGQGTL VTVSA，其中 CDR1、CDR2、CDR3 的氨基酸序列分别为：GYTFTDYNLH、YIYPYNGITGYN-QKFKS、DAYDYDYLTD；

> 轻链可变区序列为：
> DILLTQSSSLLSVSPGERVSFSCRTSKNVGTNIHWYQQRTNGSPRLLIKYASERLPG
> IPSRFSGSGSGTDFTLSINSVESEDIADYYCQQSNNWPYTFGGGTKLEIKR，其中 CDR1、
> CDR2、CDR3 的氨基酸序列分别为：RTSKNVGTNIH、YASERLP、QQSNNWPYT。

该特异性抗体的轻链可变区序列长度为108aa，重链可变区序列长度为132aa，抗体包含的重链或轻链为不同异源性多肽长序列，并且抗体与抗原结合的特异性取决于重链和轻链可变区上的 CDR 区域，检索时以 CDR 序列作为检索要素进行检索即可，区别于其他生物大分子完整序列直接提交检索。通常情况下，抗体重链或轻链上包含 3 个独立的 CDR 区，即 CDR1、CDR2、CDR3，在重链或轻链可变区中由框架区 FR 间隔，检索时选择对重链、轻链的 3 个 CDR 序列分别进行检索即可。

（1）针对重链 CDR 检索

登录 GenBank 数据库中 Protein BLAST 界面，在"Enter Query Sequence"区域中同时输入重链 3 个 CDR 的序列。由于 CDR1、CDR2、CDR3 在抗体的重链或轻链可变区中由框架区 FR 所间隔，并非连续的氨基酸序列，输入方式与连续的长序列有差别。如图 5-8-11 所示，输入时可以将三段 CDR 序列之间加空格的方式提交。经过提交检索，如图 5-8-12 所示检索结果，查找检索结果第一条显示序列覆盖率（Query Cover）为 100%、同源性（Per. Ident）为 44.58% 的检索记录，来自美国专利 US8030026 中序列 25。虽然同源性比对仅 44.58%，但是序列比对范围是整个抗体可变区，44.58% 仅代表 CDR 区域序列比对的同源性。因此，要确认检索主题中抗体 CDR 序列是否与 Genbank 数据库中检索到的序列相同，还需仔细查看序列详细比对（Alignments）结果。

图 5-8-11 抗体序列的检索输入方式界面

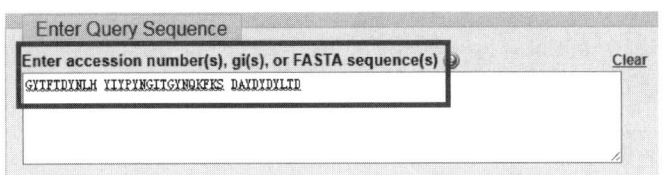

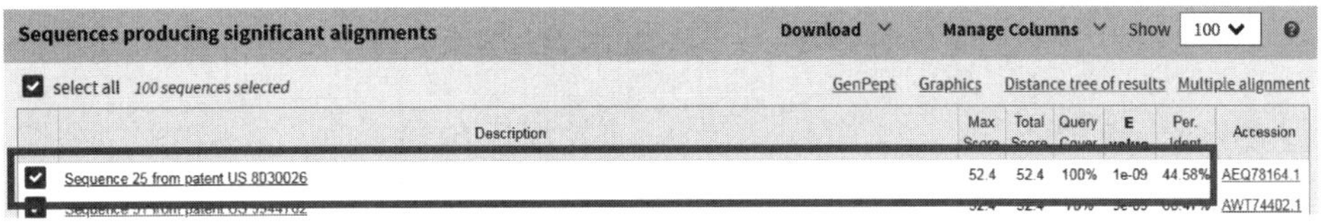

图 5-8-12 抗体检索结果界面

也可以按照 3 段不同的序列进行提交，不同序列需要按照 FASTA 方式进行提交检索，即每段序列采用">标题"方式间隔。如：

>HCDR1（重链CDR1）：
GYTFTDYNLH
>HCDR2：
YIYPYNGITGYNQKFKS
>HCDR3：
DAYDYDYLTD。

如图5-8-13所示的抗体检索流程，Database分别选择pataa或nr数据库进行选择，其他参数默认，最后点击BLAST分别检索即可。

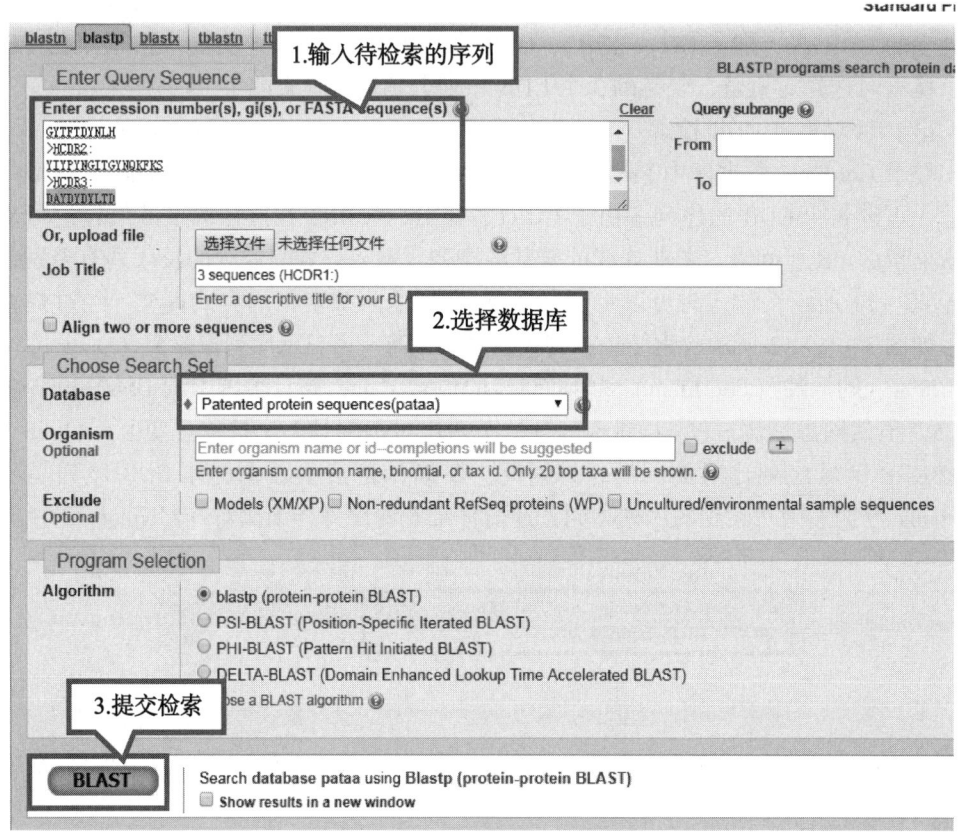

图5-8-13 抗体检索流程界面

经过检索，如图5-8-14所示，在pataa数据库中检索到三条CDR序列覆盖、同源性均为100%的结果。如图5-8-15所示检索结果的详细比对信息，默认显示第一条序列HCDR1的结果，该数据库中检索到与HCDR1序列覆盖、同源性均为100%的7条记录。

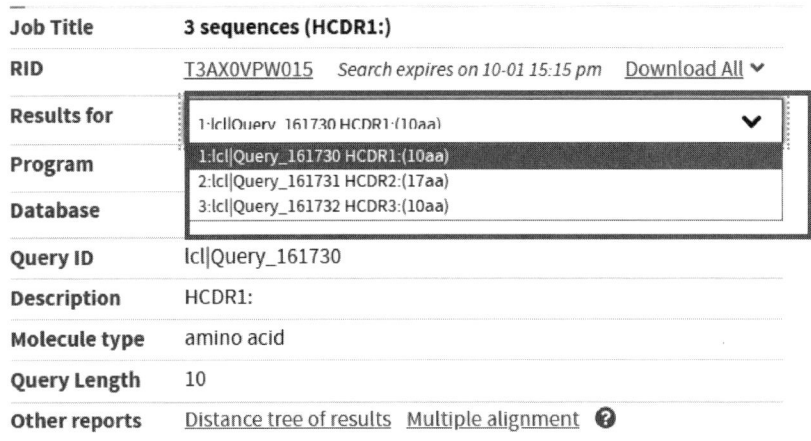

图 5-8-14　pataa 数据库抗体检索结果

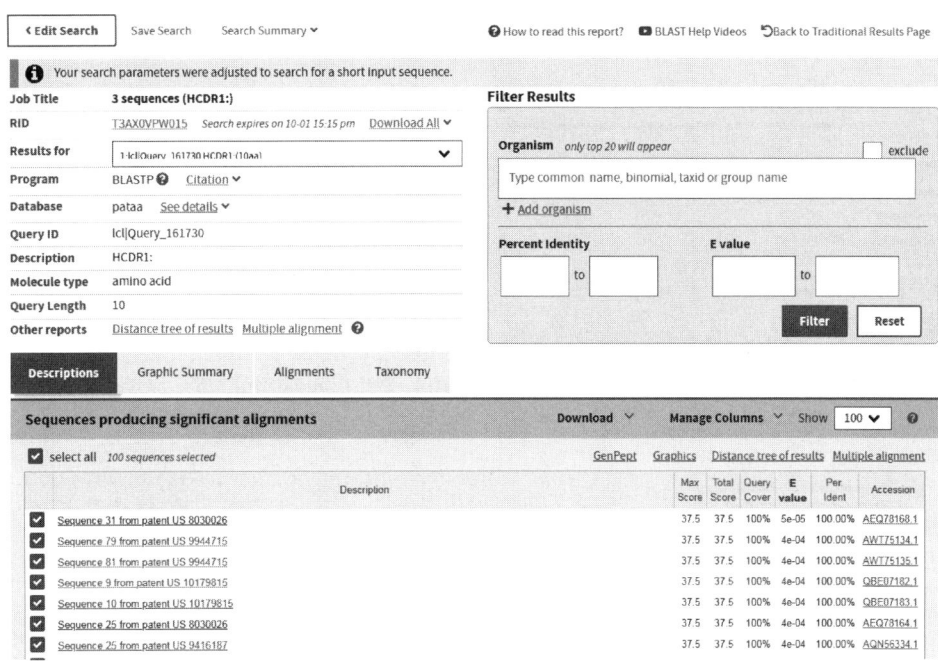

图 5-8-15　HCDR1 检索结果示意

如图 5-8-16、图 5-8-17 所示，通过"Results for"区域下拉菜单查看其他两条 CDR 序列的检索结果，HCDR2、HCDR3 序列覆盖、同源性均为 100% 的分均别为 2 条记录。

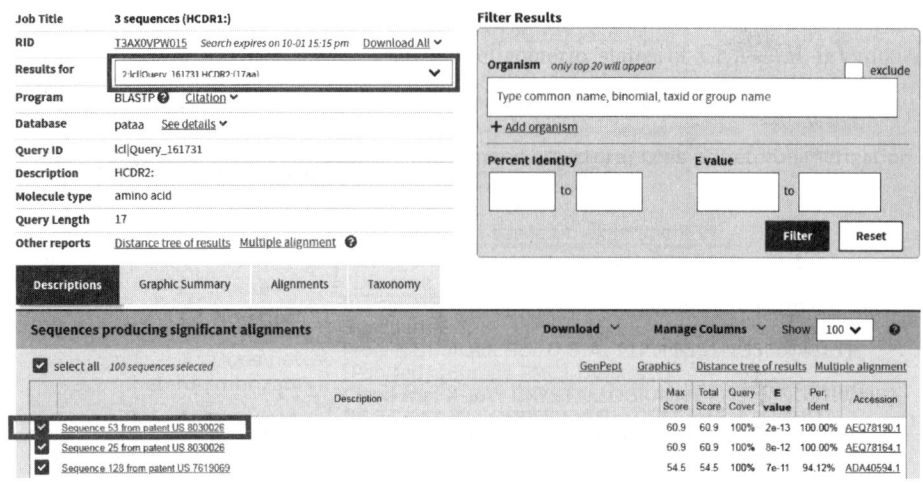

图 5-8-16 HCDR2 检索结果

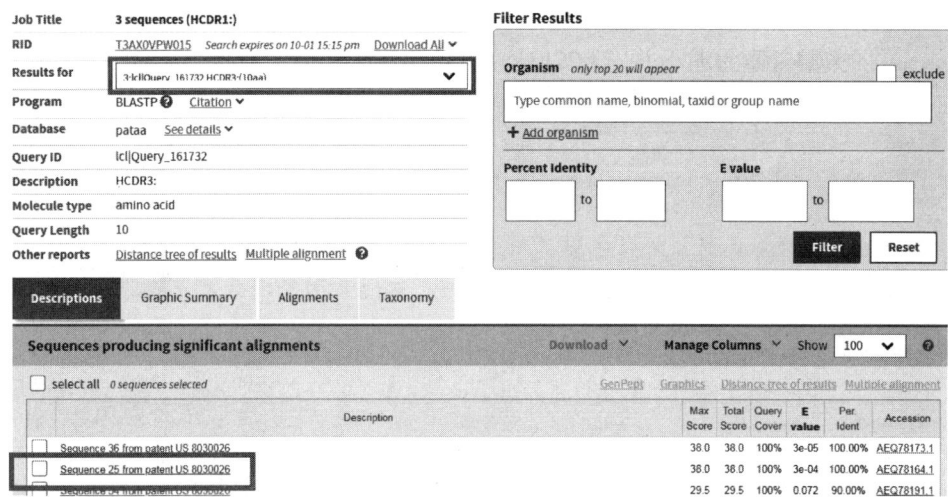

图 5-8-17 HCDR3 检索结果

经比较，最终获得 US8030026 专利中的序列 25，同时公开了检索主题中重链的 3 条 CDR 序列。

(2) 针对轻链 CDR 检索

在 GenBank 数据库中的 Protein BLAST 界面，采用重链 CDR 检索相似的方法进行检索，将三段 CDR 序列之间加空格的方式或每段序列采用 ">标题"方式间隔提交检索，在 pataa 库中最终检索获得美国专利 US8030026 中的序列 28，同时公开了检索主题中轻链的 3 条 CDR 序列。

经过序列比对，确认美国专利 US8030026 公开了与检索主题相同的单克隆抗体。

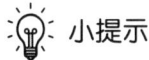 小提示

(1) 对于以序列表征的抗体类技术方案，需将重链或轻链的 CDR 序列同时提交至 GenBank 中进行检索，提交不同段 CDR 序列按 FASTA 方式或以空格间隔开的方式输入。而且按 FASTA 方式提交时由于 GenBank 每次只能显示单条序列的结果，用户还需将 3 条序列的检索结果进行比较，查找同时公开 3 条 CDR 序列的文献；按空格间隔开方式提交，不能仅关注序列同源性还需关注序列详细比对结果。

(2) 对于公开重链、轻链序列而未公开具体 CDR 区的抗体，可选择 IMGT 数据库分析具体 CDR 区域，在确定 CDR 序列后进行检索。

5.8.2 短序列检索

短序列一般是指含有氨基酸或核苷酸数目相对较短的序列。根据其序列的结构特征，主要可分为具有确定结构的短序列和具有可变结构的短序列；根据其序列的功能特性，主要可分为引物、探针、信号肽、表位肽、分子标记等。

前文已经讲述，生物序列通常可以用 GenBank 等常规序列数据库进行检索。然而，短序列相比通常的序列有一定特殊之处，如果采用生物序列常规检索资源和检索方法，检索过程中通常会出现检索噪声过大、干扰序列过多、准确率不高等问题，而采用特定的检索资源和检索策略，能有效提高短序列的检索精度和检索效率。

对短序列的检索，应当有意识地从结构和功能两方面构建检索要素。首先区分该短序列是否具有明确的结构和功能特征。对于具有明确结构特征的短序列，可以进一步区分为结构确定的和具有可变结构的短序列，其检索思路以化学结构为主。在完成结构特征检索之后，对于具有功能特征的短序列，则要采用特定功能的数据库或检索资源进行检索。

图 5-8-18 对短序列的检索进行流程示意，下文将对各类短序列的检索策略进行详细描述。需要说明的是，包括结构检索和功能检索在内的各检索手段不是完全割裂的，在很多时候需要同时考虑，综合应用不同检索资源，以提高检索效率和准确率。

5.8.2.1 从序列结构角度进行检索

从序列结构上看，生物短序列包含确定结构的短序列和具有可变结构的短序列，对于这两类短序列，需要采取不同的检索策略。

(1) 具有确定结构短序列的检索

一些短序列具有完全确定的氨基酸种类和数目，根据其氨基酸的数目个数又可分为具有小于 5 个氨基酸和具有 5 个以上氨基酸数目的短序列。针对此类短肽序列的检索，可以首先尝试从检索主题中提取关键词在免费通用数据库中进行检索。

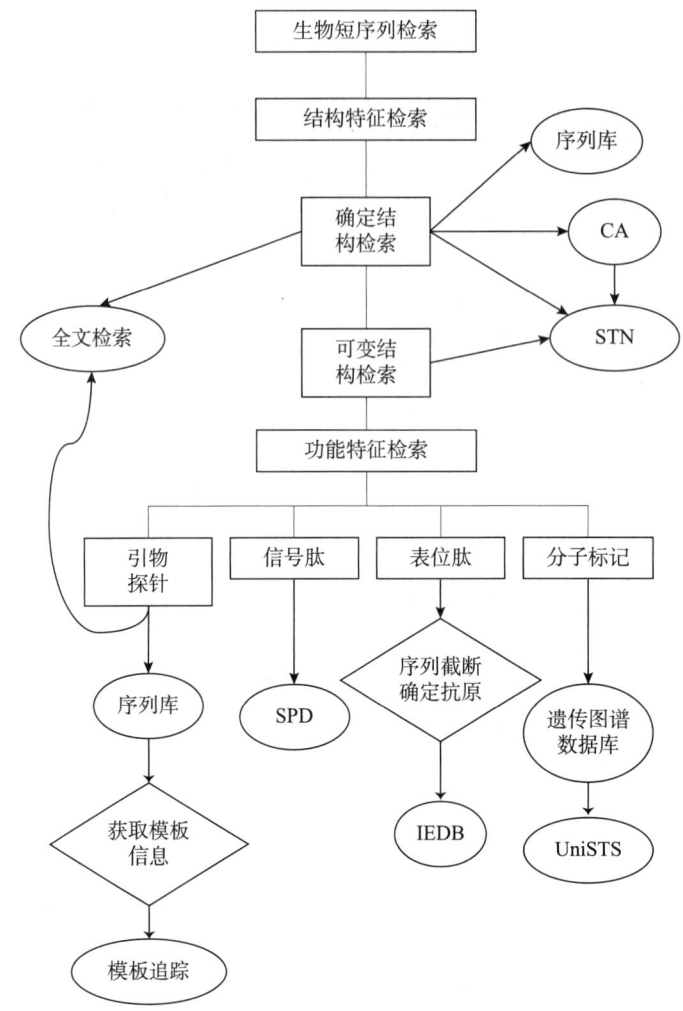

图 5-8-18 短序列检索流程示意

在通用数据库中不能检索到合适文献的情况下，采用 STN 的检索可达到高效精确检索的目的。同时，CA 数据库也涵盖大部分的生物领域，因此也同样适合具有完全确定的氨基酸短肽序列的检索。STN 和 CA 数据库检索能力强大，缺点是费用昂贵。

案例 25

检索主题：

一种水稻 HPL 酶包含以下序列结构：

(L/I) - (F/C) - G - (Y/F) - (Q/R) - (P/K) 和 (N/D) - K - (Q/I) - C - (A/P) - (G/A) - K - (D/N)。

① NCBI 常规检索：检索主题限定的 HPL 酶包含有特定氨基酸序列，以 HPL 酶为关键词，在 NCBI 中进行初步检索。经过阅读技术文献，了解 HPL 酶的相关背景技术，发现现有技术已经存在多种 HPL 酶。

② GenBank 中检索：以两条水稻 HPL 序列作为模板，在 GenBank 中进行序列比对，检索获得以下相关文献：Identification and Functional Analysis of Two cDNAs that Encode Fatty Acid 9 -/13 - Hydroperoxide Lyase（CYP74C）in Rice，Hisao Kuroda et al.，Biosci. Biotechnol. Biochem.，第 69 卷第 8 期，第 1545 - 1554 页，2005 年 12 月 31 日。该文献公开了两个编码水稻 HPL 酶（命名为：OsHPL1 和 OsHPL2）的核酸分子，其在 GenBank 中的 Accession No. 分别为 AK105964 和 AK107161，并具体公开了 OsHPL1 和 OsHPL2 酶的氨基酸序列结构。

③ 比对分析：对这两个已知 HPL 酶序列进行分析，序列比对证实，OsHPL1 和 OsHPL2 酶的氨基酸序列都包含有技术方案中所述的（L/I）-（F/C）- G -（Y/F）-（Q/R）-（P/K）和（N/D）- K -（Q/I）- C -（A/P）-（G/A）- K -（D/N）结构。

💡 小提示

> （1）在成本允许的情况下，STN 是进行短序列的最便捷工具。
> （2）免费的通用检索资源如 NCBI 等也可以用于确定结构的短序列检索，从短序列的来源、功能等方面提取合适的关键词，用通用资源进行检索。

（2）如何检索具有可变结构的短序列

在短序列检索中，尤其是与专利相关的短序列中，检索主题往往会用具有可变的或可取代的氨基酸表达，同时所述可变或可取代的氨基酸残基数目也是不确定的，导致此类短肽的序列长度也是不确定的。

由于序列的不确定性，传统的检索工具在检索中难度较大，如何准确表达出此类短序列是检索难点。由于在 STN 中存在对氨基酸变换或缺失情况表达的多种检索符号，可以对此类短序列准确表达，并进行较全面的检索。因此，在 STN 数据库中检索可明显提高检索效率。

案例 26

检索主题：

氨基酸序列为 $X_1X_2X_3WX_4X_5X_6RX_7(X_8)_m(X_9)_n$（SEQ ID No.1）的肽，其中：

X_1 是选自不带电荷的氨基酸残基的氨基酸残基，优选地选自丝氨酸、苏氨酸、缬氨酸和丙氨酸；

X_2 是选自不带电荷的氨基酸残基的氨基酸残基，优选地选自异亮氨酸、缬氨酸、甘氨酸、谷胺酰胺和丙氨酸，更优选异亮氨酸、缬氨酸、谷胺酰胺和丙氨酸；

X_3 是选自不带电荷的氨基酸残基的氨基酸残基，优选地选自脯氨酸、苏氨酸、丙氨酸和缬氨酸，更优选脯氨酸；

X_4 是选自天冬酰胺、丝氨酸、丙氨酸、谷胺酰胺和天冬氨酸的氨基酸残基；

X_5 是选自亮氨酸、甘氨酸、丙氨酸、酪氨酸、天冬氨酸、苯丙氨酸和缬氨酸的氨基酸残基，优选亮氨酸；

X_6 是选自亲水的带负电的氨基酸残基的氨基酸残基，优选地是选自谷氨酸和天冬氨酸的氨基酸残基；

X_7 是选自不带电荷的氨基酸残基的氨基酸残基，优选地选自异亮氨酸、亮氨酸、丙氨酸和苏氨酸；

X_8 是选自不带电荷的氨基酸残基的氨基酸残基，所述不带电荷的氨基酸残基选自苏氨酸、亮氨酸、谷胺酰胺、丙氨酸和丝氨酸；

X_9 是 $X_{10}X_{11}X_{12}$ 或其 C-末端截短的片段，所述片段由 1 个或 2 个氨基酸残基组成；

X_{10} 是任意氨基酸残基，优选地选自不带电荷的氨基酸残基，优选地选自脯氨酸、丙氨酸和丝氨酸；

X_{11} 是任意氨基酸残基，优选地选自不带电荷的氨基酸残基，优选地选自脯氨酸、丙氨酸、缬氨酸、苏氨酸和天冬酰胺；

X_{12} 是任意氨基酸残基，优选地选自精氨酸、丙氨酸、赖氨酸、丝氨酸和亮氨酸的氨基酸残基；

m 是 0 或 1

n 是 0 或 1 或 2，和

SEQ ID No.1 不是 SIPWNLERITPPR 或其 C-末端截短的片段。

对于具有可变氨基酸残基的短肽序列，首选 STN 检索。第 3 章中已经详细介绍 STN 数据库在多肽检索中的图形表达符号 [ ]、?、*。其中，[ ] 表示可替代的氨基酸残基，对于某个位置可以选择多个氨基酸残基的，以该符号表达，例如对于 "X_1 是选自不带电荷的氨基酸残基的氨基酸残基，优选地选自丝氨酸、苏氨酸、缬氨酸和丙氨酸"，表达为 "[AVLIPFWMGSYCTNQ]"；? 表示重复 0 次或 1 次该氨基酸残基，对于 $(X_8)_m$（m 为 0 或 1），表达为 "([AVLIPFWMGSYCTNQ])?"；* 表示重复 0 次或多次该氨基酸残基，对于 $(X_9)_n$（n 为 0 或 1 或 2），表达为（[ARNDCEQGHILKMFPSTW-YV]）*。

从而，综合利用 STN 数据库中全面的图形表达符号，对氨基酸序列准确表达为：
[AVLIPFWMGSYCTNQ] [AVLIPFWMGSYCTNQ] [AVLIPFWMGSYCTNQ] W [NSAQD] [LGAYDFV] [DE] R [AVLIPFWMGSYCTNQ] ([AVLIPFWMGSYCTNQ])? ([ARNDCEQGHILKMFPSTWYV])*。

检索式：

S ［AVLIPFWMGSYCTNQ］［AVLIPFWMGSYCTNQ］［AVLIPFWMGSYCTNQ］W ［NSAQD］［LGAYDFV］［DE］R［AVLIPFWMGSYCTNQ］（［AVLIPFWMGSYCTNQ］）? （［ARNDCEQGHILKMFPSTWYV］）*/SQSP

检索获得中国专利文献 CN102612558A，公开了一种肽 VR_9.5，氨基酸序列为 SEQ ID NO. 317 SIPWNLERITPC，与 QβVLP 或者 CRM197 缀合的肽 VR_9.5 能诱导针对完整的全长人 PCSK9 蛋白的抗体应答，不同载体缀合的肽 VR_9.5 在不同佐剂条件下导致不同免疫小鼠品系中总胆固醇水平降低。

案例 27

检索主题：

一种分离的四肽，其是由肽序列（I 或 V）– X1 – K – X2 组成，其中 X1 是 E、Q 或 K，且 X2 是 M、F、I、W、V 或 L，其中 C – 末端为游离酸形式以及 N – 末端被脂化或者 N – 末端未被修饰。具体可以为：SEQ ID NO. 1（IEKM）、SEQ ID NO. 2（VEKF）、SEQ ID NO. 3（IEKI）、SEQ ID NO. 4（IQKI）、SEQ ID NO. 5（IKKW）、SEQ ID NO. 6（IKKV）或 SEQ ID NO. 7（IKKL）。

在初步的检索中，以 BLAST 等常用氨基酸序列检索数据库对具体 7 条序列 SEQ ID NO. 1（IEKM）、SEQ ID NO. 2（VEKF）、SEQ ID NO. 3（IEKI）、SEQ ID NO. 4（IQKI）、SEQ ID NO. 5（IKKW）、SEQ ID NO. 6（IKKV）或 SEQ ID NO. 7（IKKL）进行检索，但检索噪声特别大，几乎都是包含上述 7 个氨基酸序列的多肽，而不是四肽。考虑到短序列的特点，决定使用 STN 进行检索。STN 可以限定固定氨基酸个数进行多肽的检索，而且可以表达氨基酸通式。

在 REGISTER 数据库中，使用如下检索式：

S［IV］［EQK］K［MFIWVL］/SQSP? AND? SQL = 4

检索到 9 篇相关的文献，最终经过阅读筛选获得有用的对比文件 WO91/13904A1，其确切地公开了四肽基质 MeOSuc – Val – Glu – Lys – Phe（V – E – K – F），其中 MeO-Suc（甲氧基琥珀酰基）为 N 端修饰脂化，刚好为 7 个四肽中的一个。

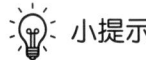 小提示

有些文献中短序列以截图的形式出现，由于没有对应的序列文本，这样的文献以序列关键词是检不到的。STN 以人工方式对序列进行标引，因此可以检到截图形式的序列。

5.8.2.2 从序列功能角度进行检索

生物领域的短序列从功能上通常可以划分为以下类别：短核酸方面，有引物、探针、分子标记等；短肽方面，有信号肽、表位肽等。从功能角度选择合适的检索资源和检索入口，可以高效准确地检索到目标文献。

（1）功能性短核酸的检索

检测引物是短序列检索中的重要的一部分，其一般都是含有17~30个的核苷酸序列。检索时，通常会直接采用引物序列进行检索，考虑到核苷酸碱基不同的撰写方式，例如没有空格的全序列、三联密码子一个空格、十个核苷酸为单位一个空格，应变换上述三种方式进行检索。

此外，还应考虑到引物中是否含有酶切位点，如果有需要，就除去酶切位点的部分单独检索，以达到全面检索的目的。如果上述检索方式尚未检索到合适的文献，还应通过引物模板进行追踪检索，也可检索到合适的文献。

> **案例28**
> 检索主题：
> 一种实时荧光定量检测环境微生物地杆菌属丰度的引物和探针，检测靶基因为pit – 1：
> 引物1：F4525' – ACCGGACCTGCAACATCATCACC – 3'
> 引物2：R10575' – CATCGACGACAAGGAGAAG – 3'
> 探针：5' – FAM – GGAGGTGGAAGAGATGCC – MGB – 3'。

① UniProt GenBank 中检索：直接用引物序列进行检索，并未得到合适的检索结果。

② Primer – Blast 中检索：选择引物进行模板追踪检索分析。该引物是针对 pit – 1 基因设计的，然而使用关键词"pit 1w '1'"难以检索到相关文献，因此转而采用模板追踪检索，即使用引物序列，利用 NCBI 的 Primer – Blast 工具在地杆菌属中进行比对，获得两个记录。经过对逐条核苷酸序列信息分析后发现，涉及检索主题的目标基因为 EF414607.1（GenBank 登录号）。对上述目标基因的序列涉及的文献追踪阅读，获得文献（"Subsurface clade of Geobacteraceae that predominates in a diversity of Fe（III）– reducing subsurface environments"），与检索主题非常相关。该文献中对 pit – 1 基因是以 PilT 命名的。

💡 **小提示**

（1）引物、探针本身的序列和其目标基因的序列同样重要，都是重点检索对象；
（2）对于目标基因，要考虑其不同的命名和表达方式。

（2）功能性短肽的检索

功能性短肽是很常见的检索主题，例如信号肽、抗菌肽、表位肽等短肽，具有不同的功能，可以选择相应的检索资源进行检索。

1）信号肽的检索

信号肽可以选用信号肽数据库进行检索。信号肽是引导新合成的蛋白质向分泌通路转移的短（长度为5~30个氨基酸）的肽链，一般为用于指导蛋白质跨膜转移（定位）的 N – 末端的氨基酸序列。针对涉及信号肽的检索主题，首先选择信号肽数据库 SPD（http://www.signalpeptide.de/index.php）。该数据库提供了关于信号肽的序列信息和背景信息。其中，"Search My Protein"可以针对感兴趣的蛋白在信号序列数据库和引文库中进行相关检索;"Advanced Search"可通过蛋白名、物种、信号序列长度和/或氨基酸序列等入口来进行检索;"Signal Sequences Databases"可以提供直接的检索入口,且数据库被分成哺乳类、果蝇、病毒和细菌四个子库;"References"可通过蛋白名、作者和/或关键词来检索。

2)表位肽的检索

表位可以用免疫表位数据库进行检索。抗原表位又称抗原决定簇,指抗原分子中决定抗原特异性的特殊化学基团。抗原通过抗原表位与相应的淋巴细胞表面的抗原受体结合,从而激活淋巴细胞,引起免疫应答。其中,多肽表位含有5~6个氨基酸残基。针对涉及抗原表位肽的案件,根据表位肽的功能性可进行"截断"式检索,即选择其中的几个氨基酸残基作为检索关键词,在免疫表位数据库(IEDB,网址:http://www.iedb.org)中,结合抗原进行筛选检索,可获得有效的对比文件。

> **案例 29**
>
> 检索主题:
>
> 一种重组的冬虫夏草超氧化物歧化酶,所述冬虫夏草超氧化物歧化酶包含任一如下氨基酸序列的信号肽:
>
> (1) SEQ ID NO.2 所示氨基酸序列;和/或
>
> (2) SEQ ID NO.4 所示氨基酸序列;或
>
> (3) SEQ ID NO.6 所示氨基酸序列。

经过阅读检索主题发现,检索主题中的序列是超氧化物歧化酶的信号肽序列,因此,选择数据库信号肽数据库(http://www.signalpeptide.de/index.php)进行检索。

针对该检索主题,检索过程如下:

首先,如图5-8-19所示,进入SPD数据库,选择信号序列。

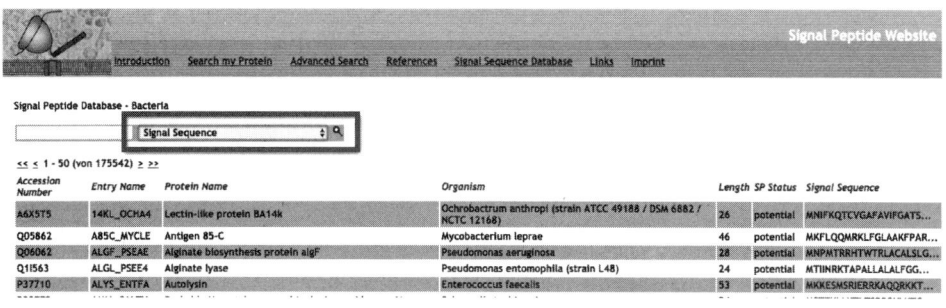

图5-8-19 SPD数据库检索界面

输入目标序列进行检索,检索结果如图5-8-20所示。经检索快速获得两条检索结果,如图5-8-21所示,第二条检索结果与检索主题的SEQ ID NO.4所示氨基酸序列具有100%的同一性。

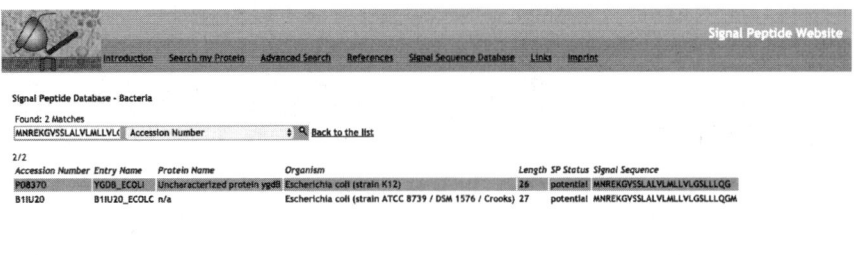

图 5-8-20　SPD 数据库检索结果

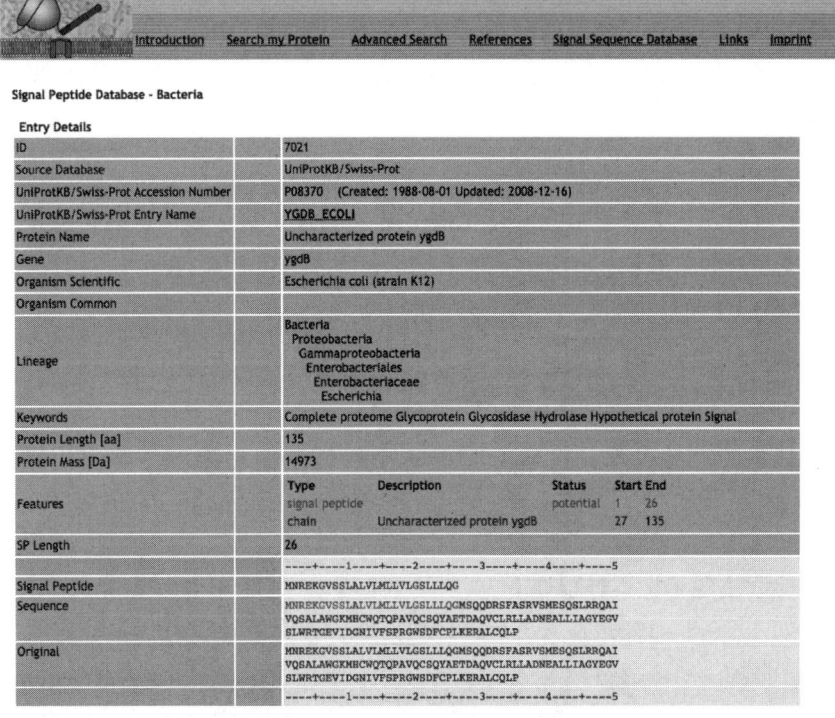

图 5-8-21　SPD 数据库检索结果序列比对

(3) 分子标记的检索

分子标记 (molecular marker) 又称为遗传标记 (genetic marker), 是生物个体或种群间遗传物质内核苷酸序列变异的遗传标记, 反映生物遗传多态性, 即存在差异的 DNA 片段。如同一肿瘤治疗药物对某些人有效, 而对另一些人无效, 其原因在于基因组上单个核苷酸的变异形成的遗传标记。分子标记是由生物体基因组 DNA 经酶切后进行 PCR 扩增, 或分子杂交后通过电泳检测获得。分子标记中常见形式为单核苷酸多态性 SNP 或 miRNA。

分子标记技术已有数十种, 广泛应用于遗传育种、基因组作图、基因定位、物种亲缘关系鉴别、基因库构建、基因克隆等方面。由于分子标记技术的广泛应用, 现有技术中也存在多种与其相关的数据库,例如国家水稻数据中心(http://www.ricedate.cn/maker.)、动物基因组数据库(www.animalgenome.org)、比较基因组学研究网址(asia.ensembl.org)等。因此,可采用相关物种的基因组数据库寻找分子标记,并进一步追踪检索该分子标记的检测序列。

案例 30

检索主题:

一种通过微卫星标记检测陶赛特羊早期生长发育的方法,该方法包括以下步骤:

(1)依据第五代绵羊基因图谱,发现位于绵羊18号染色体末端93.9cM位置的微卫星标记UMP;

(2)人工合成一对核苷酸序列作为检测微卫星标记UMP基因型的引物,其正向引物:5'-CTTCCTCATTGGACTTAGCTGCTT-3';反向引物:5'-GAGCCTGGT-GAGCTGCTGTCTAT-3';上下游引物长度分别为24bp和23bp;

(3)采集陶赛特羊血液,提取基因组DNA,利用引物扩增PCR,以凝胶成像确定已扩增的目的条带;

(4)利用荧光标记的PCR引物对多态位点进行扩增并确定扩增片段的长度,实现对微卫星多态位点的分型,确定陶赛特羊微卫星标记UMP的基因型分别是104/110、107/110、104/107、110/110、104/104、107/107。

检索主题中引物的检测模板是微卫星标记UMP,而微型标记在基因组数据库中往往会有详细的染色体位置标注。因此,选择检索相关物种的基因组数据库。动物基因组数据库网站(www.animalgenome.org)公开了猪、牛、羊、马等动物的基因组信息,在其Resources中找到"Ensembl sheep Genome Resources"中查找绵阳的基因组信息;也可以直接登录比较基因组学研究网址(asia.ensembl.org),在检索框内直接检索"UMP"标记,发现已经公开了绵羊微卫星分子标记UMP及其引物信息,如图5-8-22示意,其中引物信息与检索主题基本相同。

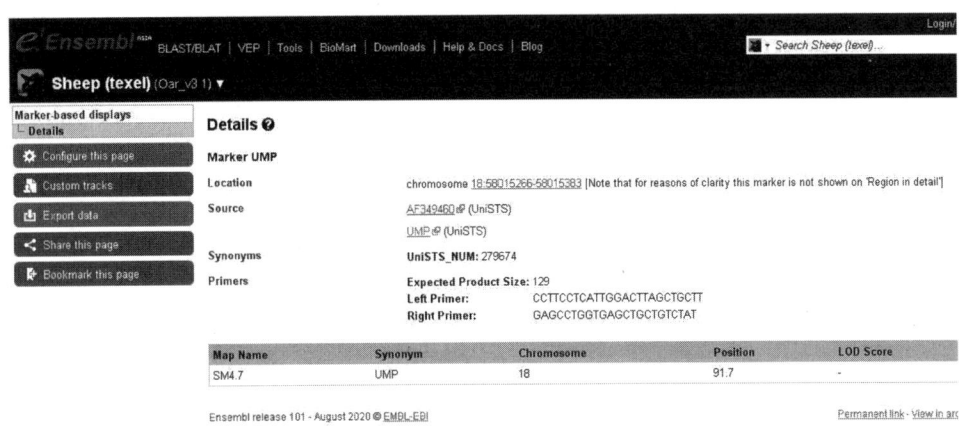

图5-8-22 绵羊微卫星分子标记UMP

> （1）短序列种类繁多，检索资源丰富，选择合适的数据库是进行快速高效检索的关键。
> （2）灵活选择检索入口，充分使用序列与关键词结合的检索思路。

（4）SNP 的检索

单核苷酸多态性（SNP）的检索首选 NCBI。NCBI 对于科研工作者提交至该数据库的 SNP 进行比较分析后，为独特的 SNP 会给出一个参考 SNP 编号（Reference SNP ID，rs），提交至 NCBI 所生成的编号成为 NCBI 分析编号，或称为 ss 编号。用户直接登录 NCBI 网站 dbSNP 中检索即可（www.ncbi.nlm.nih.gov/snp）。SNP 的检索可分为已有 rs 号或未知 rs 号两部分。

案例 31

检索主题：
一种 CDC6 基因的多态性位点 CDC6 1321A/G 用于制备检测肝癌药物的用途。
该 SNP 为 rs13706。

该技术方案涉及一种 SNP 位点用于检测肝癌的用途，在已知其 rs 编号的基础上，优先使用 NCBI 中 dbSNP 数据库进行检索。

如图 5-8-23 所示，登录 dbSNP 界面，在搜索框内输入 rs 编号 rs13706，点击 "Search" 检索获得 6 条记录。

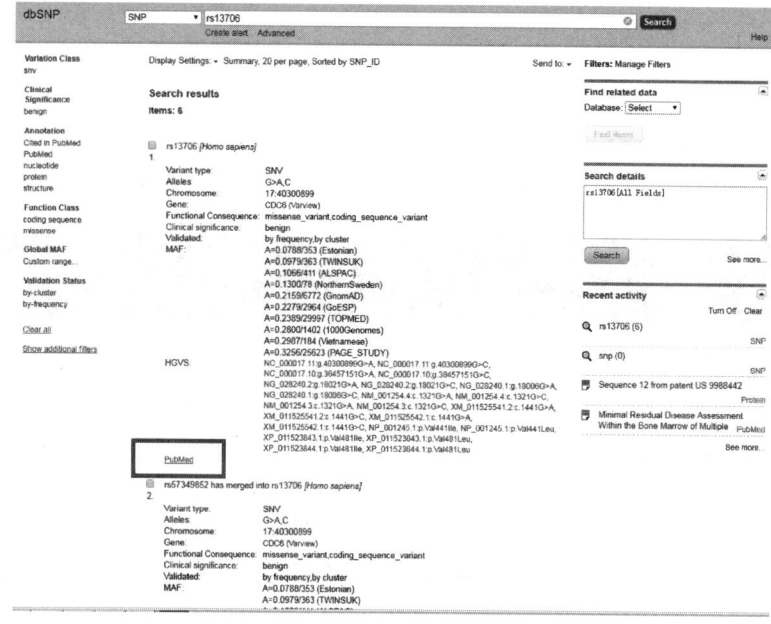

图 5-8-23　dbSNP 检索界面

其中，第一条记录即为 rs13706，另外 5 条分别为 rs57349852、rs17852245、rs3188865、rs2230629、rs1048815，均已与 rs13706 合并。点击 rs13706 记录的最后一行，可以查看在 PubMed 数据库的文献中引用了该 SNP 的文献。如图 5-8-24 所示，相关文献有 5 篇，阅读发现第 1 篇、第 4 篇均涉及该 SNP 位点与肺疾病相关的技术内容。

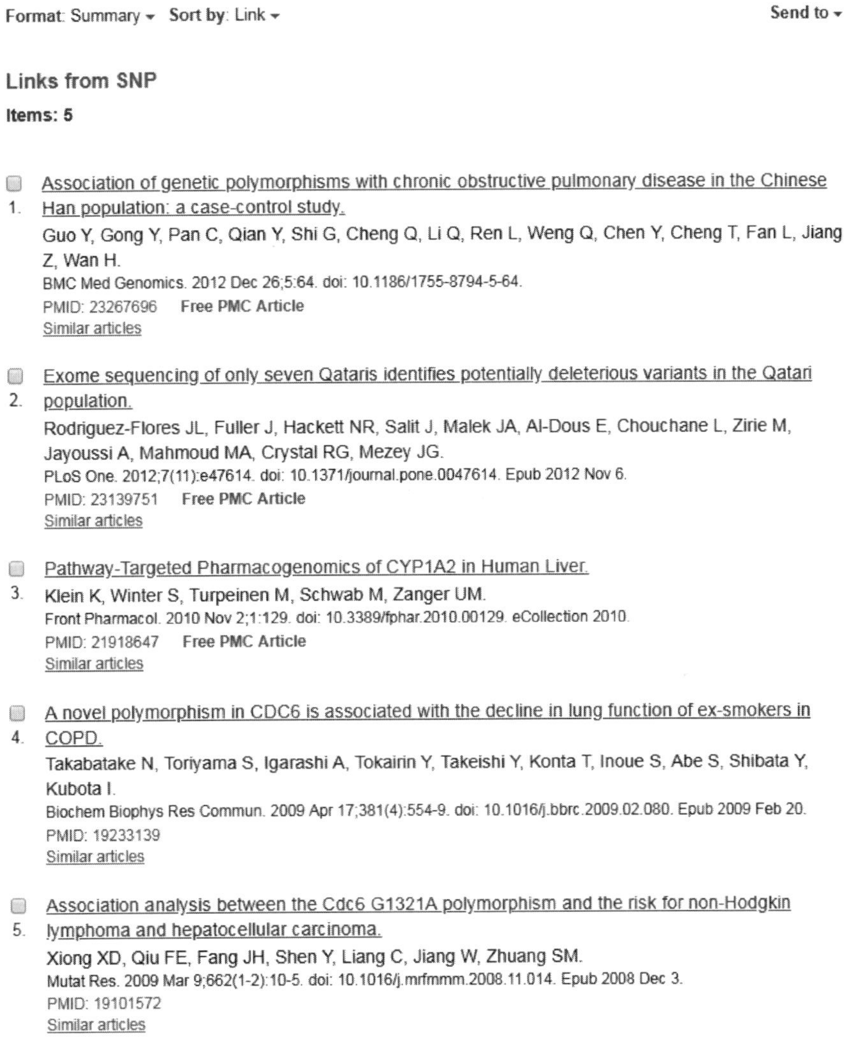

图 5-8-24 SNP 相关文献示意

 小提示

检索已知 rs 编号的 SNP 较为简单，直接登录 dbSNP 检索即可确认，而后查到被 PubMed 的引用情况，检索获得 SNP 的相关技术方案。

案例 32

检索主题：

一种大豆分子标记，所述大豆分子标记在大豆中的多态性，为大豆基因组 DNA 中对应于基因 A 的第 299 位为 C 或 T。

基因 A 的序列如下，其中 299 为 x 为 C 或 T。

gggaggaggatgatgcaatggaacaccatcaccaaagcttcaattctcatcaccatcac

cctccacttgattctccccgtggccgttaacagcatgaggctcgaactggtgcacaggca

ccacgagcgcttctccggcggcggcggtgacgtggatcaggtcgaagcggtgaagggttt

cgtaaacagggacggcctgccggcggcagaggatgaatcagaggtggggtgttagtaatta

cgacagaagaagaaaaggcttggaaacaacgacgacgacgaggtggaaatgccgatgxg

cgcggggcgcgacgatgccctcggcgagtacttcaccgaggtcaaggtcgggagccccgg

gcaacggttctggctcgccgcgacaccggcagcgagttcacgtggttcaactgcgtaat

gcggaatgctacaacaacggcaacaaccaagaagaccaggaagaacaaaaccaaaagaa

acatcatcatcacagcaagaggaacaggacgaggacgacgaggagaacaaagaagaagaa

ggccaagagtaatccctgcaaggggtgttctgtccgcataggtctaagtcctttcaagc

tgtcacgtgtgcgtcgcagaagtgcaagattgatctcagtcagcttttctcgctcagtct

ttgtcccaagccttctgatccttgcttgtatgacatcaggttcgtcaatttcttcttgtt

tttttctttttttgttattttattattattttcgggtggtggtagaatatatatatat

tatgttttgtttgttgatttttggattttttggtgtcaatgaattaatgggttgttgtgga

aagatggaaggaatggggca

该检索主题为未知 rs 的 SNP，检索的关键在于对于该分子标记的检索。

① GenBank 中 BLASTN 检索：进入 GenBank 中 BLASTN，将序列 299 为 x 改为 C 或者 T，查找序列在 GenBank 中基因 ID，检索到两条相同序列的记录，如图 5 - 8 - 25 所示，分别为 XM_028388227.1、XM_003532851.4，均为编码大豆天冬氨酸蛋白酶的 mRNA。

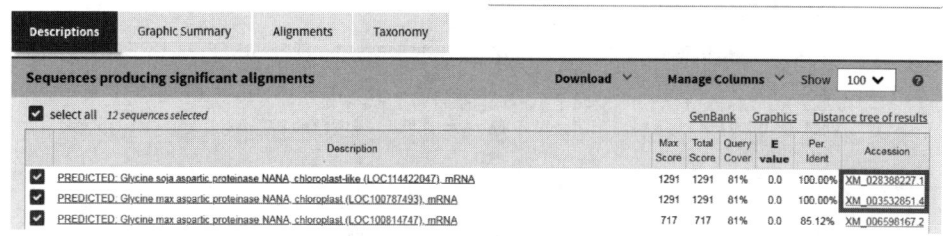

图 5 - 8 - 25　GenBank 检索结果示意

② 点击上述登录号进入基因的主页，可知该序列位于第 8 号染色体，基因 ID 分别为 114422047、100787493。其中，100787493 基因主页相关信息链接有"SNP：GeneView"，如图 5 - 8 - 26 所示。点击该链接查找相关 SNP 位点，如图 5 - 8 - 27 所示，该页面未给出相关已知的 SNP 位点。

图 5-8-26　100787493 基因详细信息页面

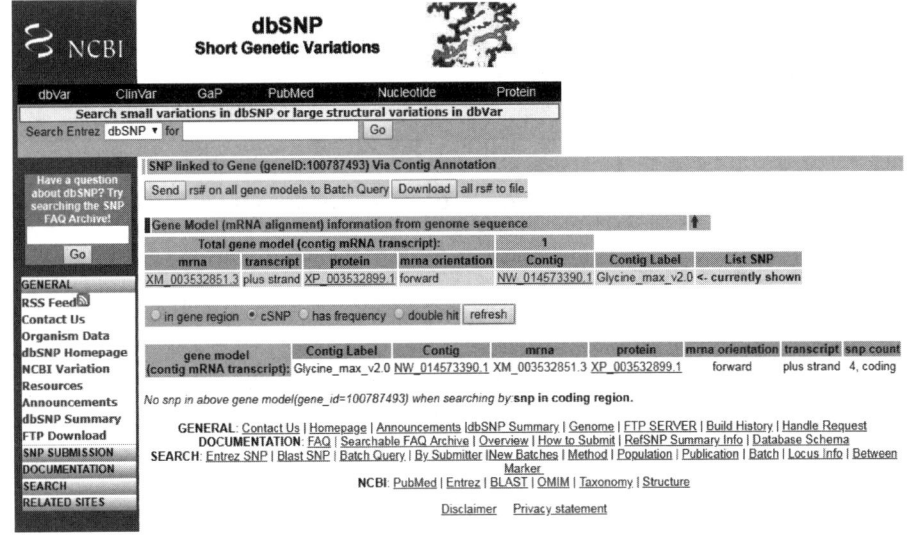

图 5-8-27　100787493 基因相关 SNP 位点

NCBI 对 SNP 的收录和标引是较为全面和权威的。在 NCBI 数据库中未检索到与技术方案相关的 SNP 位点信息，说明该 SNP 已经被公开的可能性很小，为新的 SNP。

（5）miRNA 的检索

miRNA 又称为 microRNA，是一类长约 22 个核苷酸的非编码小 RNA 分子，主要通过与靶 RNA 结合，转录后水平介导 mRNA 降解或翻译抑制来调控基因表达。对 miRNA 的检索，除了常规 Genbank 或 EMBL 数据库，还可以登录 miRBase 数据库（www.mirbase.org）进行检索。该数据库是提供包括 miRNA 序列数据、注释、预测基因靶标等信息的全方位数据库。

案例 33

检索主题：

一种可用于妊娠糖尿病诊断的 miRNA 分子标记物 hsa－miR－508－3p，该 miRNA 分子标记物在妊娠糖尿病孕妇的胎盘组织中异常高表达，并可通过组织的主动分泌过程分泌到血清中。分子标记序列如下所示：

5’－UGAUUGUAGCCUUUUGGAGU AGA－3’。

该 miRNA 分子标记为 22bp，除了在 NCBI、EMBL 或 DDBJ 数据库中进行检索，还可以通过 miRBase 数据库快速准备进行检索。

如图 5－8－28、图 5－8－29、图 5－8－30 所示检索流程，登录 miRBase 数据库，点击“Search”进入该数据库的检索界面，可通过 miRNA 名称、关键词或其序列进行检索。

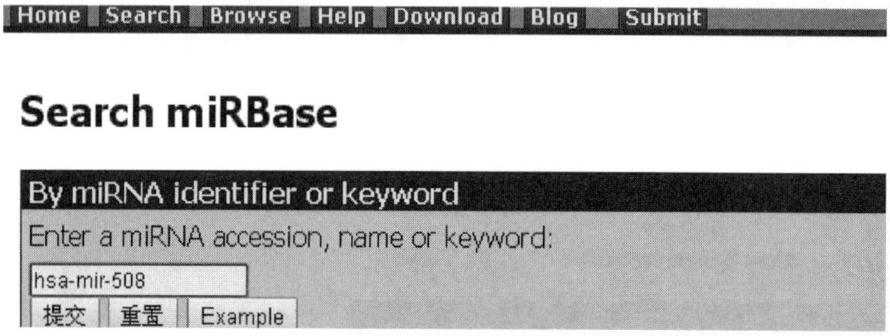

图 5－8－28　miRBase 关键词检索

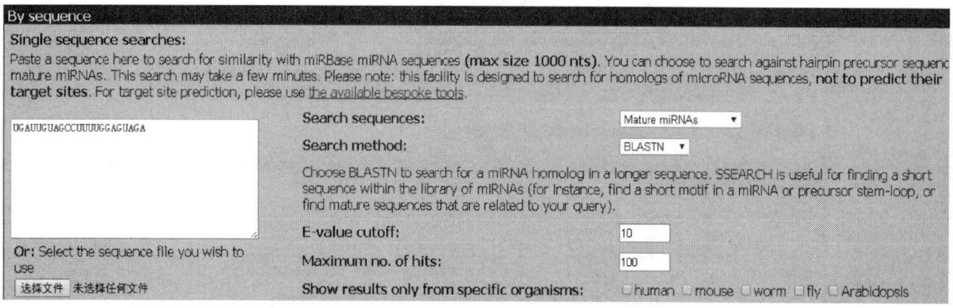

图 5－8－29　miRBase 序列检索

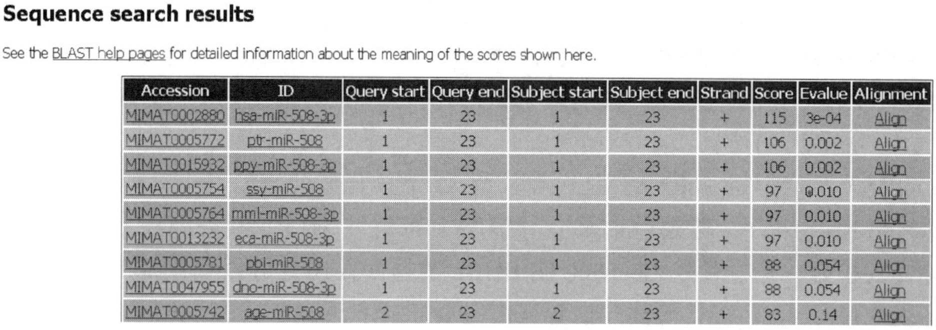
Sequence search results

See the BLAST help pages for detailed information about the meaning of the scores shown here.

Accession	ID	Query start	Query end	Subject start	Subject end	Strand	Score	Evalue	Alignment
MIMAT0002880	hsa-miR-508-3p	1	23	1	23	+	115	3e-04	Align
MIMAT0005772	ptr-miR-508	1	23	1	23	+	106	0.002	Align
MIMAT0015932	ppy-miR-508-3p	1	23	1	23	+	106	0.002	Align
MIMAT0005754	ssy-miR-508	1	23	1	23	+	97	0.010	Align
MIMAT0005764	mml-miR-508-3p	1	23	1	23	+	97	0.010	Align
MIMAT0013232	eca-miR-508-3p	1	23	1	23	+	97	0.010	Align
MIMAT0005781	pbi-miR-508	1	23	1	23	+	88	0.054	Align
MIMAT0047955	dno-miR-508-3p	1	23	1	23	+	88	0.054	Align
MIMAT0005742	age-miR-508	2	23	2	23	+	83	0.14	Align

图 5－8－30　miRBase 检索结果

在 miRBase 数据库中检索到相同 SNP，但未公开该 SNP 与妊娠糖尿病的功能。

:bulb: 小提示

（1）对于已知 rs 编号 SNP 的检索，可直接登录 GenBank 中 dbSNP 数据库进行检索，能够快速准确地检索到目标 SNP。

（2）对于未知 rs 编号的 SNP 检索，一方面将该 SNP 完整序列在 GenBank 中进行序列相似性检索 BLAST，以获得该分子标记所在基因的详细信息，通过 GenBank 中基因的详细注释来查找相关联的 SNP 信息。

（3）对于 miRNA 分子标记可通过专门数据库 miRBase 进行快速准确检索。